蜂窝车联网（C-V2X）
（第二版）

陈山枝 胡金玲 等 / 著

人民邮电出版社
北京

图书在版编目（CIP）数据

蜂窝车联网：C-V2X / 陈山枝等著. -- 2 版. -- 北京：人民邮电出版社，2025. -- ISBN 978-7-115-65999-6

Ⅰ. U463.67

中国国家版本馆 CIP 数据核字第 202518WW08 号

内 容 提 要

车联网是跨信息通信、汽车、交通等领域的交叉新兴技术。蜂窝车联网（C-V2X）技术是能保证低时延和高可靠性的车联网专用无线通信技术。本书以车联网的发展背景、车联网赋能智能网联汽车与智能交通的能力分析、国内外发展态势为基础，以车联网基本应用和增强应用的性能需求为出发点，分析了车联网的系统架构和技术标准体系，重点介绍了 C-V2X 的两个技术演进版本——LTE-V2X 和 NR-V2X 的网络架构和关键技术，以及 C-V2X 车路云协同关键技术、安全技术、频谱规划、产业发展与应用，并展望了 C-V2X 的应用及技术发展趋势。

本书的读者对象主要为从事车联网工作的信息通信、交通、汽车、互联网等行业的技术研究、标准研究、产品开发、产业研究、政策研究、应用开发、业务运营等人员，以及高等院校相关专业的教师和学生，本书也可作为高等院校相关专业的教材。

- ◆ 著　　　陈山枝　胡金玲　等
  责任编辑　李彩珊
  责任印制　马振武
- ◆ 人民邮电出版社出版发行　北京市丰台区成寿寺路 11 号
  邮编 100164　电子邮件 315@ptpress.com.cn
  网址 https://www.ptpress.com.cn
  固安县铭成印刷有限公司印刷
- ◆ 开本：710×1000　1/16
  印张：24.25　　　　　　　　　2025 年 3 月第 2 版
  字数：457 千字　　　　　　　　2025 年 3 月河北第 1 次印刷

定价：199.80 元

读者服务热线：(010)53913866　印装质量热线：(010)81055316
反盗版热线：(010)81055315

序 一
（第一版）

5G 是新一代信息技术的重要支撑，是全球高科技产业发展的制高点。5G 与云计算、大数据、人工智能、区块链等新技术融合应用，将升级传统产业，并与传统产业融合孵化新应用，催生新业态、新商业模式。

自 20 世纪以来，通信、汽车改变了人类的生活、生产方式。到了 21 世纪，车联网作为 5G 在垂直行业的重要应用之一，体现了信息通信与汽车工业、交通行业的深度交叉融合，将成为产业变革创新、社会运行方式深刻变化的重要推动力，是全球创新热点和产业发展的重要制高点。车联网、人工智能、大数据等技术应用于车辆与道路的网联化、智能化、自动化发展，自动驾驶、智能交通技术与应用的发展必将改变人类的出行方式，满足人民对美好生活的向往，增强人民的幸福感。

智能交通和自动驾驶对车联网的通信速率、通信连接数、时延和可靠性等提出了更严苛的要求。然而，蜂窝移动通信与 Wi-Fi 等技术并不是为车联网而设计的，车联网通信在通信场景、通信连接数、干扰环境、移动性、业务数据特征等方面有一些特殊要求。大唐电信科技产业集团（已与烽火科技集团重组为中国信息通信科技集团）是 3G TD-SCDMA 国际标准的提出者、4G TD-LTE 国际标准的核心技术提出者、5G 核心技术和国际标准的重要贡献者。在对移动通信的深厚积累下，针对智能交通和自动驾驶的特殊需求，陈山枝博士在 2013 年 5 月 17 日世界电信和信息社会日大会上，在国内外率先提出有机融合蜂窝与直通通信的车联网无线通信技术——LTE-V2X，还与其大唐团队联合相关企业从 2015 年开始在 3GPP 主导制定蜂窝车联网（C-V2X）国际标准（含 LTE-V2X 及其演进的 NR-V2X）。C-V2X 已得到中国、美

国等的认可和采用,是我国继 4G 和 5G 后的又一重大科技创新。

陈山枝博士及其团队近 10 年来一直致力于蜂窝车联网(C-V2X)基础理论研究与技术创新,通过在系统架构、无线传输、接入控制、资源调度方法、同步机制等方面的技术创新,解决了车联网通信中网络拓扑高度动态性与时空复杂性、无线传播环境复杂快时变、节点高密度和高通信频度下的低时延和高可靠通信等新科学问题;积极参与车路协同、辅助驾驶、自动驾驶等示范应用和产业实践,在国内外产生了重要影响。本书是作者团队多年来技术研发与实践的体会和心得,也是所承担国家发展和改革委员会、科学技术部、工业和信息化部等的项目及国家自然科学基金等与车联网相关科研项目和国际标准化研究成果的总结。

本书紧密围绕 C-V2X 通信,在分析车联网国内外发展态势和应用需求的基础上,介绍了车联网系统架构与技术标准体系,重点针对 C-V2X 标准的两个发展阶段(LTE-V2X 和 NR-V2X),详细阐述了其技术原理和关键技术,进而介绍了与 C-V2X 相关的关键技术、安全、频谱规划、产业发展与应用示范,并展望了未来的应用和技术发展。全书逻辑性强、结构严谨、概念清晰、深入浅出,内容系统、全面且具有前瞻性,不仅能为车联网通信领域的同行提供专业技术参考,也能帮助智能交通、自动驾驶等相关领域的读者建立车联网和 C-V2X 及车路云协同应用方面的全面的知识体系。

我国现已将车联网纳入国家新型基础设施建设工程,大力促进"5G+车联网"协同发展。我相信,本书的出版,对于车联网通信技术演进及其跨行业应用,对于我国自动驾驶、智能交通、智慧城市等领域的产业变革和模式创新,必将起到重要的推动作用。

中国工程院院士

2020 年 11 月 20 日于北京

序 二
（第一版）

当今，世界正在经历第四次工业革命，伴随着人工智能、5G、大数据等新一代信息技术快速发展，汽车与人工智能、信息通信技术深度融合，自动驾驶成为全球共同关注的创新热点。智能网联可以被认为是自动驾驶的新生态环境，将人、车、路 3 个要素相结合，在基于单车智能的自动驾驶技术基础之上，充分发挥网联协同，推动自动驾驶车辆更好地融入现有社会和智能交通系统之中，将是具有中国特色的自动驾驶发展之路。

我作为国家自然科学基金委员会重大研究计划"视听觉信息的认知计算"指导专家组组长，于 2009 年创建并成功组织了 12 届"中国智能车未来挑战赛"，推动了我国人工智能及无人驾驶智能车发展。5G 具有超大带宽、超低时延、超强连接力，尤其是蜂窝车联网（C-V2X）技术，其作为车联网的专用无线通信标准，从 LTE-V2X 到 NR-V2X 的演进，是智能网联汽车的重要使能技术。我与本书的作者之一陈山枝博士，有过探讨并有很多共识，认为需要研究解决无人驾驶与车联网的协同问题，推动具有中国特色的智能网联汽车发展。

本书的作者及其大唐团队长期以来致力于推进 C-V2X 技术与标准研究和产业实践，积极参与 C-V2X 标准的推动和产业联盟工作，承担了多项国家发展和改革委员会、国家自然科学基金等的车联网科研项目，开展车路协同、辅助驾驶、自动驾驶等示范应用的研究，推动 C-V2X 产业和应用落地。

本书正是陈山枝博士及其研究团队近 10 年的创新研究成果总结，聚焦蜂窝车联网技术与应用，以需求、技术、实践、展望为基本主线，分析了车联网国内外的发展态势和应用需求，深入浅出地阐述了 C-V2X 的设计思想和技术标准体系，并重点介绍了 C-V2X 标准两个发展阶段（LTE-V2X 和 NR-V2X）的技术原理，以及与其相关的关键技术、安全、频谱、产业发展与应用，最后展望了 C-V2X 的未来应用与技术演进。

  本书涵盖了当前车联网领域相关标准和关键技术的发展前沿，内容丰富，理论联系实际，无论是对于从事车联网通信的专业人士，还是对于智能交通、自动驾驶等相关领域的专家、工程技术人员，都具有重要的参考价值。我相信，在自动驾驶的发展道路上，C-V2X 技术将大大提升道路和车辆的信息化、智能化、网联化水平，必将加速赋能智能交通和自动驾驶产业发展。

中国工程院院士 郑南宁

2020 年 11 月 30 日于西安

序 三
（第一版）

新一轮的科技革命和产业变革，引发了新一代信息技术与制造技术的深度融合，汽车产业也迎来了百年未有之大变革，正面临从传统生产型制造企业向智能型服务企业转型升级的关键期。

从全球发展来看，当前世界各汽车大国都在研究智能汽车自动驾驶战略。以 Waymo 和特斯拉为代表的单车智能技术路线主要依赖自动驾驶车辆自身的感知、定位和智能规划功能，并不足以解决数百万种极端工况下的行车安全问题。因此，不仅要有聪明的车，还要有聪明的路，二者相互融合达成平衡，协同提升道路安全和交通效率，最终使得自动驾驶成为可能。国际自动驾驶的技术路线正在经历从单车智能向网联式协同自动驾驶的重要演变。网联式协同自动驾驶技术路线强调汽车、道路、交通的协同互联，而蜂窝车联网（C-V2X）技术，正是能将三者连接起来的重要使能技术。

从国内发展来看，经过近几年的快速发展，我国的智能网联汽车产业在核心零部件与系统集成、信息交互、基础设施建设、高精度地图、测试区建设、人工智能技术方面均有了一定的突破。从自动驾驶面临的交通环境来看，一些城市布局不合理、驾驶行为不规范、交通场景太复杂等问题，给我国的自动驾驶发展带来了特殊的挑战。当前全球汽车科技变革与创新发展的大潮中，国际竞争极其激烈，打造具有世界领先水平的中国智能网联汽车、走出具有鲜明中国特色的智能网联汽车技术路线，是需要汽车、交通、信息通信等领域共同创新的国家系统工程。

目前由我担任理事长的中国智能网联汽车产业创新联盟在这方面做了大量的工作，联盟下设的 V2X 工作组牵头 V2X 应用层标准制定、V2X 产业报告起草等工作。2020 年 10 月我们发布了智能网联汽车技术路线图 2.0，组织了"新四跨"的活动。大唐团队作为 V2X 工作组的成员一直积极参与标准制定和产业推动，在"三跨""四跨"及"新四跨"活动中都发挥了核心和桥梁作用。同时，我还在组织下一代汽车的研究规划工作，其中"5G+C-V2X"也是下一代汽车的关键支撑技术，我与该领域的著名专家陈山枝博士进行过多次探讨，有很多共识，希望共同推动具有中国特色的智能网联汽车发展。

陈山枝博士长期从事移动通信技术与标准研究及产业化工作，早在 2011 年就带领团队开展车联网研究，于 2013 年 5 月 17 日（世界电信和信息社会日大会）在国际上提出了首个将蜂窝通信与直通通信有机结合的车联网专用无线通信技术——LTE-V2X，确立了 C-V2X 的基本系统架构和技术原理，发表的 LTE-V2X 论文成为 ESI（基本科学指标数据库）高被引论文，并组织大唐团队联合产业界制定国际标准，推进产业化，成绩显著，在国内外的学术界和产业界都具有重要的影响力。

本书正是陈山枝博士及其大唐团队长期从事 C-V2X 技术研究、标准制定和产业推动相关工作的成果总结，不仅适合移动通信、车联网和智能网联汽车领域的专业技术人员阅读和参考，对于汽车、交通、通信、互联网等行业的技术发展以及政府部门制定政策也具有重要的参考价值。我相信，本书的出版，对于推动智能网联汽车技术发展、促进中国汽车产业进步，将具有重要意义。

中国工程院院士 李骏

2020 年 11 月 20 日于北京

序 四
（第二版）

当前，汽车和交通行业正处在挑战与机遇并存的快速发展时期。安全、绿色、高效是世界各国道路交通发展的重要目标，而我国交通安全、能源消耗、城市拥堵问题严峻，面临业务数据封闭割裂、信息标准化体系缺失、车路协同应用范围有限、难以实现广域最优等系列问题与挑战。对于汽车产业而言，智能汽车是汽车产业的变革性技术，是高新技术产业化的着力点，让汽车从传统移动空间变成智能移动空间，实现汽车价值链增长、产业链重构，已成为世界各国激烈角逐的战略制高点。移动通信、人工智能、大数据、云计算等信息通信技术加速赋能汽车和交通行业的变革，二者深度融合、协同创新，车路云一体化系统是一项集智能汽车、智能交通、智慧城市、智慧能源于一体的国家级系统工程。

在我国，发展智能汽车已经达成共识。智能网联汽车是自动驾驶汽车发展的新阶段，是单车自动驾驶和网联式汽车融为一体的新产品、新模式、新生态。本人提出了车路云一体化的智能网联汽车中国方案，将智能化与网联化深度融合，有效克服传统单车智能难以解决的瓶颈问题，将助力中国汽车产业抢占技术制高点。目前，我国发展智能网联汽车的顶层规划及产业政策日趋完善，在技术路线的探索与产业体系建设上也取得了巨大进步，网联化与智能化深度耦合，我国已明确发展依托蜂窝车联网（C-V2X）技术的车路云一体化的智能网联汽车中国方案。

本书作者之一陈山枝博士是 C-V2X 技术的开创者，早在 2013 年 5 月 17 日召开的世界电信和信息社会日大会上就提出了车联网通信技术——LTE-V2X，在国际上首次将蜂窝通信与短距直通通信有机融合，发表了 3 篇 C-V2X 奠基性论文，确立了 C-V2X 的系统架构和技术路线。陈博士及其所在的大唐团队，已在 C-V2X 技术研究、国际标准制定与产业应用领域深耕十多年，在国内外的学术界和产业界均有重要的影响力。

本人与陈山枝博士曾就智能网联汽车、车路云一体化系统的技术与产业发展路径进行过多次深入探讨，达成了许多共识。我和他分别作为汽车和信息通信领域的专家，共同推动了中国公路学会、中国汽车工程学会和中国通信学会联合推进《车路协同自动驾驶系统（车路云一体化系统）协同发展框架》等；另外，还分别作为首席科学家与顾问组成员，带领各行业专家共同撰写和出版了《中国智能网联汽车产业发展报告》《车联网产业与技术发展路线图》，并共同致力于推进依托 C-V2X 发展车路云一体化的智能网联汽车中国方案实施落地。

陈山枝博士及其研究团队基于多年来关于 C-V2X 技术研究、标准制定和产业实践的成果总结，于 2020 年 12 月出版了《蜂窝车联网（C-V2X）》一书，2023 年 1 月 Springer 出版社出版了其英文版本。作为由 C-V2X 技术的开创者和提出者倾心完成的国内、国际首部 C-V2X 技术专著，本书以其权威性引起了通信、汽车、交通等行业专家的广泛关注。本书是《蜂窝车联网（C-V2X）》一书的第二版，在第一版的基础上进一步明晰了技术路线、丰富了技术与应用的最新进展。我相信，本书的出版，对于信息通信、汽车、交通行业跨界合作、融合创新、积极践行"中国方案"，携手成为全球技术趋势开放者与引领者，具有重要意义，并将最终实现智能安全、互联高效、共享和谐、绿色环保的车路云一体化深度融合的创新生态。

中国工程院院士 李克强

2024 年 3 月 28 日于北京

前 言

自《蜂窝车联网（C-V2X）》于 2020 年 12 月（英文版由 Springer 出版社于 2023 年 1 月出版）出版以来，中、英文版图书受到了来自信息通信、汽车、交通、智慧城市等不同领域的产业界、科研院所、高校等诸多研究人员和工程师的广泛关注。

《中华人民共和国国民经济和社会发展第十四个五年规划和 2035 年远景目标纲要》中指出，积极稳妥发展车联网。我们也欣喜地看到，近 3 年来，车联网作为赋能智能网联汽车、智能交通、智慧城市的重要推动力量，以及产业变革创新的重要催化剂，无论是技术研究、应用标准完善还是产业推动，均已取得重大进展。

C-V2X 已得到了汽车产业界的广泛认可，十几家车企相继发布了 20 多款 C-V2X 前装量产车型。中国新车评价规程（C-NCAP，China-New Car Assessment Program）2024 版首次将 C-V2X 列入汽车主动安全测试项，将影响车型的五星安全评价。C-NCAP 2024 版已于 2024 年 1 月发布，并于 2024 年 7 月起实施，其意义不亚于 2018 年工业和信息化部率先在全球为 LTE-V2X 分配频谱，将引领全球 NCAP 的发展。

C-V2X——中国引领的车联网通信技术标准，以其技术特性、通信能力等优势，影响了国际上对车联网技术路线的选择。继 2020 年 11 月美国的频谱政策调整之后，2024 年 8 月，美国交通部对外正式发布了 C-V2X 技术国家部署计划"Saving Lives with Connectivity: A Plan to Accelerate V2X Deployment"，在全国范围内部署 C-V2X 技术，以提升道路安全，降低交通伤亡；2024 年 11 月，美国联邦通信委员会（FCC）正式发布支持 C-V2X 技术的频谱管理规定，明确要求用两年时间加速向 C-V2X 技术过渡，最终终止专用短距通信（DSRC）技术的相关运营。上述事件表明，美国已放弃原先采用的 DSRC 技术（IEEE 802.11p），采用 C-V2X 技术进行全国部署。可见，C-V2X 已在全球车联网技术路线竞争中胜出。

在车联网技术与应用的跨领域跨学科交叉协同创新、产业推动方面，我国已达成了依托 C-V2X 发展车路云协同系统，赋能智能网联汽车、智能交通和智慧城市的广泛共识。中国公路学会、中国汽车工程学会和中国通信学会于 2023 年 1 月联合发布了《车路协同自动驾驶系统（车路云一体化系统）协同发展框架》，明确采用 C-V2X 技术路线。3 个学会联合相关高校、企业和科研机构等发起并于 2023 年 7 月成立了车路协同创新联合体，促进车路协同科技领域的协同创新和协调发展。工业和信息化部发布的《国家车联网产业标准体系建设指南（智能网联汽车）（2023 版）》指出"基于现有产业基础，优先开展基于 LTE-V2X 的信息辅助类技术标准制定，并根据应用需求逐步推动基于下一阶段通信技术的车载应用标准制定"。

在基于 C-V2X 的车路云协同应用及产业实践方面，涌现出了一批新的成果。目前，我国已设立了 7 个国家级车联网先导区、17 个国家级智能网联汽车测试示范区及 16 个双智城市，开展了车端、路侧、车路云协同平台建设，在探索应用场景、推动产业创新、培育产业生态方面发挥了积极作用。我国的智能网联汽车开放道路建设和测试示范规模不断扩大，50 多个城市发放了道路测试与示范应用牌照，申请总量 2800 余张；各地开放测试道路超过 30000 千米，公开报道的自动驾驶车辆道路测试里程累计超过 6000 万千米。工业和信息化部、公安部、自然资源部、住房和城乡建设部、交通运输部联合开展了智能网联汽车"车路云一体化"应用试点工作。

基于上述进展及 C-V2X 近 3 年的实践心得，本书作者计划出版《蜂窝车联网（C-V2X）》第二版。相较第一版，本书重点补充了 C-V2X 关键技术、标准研究和产业实践的最新进展等内容，主要修改如下。

前言

第 1 章：结合车联网技术与产业发展的最新进展，分析了车联网、基于车联网的车路云协同系统对智能网联汽车、智能交通和智慧城市的赋能作用，由陈山枝、时岩、赵丽负责撰写。

第 2 章：根据汽车、交通、城市治理等行业需求及产业发展情况，更新基本应用和增强应用需求描述，以及国内外应用标准进展，由赵丽负责撰写。

第 3 章：更新车联网的两个主要技术标准体系——IEEE 802.11p 与 C-V2X 的关键技术与标准进展，简要说明 C-V2X 的设计思路、关键技术演进、标准进展，总结 IEEE 802.11p 与 C-V2X 频谱分配的最新进展，由陈山枝、赵丽、时岩负责撰写。

第 4 章：对第一版中的部分内容进行了调整，由房家奕、陈山枝负责撰写。

第 5 章：根据 NR-V2X 标准的最新进展，重点补充了直通链路的终端节电机制和终端间协调的资源选择方法的增强机制，同时也根据标准进展对第一版中原有的内容进行了更新和修正，由赵锐、陈山枝负责撰写。

第 6 章：围绕 C-V2X 车路云协同关键技术，增加了高精度地图、车路协同融合感知、C-V2X 云协同平台关键技术的相关内容，由陈山枝、时岩、徐晖负责撰写。

第 7 章：针对车联网设备多样性和不规范性给车联网设备管理带来的挑战，补充了 C-V2X 设备的认证授权技术和车联网数据安全的内容，由徐晖、陈山枝负责撰写。

第 8 章：补充和修正了部分信息，由胡金玲、陈山枝负责撰写。

第 9 章：根据产业进展，更新了国内外 C-V2X 测试示范活动部分内容，补充了 C-NCAP 引入 C-V2X 主动安全场景的相关内容，更新了 C-V2X 典型应用案例，由胡金玲、陈山枝负责撰写。

第 10 章：根据全书的修改，调整了内容布局，补充了 C-V2X 新技术及发展趋势，由陈山枝、时岩负责撰写。

除正文外,本书还在每一章的最后给出了思考题,并更新了参考文献,以反映最新的技术、标准和产业政策进展。

值此本书出版之际,再次向参与和支持C-V2X标准制定的国内外厂商和研究机构等所有研究人员和各级领导,以及参与和支持C-V2X产业发展的产业界同人表示衷心的感谢。感谢中国通信学会及车联网专业委员会的长期支持,感谢中国汽车工程学会、中国公路学会领导及专家的支持。特别感谢IMT-2020(5G)推进组C-V2X工作组、中国信息通信研究院、中国智能网联汽车产业创新联盟、中国智能交通产业联盟和5G汽车协会(5GAA)等国内外组织机构的鼎力支持。

感谢中国信息通信科技集团及其下属的无线移动通信全国重点实验室、移动通信及车联网国家工程研究中心、中信科智联、宸芯科技、中信科移动及大唐联仪等领导和同事的大力支持和真诚帮助。中信科智联科技有限公司的张杰、范炬、张学艳、崔士弘和中信科移动通信技术股份有限公司的任斌、李健翔、任晓涛、全海洋等多位研究工作者在本书的撰写过程中提供了相关素材,在此深表感谢!

C-V2X车联网及车路云协同系统应用正处于产业生态加速成熟的关键期。未来部分应用还需要依靠政策法规、交通管理和产业监管等方面的变革与创新才能实现,需要长时间的跨界磨合、联合测试、实践去解决现实问题,达成共识。希望本书的出版能助力我国探索出基于C-V2X车路协同的智能网联汽车与智能交通创新发展模式。受限于本书作者的水平和能力,书中还有诸多不足之处,恳请各位读者和专家提出宝贵的意见和建议。

陈山枝

2024年12月6日于北京

第一版前言

车联网是跨信息通信、汽车、交通等领域的跨学科交叉新兴技术。作为产业变革创新的重要催化剂,车联网正推动着交通管理模式、汽车产业形态、人们出行方式和能源消费结构的深刻变化。车联网无线通信技术是实现车辆与周围的车、人、交通基础设施和云(平台)等全方位连接和通信的新一代信息通信技术。

道路安全、交通效率、自动驾驶和信息娱乐等各类车联网应用提出了低时延、高可靠、高频度、大带宽、高移动性等新的移动通信需求。车联网通信面临车辆高速移动引起的网络拓扑高度动态性与时空复杂性、无线传播环境复杂快时变、节点高密度和高通信频度下低时延和高可靠通信等新科学问题。移动互联网用户广泛采用的蜂窝通信、Wi-Fi通信技术,由于和车联网在通信场景、业务特征、移动性、通信性能要求等方面存在显著差异,因此并不能满足车联网的通信需求。车联网专用无线通信技术成为学术界和产业界共同的研究热点。

2004年,IEEE成立了802.11p工作组,在IEEE 802.11a标准的基础上开展WAVE(Wireless Access in Vehicular Environments)版本研究,并在2010年发布了DRSC(IEEE 802.11p)标准。本人及所带博士生、博士后在2011年研究IEEE 802.11p车联网技术时,结合前人的研究成果,发现其存在当节点密集时通信性能(时延和可靠性等)急剧下降、覆盖和连通性差、部署成本高等问题。而当时4G TD-LTE的国标标准刚基本定型,本人及大唐电信集团团队(简称大唐团队)构想一条新的技术路线,即设计基于蜂窝移动通信的车联网技术,尽量能与蜂窝移动通信的物理层技术兼容。这样既能利用蜂窝移动通信技术和网络部署,又能够利用车联网芯片在手机终端的规模经济优势,降低成本。当然,还需要进行有针对性的技术创新，使其能够应对车联网通信的特殊要求与挑战，如节点高速移动、干扰环境复杂、高频度和周期性数据传输、多个车辆节点间并发通信等，以解决车辆与不同交通元素间的低时延、高可靠通信难题，从而使其能够兼具技术和成本优势。因此，本书作者构思将蜂窝通信技术和直通通信技术有机结合用于车联网的技术创新。

蜂窝车联网（C-V2X，Cellular Vehicle-to-Everything）技术在此背景下应运而生。本书作者及所在的大唐团队从 2012 年开始研究，本人在 2013 年世界电信和信息社会日大会（2013 年 5 月 17 日召开）的主题演讲中，在国际上最早公开提出了将蜂窝通信与直通通信融合的车联网专用无线通信技术——LTE-V（即 LTE-V2X）。LTE-V2X 是首个 C-V2X 无线通信技术，提出了蜂窝和直通融合的系统架构、无线传输、接入控制和资源调度方法、同步机制等关键技术创新，基本奠定了 C-V2X 的蜂窝与直通融合系统架构及直通链路的关键技术原理，能灵活支持车车、车路、车人、车网、车云通信能力，支持蜂窝网络覆盖内、覆盖外通信场景。伴随着蜂窝移动通信系统从 4G 到 5G 的演进，C-V2X 经历了 LTE-V2X 和 NR-V2X 两个技术阶段。

本书作者及所在的大唐团队积极推动 C-V2X 的国际标准化及其演进，并持续开展了 C-V2X 技术研究、产品开发及其在智能交通和智能网联汽车领域的应用研究、测试验证和商用实践。大唐团队从 2015 年开始与 LG 电子、华为等公司联合在 3GPP 推动 LTE-V2X 技术标准化，分别在 2017 年、2018 年完成了 LTE-V2X（3GPP R14、3GPP R15）技术标准，后续开展了 NR-V2X（3GPP R16、3GPP R17）技术与标准研究。早在 2014 年，大唐团队就基于自研芯片研发了 LTE-V2X 原型设备，并在 2015 年进行了实际道路的外场测试；在业内率先推出了车载终端（OBU）、路侧设备（RSU）及车规级 LTE-V2X 模组；2017 年与福特汽车联合开展京津高速公路的 LTE-V2X 性能测试，证明了 LTE-V2X 相比 IEEE 802.11p 的性能优势，测试结果输出到 5G 汽车协会（5GAA，5G Automotive Association），得到全球产业界的认可；研发的 C-V2X 芯片、安全芯片、通信模组、OBU、RSU 和测试仪表，从 2018 年开始持续参与 IMT-2020（5G）推进组 C-V2X 工作组组织的"三跨""四跨""新四跨" C-V2X 互联互通应用示范活动，起到了核心桥梁作用；参与了我国多个国家级车联网先导区和智能网联汽车示范区的工作,并开展了厦门 BRT 智慧公交、重庆石渝智慧高速公路等商用实践活动。

IMT-2020(5G)推进组 C-V2X 工作组、5GAA 等分别在我国及国际上积极推进跨汽车、交通、信息通信领域的 C-V2X 应用需求研究、测试验证、产业发展。

2017 年,我国在国家制造强国建设领导小组下设立车联网产业发展专项委员会,由工业和信息化部、国家发展和改革委员会、科学技术部、财政部、公安部、交通运输部等部门组成,负责组织制定车联网发展规划、政策和措施,协调解决产业发展重大问题,统筹推进产业发展。

工业和信息化部于 2018 年 11 月率先在全球正式发布 5905~5925MHz(共 20MHz 带宽)的车联网直连通信频率规划,表明了中国政府全力支持 LTE-V2X 的态度。在我国产业界的共同努力下,LTE-V2X 已形成包括通信芯片、安全芯片、通信模组、OBU、RSU、测试仪表、整车制造、运营服务、测试认证、高精度定位及地图服务等较为完整的产业链生态,在全球处于领先地位。为实现 C-V2X 车联网产业尽快落地,工业和信息化部、交通运输部、公安部等部门积极协同推动,并与地方政府合作,在全国各地先后支持建设 16 个智能网联汽车测试示范区,积极推动国家级车联网先导区建设。我国的车联网产业化进程逐步加快,为后续大规模产业化及商业化奠定了基础。

美国联邦通信委员会(FCC)在 2020 年 11 月 18 日决定将已经分配给 DSRC(IEEE 802.11p)的 5.9GHz 频段(5.850~5.925GHz)划拨给 Wi-Fi 和 C-V2X 使用,其中 30MHz 带宽(5.895~5.925GHz)分配给 C-V2X。频谱是稀缺资源,一个国家的频谱资源分配政策体现了该国对技术标准与产业路径的选择。FCC 的频谱分配标志着美国正式放弃 DSRC 并转向 C-V2X。可见,C-V2X 得到了中国和美国两个汽车与交通大国的认可,成为车联网无线通信唯一的事实国际标准。

我国已从国家政策支持、频谱分配、产业生态发展等多个层面明确支持选择 C-V2X 作为我国车联网技术标准路线和产业发展路径,并对全球车联网技术与产业路线选择产生了深远影响，C-V2X 相比 IEEE 802.11p 在国际技术与产业竞争中已形成了明显的超越态势。

C-V2X 与基于雷达、激光和视频等感知技术的高级驾驶辅助系统（ADAS）结合，实现了从单车智能到网联智能的演进，构成了人、车、路、云等要素的智能交互环境。由于国情不同，我国将探索出一种基于"5G + C-V2X"车路协同的智能交通与自动驾驶的创新发展模式。

此处讲个插曲，本书作者最早关于 LTE-V（即 LTE-V2X）的学术论文在 2014 年年初投稿，由于受到来自 IEEE 802.11p 技术专家的质疑，几经波折，前后被两个 IEEE 著名期刊拒稿，2016 年重新投稿 *IEEE Internet of Things Journal* 才被接受和正式发表。该论文目前已是 ESI 高被引论文，也是关于 C-V2X 的最早的经典论文。可见，挑战已有技术标准和改变游戏规则的技术创新有多难，这既需要战略定力和坚持，也需要开放合作，特别是与研究机构、产业界合作在国际标准平台（如 3GPP）推进国际标准制定，组成产业联盟构成生态链共同推进产业化。

本书正是作者及团队近 10 年来致力于 C-V2X 基础理论研究与技术创新的成果总结。本书由本人负责章节和内容大纲确定、统编统稿，全书共分 10 章，各章的主要内容及分工如下。

第 1 章概述了车联网的发展背景、全球在政策和标准化方面的发展态势，以及在我国的发展现状，由陈山枝、赵丽、时岩负责撰写。

第 2 章分析了车联网的基本应用和增强应用需求，梳理了不同类型的应用场景对通信方式、通信性能的要求，并介绍了国内外车联网应用的标准化进展，由赵丽负责撰写。

第 3 章介绍了车联网的系统架构和技术标准体系，重点对 IEEE 802.11p 和 C-V2X 两种车联网通信技术进行了介绍和分析对比，由陈山枝、赵丽、时岩负责撰写。

第 4 章介绍 C-V2X 的第一阶段——LTE-V2X 技术，针对车联网的基本应用需求，概要分析其主要技术思路和技术需求，详细介绍了 LTE-V2X 无线接口协议栈、物理层、资源分配、同步机制、拥塞控制等关键技术，由房家奕、陈山枝负责撰写。

第一版前言

第 5 章介绍 C-V2X 的第二阶段——NR-V2X 技术，针对车联网的增强应用需求，介绍了 NR-V2X 的网络架构和关键技术，尤其是直通链路的单播、多播和广播通信模式管理，直通链路服务质量的管理，直通链路的 HARQ 反馈机制，分布式资源分配方法，直通链路的自同步机制，以及 LTE-V2X 和 NR-V2X 设备内共存等，由赵锐、陈山枝负责撰写。

第 6 章介绍了 C-V2X 在智能交通、自动驾驶中应用和部署所需的边缘计算、5G 网络切片、高精度定位和车用高精度地图等关键技术，由陈山枝、徐晖、时岩负责撰写。

第 7 章从分析 C-V2X 车联网面临的安全挑战出发，介绍了 C-V2X 安全系统架构、C-V2X 通信层安全技术和 C-V2X 应用层安全技术，由徐晖、陈山枝负责撰写。

第 8 章针对无线电频谱这一关键资源，分析了 C-V2X 车联网频谱需求，介绍了国内外的 C-V2X 频谱分配规划情况及其展望，由胡金玲、陈山枝负责撰写。

第 9 章介绍 C-V2X 产业发展与应用示范，包括 C-V2X 产业链、互联互通测试、我国 C-V2X 示范区建设、我国 C-V2X 测试评估体系等，由胡金玲、陈山枝负责撰写。

第 10 章剖析 C-V2X 在智能交通和自动驾驶不同分级中提供的能力，展望 C-V2X 应用发展与商用的发展阶段，进而分析了 C-V2X 未来发展中的新技术及其发展趋势，由陈山枝、时岩负责撰写。

本书得到了本人承担的国家杰出青年科学基金"移动性管理理论、方法和关键技术研究"、国家自然科学基金重点项目群"面向 5G 应用的车联网基础理论与关键技术"、国家发展和改革委员会与工业和信息化部"基于 5G 的车路协同车联网大规模验证与应用"等项目的支持。同时，大唐高鸿的董书霞、北京大学的程翔、重庆邮电大学的刘媛妮、大唐移动的任斌、北京交通大学的何睿斯等多位研究工作者也提供了相关素材，在此深表感谢！

本书也凝聚和继承了大唐电信科技产业集团（已在 2018 年与烽火科技集团联合重组为中国信息通信科技集团）从事移动通信技术与标准研究的全体同事多年来工作的成果，作者在此一并表示衷心的感谢。特别感谢中国信息通信科技集团及其下属的原大唐电信科技产业集团（即电信科学技术研究院）、无线移动通信国家重点实验室、新一代移动通信无线网络与芯片技术国家工程实验室、大唐移动、大唐高鸿、宸芯科技等领导和同事的大力支持和真诚帮助。

值此本书出版之际，本人谨向参与和支持 C-V2X 标准制定的国内外厂商和研究机构等所有研究人员和各级领导，以及参与和支持 C-V2X 产业发展的产业界同人表示衷心的感谢。特别感谢 IMT-2020（5G）推进组 C-V2X 工作组和中国信息通信研究院对 C-V2X 标准的鼎力支持。

受限于本书作者的水平和能力，NR-V2X 标准还在演进过程中，加之蜂窝车联网及其在智能交通、智能网联汽车领域的应用发展迅猛，书中还有诸多不足之处，恳请各位读者提出宝贵的意见和建议。

2020 年 12 月 8 日于北京

目 录
Contents

第1章 概述 ··· 1

- 1.1 车联网的发展背景 ··· 2
  - 1.1.1 信息通信技术在汽车行业的应用与演进 ··· 3
  - 1.1.2 信息通信技术在交通行业的应用与演进 ··· 6
- 1.2 车联网与蜂窝车联网（C-V2X） ··· 8
  - 1.2.1 车联网 ··· 8
  - 1.2.2 蜂窝车联网（C-V2X） ··· 10
  - 1.2.3 车路云协同系统 ··· 13
- 1.3 车联网与智能网联汽车 ··· 15
  - 1.3.1 自动驾驶分级 ··· 16
  - 1.3.2 车载感知技术 ··· 19
  - 1.3.3 自动驾驶中单车智能面临的挑战 ··· 21
  - 1.3.4 车联网赋能智能网联汽车 ··· 22
  - 1.3.5 智能网联汽车分级 ··· 26
- 1.4 车联网与智慧交通 ··· 28
  - 1.4.1 车联网赋能智慧交通 ··· 28
  - 1.4.2 智能网联道路分级 ··· 30
- 1.5 车联网与智慧城市 ··· 32
- 1.6 全球发展态势：政策、标准化 ··· 34
  - 1.6.1 全球主要国家和地区的政策 ··· 34
  - 1.6.2 国际标准化组织 ··· 35

1.7 我国发展现状：政策、标准化	39
1.7.1 政策及规划	40
1.7.2 标准制定	41
1.8 本书章节安排	43
思考题	45
参考文献	45

第2章 车联网应用需求 ···································· 53

2.1 车联网的基本应用需求	54
2.1.1 行驶安全类应用	54
2.1.2 交通效率类应用	59
2.1.3 交通服务类应用	61
2.1.4 信息服务类应用	63
2.2 车联网的增强应用需求	63
2.3 国内外车联网应用的标准进展	67
2.3.1 SAE International	67
2.3.2 ETSI	69
2.3.3 3GPP	70
2.3.4 中国汽车工程学会	71
2.3.5 5GAA	74
2.3.6 IMT-2020（5G）推进组 C-V2X 工作组	74
思考题	75
参考文献	75

第3章 车联网系统架构与技术标准体系 ···································· 79

3.1 车联网的技术挑战	80
3.2 车联网系统架构	80
3.2.1 通信和应用视角下的车联网系统架构	80
3.2.2 车路云协同视角下的车联网系统架构	82
3.3 车联网技术标准体系	84
3.4 DSRC（IEEE 802.11p）技术与标准	85
3.4.1 DSRC（IEEE 802.11p）技术	85

3.4.2　DSRC（IEEE 802.11p）标准进展及演进 ·················· 88
3.5　C-V2X 技术与标准 ·················· 89
　　3.5.1　C-V2X 的设计思想 ·················· 89
　　3.5.2　C-V2X 关键技术演进 ·················· 92
　　3.5.3　C-V2X 标准进展及演进 ·················· 93
3.6　DSRC（IEEE 802.11p）与 C-V2X 技术对比 ·················· 95
3.7　DSRC（IEEE 802.11p）和 LTE-V2X 仿真与实测比较 ·················· 97
　　3.7.1　NGMN V2X 工作组的仿真结果 ·················· 98
　　3.7.2　实际道路测试结果 ·················· 98
3.8　DRSC（IEEE 802.11p）与 C-V2X 频谱 ·················· 100
思考题 ·················· 100
参考文献 ·················· 101

第 4 章　LTE-V2X 技术 ·················· 105

4.1　研究背景与技术思路 ·················· 106
4.2　技术需求 ·················· 107
　　4.2.1　LTE-V2X 业务需求 ·················· 107
　　4.2.2　LTE-V2X 的技术挑战 ·················· 108
4.3　LTE-V2X 通信方式和网络架构 ·················· 110
　　4.3.1　LTE-V2X 通信方式 ·················· 110
　　4.3.2　LTE-V2X 网络架构 ·················· 113
4.4　无线接口协议栈 ·················· 116
4.5　物理层关键技术 ·················· 118
　　4.5.1　传输波形、时频资源的定义 ·················· 119
　　4.5.2　物理信道和物理信号 ·················· 120
　　4.5.3　资源池配置 ·················· 122
4.6　无线信道接入控制与资源分配 ·················· 125
　　4.6.1　概述 ·················· 125
　　4.6.2　分布式无线信道接入控制与自主资源选择（模式 4） ·················· 126
　　4.6.3　集中式无线信道接入控制与资源分配方法（模式 3） ·················· 135
4.7　同步机制 ·················· 136

4.8 服务质量管理与拥塞控制 ·· 139
   4.8.1 服务质量管理 ··· 139
   4.8.2 拥塞控制 ·· 139
4.9 LTE-V2X 对 Uu 接口的增强技术 ··· 141
4.10 LTE-V2X 直通链路增强技术 ··· 142
思考题 ··· 144
参考文献 ··· 144

第 5 章 NR-V2X 技术 ··· 147

5.1 背景介绍 ··· 148
5.2 NR-V2X 部署场景 ··· 149
5.3 NR-V2X 总体架构 ··· 151
   5.3.1 NR-V2X 网络架构 ··· 151
   5.3.2 NR-V2X PC5 协议栈和信道映射关系 ·· 153
5.4 NR-V2X PC5 单播、多播和广播通信模式 ··· 155
   5.4.1 NR-V2X PC5 广播 ··· 156
   5.4.2 NR-V2X PC5 多播 ··· 156
   5.4.3 NR-V2X PC5 单播 ··· 157
5.5 NR-V2X 业务的服务质量管理机制 ·· 159
5.6 NR-V2X 直通链路物理层技术 ·· 160
   5.6.1 传输波形、参数集、带宽部分和时频资源的定义 ························· 160
   5.6.2 物理信道结构 ··· 163
   5.6.3 NR-V2X 直通链路控制信令 ··· 166
   5.6.4 NR-V2X 资源池配置 ·· 167
5.7 NR-V2X 直通链路的 HARQ 反馈机制 ·· 169
   5.7.1 NR-V2X 单播的 HARQ 反馈机制 ··· 170
   5.7.2 NR-V2X 多播的 HARQ 反馈机制 ··· 170
   5.7.3 PSFCH 资源确定方法 ·· 173
5.8 NR-V2X 直通链路无线 信道接入控制与资源分配 ······························· 175
   5.8.1 NR-V2X 集中式无线信道接入控制与资源分配方法（模式 1）······ 175
   5.8.2 NR-V2X 分布式无线信道接入控制与资源分配方法（模式 2）······ 177

    5.8.3 终端间协调的资源选择方法 ·············· 182
  5.9 NR-V2X 直通链路的同步机制 ················ 185
  5.10 NR-V2X 直通链路的功率控制技术 ············ 187
  5.11 NR-V2X 直通链路信道状态信息（CSI）的测量和反馈 ······ 188
  5.12 跨无线接入技术调度机制 ·················· 189
  5.13 NR-V2X 与 LTE-V2X 设备内共存 ············· 191
  5.14 NR-V2X 直通链路的终端节电技术 ············· 192
    5.14.1 直通链路的部分感知机制 ·············· 192
    5.14.2 直通链路的非连续接收机制 ············· 194
  思考题 ································ 195
  参考文献 ······························· 195

第 6 章 C-V2X 车路云协同关键技术 ··············· 197
  6.1 C-V2X 车路云协同 ····················· 198
  6.2 C-V2X 与移动边缘计算 ··················· 199
    6.2.1 移动边缘计算概述 ·················· 199
    6.2.2 C-V2X 与移动边缘计算融合应用场景 ········· 202
    6.2.3 C-V2X 与移动边缘计算融合架构 ··········· 204
  6.3 C-V2X 与 5G 网络切片 ··················· 207
    6.3.1 5G 网络切片概述 ·················· 207
    6.3.2 5G 网络切片支持车联网应用 ············· 209
  6.4 高精度地图 ························· 211
    6.4.1 高精度地图数据 ··················· 212
    6.4.2 高精度地图生产 ··················· 213
    6.4.3 高精度地图更新 ··················· 214
  6.5 车路协同融合感知 ····················· 215
    6.5.1 感知技术原理 ···················· 215
    6.5.2 路侧感知技术 ···················· 217
    6.5.3 车路协同融合感知技术 ················ 220
  6.6 C-V2X 高精度定位 ····················· 221
    6.6.1 C-V2X 高精度定位需求 ··············· 221

  6.6.2 基于 RTK 的 GNSS 高精度定位系统架构·················222
  6.6.3 基于 RTK 的 GNSS 高精度定位的关键技术·············223
  6.6.4 高精度定位的发展趋势·····························226
 6.7 C-V2X 云协同平台···································228
 思考题···230
 参考文献···230

第 7 章 C-V2X 安全技术···233

 7.1 概述···234
 7.2 C-V2X 安全系统架构·································236
 7.3 C-V2X 通信层安全技术·······························238
  7.3.1 C-V2X 通信层安全技术概述·······················238
  7.3.2 LTE-V2X 通信层安全技术·························239
  7.3.3 NR-V2X 通信层安全技术··························239
 7.4 C-V2X 应用层安全技术·······························241
  7.4.1 C-V2X 应用层安全技术概述·······················241
  7.4.2 C-V2X 安全管理证书·····························242
  7.4.3 C-V2X 应用层安全机制···························244
  7.4.4 C-V2X 安全管理系统部署模式·····················251
 7.5 C-V2X 设备的认证授权技术···························254
  7.5.1 C-V2X 设备的认证授权技术概述···················254
  7.5.2 基于 VIM 的 C-V2X 设备的认证授权过程············255
  7.5.3 基于 GBA 的 C-V2X 设备的认证授权过程············258
 7.6 C-V2X 数据安全和隐私保护···························259
 思考题···262
 参考文献···262

第 8 章 C-V2X 频谱需求与规划·······································263

 8.1 C-V2X 频谱需求研究·································264
  8.1.1 车联网典型的行驶安全应用························264
  8.1.2 车联网行驶安全应用频谱需求分析··················265
 8.2 国际 C-V2X 频谱规划································271

- 8.2.1 美国 ... 271
- 8.2.2 欧盟 ... 273
- 8.2.3 日本 ... 274
- 8.2.4 韩国 ... 275
- 8.2.5 新加坡 ... 275
- 8.2.6 频率资源分配小结 ... 276
- 8.3 我国 C-V2X 频谱规划 ... 276
- 8.4 NR-V2X 频谱需求及规划展望 ... 278
- 思考题 ... 279
- 参考文献 ... 279

第 9 章 C-V2X 产业发展与应用 ... 281

- 9.1 C-V2X 产业链构建 ... 282
- 9.2 C-V2X 产业联盟 ... 283
- 9.3 C-V2X 互联互通测试 ... 284
  - 9.3.1 V2X "三跨" 互联互通应用 ... 284
  - 9.3.2 C-V2X "四跨" 互联互通应用 ... 286
  - 9.3.3 C-V2X "新四跨" 互联互通应用 ... 288
  - 9.3.4 2021 C-V2X "四跨"（沪苏锡）先导应用 ... 289
  - 9.3.5 国外与 C-V2X 相关的互联互通测试 ... 289
- 9.4 我国的 C-V2X 示范区及双智城市建设 ... 291
- 9.5 我国的 C-V2X 测试评估体系 ... 294
  - 9.5.1 构建 C-V2X 测试评估体系的背景 ... 294
  - 9.5.2 构建 C-V2X 测试评估体系的方法及测试能力建设 ... 295
- 9.6 C-NCAP 主动安全评测应用 C-V2X 技术 ... 299
- 9.7 C-V2X 典型应用案例 ... 302
- 思考题 ... 305
- 参考文献 ... 305

第 10 章 C-V2X 应用展望与新技术发展趋势 ... 307

- 10.1 基于 C-V2X 的车路云协同应用与展望 ... 308
- 10.2 C-V2X 新技术趋势及研究方向 ... 309

10.2.1　车联网无线传播环境信道建模 ················ 309
10.2.2　基于 5G 和 B5G 的高精度定位 ················ 312
10.2.3　雷达与通信融合在车联网中的应用 ················ 314
10.2.4　AI 赋能的车联网通信关键技术 ················ 316
10.2.5　基于区块链的车联网安全技术 ················ 320
10.2.6　卫星通信在车联网中的应用 ················ 322
10.2.7　C-V2X 在低空智联网中的应用 ················ 324

思考题 ················ 326

参考文献 ················ 326

附录 A　缩略语 ················ 335

附录 B　国内 C-V2X 相关部分标准列表及进展 ················ 349

附录 C　C-V2X 发展大事记 ················ 353

附录 D　车联网（智能网联汽车）直连通信使用 5905-5925MHz 频段管理规定（暂行） ················ 357

第 1 章

概述

本章首先简要介绍了车联网的发展背景，以及信息通信技术在汽车行业和交通行业中的应用和演进；介绍并总结分析了车联网（V2X）与蜂窝车联网（C-V2X）技术，澄清了相关且容易混淆的概念；进而全面分析了车联网对智能网联汽车、智慧交通和智慧城市的赋能作用。最后，介绍了 C-V2X 技术在全球和我国的政策与标准化方面的发展现状和态势，使读者可以初步了解 C-V2X 的发展历程，为后续章节的 C-V2X 技术和标准化介绍提供必要的背景知识。

1.1 车联网的发展背景

汽车作为现代社会重要的交通工具，在给人类带来舒适和方便的同时，随着其数量的快速增长，交通安全、城市拥堵、环境污染等问题日趋严重。据统计，全球范围内的交通事故年均致死人数约为 130 万，是青年人死亡的首要原因[1]。上班族由于交通拥堵的时间损失每年可达几十甚至上百小时[2]，由此导致的经济损失在某些国家的国内生产总值（GDP，Gross Domestic Product）中占 1%～3%[3-4]。全球超过 10%的温室气体排放源自交通运输业的燃油[5]，美国每年由交通拥堵造成的燃油浪费达 150 亿升[6]。

汽车、交通、城市治理等行业均致力于开展技术创新以应对上述问题，信息通信技术的应用是其中的重要方面。例如，汽车配备定位、导航、摄像机和雷达等感知设备，加强车载计算能力，提升车辆智能化水平；交通行业通过基础设施的数字化升级，将信息通信技术应用于交通信息的采集、传输、处理、存储、显示和发布，提升服务和管理能力。长期的实践表明，除了车端、路侧基础设施本身的数字化和智能化外，还需要实现车与车、车与路侧基础设施间的信息交互与能力共享，网联化成为汽车和交通行业提升行驶安全、提升交通效率、实现节能减排的全球共识。

在此背景下，车联网（V2X，Vehicle-to-Everything）技术应运而生，该技术可实现车辆与周边交通环境和网络的全方位连接和高效准确的信息通信，包括车与车（V2V，Vehicle-to-Vehicle）、车与路侧基础设施（V2I，Vehicle-to-Infrastructure）、车与人（V2P，Vehicle-to-Pedestrian）[1]、车与网络/云（平台）（V2N/V2C，Vehicle-to-Network/Cloud）等。车联网技术结合人工智能、大数据、云计算、视觉和雷达感知、高精度地图和高精度定位等技术，可实现多维度多层次的信息深度融合，能满足智能交通系统在汽车行驶安全、效率提升和信息服务等方面的需求。

车联网作为面向汽车、交通、能源、信息通信、城市治理以及环境保护等跨行业跨领域的交叉融合创新技术，成为未来相关领域产业变革演进的重要使能技术，并为之提供基础性的通信和连接支撑能力。汽车工业呈现电动化、智能化、网联化、共享化的"新四化"发展趋势，车联网支持车辆智能化与网联化的融合发展，即"智能网联汽车"（ICV，Intelligent Connected Vehicle）。交通行业提出数字化、网联化、智能化、自动化等发展方向，车联网可赋能其向安

---

1 注：V2P 中的"Pedestrian"，不仅仅指行人，而是指广义上的弱势交通参与者（VRU，Vulnerable Road User），包括行人、自行车及摩托车骑行者等。

全、高效、绿色的智慧交通系统演进。以此为基础，车联网将进一步支持智慧城市建设中信息网络和基础设施的网联化、智能化、数字化等要求，服务于生产、生活、生态的方方面面。

由于上述重要作用，车联网技术已成为国际科技前沿和国家重大战略发展需求。《中华人民共和国国民经济和社会发展第十四个五年规划和2035年远景目标纲要》（简称"十四五"规划）中明确指出"要积极稳妥发展车联网"[7]，需要抓住产业变革的关键时间窗口，通过创新引领协同发展车联网，实现我国网络强国、交通强国和数字中国的战略目标。

1.1.1 信息通信技术在汽车行业的应用与演进

汽车和通信在一百多年前诞生，极大地改变了人类的生产和生活方式。

1885年，德国工程师卡尔·奔驰制造成一辆装有0.85马力汽油机的三轮车，世界上第一辆汽车诞生。1908年，美国福特汽车公司生产出世界上第一辆普通百姓能消费得起的汽车——T型车，汽车工业革命就此开始。1913年，美国福特汽车公司开发出世界上第一条汽车生产线，"为世界装上了轮子"。汽车的发明和广泛应用极大地提高了人类的生产力和生活质量。

1844年，美国人莫尔斯发明了莫尔斯电码，通过电报机收发电报，开创了人类使用"电"传递信息的先河，拉开了现代通信的序幕。1864年，麦克斯韦从理论上预言了电磁波的存在；1888年，赫兹用实验证实了电磁波的存在；1896年，马可尼第一次用电磁波进行了长距离无线通信实验，从此世界进入了无线通信的新时代。现代无线移动通信极大地改变了人们的生活方式，并成为推动社会信息化、数字化和智能化发展的重要动力。

> **资料专栏：Communication（交通，通信）**
>
> 交通和通信的英文都是Communication。
> 交通提供的是人或物在时空上的转移。
> 通信提供的是信息（语音、消息、图片、视频等）在时空上的转移。

汽车在给大家带来舒适和方便的同时，随着其数量的快速增长，交通安全、城市拥堵、环保节能等问题日趋严重。政府部门、交通行业、汽车行业一直在探索和实践解决方案。信息通信技术很早就已经应用于汽车行业，信息通信技术在汽车行业的应用与演进如图1-1所示，具体演进过程可分为以下多个阶段。

（1）广播

信息通信技术最早在汽车行业中的应用是收音机，在车内接收无线广播信号，可为驾驶员和乘客提供交通、天气、娱乐等信息。

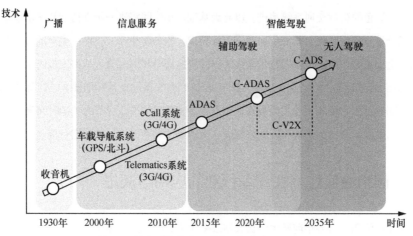

图 1-1　信息通信技术在汽车行业的应用与演进

（2）信息服务

基于信息通信技术提供的信息服务包括车载导航、车载紧急呼叫（eCall）系统、远程信息服务（Telematics）等。

车载导航利用车载定位系统，配合电子地图实现。车辆在行驶过程中，其位置及航向成为车辆定位、导航、自动驾驶等应用中必不可少的信息，车辆的经度、纬度、海拔、航向及行驶速度等信息均可通过全球导航卫星系统（GNSS，Global Navigation Satellite System）获取。GNSS包括绕地球运行的多颗卫星，各卫星持续发射特定的无线电信号，车辆安装相应的接收机，接收多颗卫星信号并进行分析处理，从而确定接收机所在的位置（经度、纬度和海拔等）。目前商用 GNSS 有美国的全球定位系统（GPS，Global Positioning System）、俄罗斯的格洛纳斯导航卫星系统（GLONASS）、欧盟的伽利略导航卫星系统（GALILEO）和中国的北斗导航卫星系统（BDS，BeiDou Navigation Satellite System）等。2000 年，美国政府停止 GPS 的选择性使用限制，将全球定位数据开放，供全球范围内民用和商用，基于 GPS 的车载导航系统开始装配。2000 年，中国建成北斗导航试验系统，成为继美国、俄罗斯之后世界上第 3 个拥有自主导航卫星系统的国家；2012 年年底，北斗系统空间信号接口控制文件公布，北斗导航业务正式对亚太地区提供无源定位、导航和授时服务。

蜂窝移动通信系统（也称无线移动通信系统，以下简称蜂窝通信或移动通信）采用蜂窝小区的无线组网方式支持手机等终端实现无线移动通信，具有越区切换和跨网自动漫游功能。从 20 世纪 80 年代以来，蜂窝通信以每 10 年一代的进度经历了快速发展。中国移动通信产业经历了"2G 跟随、3G 突破、4G 并跑、5G 引领"的发展过程，以前所未有的速度创造出世界通信史上的奇迹[8]。

eCall 系统利用蜂窝通信接入和卫星定位功能，在汽车事故发生时，自动或手动通过统一号码（具体号码美国和欧洲不同）与最近的救援中心建立连接。除了语音连接之外，eCall 系统还能上传事故和车辆等信息。eCall 系统在欧洲、美国等地已广泛应用，其中欧盟规定自 2018 年 3 月起，所有机动车辆必须配备 eCall 系统，作为事故发生后的一种应急通信方式[9]。

基于蜂窝通信的网联接入，可利用蜂窝通信的容量大、覆盖广、移动性支持能力强等优势提供车辆 Telematics。Telematics 是远距离通信的电信（Telecommunications）和信息学（Informatics）的合成词，是指汽车、飞机、船舶、火车等运输工具上内置了计算机系统和蜂窝通信等，通过无线移动通信连接后台服务中心。早期 3G、4G 时代的 Telematics 应用主要实现对车内各系统的电子控制单元（ECU，Electronic Control Unit）的远程监测、远程诊断、道路救援、维修和保养服务及远程车辆调度等功能。随着车联网、蜂窝通信的发展及移动互联网的普及，Telematics 的应用也更加丰富，包括空中下载（OTA，Over-the-Air）、导航和地理信息服务、实时路况等交通信息服务，以及车载信息娱乐（IVI，In-Vehicle Infotainment）、语音通信、车内语音声控操作、智能座舱等，能更好地满足汽车用户对驾驶安全性和舒适性的需求。

（3）智能驾驶

对汽车行业而言，其分阶段、分步骤的智能驾驶演进过程，可划分为辅助驾驶（Driving Assistance）和无人驾驶（Automated Driving）两个阶段，如图 1-1 所示。

资料专栏：无人驾驶（汽车），自动驾驶（汽车），智能驾驶（汽车）

无人驾驶和自动驾驶，广义概念相同，均泛指代替人类驾驶汽车的技术。

狭义上讲，无人驾驶和自动驾驶有区别。自动驾驶可以是泛称。但无人驾驶有特指，如无人驾驶汽车没有方向盘、没有油门，只有一个启动和停止按钮，在设定好行驶的目的地后，行驶速度和路径都没有人类参与，完全交给机器。

从自动驾驶的等级分析：Level 0（L0）属于传统驾驶，L1 和 L2 属于辅助驾驶，L3~L5 属于自动驾驶，L4~L5 的自动驾驶技术等级称为"无人驾驶"。

智能驾驶更强调汽车智能化的过程，包括辅助驾驶、无人驾驶。智能驾驶、自动驾驶、无人驾驶三者是内涵不断缩小、先进技术递进的关系。

为避免误解混淆，本书后续章节中，均将 L1~L2 归为辅助驾驶，L4~L5 归为无人驾驶，L3 介于二者之间。

辅助驾驶和无人驾驶两个阶段的划分，可以参考自动驾驶分级的定义。如国际自动机工程师学会（SAE International）的 J3016 标准[10]，以及中国的自动驾驶分级标准《汽车驾驶自动化

分级》[11]，可将汽车自动驾驶分为L1～L5共5个等级，具体信息请参见本书第1.3.1节。

辅助驾驶阶段，仍由人类驾驶员主动控制车辆，感知设备及智能系统用于辅助人类驾驶员更安全、更舒适地行车。先进驾驶辅助系统（ADAS，Advanced Driving Assistance System）主要依靠车载的雷达和视觉等传感器及决策、执行等装置，辅助人类驾驶员执行驾驶任务，包括信息辅助类和控制辅助类等功能。信息辅助类功能包括盲点检测、前向碰撞检测等；控制辅助类功能包括变道辅助、自适应巡航控制（ACC，Adaptive Cruise Control）和自动紧急制动（AEB，Autonomous Emergency Braking）等。

网联式/协作式ADAS（C-ADAS，Cooperative-ADAS）是车联网技术与ADAS的融合，借助车联网提供的V2X通信连接，将辅助车辆感知与决策的能力由仅依赖单车扩展至车车与车路协同，从而实现对传统ADAS的功能扩展和性能增强。

无人驾驶是自动驾驶演进的高级阶段，是车联网的高级应用目标之一。无人驾驶强调所有驾驶操作由自动驾驶系统完成。基于车联网实现智能化与网联化融合发展，无人驾驶技术的发展将经历从单纯依赖单车的智能化（自主式无人驾驶）向网联式/协作式无人驾驶系统（C-ADS，Cooperative-Automated Driving System）的演进，实现网联式协同感知、协同决策与控制。关于车联网赋能智能网联汽车的更多介绍，请参见本书第1.3.4节。

综上所述，智能驾驶中辅助驾驶和无人驾驶两个阶段的技术演进，均可基于车联网提供的V2X通信能力，推动智能网联汽车的智能化与网联化的融合发展。关于车联网赋能智能驾驶、智能网联汽车的更多介绍，请参见本书第1.3节。另外，V2X技术支持网联式辅助驾驶和网联式无人驾驶，由于面向的应用场景不同，对车联网通信的能力要求有差异，请参见本书第2章。

除了上述服务于汽车智能驾驶，车联网及蜂窝通信等无线通信技术还可为未来汽车的个性化服务、软件和应用升级提供重要的OTA技术支撑。无人驾驶将使汽车成为智能移动个人空间，成为家庭、办公室外的第三空间，未来将出现车联网平台经济，商业模式创新空间巨大。

1.1.2　信息通信技术在交通行业的应用与演进

信息通信技术在交通运输中可应用于道路交通信息的采集、传输、处理、存储、显示与发布等，有助于提高交通管理能力、提升运营效率和减少交通事故，广泛应用于高速公路和城市交通场景。在高速公路场景中，从早期的高速公路信息化系统到近年的智慧高速公路建设；在城市交通场景中，交通信号控制、公共交通信息系统、营运车辆管理系统等典型应用，以及作为智慧城市建设的重要组成部分的智慧交通管控,都对通信、计算和人工智能等能力的需求有明显提升。

结合车联网通信,以交通信号控制系统、电子不停车快捷收费系统(ETC,Electronic Toll Collection)以及公共交通系统等交通行业的典型应用为例进行简要介绍。

交通信号控制系统通过对交通信息的采集、传输、处理和执行来控制交通信号的变化,以提高交通安全性和效率。根据控制范围,可分为单点交叉口交通信号控制(点控)、主干道路交通信号协调控制(线控)和区域交通信号系统控制(面控)。信息通信技术是保证交通信息、控制指令能够在交通信号控制系统中的管理平台、控制系统中心和路口信号机间实时、准确传输的关键,可以基于专用的数字化通信网络,采用有线或无线通信技术实现。V2X 车联网通信技术提供了实时的交通信息检测能力,解决传统固定配时方式无法适应车流量高度动态性的问题,使交通信号能灵活、高效、自适应地进行配时控制[12-13]。

ETC 是指应用于高速公路、桥梁或停车场等地的电子自动收费系统,通过车载电子标签与收费站的 ETC 路侧设备之间的专用短距无线通信,并进而利用联网技术与银行后台进行结算处理,从而实现车辆通过收费站时,无须停车而自动交纳相关费用[14]。随着 V2X 的部署,利用其 V2I 的连接服务可以实现开放式自由流不停车收费,还可结合 V2N 通信实现拥堵收费等新应用,为交通管理者提供新的管理手段和方式[15]。另外,ETC 的应用已逐渐从单一的高速公路收费场景延伸至城市交通场景,拓展到停车场、加油站、充电桩和出租车等多元化交通领域。

公共交通系统的智能化、信息化目的是有效提高城市交通安全和运行效率,方便市民出行。公交一卡通系统和公交智能监控调度系统是信息通信技术在智能公共交通中的典型应用。公交一卡通系统的发展已从最初的公共交通刷卡消费向跨地域互联互通、小额消费和公共服务领域拓展。其中,要实现一卡通终端系统的可靠工作,终端设备与射频识别(RFID)读卡器、公交一卡通后台系统之间的可靠通信是重要前提。公交智能监控系统由公交智能监控调度平台、数据传输网络和公交车载 GPS 终端等组成,公交智能监控调度平台进行数据分析处理,并连接地理信息系统(GIS,Geographic Information System),实现车辆监控、信息统计管理、车辆运营调度、自动排班、电子站牌信息更新等功能。

综上,信息通信技术已在交通运输领域得到大量应用,并将整合各种交通方式,形成系统性的出行即服务(MaaS,Mobility as a Service),以便更好地满足人们的各种交通需求。可以预见,信息通信技术的发展对交通信息化和智能化的推动作用将更加明显。关于车联网赋能智慧交通的更多介绍,请参见第 1.4 节。

1.2 车联网与蜂窝车联网（C-V2X）

1.2.1 车联网

如第 1.1 节所述，车联网可为汽车、交通、城市治理等行业的现有应用及其演进发展提供基础性连接能力。具体而言，车联网是指按照约定的通信协议和数据交互标准，在车、路、人、云之间进行信息交换的通信网络[16]。V2X 可以提供包括 V2V、V2I、V2P、V2N 等多种方式通信，如图 1-2 所示。车联网为汽车驾驶和交通管理应用提供环境感知、信息交互与协同处理能力，是实现车辆与周围驾驶环境、交通元素等全方位连接和通信的新一代信息通信技术。

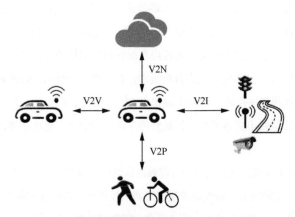

图 1-2 V2X 通信类型（V2V、V2I、V2P 和 V2N）

车联网通信服务于车联网应用的需求。车联网应用从行驶安全类、交通效率类、信息服务类等基本应用向自动驾驶、智慧交通等增强应用演进（具体应用类型及典型应用场景的介绍，请参见本书第 2 章），在通信时延、可靠性、通信距离等方面具有多样化、差异化的通信性能需求，如图 1-3 所示，主要分为两类[17]。

（1）近程信息交互。支持行驶安全和自动驾驶类应用，时空尺度相对小（约 1km 范围、毫秒级信息时效性要求），群发群收且通信交互频度高（每车每秒 10 次以上），要求低时延、高可靠，主要包括 V2V、V2I 和 V2P 的信息交互，主要传送汽车速度、位置、制动速度和其他行驶安全数据等信息。

(2)远程信息服务[2]。支持交通效率和信息娱乐类应用,时空尺度相对大(数千米到百千米级地理范围、秒级到小时级信息时效性要求),为时延不敏感通信,往往对大带宽有要求,如地图下载、视频、大范围交通调度、车辆行驶数据上传等。

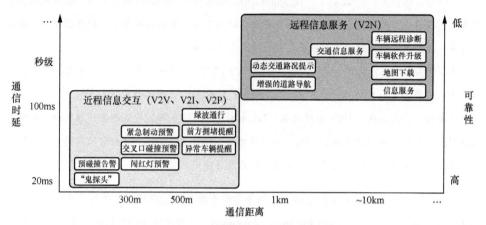

图 1-3 车联网应用及多样化通信性能需求

> **资料专栏:车联网与车内网,车际网,车云网**
>
> 广义车联网包含车内网、车际网和车云网,狭义车联网专指"V2X"。
>
> 车内网:指汽车内部的通信网络,实现整车内部控制系统与各检测和执行部件间的数据通信。现有工业技术标准有控制器局域网络(CAN,Controller Area Network)和车载以太网(Automotive Ethernet)等。目前车内网持续演进,对可靠性、数据速率、抗电磁干扰等通信性能及低成本优势等方面提出更高要求。
>
> 车际网(IVC,Inter-Vehicle Communication,即V2X):实现V2V、V2I、V2P通信的无线通信技术,对通信时延与可靠性有严苛的要求。主要技术标准包括C-V2X和IEEE 802.11p[18]。
>
> 车云网:车与网络/云(平台)(V2N/V2C)通信,也称车载移动互联网,传统指车载终端通过蜂窝通信等实现与互联网云平台的无线连接,如Telematics和OTA等,对通信时延等没有严苛要求。车云网和车际网都可以通过C-V2X实现。
>
> 广义车联网(车内网、车际网、车云网三者的结合)指车辆、道路、环境、云(平台)进行数据和信息交互的通信技术,是实现智慧交通和智能驾驶的关键使能技术。一方面,基于车际网(V2X)实现车车协同和车路协同;另一方面,车云网将各种数据上传至云平台,实现宏

---

2 "Telematics"一词也可翻译为"远程信息服务"。本书后续章节中,用"Telematics"专指早期汽车通过安装蜂窝通信模块,实现与互联网和后台服务中心间的连接。在提及车联网的应用时,用"远程信息服务"和"近程信息交互"对应。

观交通调控及开拓汽车出行新商业模式和新市场,如 MaaS(出行即服务)等。

> **资料专栏:远程信息服务(Telematics),车联网(V2X)**
>
> 远程信息服务(Telematics):Telecommunications 和 Informatics 的合成词,在车联网应用领域主要指通过内置在汽车上的蜂窝通信模块实现与互联网和后台服务中心的通信连接,提供如道路救援、远程车辆服务、导航、车载信息娱乐等服务。
>
> 车联网(V2X):实现 V2V、V2I、V2P、V2N/V2C 等通信,主要用于满足行驶安全、交通效率、信息娱乐和自动驾驶等需求。Telematics 主要通过 V2N 通信实现。
>
> 需要指出的是,在 C-V2X 出现之前,Telematics 专指汽车通过安装蜂窝通信模块,实现与互联网和后台服务中心的连接。C-V2X 标准提出后,使得 Telematics 所包含的应用类型更加丰富,且能同时支持近程信息交互和远程信息服务两类应用。

目前,国际上主流的车联网无线通信技术主要有两条技术路线:①电气电子工程师学会(IEEE, Institute of Electrical and Electronics Engineers)主导标准化的专用短距通信(DSRC, Dedicated Short Range Communication)/IEEE 802.11p;②第三代合作伙伴计划(3GPP, The Third Generation Partnership Project)主导标准化的 C-V2X。其中,IEEE 802.11p 在 IEEE 802.11a 的基础上增强设计,支持车车和车路的直通通信[18],但由于存在隐藏终端、连续覆盖差、车辆密集时通信时延高和可靠性低等缺点,迟迟未得到广泛认可和规模部署。C-V2X 技术路线由本书第一作者的团队于 2013 年首次提出,并联合友商在国际标准组织 3GPP 推动标准化,由于其低时延/高可靠/直通通信性能优势、蜂窝通信与直通通信可灵活互补等特点,已在与 IEEE 802.11p 的全球技术与产业竞争中胜出[17]。

1.2.2 蜂窝车联网(C-V2X)

回顾 C-V2X 技术被提出之初(2013 年),已有技术均不能满足车联网近程信息交互的严苛通信要求。IEEE 802.11p 存在如前所述的技术与性能缺陷。其他无线通信技术,如蜂窝通信、移动自组织网络(MANET, Mobile Ad-Hoc Network)、物联网等,也由于通信场景、业务特征、通信性能等方面的差异,无法满足车联网通信要求,尤其是近程信息交互的高频度、低时延、高可靠的严苛通信要求[17-23]。具体请参见第 3.5 节。

蜂窝通信具有广覆盖、大带宽、大容量等优点,具有产业规模优势,能满足车辆远程信息服务需求;但其针对以人为主的通信场景,技术特点、通信性能等(如点对点通信、较低通信频度、通信对象已知),仍与车联网复杂快变化的无线传播环境下的通信特点具有明显差异(如多点对多点并发通信、通信频度高、通信对象随机突发等）；先建立信令再传输数据，端到端通信时延高（如 4G 蜂窝通信平均端到端时延超过 100ms），难以满足车车、车路近程信息交互的低时延通信要求[17]。

MANET 与车联网具有一些相似特性，如拓扑结构动态变化、无中心的分布式网络控制、多节点共享无线信道、有限的无线传输链路资源等。但两者在通信性能、通信频度、通信范围和移动性等方面存在较大区别。MANET 无法满足车联网近程信息交互的实时通信要求。车载自组织网络（VANET, Vehicular Ad-Hoc Network）是 MANET 的一个重要分支，强调独立于通信基础设施而组网，但其采用的车辆间无线通信技术通常是指 IEEE 802.11p[17]。

物联网（IoT, Internet of Things）的概念很泛化，车联网和物联网二者区别很大，不能简单等同。物联网涉及行业广，多类型的终端绝大部分静止，通信性能要求不严苛、不统一，通信范围可能包括短距离和长距离，对低功耗有明确要求。对应 IoT，车联网中有 IoV（Internet of Vehicles）的概念[17]。

资料专栏：VANET，IoV，V2X

VANET、IoV 和 V2X 的中文都是车联网，概念基本一样，但起源与侧重的角度略有差别。

VANET：强调车联网工作在自组织（Ad-Hoc）通信模式，聚焦支持基于车车、车路无线连接的行驶安全应用，其通信方式为专用短距通信（DSRC），通常指 IEEE 802.11p[17, 24]。VANET 来源于 MANET，为 MANET 在车联网领域基于 DSRC 的改进，突出可以独立于运营商的基础设施而组网，强调自组织网。

IoV：源于物联网（IoT），侧重强调车内网、车际网和车载移动互联网的融合，是广义车联网的概念。IoV 系统中，车辆具有智能功能，每辆车通过 V2X 通信与智慧交通参与者连接，包括感知平台、计算平台、控制单元和存储设备等。智能车辆可在 IoV 系统中具有多种角色：既是客户端又是服务器，承载并提供大数据业务，带来大量新的智能网联应用，共享安全信息和学习交通控制及优化[25]。

V2X：侧重通信连接的角度，强调车与车、车与路、车与人、车与云平台的全方位通信连接[25]，特别是要解决车与车、车与路的低时延、高可靠通信及高频度的行驶安全业务通信的技术挑战。

在此背景下，本书作者所在研究团队从 2011 年开始研究基于 TD-LTE 4G 蜂窝通信的车联网技术，本书第一作者于 2013 年 5 月 17 日（世界电信和信息社会日）在国内外公开场合首次提出 LTE-V（即 LTE-V2X）车联网核心技术与标准化推进设想[26]，该技术是首个融合蜂窝通信和直通通信的车联网通信技术[17, 19-23]，形成 C-V2X 的基本系统框架和关键技术原理，确立了

C-V2X 技术路线。C-V2X 示意图如图 1-4 所示，C-V2X 包括蜂窝通信和直通通信两种通信方式，其中 V2V、V2I、V2P 等低时延高可靠通信能力通过短距直通通信实现，支持近程信息交互；而时延不敏感的 V2N 通过蜂窝通信实现，实现车网、车云通信，支持远程信息服务[17, 19-23]。

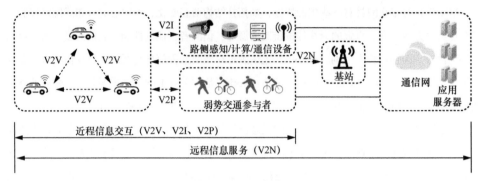

图 1-4　C-V2X 示意图

蜂窝通信和直通通信两者有机结合，可以互补支持车联网多样化通信需求[17, 19-23]，如表 1-1 所示。

表 1-1　C-V2X 的两种通信方式：蜂窝通信和直通通信[17, 19-23]

通信方式	接口	接入控制方式	支持业务类型	通信特征	频谱
蜂窝通信	Uu	集中式：需要先建立信令连接，由基站实现集中式控制	远程信息服务（主要基于 V2N 实现）	广覆盖、大带宽、时延不敏感	电信运营商的 4G/5G 频段
直通通信	PC5	分布式：基于感知与资源预约的分布式方法	近程信息交互（主要基于 V2V、V2I、V2P 实现）	低时延、高可靠、高频度	智能交通系统（ITS）专用频段（5.9GHz）

从 2015 年开始，本书作者及大唐（现中国信息通信科技集团有限公司，简称中国信科）团队联合华为、LG 电子等企业在国际标准组织 3GPP 推动 LTE-V2X 车联网国际标准制定。C-V2X 作为基于蜂窝通信的 V2X 通信技术，根据 3GPP 全球统一标准，包括基于 LTE 4G 的 LTE-V2X 及基于 5G 新空口（NR，New Radio）的 NR-V2X 技术。

资料专栏：LTE-V2X，NR-V2X，C-V2X

LTE-V2X：基于长期演进技术（LTE，Long Term Evolution）空口，首个将蜂窝通信和直通通信相结合的车联网通信技术。作者团队最早在2013年提出概念和关键技术[26]。2015年3GPP开始推进LTE-V2X标准化工作，包括Release 14（以下简称R14）和Release 15（以下简称R15）两个版本；2017年3月完成R14版本的标准化，支持基本行驶安全应用；2018年6月完成R15

第1章 概述

版本的标准化,支持部分增强 V2X 应用。

NR-V2X:基于 5G 新空口设计的 V2X 通信技术,是 LTE-V2X 的演进,支持增强 V2X 应用。2020 年 6 月,3GPP 完成 Release 16(以下简称 R16)标准化;2022 年 6 月完成 Release 17(以下简称 R17)的标准化工作;Release 18(以下简称 R18)继续支持直通通信演进,已于 2022 年 5 月启动,2024 年年中完成。

C-V2X:即蜂窝车联网技术,是 5G 汽车协会(5GAA,5G Automotive Association)在 2016 年 11 月为了区别 IEEE 802.11p 提出的新术语[27]。

C-V2X 在 3GPP 的标准化包括 LTE-V2X(R14 和 R15)和 NR-V2X(R16、R17、R18)。C-V2X 可提供 Uu 接口(蜂窝通信接口)和 PC5 接口(直通通信接口)[27](具体可参见本书作者关于 C-V2X 的 3 篇经典论文[19-21])。

1.2.3 车路云协同系统

车联网通过 V2X 通信提供车辆与周围的车、路侧基础设施、人、网络和云平台等的通信连接和信息交互能力,进而构建车-路-人-云等交通元素及其数据、感知与计算能力的融合协同系统,即车路云协同系统(CVICS,Cooperative Vehicle-Infrastructure-Cloud System),赋能智能网联汽车、智慧交通及智慧城市建设。

资料专栏:车联网,车路云协同,智能网联汽车

车联网:是汽车、信息通信、交通等行业深度融合的新型产业形态,底层(狭义)指车-路-人-云间的通信连接和高效协同,上层(广义)包括车联网数据应用与服务,即车联网平台经济(类似互联网平台经济),将产生新的万亿级产业。

车路云协同/车路云一体化:是车联网的一个具体应用形态,包括聪明的车、智慧的路和协同的云,从智能网联汽车、智慧交通的应用角度来看,侧重点略有不同。

智能网联汽车:强调汽车的智能化和网联化,是车联网、车路云协同的重要元素和服务对象,也是车联网应用的核心载体,是产业变革的关键驱动因素。车联网、车路云协同根据智能网联汽车从辅助驾驶安全(L1/L2)到无人驾驶(L4/L5)演进,其功能需要迭代升级。

通过车、路、人、云等多维要素之间的融合感知、群体决策与协同控制,提升道路交通系统的安全性、效率和绿色化等综合性能[28]。车路云协同系统包括多种关键设备:车载终端(OBU,On Board Unit)、路侧设备(RSU,Road Side Unit)、路侧感知设备和移动边缘计算(MEC,Mobile Edge Computing)设备、云协同平台等。基于 C-V2X 的车路云协同系统[17]如

13

图 1-5 所示，车车、车路的协同主要基于 C-V2X 的直通通信实现，支持近程信息交互类的应用，进而基于 C-V2X 的蜂窝通信实现与云平台的协同，支持远程信息服务类的应用。

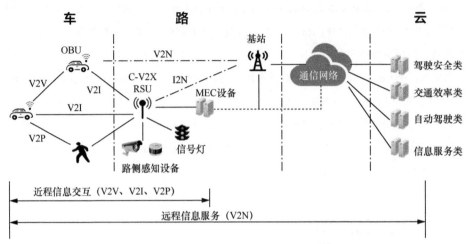

图 1-5　基于 C-V2X 的车路云协同系统[17]

在车路云协同系统中，车辆、其他交通参与者、路侧基础设施、各级计算设备、各类应用平台构成一个互联、融合、协同的复杂大系统。其中的"互联"，不仅仅是各类物理实体间基于 C-V2X 的通信互联，还应实现数据与应用能力的开放共享、计算能力的协同融合。从数据与应用能力的角度，需要打破不同行业、不同应用平台间互相"垂直独立"带来的"信息孤岛"壁垒，以统一标准、开放共享的方式提供数据融合汇集、分析与决策、服务与计算编排以及开放业务管理等能力[29]。从计算能力的角度，构建由车载计算平台、边缘计算和云计算构成的分级智能计算架构，进而形成区域级和全局级的算力网络，以不同智能计算节点间的数据协同、算力协同、算法模型协同、计算服务协同等支持各类应用所需的智能计算服务。

车联网利用 C-V2X 通信连接，以车车、车路交通事件与预警信息交互，车端、路侧的感知能力融合，以及车端、边缘云、中心云分级计算能力融合，服务于智能驾驶汽车，支持网联式辅助驾驶与无人驾驶，即"聪明的车"；进而将以道路基础设施的数字化、网联化、智能化发展为基础，与交通监控设施、交通诱导设施、交通管理平台等结合，实现区域、广域的交通效率提升，服务于安全、高效、绿色的智慧交通系统，即"智慧的路"；进一步地，还将牵引城市智能基础设施建设，与城市级出行服务平台、城市级数字孪生平台以及城市能源网等结合，服务于城市生产、生活、生态的方方面面，实现高效、低碳的城市智慧治理，即"智慧的城"。车联网赋能智能网联汽车、智慧交通和智慧城市示意图如图 1-6 所示[29]。

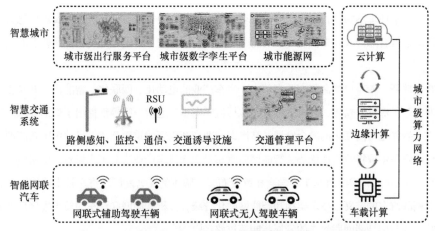

图 1-6　车联网赋能智能网联汽车、智慧交通和智慧城市示意图

目前，依托 C-V2X，发展车路云协同系统，赋能智能网联汽车、智慧交通、智慧城市，已形成广泛共识[30]。在此共识的基础上，结合新的应用需求与技术发展，车路云协同系统也呈现出新的发展趋势。

一方面，基于车路云协同系统，我国提出构建"车能路云"融合发展的产业生态，是对"车路云"一体化发展的进一步应用与延伸，也是面向汽车产业发展新阶段与能源结构转型提出的重要发展战略，在巩固和扩大新能源汽车发展优势基础上，指明了新能源汽车新阶段的发展方向，进一步优化产业布局，推进我国经济高质量发展[31]。

另一方面，大模型因其智能涌现能力、对标签数据依赖性低、跨领域应用潜力等优势引起了广泛关注。在车路云协同领域，自然语言大模型目前已在智能座舱、人机交互中得到应用。端到端大模型已经在智能驾驶汽车（如特斯拉 FSD）中应用。网联智能能够有效扩充有价值的训练数据，提供更多的数据类型、更大的数据规模、更高的数据质量。如何依托车路云协同系统中的海量驾驶数据、云边端算力，利用大模型赋能智能驾驶，也成为新的研究热点。其关键在于打通车路云协同的大数据采集与大模型训练的在线循环迭代路径，并开展面向智能驾驶等垂直领域的训练方法与学习理论、感知-决策-控制大模型训练与调优、云边端协同的算力调度与算法模型部署、车路云协同的大模型持续优化等关键技术研究[32-33]。

以下将分别介绍车联网对智能网联汽车、智慧交通、智慧城市的赋能作用。

1.3　车联网与智能网联汽车

智能网联汽车是搭载先进的车载传感器、控制器、执行器等装置，融合现代通信与网络技术，具备复杂环境感知、智能化决策、自动化控制功能，使车辆与外部节点间实现信息共享与控制协同，具有部分或完全自动驾驶功能，由单纯交通运输工具向智能移动空间转变的新一代汽车[34-36]。

在全球新一轮科技革命和产业变革中，汽车产业的电动化、网联化、智能化、共享化（简称"四化"）等发展趋势，对汽车本身，包括汽车电子、通信网络等都提出了新的要求。智能网联汽车智能化与网联化的融合发展，是汽车产业变革创新的重要载体。目前中国新能源汽车在全球的竞争中取得阶段性优势，智能网联汽车是未来汽车产业决胜下半场竞争的关键[37]。

自 2016 年起，中国汽车工程学会相继发布多个版本的《智能网联汽车技术路线图》，明确智能网联汽车的定义、技术架构和智能网联化分级，分析智能网联汽车的技术发展现状和未来趋势，为我国智能网联汽车的发展指明演进路径[38-40]。

本节将从自动驾驶分级及自动驾驶汽车的感知、决策和控制等关键技术入手，分析单车智能技术路线面临的挑战，最后介绍车联网以网联化与智能化融合发展赋能智能网联汽车的不同能力。

1.3.1 自动驾驶分级

近年来，国际标准法规组织广泛开展了汽车驾驶自动化分级的研究。SAE International 制定并发布了自动驾驶分级标准 SAE J3016[10,41]。我国在政策和市场的推动下，根据国情制定推荐性国家标准《汽车驾驶自动化分级》（GB/T 40429—2021）[11]。

2016 年 9 月，美国交通运输部发布了关于自动化车辆的测试与部署政策指引，明确将 SAE J3016 标准确立为定义自动化/自动驾驶车辆的标准，用以评定自动驾驶技术。SAE J3016 定义的汽车自动驾驶共有 6 个等级[10]，如表 1-2 所示。

表 1-2　SAE J3016 定义的汽车自动驾驶的 6 个等级[10]

分级	名称	定义	驾驶操作	周边监控	接管支援	应用场景
L0	无自动化	由驾驶员全权驾驶汽车	驾驶员			无
L1	驾驶辅助	车辆驾驶系统对方向盘和加减速中的一项操作提供驾驶，其余由驾驶员操作	驾驶员/系统	驾驶员	驾驶员	受限场景
L2	部分自动化	车辆驾驶系统对方向盘和加减速中的多项操作提供驾驶，其余由驾驶员操作	系统（机器操控）			

续表

分级	名称	定义	驾驶操作	周边监控	接管支援	应用场景
L3	有条件自动化	车辆驾驶系统完成绝大部分的驾驶操作，驾驶员需要保持注意力集中，以备不时之需	系统（机器操控）	系统（机器操控）	驾驶员	受限场景
L4	高度自动化	由车辆驾驶系统完成所有的驾驶操作，根据系统要求，驾驶员无须保持注意力。限定道路和环境条件	系统（机器操控）	系统（机器操控）	系统（机器操控）	受限场景
L5	完全自动化	由车辆驾驶系统完成所有的驾驶操作，驾驶员无须保持注意力				所有场景

2021年4月，SAE J3016发布更新版本，本次修订由SAE International道路自动驾驶（ORAD，On-Road Automated Driving）委员会和ISO TC204/WG14的联合工作组密切合作完成[41]。主要修改包括以下内容：①进一步澄清L3和L4的差别，包括备份用户的角色，L3级自动回退，在L4级对车内用户发出警报；②增加远程辅助和远程驾驶两个远程支持功能，操作用户为远程助手或远程驾驶员；③对L1和L2，使用"驾驶员支持系统"的命名，与L3到L5的"自动驾驶系统"相对应。④说明各级驾驶自动化的分类，以及按组划分的车辆类型定义，如普通车辆（Conventional Vehicle）、双模车辆（Dual-mode Vehicle）和自动驾驶系统专用车辆（ADS-dedicated Vehicle）；⑤定义和澄清故障缓解策略。

2021年8月，由我国工业和信息化部提出并由全国汽车标准化技术委员会归口的GB/T 40429—2021《汽车驾驶自动化分级》推荐性国家标准，由国家市场监督管理总局和国家标准化管理委员会批准发布，已于2022年3月起实施[11, 42]。该标准明确了我国汽车驾驶自动化系统的术语和分级定义、分级原则、要素、划分流程及判定方法，以及各等级的技术要求，意味着中国正式拥有自动驾驶分级标准，从国家政策层面推动自动驾驶产业的发展[42]。

中国版自动驾驶分级标准《汽车驾驶自动化分级》在制定过程中，参考了SAE J3016的L0～L5级的分级框架，并结合中国当前实际情况进行了调整。我国《汽车驾驶自动化分级》和SAE J3016标准都将汽车的自动化程度划分为6种不同的等级，针对级别的划分要素基本对应，对每个具体自动化驾驶功能的分级结果基本一致。同时根据我国国家标准制定规则、汽车产业情况和标准实施环境，精简描述用语、优化分级名称、强化安全要求，提升标准的科学性和可实施性。标准的制定过程中形成的中国方案和经验，也为相关国际标准法规的制定做出了重要贡献。

SAE J3016将自动紧急制动（AEB）等安全辅助功能和非驾驶自动化功能都设置在L0级，称为无驾驶自动化；我国《汽车驾驶自动化分级》国家标准称此类功能为应急辅助，作为一个安全的基础分支,和非驾驶自动化功能分开,更便于理解。0 级驾驶自动化不是无驾驶自动化,可感知环境并提供报警、辅助或短暂介入以辅助驾驶员(如车道偏离预警、前碰撞预警、自动紧急制动等应急辅助功能)。在 SAE J3016 标准下,L0~L2 级自动驾驶汽车的目标和事件检测以及响应任务(OEDR,Object and Event Detection and Response)全部由人类驾驶员完成[10, 41];而我国《汽车驾驶自动化分级》国家标准对 0~2 级自动驾驶,规定为 OEDR 由驾驶员及系统协作完成[11]。我国《汽车驾驶自动化分级》国家标准在 3 级中明确增加对驾驶员接管能力监测和风险减缓策略的要求,明确最低安全要求,降低实际应用的安全风险[11]。

我国《汽车驾驶自动化分级》国家标准中,不同等级的自动驾驶汽车在可实现的驾驶功能、汽车驾驶任务的执行者和工作条件等方面存在差异。我国《汽车驾驶自动化分级》中的驾驶自动化等级与划分要素的关系[11]如表 1-3 所示。

表 1-3 中国《汽车驾驶自动化分级》中的驾驶自动化等级与划分要素的关系[11]

分级	名称	车辆横向和纵向运动控制	目标和事件探测与响应	动态驾驶任务接管	设计运行条件
0 级	应急辅助	驾驶员	驾驶员及系统	驾驶员	有限制
1 级	部分驾驶辅助	驾驶员及系统	驾驶员及系统	驾驶员	有限制
2 级	组合驾驶辅助	系统	驾驶员及系统	驾驶员	有限制
3 级	有条件自动驾驶	系统	系统	动态驾驶任务接管用户(接管后成为驾驶员)	有限制
4 级	高度自动驾驶	系统	系统	系统	有限制
5 级	完全自动驾驶	系统	系统	系统	无限制

自动驾驶汽车的典型驾驶行为过程包括感知、决策与控制 3 个阶段,对应的环境感知、智能决策、控制执行也成为自动驾驶汽车的重要关键技术,如图 1-7 所示。其中,环境感知技术是指通过各种传感器对车辆行驶环境的动态感知和认知,并作为后续智能决策与控制执行的输入信息,是自动驾驶必不可少的重要基础[34-35]。智能决策技术可以根据环境感知的输入,制定当前时刻的汽车行驶策略(如直行、变道、超车等),为控制执行模块提供期望参考值。控制执行技术根据智能决策的策略得到车辆的转向、驱动和制动等控制指令[34-35]。

根据自动驾驶汽车的感知、决策与控制是否利用车联网技术,自动驾驶汽车的技术路线可分为单车智能和网联智能两种。在单车智能的技术路线中,上述感知、决策与控制功能依赖车载传感器、车载计算与决策单元实现,如图 1-7(a)所示。在网联智能的技术路线中,如图 1-7(b)中灰色框所示,为车联网使能作用的体现。基于车联网的使能作用,实现融合车-路-云的网联化感知、决策与控制。

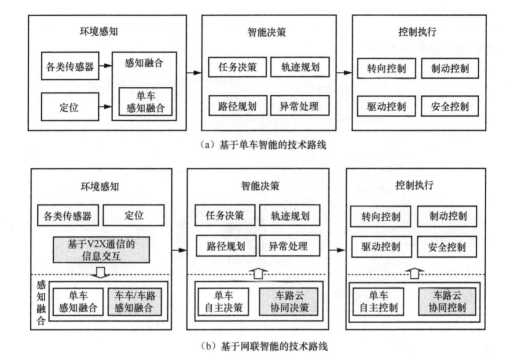

图 1-7 自动驾驶汽车感知、决策与控制

车联网在环境感知中的使能作用，体现在基于 V2X 通信的感知信息交互，以及将感知融合由单车扩展至多车或车路的协作感知。在决策与控制方面，车联网提供的网络连接能力，推动了从单车决策与控制向车路云协同决策与控制的技术演进。可见，车联网成为自动驾驶技术路线从单车智能向网联智能演进的关键所在。

1.3.2 车载感知技术

汽车的车载感知技术利用安装在车上的各类传感器[43]（如毫米波雷达、激光雷达、超声波雷达、视频感知和红外夜视等，如图 1-8 所示）及卫星导航定位等，在汽车行驶过程中随时随地感应周围环境的变化并收集数据，辨识、侦测与追踪静态和动态物体，并结合导航和地图数据，通过人工智能的运算与分析，可预先让驾驶者（人类驾驶员或车辆控制器）察觉可能发生的危险，提升驾驶汽车的安全性和舒适性。

各类车载传感器技术的比较简单总结如下。毫米波雷达负责提供精确的车辆速度（带运动方向）信息，摄像机主要负责目标和文字识别，激光雷达负责精确距离测算和车辆环境三维模型构建，超声波雷达提供倒车时物体感知，红外夜视摄像机识别夜间人和动物等发热物体。车载传感器技术和人类一样,无法感知约 300m 外的区域(视线范围以外)情况。各类车载传感器技术比较如表 1-4 所示。

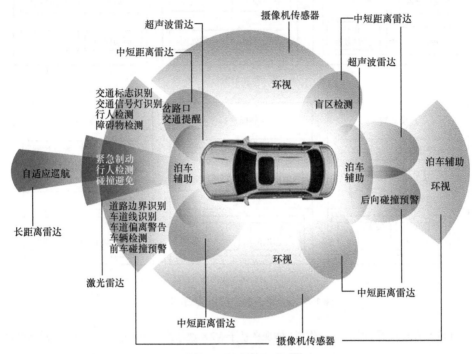

图 1-8　车载各类传感器[43]

表 1-4　车载传感器技术比较

传感器技术	技术原理	作用	探测距离/范围/m	优势	劣势
摄像机传感器	经摄像机采集外部图像信息,通过算法对目标进行图像识别	识别交通信号灯、交通标志、车道线、车辆、行人和路障物,辅助定位	100	适用于物体分类,可识别物体的几何特征、色彩及文字等信息,信息丰富,成本较低	在大雾、雨天、强光照射和黑夜等恶劣环境下会失效,容易受恶劣环境干扰
红外夜视摄像机传感器		识别夜间行驶时的行人、动物、车辆等发热物体	300	夜视效果佳	精度不高,易受温度影响,成本较高
毫米波雷达	利用电磁波探测目标,并测定其空间位置	适合全天候应用,感知目标的距离、速度和方位等	250	对烟雾灰尘穿透能力较强,不受天气影响,全天候工作,测距和测速精确度高	难以辨别物体的大小形状,行人反射与测距效果差,无法识别静止物体,角分辨率不高,小尺寸目标识别效果差

续表

传感器技术	技术原理	作用	探测距离/范围/m	优势	劣势
激光雷达	利用电磁波探测目标,并测定其空间位置	测量目标距离和建立车辆环境三维模型,可实现高精度车辆定位和障碍物识别	200	可获得精度较高的三维环境信息	成本较高,使用寿命较短,易受大雾和雨雪等天气的影响,无法实现图像和色彩文字识别
超声波雷达		行驶时短距离与盲区物体感知,倒车时物体感知	10	不受天气影响,技术成熟,成本较低	探测范围小,测量距离在 10m 以内,对松软物体探测效果不理想

可见,上述传感器技术各有其优点和缺点,且是互补的,不存在一个万能的传感器,在具体应用时要解决多传感器数据融合问题,才能实现对物体和周边环境更准确的感知。然而,对于单车感知而言,即使应用了多传感器融合技术,也依然面临感知范围受限、在恶劣天气和亮度突变等场景下感知鲁棒性差等问题。

1.3.3 自动驾驶中单车智能面临的挑战

早期自动驾驶汽车主要采用单车智能的技术路线,单车智能存在如下问题[17]。

(1)单车智能支持自动驾驶能力不足:感知能力不足,最远探测距离为 200m 左右,如视觉传感器、超声波雷达和激光雷达等传感器存在视距感知问题,且存在特殊光照和恶劣天气条件下感知能力受限等问题;单车智能决策能力不足,其他交通参与者意图不明及盲区信息未知等,会造成决策困难;缺乏与周边车辆、交通设施的交互能力,实现车路协作、车车协作困难,如难以解决复杂路口通行效率及支持救护车、警车、消防车、工程车等优先路权等应用。

(2)提升整体交通效率难:单车智能仅从个体角度优化,难以实现全局交通优化,提升整体交通效率难。

(3)长尾挑战解决困难:自动驾驶的核心技术问题基本解决后,规模商用却卡在真实应用场景的长尾挑战,包括各种极端场景(Corner Case)、无法预测的人类行为等,仅靠单车智能的自动驾驶系统对此无法穷尽解决[3]。

(4)单车智能自动汽车制造成本居高不下:从 L1~L5 自动驾驶,需要不断加大传感器数

---

3 需要指出,当前汽车厂商宣称的自动驾驶测"里程数"未必是最重要的考量指标,场景、路况、车车协同、车路协同、人车协同等才是要重点考量的指标,特别是要考虑各种道路状况(城市道路、高速公路、山区道路、乡村道路等)及极端场景、意外路况等是否覆盖。

量、提升感知精度，所需的算力呈指数级增长。

上述问题若仅依赖单车智能，没有低时延、高可靠车联网通信支撑的车车和车路协同是很难解决的。

资料专栏：单车智能与网联智能，自主式自动驾驶与协作式自动驾驶

单车智能、自主式自动驾驶[16,44-45]：指汽车的智能化自主式发展模式，即车辆仅依靠车载传感器（如摄像机、激光雷达、毫米波雷达和导航设备等）与车载控制系统等自身能力，感知周边环境，实施决策控制，进而执行行驶操作（如加速、刹车和转向），实现自动驾驶。

网联智能、协作式自动驾驶[16,44-45]：指利用汽车搭载的先进车载传感器、控制器、执行器等装置，并融合现代通信与网络技术，实现车与车、路、人、云等智能信息交换、共享，具备复杂环境感知、智能决策和协同控制等功能，可实现"安全、高效、舒适、节能"行驶，并最终实现代替人来操作。

早期的自动驾驶以单车智能（自主式自动驾驶）为主，但由于感知盲区、视线遮挡、受天气环境影响等缺陷和必须安装大量高端精密的传感器造成成本高等问题，难以大规模商用。目前，通过V2X的车路云协同，从单车智能向网联智能（协作式自动驾驶）演进，实现自动驾驶和智慧交通，已成为产业发展方向和产业界的共识[30]。

需要说明的是，网联智能不是不需要单车智能，恰恰相反，单车智能是网联智能的基础，也是无人驾驶的基石；而网联智能是单车智能的高级发展形态，可解决单车智能无法解决的复杂危险场景。

1.3.4 车联网赋能智能网联汽车

面对上述自动驾驶中单车智能技术路线面临的挑战，智能网联汽车采用网联智能的技术路线，以智能化与网联化融合发展克服单车智能在感知、决策与控制等关键处理环节的缺陷和性能限制。

资料专栏：汽车智能化（智能汽车），汽车网联化（网联汽车），智能网联汽车

汽车智能化：是指通过搭载先进传感器、控制器、执行器等装置，运用人工智能、大数据、云计算、边缘计算、信息通信等新技术，使汽车具有部分或完全自动驾驶功能，由单纯交通运输工具向智能移动空间设备（也有称为轮式移动机器人）转变的发展趋势。智能化的分级可对应不同级别的智能系统能够适应的典型工况特征[38-40]。相对应有"智能汽车"的概念，强调具有感知、决策和控制能力的汽车。

第1章 | 概述

汽车网联化：强调汽车实现联网，指通过车联网技术实现车与车、车与路等的通信连接。按照网联通信内容及实现的功能不同，可划分为网联辅助信息交互、网联协同感知、网联协同决策与控制3个等级[38]。相对应有"网联汽车（Connected Vehicle）"的概念，强调被联网的汽车。

智能网联汽车（ICV）：是指汽车智能化和网联化的有机联合，通过搭载先进车载传感器、控制器、执行器等装置，并融合现代通信与车联网技术，实现车与车、路、人、云等的智能信息交换共享，具备复杂环境感知、智能决策、协同控制等功能，由智慧公路和辅助设施组成的智能出行系统，可实现"安全、高效、舒适、节能"行驶，并最终实现代替人来操作的新一代汽车[34-36]。

智能网联汽车有别于传统汽车，具备两大重要特征。第一，传统汽车是机电一体化产品，而智能网联汽车是机电信息一体化产品，需要汽车、交通设施、信息通信基础设施（包括C-V2X、地图与导航定位设备、数据平台）等多个产业跨界融合；第二，区域属性及社会属性增加，在行驶过程中需要通信、地图、数据等本国属性的支撑和安全管理，每个国家都有自己的使用标准规范[34-36]。

在智能网联汽车的技术体系中，车联网是提供车车、车路、车人、车云信息交互能力，并进而实现网联式感知、决策与控制的重要关键技术，也是智能网联汽车整车信息结构中的重要一环[34]。车联网对智能网联汽车的赋能作用体现在：支持交通事件、安全预警信息的实时传输；支持跨不同空间位置的融合感知中感知数据、特征及结果的传输；支持多车协同驾驶场景（如车辆编队、匝道合流、并道超车等）中多智能车辆协同决策与控制所需输入信息、决策结果与控制指令、反馈信息的实时传输；支持中心云、区域云、边缘云、智能车辆等分层、多级智能节点间的算力协同及模型训练与推理能力协同。车联网可促进网联化与智能化融合发展，网联式感知、决策与控制和单车的车载感知、决策与控制互补，推动从"单车智能"向"网联智能"的演进[17, 21, 23]。

具体而言，C-V2X作为目前国际主流的车联网无线通信技术，结合边缘计算等其他关键技术，车路云协同可以有效补充单车智能面临的安全长尾，兼顾设计运行范围和经济性，为智能网联汽车引入更高维的智能要素，数据、算力和算法不再局限于单体智慧，而是演变为协同智慧，不同级别的自动驾驶、智能网联汽车均可以参与到道路交通信息的交互中。有了高维视角，加上实时信息传递，智能网联汽车将被进一步增强赋能，在错综复杂的交通环境中做出更好的判断和决策。车路协同与单车智能相辅相成，是自动驾驶的高阶发展形态和必然趋势。

与依赖车载感知和计算设备的单车智能技术相比，车联网对智能网联汽车的能力扩展体现在能够提供更广泛、更精确的信息感知和更强大的网联智能,以及具有更低的经济成本[23]。

(1)更广泛、更精确的信息感知[23]

仅依赖单车多传感器的感知技术,存在感知范围受限、成本昂贵、在恶劣天气和亮度突变等场景下感知鲁棒性差、时空同步困难等缺陷。C-V2X 能提供低时延、高可靠的 V2X 通信能力保障,使汽车可在绝大多数条件下,有效准确地获取交通信号灯状态与时长、道路标志标识和路段交通突发事件等实时信息,在出入隧道等极端情况下的交通实时信息,以帮助识别和警告人类驾驶员或机器控制可能忽视的其他危险。

此外,将单车感知通过 C-V2X 扩展为多车协作感知,即车车协同,进一步将车车协同扩展为异构多域的车路云协同感知,并结合移动边缘计算技术实现更大数据量融合/处理后的、更大范围的信息传播,从而满足非视距盲区感知(如十字交叉路口、出入匝道口等)和有遮挡情况下(如前方货车、车辆编队等)的感知需求。

(2)更强大的网联智能[23]

在单车智能的自动驾驶技术路线中,主要依赖车载计算设备的智能处理能力,存在算力需求随着自动驾驶级别上升呈指数级增长、成本高昂等明显缺陷。基于 C-V2X 构建网联智能,实现由车载计算设备、路侧边缘计算设备和中心云计算设备构成的分级和网络化智能决策与控制。其中,C-V2X 提供计算任务与数据、决策结果、控制指令的低时延、高可靠传输能力。

在部分复杂交通规则的场景下,如交替通行,考虑单车自动驾驶对于规则执行通常出于保守的原则,可能会做出低于人类驾驶员效率的决策(如在车道中持续等待)。若采用网联智能方案,一方面车辆可以更好地理解规则并做出更高效的决策(如按照交替通行的原则合流),另一方面车辆可将决策信息通知周围车辆,更好地提醒有关车辆注意让行,特别是应用在高优先路权车辆(如救护、消防、公安等紧急车辆)中。

(3)更低的经济成本[23]

单车智能的车用零部件研发成本随着汽车安全完整性等级(ASIL,Automotive Safety Integrity Level)提升而呈现指数增长的趋势。目前高度自动化的自动驾驶测试车主要由高精度雷达、多种传感器、高精度定位系统、车载计算平台、通信及计算芯片和车机本身构成,制造、维护、测试等成本很高,存在单车智能的传感器数量多、精度要求高、计算复杂且算力要求高等问题。若路侧具备智能感知能力,通过车路云协同的网联智能,可以降低对单车智能的能力要求。在此背景下,路侧感知和 V2X 属于共用基础设施,单一路口和关键路段的路侧设备可以同时服务数十甚至上百辆车,存在明显成本分摊效应,综合有利于降低单车智能化成本。随着 RSU 和路侧感知设备、MEC 设备的规模化覆盖建设,安装 C-V2X 功能的汽车达到一定的渗透率,系统的边际成本将快速下降,经济与社会效益显著。

上述车联网的赋能能力已经应用于智能网联汽车的工程实践。从传统 ADAS 向 C-ADAS 的演进，利用了 C-V2X 的通信能力，实现 ADAS 的功能和性能增强。C-ADAS 通过将车车、车路基于 C-V2X 通信收到的感知信息与车载摄像机、毫米波雷达等的感知信息进行融合，在 C-V2X 通信所覆盖的区域内，实现智能道路与智能车辆之间的协同感知，最终将协同感知的数据作为智能车辆行驶轨迹规划、线控决策的感知输入，从而为智能驾驶提供有效的感知增强（补充、冗余和强化），特别是可以提升在复杂交通环境下的车路云协同感知和决策的机制，实现更优化的网联式 ADAS 效果。

> **资料专栏：ADAS，C-ADAS，ADS，C-ADS**
>
> 先进驾驶辅助系统（ADAS）和自动驾驶系统（ADS）通常用于描述自动驾驶的不同级别。
>
> ADAS：利用安装在车辆上的传感、决策及执行等装置，实时监测驾驶员、车辆及其行驶环境，并通过信息和/或运动控制等方式辅助驾驶员执行驾驶任务或主动避免/减轻碰撞危害的各类系统的总称[44-45]，通常对应自动驾驶中的辅助驾驶阶段（L1、L2）。
>
> ADS：特定的设计运行条件下能够代替驾驶员持续自动地执行全部动态驾驶任务，代替人类成为驾驶主体[44-45]，通常对应自动驾驶中的无人驾驶阶段（L4、L5）。
>
> ADAS 和 ADS 均基于车联网提供的通信与交互能力，向 C-ADAS 和 C-ADS 演进，体现了自动驾驶汽车从"单车智能"技术路线向"网联智能"技术路线的演进。

以网联式自动紧急制动（CAEB）系统、网联式自适应巡航控制（CACC）系统为例，可通过 V2V 或 V2I 通信，在实现车车、车路融合感知的基础上，实现自动紧急制动和自适应巡航控制功能的增强。

CAEB 相对于 AEB 的增强，一方面实现对触发紧急刹车的交通对象感知能力增强，例如：①实现对静止对象、特种车辆的感知，②实现对小曲率半径下前方车辆、交叉口横向行驶车辆、被前方车辆遮挡的弱势交通参与者（俗称"鬼探头"）的感知，③实现在恶劣天气或者光线剧烈变化情况下交通参与者的感知。另一方面，通过获取前方车辆刹车信息、加速度等内部信息，提高碰撞时间（TTC，Time to Collision）的计算精度，提高制动成功率。

CACC 相对于传统 ACC 的增强，除了与上述与 CAEB 类似的交通对象感知能力增强外，还能够通过以下增强扩展 ACC 的运行设计域（ODD，Operational Design Domains），提高驾驶舒适性：①获取前方交叉口信号灯相位信息，赋予车辆安全、舒适通过路口的能力；②通过地图和车内标牌获取更准确的限速信息，避免基于视觉的标牌误识别，实现更可靠的智能限速；③将地图与视觉识别的车道线信息融合，获取更远、更可靠的道路结构信息。

> **资料专栏：智能驾驶，智能驾驶域控制器；智能座舱，智能座舱域控制器**
>
> 智能驾驶：主要实现汽车自动行驶过程中的感知、决策和控制，特别是多源感知数据融合。随着汽车电子电气架构从分布式到集中式的演进，未来可能是中央计算加区域架构。
>
> 智能驾驶域控制器：智能驾驶汽车控制的核心部件，需要达到车规级要求。主要负责自动驾驶及主动安全功能，连接摄像机、激光雷达等传感器，以及车联网、导航和车辆线控单元等。负责对传感器感知的环境信息融合、识别和分类处理，结合地图定位对车辆行驶进行路径规划和决策，从而实现对车辆的精确控制和自动驾驶。通信能力支撑主要与C-V2X的直通通信相关，支持V2V、V2I、V2P等实时信息交互。
>
> 智能座舱（Intelligent Cabin）：指集成多种信息通信技术的车内智能化数字平台，主要负责座舱中人机交互等功能，提供智能化、个性化的舒适驾乘和信息服务体验。
>
> 智能座舱域控制器：由汽车中控屏升级而来，实现智能人机交互（语音识别、手势识别、视觉交互）、平视显示器（HUD, Headup Display）、仪表盘（Cockpit）和车载娱乐信息系统（IVI）等，提升驾乘体验和行车安全。在未来无人驾驶时，智能座舱作为人们的移动第三空间，集成办公、增强现实（AR, Augmented Reality）/虚拟现实（VR, Virtual Reality）、信息娱乐等应用。通信能力主要与蜂窝通信相关，即V2N。

1.3.5 智能网联汽车分级

如前所述，智能网联汽车是智能化与网联化的融合，因此，智能网联汽车的分级也从智能化、网联化两个角度考虑。在智能化方面，主要参考SAE J3016分级定义[10, 41]和我国国标《汽车驾驶自动化分级》（GB/T 40429—2021）[11]（具体参见本书1.3.1节）。在网联化方面，按照网联通信内容及实现功能不同，可划分为网联辅助信息交互、网联协同感知、网联协同决策与控制3个等级[38]，如表1-5所示。

表1-5 智能网联汽车网联化等级[38]

网联化等级	等级名称	等级定义	控制	典型信息	传输需求
1	网联辅助信息交互	基于车路、车后台通信，实现导航等辅助信息的获取以及车辆行驶数据与驾驶人操作等数据的上传	人	地图、交通流量、交通标志、油耗、里程等信息	传输实时性、可靠性要求较低

续表

网联化等级	等级名称	等级定义	控制	典型信息	传输需求
2	网联协同感知	基于车车、车路、车人、车后台通信，实时获取车辆周边交通环境信息，与车载传感器的感知信息融合，作为自车决策与控制系统的输入	人与系统	周边车辆、行人、非机动车位置、信号灯相位、道路预警等信息	传输实时性、可靠性要求较高
3	网联协同决策与控制	基于车车、车路、车人、车云平台通信，实时并可靠获取车路周边交通环境及车辆决策信息，车车、车路等交通参与者之间的信息进行交互融合，达成智能协同，从而实现各交通参与者之间的协同决策与控制	人与系统	车车、车路、车云间的协同感知、决策与控制信息	传输实时性、可靠性要求最高

如果将智能化分级与网联化分级联合考虑[17, 23, 29, 38, 46]，则能够清晰体现智能网联汽车的不同技术路线与演进路径，如图 1-9 所示。

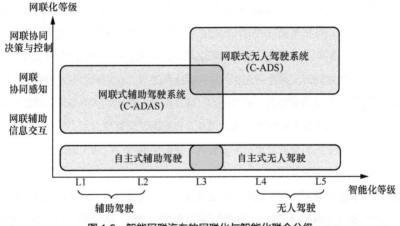

图 1-9　智能网联汽车的网联化与智能化联合分级

以上述智能化与网联化的不同能力等级为基础，C-V2X 支持智能驾驶将经历两大发展阶段（即 C-ADAS 和 C-ADS），包括 3 类应用。应用类型一为支持辅助驾驶安全、提高交通效率；应用类型二为限定区域和指定道路中商用车的中低速无人驾驶；应用类型三为全天候、全场景开放道路的乘用车无人驾驶及高速公路的车辆编队行驶。其中第一类和第二类应用可由 LTE-V2X 支持，在近期会逐步部署和规模商用，第三类应用可由 NR-V2X 支持，但涉及普通消费者的乘用车无人驾驶，可能需要很长时间才能实现，因为还涉及政策和法规、社会公众认可程度等其他因素[17, 23, 29]。

1.4 车联网与智慧交通

交通系统是人-车-路等多交通要素深度耦合的复杂系统，表现在驾驶行为上，将影响车辆的路径规划过程、影响驾驶员对车辆的操控行为；表现在交通流特征上，将影响道路通行能力和服务水平，也是高效交通运输系统设计组织中需要考虑的重要基础[47]。目前，借助路侧设施的数字化、网联化、智能化转型，发展基于车联网的车路云协同系统，赋能智能驾驶和智慧交通，已形成产业共识[30]。广泛覆盖的车联网，可在构建数字化的交通采集系统、网络化的交通运输系统、智能化的交通应用系统等方面发挥核心作用。

1.4.1 车联网赋能智慧交通

车联网赋能智慧交通可分为微观、中观和宏观3个层面。在微观层面，通过V2X通信进行交通信息感知与交互，可将车辆行驶的环境信息、附近交通运行情况、周边交通事件等信息及时传送给车辆，使车辆能及时感知、快速合理决策。在中观层面，车联网与各类交通控制系统结合和打通，可实现对局部交通运行态势的协同调度和处理。在宏观层面，可基于车联网支撑的车路云协同系统，将交通参与者、道路感知、环境信息、交通时间等各种信息汇聚到云协同平台，实现相对全局的决策和控制[48]。由此可见，车联网赋能智慧交通，旨在服务于车辆智能驾驶，服务于区域和全局的交通管理与交通服务，进而辅助城市交通规划的更迭优化，实现安全、高效、绿色的智慧交通系统。

车联网赋能智慧交通可应用于城市智慧交叉路口。交叉路口是决定城市道路交通系统通行能力、运行效率及安全的关键因素，综合利用路口部署的通信、感知和计算设备，能够改善交叉路口的信息采集、传输、分析和优化能力，为交通参与者和交通管理者提供决策支撑。例如，对车辆、行人等交通参与者而言，利用车联网通信能力，可提供交通信号灯信息下发、行人检测预警、防碰撞预警等应用，全面提升道路安全；从交通管理的角度，可基于车联网的实时交通信息检测能力，实现交通信号的自适应配时控制甚至是无信号灯的交叉路口调度控制，提升交通效率，并能够进而将面向单个路口优化的"点控"扩展至主干道路连续路口的协调"线控"（如绿波诱导、潮汐车道等），再扩展至区域联动优化的"面控"（如精细化的道路时段管理策略等）。

车联网赋能智慧交通可应用于城市公共交通系统。大力发展公共交通已成为解决城市交通拥堵等问题的手段之一，除服务于公交系统信息采集和传输、车辆监控与调度等传统功能外，基于车联网和车路云协同系统，可提供路口盲区检测、绿波通行、最优车速行驶、超视距防碰撞、安全精准停靠等多项特色应用，并可结合微循环自动接驳巴士解决"最后一公里"的出行难题，从而为乘客提供精准、智能的公交服务，为公共交通运营企业提供行驶安全保障、降低能耗，为城市交通管理者提供规划、决策的科学依据。

车联网赋能智慧交通可应用于智慧高速公路。高速公路上施工、超速行驶、异常停车、事故和恶劣天气等因素均易导致安全风险，尤其是地质和气象条件最复杂的高速路段，由于存在隧道群、急弯、急下坡、多雾和积水等多种影响交通安全的不利因素，更易形成事故高风险区域。基于车联网通信和路侧部署的感知、计算、显示设备，高速公路管理与服务由单一碎片信息采集转变为全要素、全时空感知，由被动式事后处置转变为主动式精细化管理，由间断式推送转变为基于位置的伴随式个性化服务。可实现道路动态风险提示、车路协同主动安全预警、异常驾驶行为纠正、重点车辆全程监控（隧道定位不丢失）和车道级差异化诱导服务等应用，提升高速通行安全、通行效率和运维能力、应急处置能力。

车联网赋能智慧交通，能够实现高效的交通管理与服务。基于车联网支持对交通参与者和数字交通基础设施的多源异构感知数据采集及融合处理，可实现实时精准全方位全息感知，对交通态势进行多维度动态监测。车联网支持车路云协同系统，为现实交通和数字孪生交通提供低时延、高可靠、大带宽的信息交互传输通道，实现时间、空间等多维信息一致性前提下的海量交通数据实时处理。通过车联网赋能数实融合的数字化智慧交通体系，可支持融合交通信息精确感知和实时分析，科学建模交通运行态势并提炼相关规律特征，实现数据和模型驱动的智能精准决策和执行，解决复杂交通系统中的不确定性问题，推动数据闭环赋能智慧交通系统[49]。

车联网赋能智慧交通，还能为道路交通节能减排及检测评估提供新的思路。据统计，2021年全球交通领域产生的二氧化碳排放量占全球碳排放量的15%左右，是全球温室气体重要排放来源，其中道路交通的碳排放量占交通领域的80%，道路交通领域碳中和是全球各国实现"双碳"目标面临的共同挑战[50]。在道路交通碳减排方面，基于碳排放实时测算模型的网联式车辆协同应用（如协作式变道、协作式交叉路口通行等）、道路交通资源调度（如动态车道管理、信号自适应优化等）、车辆驾驶行为优化（如车辆输出最优油门曲线）等功能，通过提升道路交通资源（车辆及道路设施）的精准感知和精细化控制能力，有助于达到降低运输过程的能源消耗、减少温室气体排放的目标。近期的研究表明，基于V2X的交通管理、信号灯控制和车辆编队等应用能够有效降低碳排放[51]。在道路交通碳排放监测评估方面，车联网中车端和路侧两大数据来源，可提供准确、实时、可靠的数据基础，弥补了当前碳排放核算评估方法应用过程中数据难以获取的短板，可有效支撑道路交通领域碳监测、碳计量和碳交易等环节的技术实施与业务管理工作。

综上所述，通过实现车辆、道路、使用者和管理者四者之间的有机联系，车联网赋能智慧交通，能有力支撑综合运输系统实现保障安全、提高效率、绿色环保、节能减排的目标[52]，并有助于提升个人出行效率和出行服务体验，将推动智慧交通本身的技术和内涵的变化，为交通系统带来革命性变革[53]。

> **资料专栏：聪明的车，智慧的路，协同的云，精确的图**
>
> **聪明的车**：指车的智能化，车辆通过车载摄像机、雷达等传感器及导航设备感知外部环境，并通过人工智能实现智能化决策，即通常称的智能汽车或单车智能。
>
> **智慧的路**：指道路的智能化，通过道路的交通标志、信号灯等的数字化，以及在坡道、弯道、隧道及雾区等特殊路段布设路侧感知设备，实时感知交通事故与状况、临时施工和天气变化等，实现道路基础设施的智能化。在上述基础上，通过C-V2X实现车路云协同感知，降低交通事故，提升道路通行能力；通过网联智能，进而实现自动驾驶。智慧的路主要由RSU、智慧交通信号灯、路侧感知设备、边缘计算设备等组成。
>
> **协同的云**：云端获取交通和道路全局感知信息，通过大数据和人工智能等技术，提供交通全局信息、运动规划（行驶路径和行驶速度）等功能，面向多种出行场景，提供全局的解决方案，支撑智慧交通和自动驾驶应用。
>
> **精确的图**：与普通导航地图不同，智能网联汽车使用的高精度地图信息精度高（车道级、分米级）、属性丰富（静态数据和动态数据）、实时性强，支持车辆实现高精度定位、辅助环境感知、规划与决策等多种功能。
>
> 从感知的角度可以认为，"聪明的车"提供移动感知、视距感知；"智慧的路"提供在交通区域内的瞬时和长时期感知，对车而言是超视距感知信息。"聪明的车+智慧的路"能弥补车载ADAS的单车智能在信息感知、分析决策上的不足，并且降低单车智能对传感器集成和精度及算力的要求，降低自动驾驶汽车的生产成本。
>
> 有车路云协同是否不需要单车智能？应该说，车路云协同的前提是车"聪明"，即单车智能，但路和云也需"智慧"。相关方相辅相成，各有优势，在不同场景和发展阶段，发挥作用的比例会有些变化，但是协同互补、螺旋式上升发展的[17]。
>
> 车路云协同就是在车路协同的基础上，加上"协同的云"和"精确的图"，有时被简称为车路协同。

1.4.2 智能网联道路分级

为了更好地支持车路云协同和自动驾驶，国内外交通行业分别定义了道路网联能力分级，

第1章 概述

为技术研究和应用创新提供参考和指导。

欧洲道路运输研究咨询委员会（ERTRAC，European Road Transport Research Advisory Council）是欧洲技术平台（ETP，European Technology Platform）中研究道路交通的机构，为欧洲道路交通运输研究和创新提供战略愿景和实施路线图。2019年3月，ERTRAC发布《网联式自动驾驶技术路线图》（Connected Automated Driving Roadmap），提出基于数字化基础设施支撑的网联式协同自动驾驶（ISAD，Infrastructure Support Levels for Automated Driving）概念描述道路智能化水平，道路基础设施可通过物理和数字元素为自动驾驶汽车提供支持和引导。该路线图将基础设施分为A～E共5个等级[54]，如表1-6所示，等级之间为包含关系，从静态信息数字化、动态事件、局部交通环境和交通运行协调控制等多维度进行分类，体现了道路差异化信息服务能力的区分[54]。

表1-6 ERTRAC根据ISAD分级的基础设施[54]

基础设施	等级	名称	描述	数字化地图和静态道路标识信息	VMS、预警、事故、天气信息	局部区域交通状况信息	引导行驶速度、车辆间距、车道选择
数字化基础设施	A	协同驾驶	基于车辆的实时行驶信息，基础设施能够引导自动驾驶车辆（编队行驶车辆或单一车辆）行驶，从而使得整体交通流达到最优	√	√	√	√
数字化基础设施	B	协同感知	基础设施能够获取局部区域交通信息，并实时向自动驾驶车辆传输	√	√	√	
数字化基础设施	C	动态数字化信息交互	所有静态和动态基础设施信息均以数字化形式提供给自动驾驶车辆	√	√		
传统基础设施	D	静态数字化信息交互/地图支持	可提供数字化地图数据和静态道路标志信息。地图数据可以通过物理参考点（如地标）来补充。交通灯、临时道路施工和动态信息标识（VMS，Variable Message Sign）仍需要由自动驾驶车辆识别	√			
传统基础设施	E	传统基础设施（不支持自动驾驶）	传统基础设施不能提供数字化信息，需要自动驾驶车辆自身识别道路几何形状和交通标志				

2022年2月，ERTRAC发布了更新的《网联、协作和自动化出行路线图》（Connected, Cooperative and Automated Mobility Roadmap），提出2050年远景目标，指出在基础设施、测试验证、人工智能和数据处理等方面面临的挑战；提出2030年目标应用，包括高速公路和交通走廊、受限区域、城市混合交通流、乡村道路4个关键场景，并展望了2040年的扩展应用场景。该路线图提出实现以上目标的关键影响因素，包括基础设施建设部署和商用模型、关键技术使能、测试验证、人工智能和数据处理[55]。

从2019年起，中国公路学会分析车路云协同自动驾驶的不同发展阶段，从交通基础设施系统的信息化、智能化、自动化角度出发，结合应用场景、混合交通、主动安全系统等情况，深入开展支持智能网联道路系统的研究[56-57]。

2023年，中国公路学会、中国汽车工程学会和中国通信学会联合发布《车路协同自动驾驶系统（车路云一体化系统）协同发展框架》[30]，描述了车路云协同自动驾驶系统框架，从依托C-V2X的网络互联化、车辆自动化和系统集成化3个维度构建车路云协同自动驾驶系统，进而高效协同地执行车辆和道路的感知、预测、决策和控制功能，最终形成一个能够整合、协调、控制、管理和优化所有车辆、信息服务、设施设备和智能化交通管理的以车路云协同自动驾驶为核心的新一代智慧交通系统。同时给出了车路协同自动驾驶的分阶段目标愿景、车路云协同发展的等级划分和发展路线图。

面临新一轮科技革命和产业变革的机遇，为促进信息通信技术与交通运输深度融合，需要以"数据链"为主线，构建数字化的采集体系、网络化的传输体系和智能化的应用体系，加快交通运输信息化向数字化、网络化、智能化发展，为交通强国建设提供支撑[58]。

1.5　车联网与智慧城市

智慧城市是全球城市发展的新理念和新模式，推动城市发展由侧重城市建设、服务于满足改善居住和出行条件需求，转变为注重城市高质量发展、促进产业结构优化升级、推动公共设施的智能化、实现生态可持续发展。智慧城市建设中，可通过运用信息通信技术，有效整合各类城市管理系统，实现城市各系统间信息资源共享和业务协同，推动城市管理和服务智慧化，提升城市运行管理和公共服务水平，提高城市居民幸福感和满意度，实现可持续发展的创新型城市建设[59-60]。

智慧城市建设涉及民生、交通、环境资源、能源、信息基础设施、治理、技术创新和经济发展等方方面面。车联网赋能智能网联汽车和智慧交通的技术能力，也成为智慧城市建设的重要组成部分和城市发展变革的重要推动力量。以居民出行为例,早期的城市道路建设、有轨电车满足基本出行需求;随着经济发展,汽车保有量快速增长,提供了更加快捷、方便的出行方式,但也导致城市交通事故频发、效率低下及环境污染问题日益突出;车联网赋能智能网联汽车和智慧交通的发展,成为推动汽车与交通产业转型升级、实现低碳与绿色高效出行服务的重要技术力量。

世界上许多地区已启动了智慧城市发展计划,侧重点各不相同。例如,美国将智慧城市建设提升到国家战略高度,在基础设施、智能电网等方面进行重点投资与建设;欧盟启动智慧城市和智慧社区建设,聚焦提升能源使用效率;印度则计划建设100多个具备高科技通信能力的智慧城市。我国自2012年启动智慧城市建设试点,2014年将智慧城市上升为国家战略,2016年年底确定了新型智慧城市的发展方向,将建设新型智慧城市确认为国家工程,在战略、技术创新、社区、民生、政务管理和人文旅游等多个方面,涌现出一大批代表城市[61]。

作为支撑构建国家现代化基础设施体系和践行"双碳"战略的重要创新举措,中华人民共和国住房和城乡建设部、工业和信息化部自2021年起积极推动智慧城市基础设施与智能网联汽车协同发展(简称"双智")试点[62],支持"汽车在城市应用场景中创新,城市在汽车带动下发展",探索中国特色的城市建设与汽车产业转型之路,是我国以车联网赋能智慧城市的重要实践[63]。

车联网赋能智能网联汽车和智慧交通,进而赋能智慧城市,三者之间相辅相成,互相支撑。智慧城市为智能网联汽车、智慧交通提供智能基础设施和丰富的应用场景;而智慧城市建设也需要以智能驾驶和智慧交通应用为牵引力,以智能网联汽车为数字化终端,实现城市智能基础设施的合理规划建设,提高基础设施利用率[64]。从技术创新的角度,不仅要关注某一行业领域的单一技术,更要关注车、路、城协同的融合技术,进行系统性的工程设计,这既是难点,也是价值所在[63]。

车联网赋能智慧城市,既能支持智慧出行(如自动驾驶出租车、智慧公交、自动泊车等)、智慧交通和运输管理(如交通治理、重点车辆管理、无人配送等)应用场景,又能以车辆运行、城市交通等大数据为基础,支持城市安全监测、城市灾害预警与应急救援、公共设施远程监测等智慧城市管理应用场景,服务于安全高效出行、改善民生和提升城市管理水平[63]。未来的无人驾驶和共享出行,汽车与停车位成为共享产品,将引发城市空间组织形态与城市治理模式的变革。

车联网赋能智慧城市,将推动智慧城市基础设施的建设,包括感知、信息、算力、定位、能源等基础设施。同时,以智能网联汽车和智慧交通应用为牵引,优先面向智慧公交、智慧出租、无人环卫、无人物流等应用需求迫切、使用频次高的重点场景,优先在路口、危险路段、封闭区域等规划建设,从而避免基础设施的过度投资和重复建设,提高基础设施的利用率。

车联网赋能智慧城市,将推动汽车产业与交通行业的转型升级。智慧城市建设将带动智能网联汽车和自动驾驶汽车的普及与应用,为未来全天候和全场景的无人驾驶产业发展奠定基础,进而推动交通行业转型升级,推动出行即服务的模式创新,实现安全、高效、绿色的智慧出行愿景。

车联网赋能智慧城市,除了第 1.4.1 节提到的道路交通碳减排及监测评估应用,还可与智慧能源结合,助力"双碳"目标的实现,实现人–车–路–能–云间的互动协同发展。一方面,作为可移动的储能供能单元,未来电动智能网联汽车,将成为分布式智慧能源网的重要组成部分;另一方面,通过车与电网(V2G,Vehicle-to-Grid)通信技术,电动智能网联汽车可与智慧电网高效互动,可平衡电网负荷并有利于清洁能源的存储与消纳,促进电力结构向低碳化方向发展[65]。

综上,车联网赋能智能网联汽车与智慧交通,进而赋能智慧城市,能够促进产业转型升级,促进经济发展;能够推动构建新型数字化、智能化基础设施,改善民生,提升城市治理水平;能够助力实现"双碳"目标,为生态可持续发展贡献力量。

1.6 全球发展态势:政策、标准化

1.6.1 全球主要国家和地区的政策

全球范围内,车联网产业已经成为美国、欧洲、亚洲等汽车发达国家和地区的重要战略性方向,各国家和地区纷纷加快产业布局、制定发展规划,通过政策法规、技术标准、示范建设等全方位措施,推进车联网的产业化进程。本节从政策法规、技术标准及示范建设等维度总结以美国、欧洲、亚洲为代表的全球车联网发展态势[66-68]。

美国政府高度重视智慧交通和智能网联汽车产业的发展,已经明确将汽车智能化、网联化作为两大核心战略,推进相关产业体系的建立,并出台一系列政策法规来确保产业有序发展。美国交通部已举办多次 V2X 峰会,确定以 C-V2X 进行全国部署,并正式发布加速 V2X 部署的计划[69]。SAE International 积极推进 C-V2X 技术委员会工作,相关示范应用活动大规模开展。

欧盟委员会通过建立协作式智慧交通系统平台(C-ITS Platform)推进欧盟国家的车联网部署,促进欧盟范围内的投资和监管框架的融合。为协调部署和测试活动,欧盟国家和道路运营管理机构建立了 C-Roads 平台(C-Roads Platform),共同制定和分享技术规范,并进行跨站点

的互操作测试验证。

亚洲范围内，日本政府重视自动驾驶汽车和车联网的发展，2021 年发布了《实现自动驾驶的相关报告和方案》5.0 版，与利益相关方分享自动驾驶技术路线图，介绍日本在自动驾驶道路测试和示范应用方面取得的成绩，明确下一步的重点工作。韩国制定长期车联网发展规划（Long-term ICV Development Plan Up to 2040），其目标是在全国范围内实现智能道路交通系统，通过连接车路等实现高度自动化和交通资源利用最大化，到 2040 年实现零交通事故。2023 年 12 月，韩国新一代智能交通系统（C-ITS）决定采用以蜂窝通信技术为基础的 LTE-V2X 为唯一车联网通信方式[70]。

综上，美国、欧洲、亚洲等各国家和地区政府高度重视车联网产业发展，将车联网产业作为战略制高点产业，通过制定国家政策或通过立法推动产业发展，车联网将进入发展快车道。

1.6.2　国际标准化组织

面向车联网应用在时延、可靠性、数据速率和通信频度等方面的高严苛通信需求，多个国际或地区性标准化组织积极开展与 C-V2X 相关的标准化工作[66-68]。

（1）联合国世界车辆法规协调论坛（WP.29）

WP.29 是联合国欧洲经济委员会（UNECE，United Nations Economic Commission for Europe）下的永久性工作组，开展国际范围内汽车技术法规和汽车产品认证的协调工作。WP.29 为协调全球汽车法规提供唯一框架，在促进道路交通安全、环境保护和贸易互通方面发挥重要作用。WP.29 下设 4 个委员会，分别负责 WP.29 总体管理以及 3 个协定书专门的管理或执行工作。自动驾驶与网联车辆工作组（GRVA）是 WP.29 下设 6 个附属工作组之一。

我国全面参与国际汽车标准法规技术协调，为 WP.29 推动全球汽车法规发挥了重要作用。2019 年 6 月，由我国发起，联合欧盟、美国、日本等共同参与起草编制的《自动驾驶汽车框架文件》获得联合国 WP.29 通过，充分体现出我国已经深入参与自动驾驶国际法规的顶层规划，我国广泛参与联合国 WP.29 下设的 GRVA 相关工作，在自动驾驶功能要求、自动驾驶测试评价、信息安全及软件升级、自动驾驶汽车数据记录系统、先进驾驶辅助等领域深入参与了汽车国际法规的协调，为联合国贡献了汽车法规制定重要方案[71]。

（2）第三代合作伙伴计划（3GPP）

C-V2X 是 3GPP 主导推动的基于蜂窝通信技术演进形成的 V2X 技术，可实现蜂窝通信和直通通信的融合，相较于 IEEE 802.11p，在技术先进性、性能及后续演进等方面具有优势。C-V2X

技术在 3GPP 的标准化发展可以分为两个主要阶段，分别为 LTE-V2X 和 NR-V2X。具体的演进时间表如图 1-10 所示[22, 29, 66-68]。

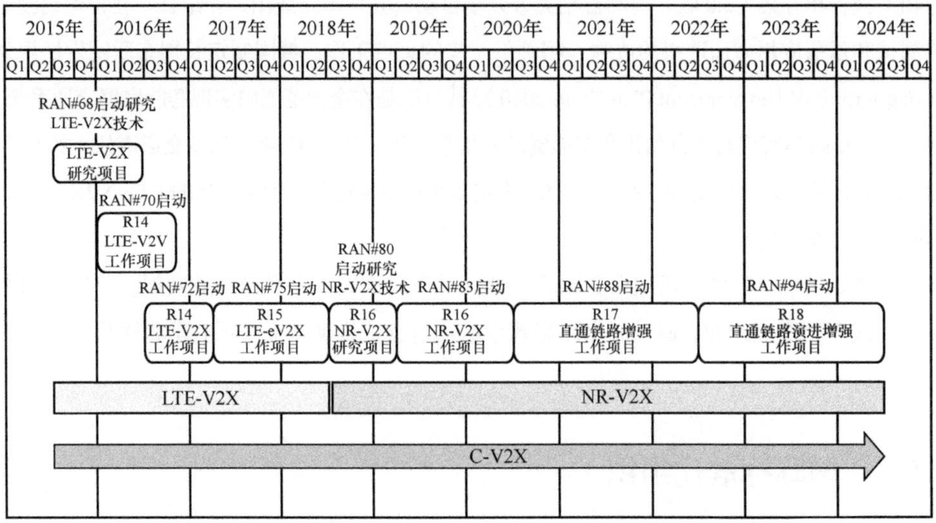

图 1-10　3GPP C-V2X 标准演进时间表[22, 29, 66-68]

LTE-V2X 由 3GPP R14 和 R15 技术规范定义。LTE-V2X 由大唐团队（现中国信科）联合华为、LG 电子等企业牵头推动[22, 29, 66-68]。3GPP R14 基于 LTE 的 V2X 标准化工作于 2017 年 3 月完成，面向基本行驶安全业务的通信需求，首次标准化融合直通通信和蜂窝通信的车联网，引入工作在 5.9GHz 频段的直通链路（PC5 接口）通信方式，并对蜂窝通信接口（Uu 接口）进行优化[22]。3GPP R15 对 LTE-V2X 的增强标准化工作于 2018 年 6 月完成，基于 LTE 技术在 PC5 接口引入载波聚合、高阶调制等技术，以提升数据速率，并引入降低时延的技术。3GPP R15 的 5G 标准新空口（NR）的蜂窝通信重点针对增强移动宽带场景，未对 V2X 业务进行针对性设计和优化[72]。

NR-V2X 由 3GPP R16、R17 和 R18 等技术规范定义。3GPP R16 于 2018 年 6 月启动了 NR-V2X 的研究课题，基于 LTE-V2X 的技术架构和路线以及关键技术，重点面向自动驾驶、车辆编队等高级 V2X 业务的需求，研究基于 5G NR 的 PC5 接口技术和对 Uu 接口的增强，该研究课题在 2019 年 3 月完成，并启动相应的 NR-V2X 标准化项目。主要标准化内容包括：PC5 接口和 Uu 接口支持高级 V2X 业务；PC5 接口支持单播、多播和广播 3 种模式，以提供支撑不同业务的能力；NR-V2X 支持蜂窝覆盖内、蜂窝部分覆盖和蜂窝覆盖外；NR-V2X 基于通用的架构支持直通链路在中低频工作；支持 LTE-V2X 和 NR-V2X 共存。此外，Uu 接口网络还引入了 V2X 通信切片、边缘计算、服务质量（QoS，Quality of Service）预测等特性，以满足车联网低时延、高可靠性、大带宽等需求。R16 NR-V2X 标准化工作在 2020 年 6 月冻结。R17 NR-V2X 研究包括弱势交通参与者的应用场景，研究直通链路中终端节电机制、节省功耗的资源选择机制，以及终端之间资源协调机制，目标是提高直通链路的可靠性和降低传输的时延，已于 2022 年 6 月冻结。R18 NR-V2X 支持直通通信持续演进，支持直通通信辅助定位，支持直通通信的频域扩展如非授权频段和毫米波频段，并且支持直通链路的载波聚合技术以及 LTE-V2X 和 NR-V2X 同信道共存的研究。R18 NR-V2X 标准化工作在 2022 年 5 月启动，已于 2024 年 6 月完成。

3GPP SA3（Service and System Aspects）在 R14 开始进行 LTE-V2X 安全的研究和标准化工作，形成了 3GPP TS 33.185 标准规范[73]，规定了 LTE-V2X 的安全架构以及安全机制。3GPP SA3 在 R17 研究 V2X 的安全增强，主要围绕 NR-V2X 的安全需求和安全关键问题进行研究。

（3）国际电信联盟（ITU，International Telecommunications Union）

ITU 是联合国专门负责电信事务的机构，系各国政府间国际组织。其中无线电通信部门（ITU-R）和电信标准化部门（ITU-T）涉及与车联网相关的研究工作。

ITU-R 在无线电频谱和卫星轨道的管理方面发挥着重要作用。ITU-R 对智慧交通系统及网联自动驾驶的使用场景、技术标准以及全球各国频率使用情况进行了充分的研究，目前形成了多份关于智慧交通系统的使用频率、部署案例、技术标准及应用情况的建议书和报告。其中，在建议书 ITU-R M2121-1 中，明确将 5.9GHz 或其中部分频段用作全球统一智慧交通频率[74]。ITU-R M.2520 总结了 IMT 陆地通信技术在 C-V2X 应用的情况[75]，ITU-R M.2534-0 总结了网联自动驾驶（CAV，Connected Automated Vehicles）的应用、支持的通信技术、初步分析的频谱需求，以及各国和各地区发展情况[76]。

2019 年世界无线电通信大会（WRC-19，World Radiocommunication Conferences 2019）以建议书的方式鼓励各国主管部门在规划和部署不断演进的智慧交通系统应用时，将 5.9GHz 频段或其部分作为智慧交通系统的全球或区域统一频段[74]。

ITU-T 主要负责研究制定电信网络标准。2024 年 10 月，中国牵头负责的车联网新决议在国际电信联盟世界电信标准化全会上通过，旨在加强全球车联网技术标准顶层规划和标准制定，推动车联网技术标准全球统一和互联互通[77]。SG17 工作组开展了对智能交通以及联网汽车安全的研究工作，主要工作包括软件升级、安全威胁、异常检测、数据分类、V2X 通信安全、边缘计算和车载以太网安全等。目前正式发布标准 X.1373，该标准通过适当的安全控制措施，为远程更新服务器和车辆之间，提供软件安全的更新方案，并且定义安全更新的流程和内容建议[78]。

（4）国际标准化组织（ISO，International Organization for Standardization）

ISO 是负责除电工电子领域外的国际标准化工作的非政府性国际组织。目前主要有道路车辆技术委员会（TC22）和智能运输系统技术委员会（TC204）涉及车联网相关标准，其中 TC22

关注车用通信协议、网联车辆本身方法论、车内网络以及以车为核心的车外网络等相关标准，推动构建自动驾驶测试场景体系，智能网联汽车领域包括汽车信息安全、软件升级、功能安全和预期功能安全等国际标准的编制，未来将重点推动车载操作系统、激光/毫米波雷达、电磁兼容等国际标准的立项。TC204关注通信协议、网联道路设施和智慧交通管理等相关标准。

2017年4月，由中国主导的"2019 Intelligent Transport Systems- Evolved-Universal Terrestrial Radio Access Network-Part 3: LTE-V2X"（ISO 17515-3）在TC204正式立项，并于2019年8月正式由ISO发布，标志着C-V2X技术被纳入ISO定义的智慧交通通信框架，从而支持各设备之间基于C-V2X技术实现及时可靠通信[79]。

TC22成立了SC32/WG11 Cybersecurity信息安全工作组，联合SAE International共同开展信息安全国际标准"Road Vehicles - Cybersecurity Engineering"（ISO/SAE 21434）的制定工作。该标准旨在定义整个车联网产业链中使用的通用术语，明确车联网中关键网络安全问题，设定车辆网络安全工程的最低标准，并为相关监管机构提供参考[80]。ISO在2022年发布了国际标准"2022 Road vehicles - Guidelines for auditing cybersecurity engineering"（ISO/PAS 5112），该标准主要规定了汽车信息安全管理体系（CSMS）审核计划、组织实施、审核员能力要求、提供审核依据等内容[81]。目前ISO SG32正在制定"Road vehicles - Cybersecurity Assurance Levels (CAL) and Targeted Attack Feasibility (TAF)"（ISO/SAE AWI PAS 8475）和"Road vehicles - Cybersecurity verification and validation"（ISO/SAE AWI PAS 8477），这两个标准进一步解决车联网目标攻击可能性（TAF）及网络安全保障级别（CAL）问题和安全检验及认证问题[82-83]。ISO/IEC JTC1 SC27（信息安全、网络空间安全和隐私保护技术委员会）的WG3（安全评估、测试和规范工作组）中，《基于ISO/IEC 15408的网联汽车信息安全测评准则》标准研究项目旨在基于ISO/IEC 15408标准，分析网联汽车面临的安全威胁和安全目标，提出安全要求和安全功能组件[84]。

（5）电气电子工程师学会（IEEE）

IEEE 802.11p技术在2010年完成标准化工作，该技术支持车辆在5.9GHz专用频段进行V2V、V2I的直通通信[18]。应用层部分标准由SAE International完成，包括SAE J2735[85]、J2945/1[86]等标准。2023年3月，IEEE 802.11p的演进版本IEEE 802.11bd发布物理层和MAC层相关标准[87]。

（6）欧洲电信标准组织（ETSI，European Telecommunications Standards Institute）

ETSI智慧交通系统技术委员会（ETSI TC ITS）负责开发与整体V2X通信体系结构、管理和安全性相关的标准。

为了提供C-V2X通信，ETSI定义了C-V2X的接入层、网络层和传输层以及应用层协议，提供C-V2X协议栈的可用性。2020年1月，ETSI正式发布了EN 303 613标准，将C-V2X作为ITS

的接入层技术[88]。专用短距通信（DSRC）的物理层和接入层相关协议被称为ITS-G5通信标准。

为了满足车联网计算处理能力和跨服务平台互联互通等方面的需求，ETSI针对MEC技术的服务场景、参考架构等开展了一系列标准化工作，2017年立项了"App移动性API规范""MEC对V2X支持研究"等项目；2018年又启动了"V2X API规范"项目，开展支持V2X的MEC API定义[89]。

为了实施更安全的保护，ETSI TC ITS制定了相应的技术规范，主要包括安全架构、安全服务、安全管理、隐私保护等方面。

（7）SAE International

为了推动美国与C-V2X相关标准和产业化的进展，SAE International于2017年成立了C-V2X技术委员会，对C-V2X制定类似J2945/1的车载V2V通信技术要求标准（SAE J3161），包括标准定义的参数集、功能需求和性能需求[90]。其中，J3161/1定义了V2V Profile，J3161/0定义了V2I/I2V Profile，包括最小参数集、功能需求和性能需求。基于这两个标准，制定了测试验证LTE-V2X V2V通信的标准J3161/1A，以便推动相关研发。

SAE International的汽车电子系统安全委员会负责汽车电子系统网络安全方面的标准化工作，制定了全球第一个关于汽车电子系统网络安全的指南性文件"Cybersecurity Guidebook for Cyber-Physical Vehicle Systems"（J3061），该文件定义了完整的生命周期过程框架，将网络安全贯穿了从概念阶段到生产、运营、服务和退役的所有生命周期，为开发具有网络安全要求的汽车电子系统提供了重要的依据，为车辆系统提供了网络安全的基本指导原则，为后续的车联网安全的标准化工作奠定了基础[91]。

1.7 我国发展现状：政策、标准化

近年来，我国在汽车制造、通信与信息以及道路基础设施建设等方面取得了迅速发展。汽车制造领域，我国汽车产业的产能与销量的整体规模保持世界领先，自主品牌市场份额逐步提高，核心技术也不断取得突破。信息通信领域，经过3G突破、4G并跑的发展阶段，我国通信企业在5G领域已跻身世界领先地位，在国际5G和C-V2X等新一代通信标准制定中也发挥着越来越重要的作用。基础设施建设方面，我国宽带网络和高速公路网快速发展、规模位居世界首位，北斗导航卫星系统可面向全国提供高精度时空服务。可见，我国具备推动车联网产业发展的基础环境，能够推动核心知识产权的C-V2X通信技术的产业化发展和应用推广。目前，我国在与车联网相关的政策规划、标准制定、技术研发以及产业落地方面均已进行了全方位布局和推进，并取得了阶段性成果[66-68]。

1.7.1 政策及规划

我国政府已将车联网提升到国家战略高度，中共中央、国务院及工业和信息化部、交通运输部、科学技术部、国家发展和改革委员会、住房和城乡建设部、公安部等部委出台一系列规划及政策，对车联网产业升级和业务创新进行了顶层设计、战略布局和发展规划，推动形成深度融合、创新活跃、安全可信和竞争力强的车联网产业新生态[66-68, 92-94]。

在国家层面，2022 年中国共产党第二十次全国代表大会报告《高举中国特色社会主义伟大旗帜 为全面建设社会主义现代化国家而团结奋斗》提出推进新型工业化，加快建设制造强国、质量强国、航天强国、交通强国、网络强国、数字中国[95]。2021 年我国《中华人民共和国国民经济和社会发展第十四个五年规划和 2035 年远景目标纲要》提出，积极稳妥发展车联网[7]。车联网逐步成为我国重大国家战略。

在交通行业，2019 年中共中央、国务院印发《交通强国建设纲要》，提出到 2035 年，基本建成交通强国，加强智能网联汽车（智能汽车、自动驾驶、车路云协同）研发，形成自主可控完整的产业链[96]。2021 年中共中央、国务院印发《国家综合立体交通网规划纲要》，提出 2035 年的发展目标包括智能先进。具体要求：基本实现国家综合立体交通网基础设施全要素全周期数字化。基本建成泛在先进的交通信息基础设施，实现北斗时空信息服务、交通运输感知全覆盖。智能列车、智能网联汽车（智能汽车、自动驾驶、车路协同）、智能化通用航空器、智能船舶及邮政快递设施的技术达到世界先进水平[97]。2022 年国务院印发实施《"十四五"现代综合交通运输体系发展规划》，提出构建设施设备信息交互网络。推动车联网部署和应用，支持构建"车-路-交通管理"一体化协作的智能管理系统[98]。

在汽车行业，2020 年国务院办公厅印发《新能源汽车产业发展规划（2021—2035 年）》，提出完善横向协同、纵向贯通的协调推进机制，促进新能源汽车与能源、交通、信息通信深度融合，统筹推进技术研发、标准制定、推广应用和基础设施建设，把超大规模市场优势转化为产业优势[99]。2020 年国家发展和改革委员会、中央网络安全和信息化委员会办公室、科学技术部、工业和信息化部等 11 部委联合发布《智能汽车创新发展战略》，提出 2035 到 2050 年，安全、高效、绿色、文明的智能汽车强国愿景逐步实现，智能汽车充分满足人民日益增长的美好生活需要。车用无线通信网络（LTE-V2X 等）实现区域覆盖[16]。

我国成立的国家制造强国建设领导小组车联网产业发展专项委员会由 20 个部门和单位组成，负责组织制定车联网发展规划、政策和措施，协调解决车联网发展的重大问题，督促检查相关工作落实情况，统筹推进产业发展，形成了系统的组织保障和工作体系[66-68]。

C-V2X 已成为国家战略和产业政策的重要内容，将助力交通强国、网络强国、数字中国建设。2018 年 12 月，工业和信息化部发布《车联网（智能网联汽车）产业发展行动计划》，提出大力支持 LTE-V2X、5G-V2X 等无线通信网络关键技术研发与产业化[100]。2021 年 11 月，工业和信息化部发布《"十四五"信息通信行业发展规划》，提出在 2025 年重点高速公路、城市道路实现蜂窝车联网（C-V2X）规模覆盖[101]。2024 年 1 月，工业和信息化部、公安部、自然资源部、住房和城乡建设部、交通运输部联合发布《关于开展智能网联汽车"车路云一体化"应用试点工作的通知》，提出建设智能化 5G 和 C-V2X 路侧基础设施，提升 C-V2X 车载终端装配率[102]。

1.7.2 标准制定

1.7.2.1 我国标准化进展

针对车联网跨行业属性，汽车、电子、信息通信、交通运输等跨行业联合出台了车联网标准体系建设指南，初步形成顶层车联网协同体系[29, 68]。2018 年以来，工业和信息化部与国家标准化管理委员会（SAC, National Standardization Administration）联合印发了《国家车联网产业标准体系建设指南（总体要求）》《国家车联网产业标准体系建设指南（智能网联汽车）（2023 版）》《国家车联网产业标准体系建设指南（信息通信）》《国家车联网产业标准体系建设指南（电子产品和服务）》和《国家车联网产业标准体系建设指南（车辆智能管理）》等文件，明确了国家构建车联网生态环境的顶层设计思路，表明了积极引导和直接推动跨领域、跨行业、跨部门合作的战略意图[44, 104-107]，我国车联网产业标准体系建设结构[103]如图 1-11 所示。其中信息通信和智能网联汽车分册分别从通信技术演进和智能网联汽车应用的角度明确了 LTE-V2X 和 NR-V2X 的技术标准选择。

图 1-11　我国车联网产业标准体系建设结构[103]

2018 年 11 月，全国通信标准化技术委员会（National Technical Committee 485 on Communication of Standardization Administration of China）、全国汽车标准化技术委员会（NTCAS, National Technical Committee of Auto Standardization）、全国智能运输系统标准化技术委员会（TC-ITS, National Technical

Committee of Intelligent Transport Systems Standardization）以及全国道路交通管理标准化技术委员会（NTCTM，National Technical Committee 576 on Traffic Management of Standardization Administration of China）共同签署了《关于加强汽车、智能交通、通信及交通管理C-V2X标准合作的框架协议》，在该框架协议指导下，建立高效顺畅的沟通交流机制，相互支持和参与标准研究制定，共同推动C-V2X等新一代信息通信技术在汽车、智能交通以及交通管理中的应用。各标委协同推进LTE-V2X全协议栈标准制修订，保证各部分标准体系之间互补与相互支撑，完成了覆盖总体要求、接入层、网络层、消息层、应用功能等各个环节的技术标准规范制定，有效支撑了跨行业企业的协同研发与产业化[95]。

通过积极参与3GPP、ITU、ISO等国际组织，我国在国际车联网标准和知识产权领域的话语权和影响力持续提升。在3GPP持续推动C-V2X技术标准演进，在ITU-T SG20中立项路侧融合感知系统相关标准，在ISO TC204将C-V2X纳入智慧交通系统的无线接入技术，在ISO TC22发布由我国牵头的首个自动驾驶测试场景国际标准，在ETSI中完善C-V2X技术路线标准布局并深度参与MEC标准研讨，加快推进中国方案车联网的国际化标准布局[95]。

车联网数据来源广泛、种类众多，各种类型的数据在生成、传输、存储、使用、丢弃或销毁等各个阶段，在终端、网络、业务平台等各个层面均面临非法访问、非法篡改、用户隐私泄露等安全风险[108]。《国家车联网产业标准体系建设指南（智能网联汽车）（2023版）》中跟安全相关的标准体系包括网络安全和数据安全[44]。网络安全包括道路车辆信息安全工程审核指南、道路车辆网络安全保障等级和目标攻击可行性、道路车辆网络安全验证和确认、汽车网络安全入侵检测技术规范、车载安全模块加密认证技术规范、智能网联汽车数字身份标识、信息安全、网络安全和个人信息保护、智能网联汽车设备的安全要求及评估、汽车电子控制单元信息安全防护技术规范、汽车数字证书应用规范、汽车密码应用技术要求、汽车安全漏洞分类分级规范、汽车芯片信息安全技术规范等，数据安全包括智能网联汽车数据安全要求、智能网联汽车数据安全管理体系规范、智能网联汽车数据安全共享模型与规范、智能网联汽车数据安全共享参考架构等[44,108]。

1.7.2.2 我国标准组织

包括全国通信标准化技术委员会、全国汽车标准化技术委员会、全国智能运输系统标准化技术委员会以及全国道路交通管理标准化技术委员会在内的各标委协同推进LTE-V2X全协议栈标准制修订，保证各部分标准体系之间支撑互补，完成了覆盖总体要求、接入层、网络层、消息层、应用功能等各个环节的技术标准规范制定，有效支撑了跨行业企业的协同研发与产业化。

（1）全国通信标准化技术委员会

全国通信标准化技术委员会（SAC/TC485）主要负责通信网络、系统和设备的性能要求、通信基本协议和相关测试方法等领域的国家标准制修订。中国通信标准化协会（CCSA，China

Communications Standards Association）为秘书处承担单位。

在车联网标准体系中，CCSA 下设 13 个技术委员会（TC），通过标准引领，支撑构建我国 C-V2X 的车联网无线通信标准体系，组织完成了 C-V2X 总体架构、空中接口、网络层与消息层、多接入边缘计算、安全体系等相关标准化工作。其中 TC10 WG5（物联网 车联网工作组）主要负责与蜂窝通信接入技术相关的车联网标准制定；其他如 TC5（无线通信）和 TC8（网络与信息安全）等协同负责 C-V2X 通信技术、信息安全等相关标准研究和制定。

（2）全国汽车标准化技术委员会

全国汽车标准化技术委员会（SAC/TC114）负责我国汽车、摩托车等道路机动车辆标准的归口管理工作，是我国政府进行汽车行业管理的重要技术支撑机构。其作为协助政府参与国际汽车标准法规协调的窗口组织和承担单位，是我国汽车行业开展标准国际交流和双边、多边合作的执行机构。其下设 30 余个分技术委员会，在我国汽车行业标准化领域开展的各项工作，有力支撑我国汽车产业的发展和进步，满足行业管理的需求，在汽车成为我国支柱性产业的过程中发挥重要作用。

其中，智能网联汽车分技术委员会是国际范围内首个专门负责智能网联汽车领域标准化的专业标委会[73]，负责汽车驾驶环境感知与预警、驾驶辅助、自动驾驶以及与汽车驾驶直接相关的车载信息服务专业领域标准化工作。

（3）全国智能运输系统标准化技术委员会

全国智能运输系统标准化技术委员会（SAC/TC268），负责全国性智能运输系统标准化工作的技术组织工作，负责智能运输系统领域的标准化技术归口工作，对口国际标准化组织智能运输系统技术委员会（ISO/TC204）。其主要工作范围包括地面交通和运输领域的先进交通管理系统、先进交通信息服务系统、先进公共运输系统、电子收费与支付系统、货运车辆和车队管理系统、智慧公路及先进的车辆控制系统、交通专用短距通信和信息交换，以及交通基础设施管理信息系统中的技术和设备标准化。

（4）全国道路交通管理标准化技术委员会

全国道路交通管理标准化技术委员会（SAC/TC576），主要负责道路交通管理领域的国家标准制修订工作，由公安部科技信息化局负责日常管理，公安部交通管理局负责业务指导，公安部交通管理科学研究所承担秘书处工作。其是在道路交通管理领域内，从事国家、行业标准起草和技术审查等标准化工作的非法人技术组织。

1.8 本书章节安排

本书在首章介绍了车联网的背景以及与汽车产业、交通行业的关系，介绍了全球政策、标准发展态势和我国相关的发展现状。接下来，本书将在第 2 章分析车联网面临的新场景和新需求，并以此为导引，在第 3 章介绍车联网的系统架构与技术标准体系。第 3 章分析车联网在新场景、新需求下面临的问题和挑战，并给出应对问题和挑战的蜂窝车联网（C-V2X）通信技术；总结 C-V2X 系统架构、标准演进及关键技术。本书针对 C-V2X 的两个阶段 LTE-V2X 和 NR-V2X，分别在第 4 章和第 5 章，从网络架构、物理层技术、资源分配管理与拥塞控制技术、同步机制、NR-V2X 与 LTE-V2X 的共存和互通等方面进行全面深入的阐述，让读者系统地了解 C-V2X 的技术原理和关键技术。此外，本书还在第 6 章介绍 C-V2X 车路云协同中的移动边缘计算、网络切片、高精度地图、车路协同融合感知、高精度定位、云协同平台等关键技术；在第 7 章介绍 C-V2X 安全技术；在第 8 章介绍 C-V2X 频谱规划中的需求研究、国际频谱规划及我国频谱规划情况；在第 9 章从产业发展与应用的视角，介绍 C-V2X 产业链构建、产业联盟进展情况、互联互通测试验证以及示范区建设等情况。最后，第 10 章展望 C-V2X 应用和新技术的发展趋势。本书的章节结构如图 1-12 所示。

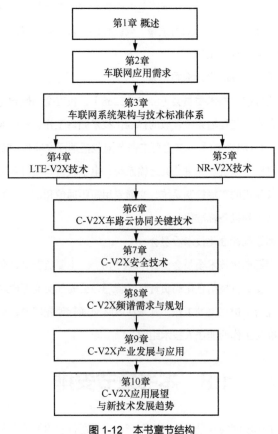

图 1-12　本书章节结构

思考题

1. 与常见的无线通信技术（如蜂窝通信、WLAN、MANET、物联网等）相比，车联网通信具有哪些特点？这些特点对车联网通信提出了哪些特殊挑战？
2. 车联网支持近程信息交互和远程信息服务两大类应用，在通信需求上有何差别？
3. 什么是自动驾驶汽车？什么是智能网联汽车？车联网对智能网联汽车赋能作用体现在哪些方面？在自动驾驶的演进中，网联智能和单车智能的关系是什么？
4. 车联网对智慧交通的赋能作用体现在哪些方面？请举例说明。
5. 请辨析以下术语：
   （1）车联网、车内网、车际网、车云网；
   （2）C-V2X、LTE-V2X、NR-V2X。

参考文献

[1] Global car accident statistics for 2019[R]. 2018.

[2] INRIX Research. INRIX global traffic scorecard[R]. 2020.

[3] World Health Organization. Road traffic injuries[R]. 2020.

[4] GWILLIAM K M. Cities on the move: a world bank urban transport strategy review[R]. World Bank: Washington, 2002.

[5] United States Environmental Protection Agency. Global greenhouse gas emissions data[R]. 2016.

[6] GSMA and 5GAA sign cooperation agreement to boost deployment of connected cars and safer roads[EB]. 2019.

[7] 中华人民共和国国民经济和社会发展第十四个五年规划和2035年远景目标纲要[Z]. 2021.

[8] 李正茂, 王晓云, 张同须, 等. 5G+: 5G如何改变社会[M]. 北京: 中信出版社, 2019.

[9] European Union. Regulation (EU) 2015/758 of the European Parliament and of the Council, concerning type-approval requirements for the deployment of the eCall in-vehicle system based on the 112 service and amending directive 2007/46/EC[R]. 2015.

[10] SAI International. Taxonomy and definitions for terms related to on-road motor vehicle automated driving systems: SAE J3016[S]. 2018.

[11] 国家市场监督管理总局, 国家标准化管理委员会. 汽车驾驶自动化分级: GB/T 40429-2021[S]. 北京: 中国标准出版社, 2021.

[12] 吴黎兵, 聂雷, 刘冰艺, 等. 一种 VANET 环境下的智能交通信号控制方法[J]. 计算机学报, 2016, 39(6): 1105-1119.

[13] 徐秀妮. 基于 V2X 的城市智能交通信号灯控制方法[J]. 西安工程大学学报, 2020, 34(3): 48-54.

[14] WANG X J, CAI H, SONG X. H, et al. Electronic toll collection technology and applications[M]. Beijing: China Communications Press, 2006.

[15] 杨晓寒, 彭亚荣. 面向 ETC 自由流的收费管理探讨[J]. 中国交通信息化, 2020(9): 37, 40-43.

[16] 国家发展改革委, 中央网信办, 科技部, 等. 智能汽车创新发展战略[R]. 2020.

[17] 陈山枝. 蜂窝车联网(C-V2X)及其赋能智能网联汽车发展的辩思与建议[J]. 电信科学, 2022, 38(7): 1-17.

[18] IEEE. Part 11: Wireless LAN medium access control (MAC) and physical layer (PHY) specification: IEEE 802.11[S]. 2012.

[19] CHEN S Z, HU J L, SHI Y, et al. LTE-V: a TD-LTE-based V2X solution for future vehicular network[J]. IEEE Internet of Things Journal, 2016, 3(6): 997-1005.

[20] CHEN S Z, HU J L, SHI Y, et al. Vehicle-to-everything (V2X) services supported by LTE-based systems and 5G[J]. IEEE Communications Standards Magazine, 2017, 1(2): 70-76.

[21] CHEN S Z, HU J L, SHI Y, et al. A vision of C-V2X: technologies, field testing, and challenges with Chinese development[J]. IEEE Internet of Things Journal, 2020, 7(5): 3872-3881.

[22] 陈山枝, 胡金玲, 时岩, 等. LTE-V2X 车联网技术、标准与应用[J]. 电信科学, 2018, 34(4): 7-17.

[23] 陈山枝, 葛雨明, 时岩. 蜂窝车联网(C-V2X)技术发展、应用及展望[J]. 电信科学, 2022, 38(1): 1-12.

[24] HARTENSTEIN H, LABERTEAUX K P. VANET: vehicular applications and inter-networking technologies[M]. Hoboken: John Wiley & Sons, 2009.

[25] SHEN X M, FANTACCI R, CHEN S Z. Internet of vehicles[scanning the issue][J]. Proceedings of the IEEE, 2020, 108(2): 242-245.

[26] C114 通信网. 大唐电信副总裁陈山枝：未来积极推动 LTE-V 标准[EB]. 2013.

[27] 5GAA. The case for cellular V2X for safety and cooperative driving[EB]. 2016.

[28] 丁飞, 张楠, 李升波, 等. 智能网联车路云协同系统架构与关键技术研究综述[J]. 自动化学报, 2022, 48(12): 2863-2885.

[29] 中国科学技术协会, 中国通信学会. 车联网产业与技术发展路线图[M]. 北京: 科学普及出版社, 2022.

[30] 中国公路学会, 中国汽车工程学会, 中国通信学会. 车路协同自动驾驶系统（车路云一体化系统）协同发展框架[R]. 2023

[31] 岳超, 钟佳儒, 宁启立, 等. 新技术形势下 "车能路云" 融合发展战略研究[J]. 中国工程科学, 2024, 26(1): 45-58.

[32] 李升波, 刘畅, 殷玉明, 等. 汽车端到端自动驾驶系统的关键技术与发展趋势[J].人工智能, 2023(5): 1-16.

[33] 李克强. 新一代 AI 驱动的中国方案智能网联汽车关键技术[EB]. 2024.

[34] 李骏. 智能网联汽车导论[M]. 北京: 清华大学出版社, 2022.

[35] 李克强, 王建强, 许庆. 智能网联汽车[M]. 北京: 清华大学出版社, 2022.

[36] 李克强. 智能网联汽车发展现状对策建议[R]. 2020.

[37] 苗圩. 关于汽车产业变革趋势的思考[R]. 2021.

[38] 中国汽车工程学会. 节能与新能源汽车技术路线图 1.0[R]. 2016.

[39] 中国汽车工程学会. 节能与新能源汽车技术路线图 2.0[R]. 2020.

[40] 中国汽车工程学会. 节能与新能源汽车技术路线图 3.0（征求意见稿）[R]. 2023.

[41] SAE International. Taxonomy and definitions for terms related to driving automation systems for on-road motor vehicles: J3016_202104[S]. 2021.

[42] 中国汽车技术研究中心有限公司标准化研究所.《汽车驾驶自动化分级（GB/T 40429-2021）》正式发布[EB]. 2021.

[43] KUKKALA V K, TUNNELL J, PASRICHA S, et al. Advanced driver-assistance systems: a path toward autonomous vehicles[J]. IEEE Consumer Electronics Magazine, 2018, 7(5): 18-25.

[44] 工业和信息化部, 国家标准化管理委员会. 国家车联网产业标准体系建设指南（智能网联汽车）（2023 版）[EB]. 2023.

[45] 国家市场监督管理总局, 国家标准化管理委员会. 道路车辆先进驾驶辅助系统(ADAS)术语及定义: GB/T 39263-2020[S]. 2020.

[46] 清华大学智能产业研究院, 百度 Apollo. 面向自动驾驶的车路协同关键技术与展望

2.0[EB]. 2022.

[47] 王云鹏, 鲁光泉, 于海洋. 车路协同环境下的交通工程[J]. 中国工程科学, 2018, 20(2): 106-110.

[48] 吴冬升. 车联网赋能智慧交通和自动驾驶[R]. 2023.

[49] 刘思杨, 张云飞. 从智能网联1.0到智能网联2.0：面向双智的实时数字孪生城市构建[J]. 电信科学, 2023, 39(3): 32-44.

[50] Rhodium Group. Global greenhouse gas emissions: 1990-2021 and preliminary 2022 estimates[R]. 2023.

[51] ITS America. ITS america national V2X deployment plan[EB]. 2023.

[52] U.S. Department of Transportation. ITS research fact sheets-benefits of intelligent transportation systems[R]. 2020.

[53] 关积珍. 新一代智能交通系统技术创新与产业发展[R]. 2019.

[54] ERTRAC. Connectivity and automated driving. Connected automated driving roadmap[R]. 2019.

[55] ERTRAC. Connected, cooperative and automated mobility roadmap[R]. 2022.

[56] 中国公路学会. 车路协同自动驾驶发展报告[R]. 2019.

[57] 中国公路学会自动驾驶工作委员会. 智能网联道路系统分级定义与解读报告（征求意见稿）[R]. 2019.

[58] 交通运输部. 数字交通发展规划纲要[EB]. 2019.

[59] 国家智慧城市标准化总体组. 智慧城市标准化白皮书（2022版）[R]. 2022.

[60] 国家市场监督管理总局, 国家标准化管理委员会. 智慧城市 术语: GB/T 37043-2018[S]. 2018.

[61] 吴建平. 智慧城市建设的核心理念与应然路向[J]. 国家治理, 2022(24): 48-51.

[62] 住房和城乡建设部、工业和信息化部关于确定智慧城市基础设施与智能网联汽车协同发展第一批试点城市的通知[EB]. 2021.

[63] 中国电动汽车百人会, 中国城市规划设计研究院, 中国信息通信研究院. 智慧城市基础设施与智能网联汽车协同发展年度研究报告（2022）[R]. 2022.

[64] 中国电动汽车百人会, 中国城市规划设计研究院, 中国信息通信研究院. 智慧城市基础设施与智能网联汽车协同发展年度研究报告（2021年）[R]. 2021.

[65] 张永伟. 从购买走向使用: 多维度构建新能源汽车服务体系[M]. 北京: 机械工业出版社, 2023.

[66] 中国通信学会. 车联网技术、标准与产业发展态势前沿报告（2018 年）[R]. 2018.

[67] 中国通信学会. 车联网技术、标准与产业发展态势前沿报告（2020 年）[R]. 2020.

[68] 中国通信学会. C-V2X 车联网技术发展与产业实践白皮书（2022 年）[R]. 2022.

[69] U.S. Department of Transportation. Saving lives with connectivity: a plan to accelerate V2X development (FINAL) [R]. 2024.

[70] 新一代智能交通体系决定采用 LTE-V2X 通信方式[EB]. 2023.

[71] 孙航. 中国智能网联汽车标准体系建设情况及完善建议[J]. 科技与金融, 2023(4): 21-25.

[72] 王映民, 孙韶辉. 5G 移动通信系统设计与标准详解[M]. 北京: 人民邮电出版社. 2020.

[73] 3GPP. Security aspect for LTE support of vehicle-to-everything (V2X) services: TS 33.185, v14.1.0[S]. 2018.

[74] ITU-R. Harmonization of frequency bands for intelligent transport systems in the mobile service: ITU-R M.2121-1[S]. 2023.

[75] ITU-R. The use of the terrestrial component of international mobile telecommunications for the cellular-vehicle-to-everything: ITU-R M.2520[S]. 2022.

[76] ITU-R. Connected automated vehicles: ITU-R M.2534-0[S]. 2023.

[77] ITU-T. Resolution 104, Promoting and strengthening standardization activities for vehicular communications[R]. 2024.

[78] ITU-T. Secure software update capability for intelligent transportation system communication devices: X.1373 [S]. 2017.

[79] ISO. Intelligent transport systems - Evolved-universal terrestrial radio access network - part 3: LTE-V2X: ISO 17515-3[S]. 2019.

[80] SAE International. Road vehicles - cybersecurity engineering: ISO/SAE21434[S]. 2021.

[81] ISO, PAS. Road vehicles — guidelines for auditing cybersecurity engineering: ISO/PAS 5112:2022 [S]. 2020.

[82] ISO, SAE International. Road vehicles — cybersecurity assurance levels (CAL) and targeted attack feasibility (TAF): ISO/SAE AWI PAS 8475[S]. 2023.

[83] ISO, SAE International. Road vehicles — cybersecurity verification and validation: ISO/SAE AWI PAS 8477[S]. 2023.

[84] ISO, IEC. Information technology-security techniques-evaluation criteria for IT security: ISO/IEC Standard 15408[S]. 2014.

[85] SAE International. Dedicated short range communications (DSRC) message set dictionary:

SAE J2735[S]. 2023.

[86] SAE International. On-board minimum performance requirements for V2V safety systems: SAE J2945/1[S]. 2020.

[87] IEEE. Specific requirements part 11: wireless LAN medium access control (MAC) and physical layer (PHY) specifications amendment 5: enhancements for next generation V2X: IEEE 802.11bd[S]. 2023.

[88] ETSI. Intelligent transport systems (ITS); LTE-V2X access layer specification for intelligent transport systems operating in the 5GHz frequency band: ETSI EN 303 613, v1.1.1[S]. 2020.

[89] ETSI. MEC deployments in 4G and evolution towards 5G[R]. 2018.

[90] SAE International. LTE vehicle-to-everything (LTE-V2X) deployment profiles and radio parameters for single radio channel multi-service coexistence: J3161_202204[S]. 2022.

[91] SAE International. Cybersecurity guidebook for cyber-physical vehicle systems: J3061_202112[S]. 2021.

[92] 中国信息通信研究院. 车联网白皮书[R]. 2021.

[93] 中国信息通信研究院. 车联网白皮书（2022 年）[R]. 2023.

[94] 中国信息通信研究院. 车联网白皮书（2023 年）[R]. 2023.

[95] 中国共产党第二十次全国代表大会. 高举中国特色社会主义伟大旗帜 为全面建设社会主义现代化国家而团结奋斗[R]. 2022.

[96] 中共中央, 国务院. 交通强国建设纲要[R]. 2019.

[97] 中共中央, 国务院. 国家综合立体交通网规划纲要[R]. 2021.

[98] 国务院. "十四五"现代综合交通运输体系发展规划[R]. 2022.

[99] 国务院办公厅. 新能源汽车产业发展规划（2021-2035 年）[R]. 2020.

[100] 工业和信息化部. 车联网（智能网联汽车）产业发展行动计划[R]. 2018.

[101] 工业和信息化部. "十四五"信息通信行业发展规划[R]. 2021.

[102] 工业和信息化部, 公安部, 自然资源部, 等. 关于开展智能网联汽车"车路云一体化"应用试点工作的通知[R]. 2024.

[103] 工业和信息化部, 国家标准化管理委员会. 国家车联网产业标准体系建设指南（总体要求）[EB]. 2018.

[104] 工业和信息化部, 国家标准化管理委员会. 国家车联网产业标准体系建设指南（信息通信）[EB]. 2018.

[105] 工业和信息化部, 国家标准化管理委员会. 国家车联网产业标准体系建设指南（电子产品

和服务）[EB]. 2018.

[106] 工业和信息化部, 公安部, 国家标准化管理委员会. 国家车联网产业标准体系建设指南（车辆智能管理）[EB]. 2020.

[107] 交通运输部, 工业和信息化部, 国家标准化管理委员会. 国家车联网产业标准体系建设指南（智能交通相关）[EB]. 2021.

[108] 中国通信学会. 车联网安全技术与标准发展态势[R]. 2019.

第 2 章
车联网应用需求

应用需求是技术发展的重要原动力和驱动力。车联网的行业应用需求主要来自汽车行业、交通行业和城市治理等，车联网应用包括基本应用和增强应用。基本应用从信息服务类应用向行驶安全类、交通效率类和交通服务类应用发展，未来将向支持自动驾驶、智慧交通、智慧城市等增强应用演进。本章分析车联网各类应用的通信需求，并介绍国内外应用的标准化进展，使读者建立对车联网应用需求的初步认识。

2.1 车联网的基本应用需求

车联网是信息通信、汽车、交通、城市治理等跨行业、跨领域的交叉融合创新技术,车联网基本应用分为以下几类:与生命和财产安全相关的行驶安全类应用是车联网基本应用的核心;提升交通效率、提升交通管理和服务水平、降低能源消耗和减少环境污染是交通效率类和交通服务类应用的重要作用;为交通出行提供便捷及时的信息服务类应用和丰富多样的驾乘体验。

从满足汽车、交通和城市治理等行业的需求进行分析,不同类型的车联网应用具有多样化的通信需求,主要分为近程信息交互应用和远程信息服务[1-2]。对于车联网而言,实现近程数据实时交互的低时延、高可靠通信是其根本挑战。

2.1.1 行驶安全类应用

安装车联网通信设备的交通参与者,如车辆、路侧设备、行人等,可以通过协同交互周围节点的实时状态信息,进行危险信息预警,辅助决策判断是否可能发生危险情况,从而采取有效措施降低交通事故发生率,提高交通安全性。

> **资料专栏:主动安全,被动安全**
>
> 主动安全和被动安全的共同目标都是提升与车辆相关的安全,但从行驶安全的管理周期来划分,二者存在差别。
>
> 主动安全:在未发生行驶安全事故时,为避免事故发生而设置的安全配置和管理功能,如防抱死制动系统(ABS, Anti-lock Braking System)、电子稳定系统(ESP, Electronic Stability Program)、牵引力控制系统(TCS, Traction Control System)、车道偏移预警(LDW, Lane Departure Warning)系统等。V2X应用也属于主动安全。
>
> 被动安全:在事故发生之后,对于不能防止或避免的行驶安全事故,最大限度减轻人身和财产损害程度,如安全带、安全气囊、防撞钢梁、头颈保护装置等。

车辆与车辆或者路侧基础设施之间实时通信,实现超视距、低时延、高可靠的行驶安全相关信息感知,从而支持交叉路口碰撞预警、紧急刹车预警等车辆行驶安全应用。以交叉路口为例,统计数据表明,有近 50%的交通事故发生在交叉路口或与路口相关[3-4],路口是行驶安全中极具挑战性的场景[5-6]。在交叉路口碰撞预警应用中，车辆广播基本安全消息，包括自身身份、定位、运行状态和轨迹等，交叉路口其他方向的来车通过接收信息进行感知、决策、控制。再如，山区高速公路弯道较多，由于道路线型、山体遮挡的影响，车辆无法及时获取前方道路信息，一旦有停车、行人、遗撒等异常情况发生，容易发生交通事故。路侧感知设备可以对弯道区域的交通参与者和路面情况进行探测与分析，并将异常情况通过路侧设备（RSU）进行广播，对车辆进行盲区感知补充，有利于车辆进行路径规划，从而避免交通事故的发生。下面以几个典型的行驶安全应用为例进行简要说明[7-14]。

（1）紧急制动预警（EBW，Emergency Brake Warning）

前方车辆 RV-1（RV，Remote Vehicle）进行紧急制动时，通过车联网通信广播紧急制动状态信息。此场景下，对于后方车辆（HV，Host Vehicle）来说，虽然处于 HV 和 RV-1 之间的 RV-2 可能遮挡 HV 和 RV-1 之间的视线，但 HV 能够通过 V2X 通信，接收 RV-1 的紧急制动状态信息，如判断该 RV 事件与 HV 有关，则对 HV 的驾驶员进行预警，避免发生追尾碰撞，如图 2-1 所示。

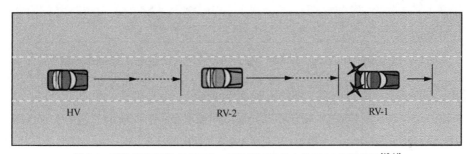

图 2-1　紧急制动预警（EBW）：同车道 HV 前方的 RV-1 紧急制动[10,14]

（2）前向碰撞预警（FCW，Forward Collision Warning）

当主车 HV 与前方同一车道的 RV-1 存在追尾碰撞危险时（HV 前方可能有 RV-2 遮挡 HV 和 RV-1 之间的视线），FCW 应用对 HV 的驾驶员进行预警，避免发生追尾碰撞，如图 2-2 所示。

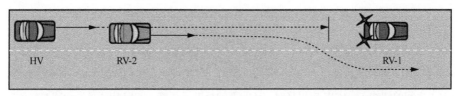

图 2-2　前向碰撞预警（FCW）：同车道 HV 前方的 RV-1 在慢速或减速行驶[10,14]

（3）盲区预警/变道预警（BSW/LCW，Blind Spot Warning/Lane Change Warning）

当主车 HV 的相邻车道有同向行驶的 RV-1 出现在 HV 的盲区时，BSW 应用对 HV 的驾驶员进行预警。当 HV 尝试进行变道操作时，如果相邻车道有同向行驶的 RV 处于或将进入 HV 的盲区，LCW 应用对 HV 的驾驶员进行预警。BSW/LCW 应用可避免车辆变道时与相邻车辆发生侧面碰撞，提高变道安全性。BSW、LCW 分别如图 2-3 和图 2-4 所示。

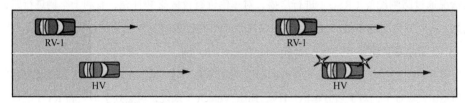

图 2-3　盲区预警（BSW）：RV-1 在 HV 的盲区，可能发生侧面碰撞[10,14]

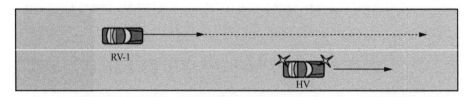

图 2-4　变道预警（LCW）：HV 准备变道，可能与相邻车道的 RV-1 发生侧面碰撞[10,14]

（4）逆向超车预警（DNPW，Do Not Pass Warning）

当主车 HV 的前方车辆 RV-2 行驶速度过慢，HV 意图借用逆向车道进行超车时，如果超车路段被逆向行驶的 RV-1 占用，导致 HV 无法安全超过同向的前车 RV-2，则 DNPW 应用对 HV 的驾驶员进行预警，如图 2-5 所示。

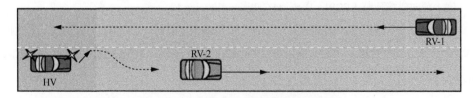

图 2-5　逆向超车预警（DNPW）：HV 超车借用的逆向车道被 RV-1 占用[10,14]

（5）交叉路口碰撞预警（ICW，Intersection Collision Warning）

当主车 HV 通过交叉路口，与侧向行驶的远车 RV-1 可能发生碰撞时（RV-2 可能遮挡 HV 和 RV-1 之间的视线），ICW 应用将对 HV 的驾驶员进行预警。ICW 应用可避免或减轻侧向碰撞，提高交叉路口的交通安全，如图 2-6 所示。

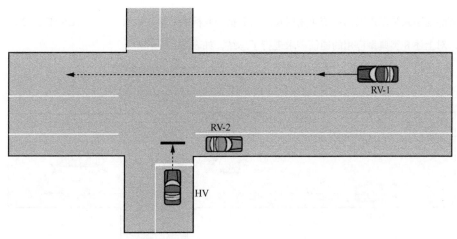

图 2-6　交叉路口碰撞预警（ICW）：HV 和 RV-1 同时通过交叉路口[10,14]

（6）车辆失控预警（CLW，Control Loss Warning）

当远方的车辆 RV 出现失控状态，触发 ABS、ESP、TCS、LDW 等功能时，RV 广播失控状态信息，主车 HV 根据收到的消息识别出 RV 失控，可能影响 HV 的行驶路线，CLW 对 HV 的驾驶员进行预警，如图 2-7 所示。

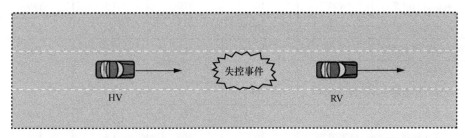

图 2-7　车辆失控预警（CLW）：HV 和 RV 同向行驶，RV 出现失控状态[10,14]

（7）左转辅助（LTA，Left Turn Assist）

当主车 HV 在交叉路口左转，与对向驶来的远车 RV-1 可能存在碰撞风险时，LTA 应用对 HV 的驾驶员进行预警。LTA 应用可辅助避免或减轻侧向碰撞，提高交叉路口的交通安全，如图 2-8 所示。

以上行驶安全类应用中的信息传输可利用 V2V 通信方式，在车与车之间进行信息交互。其中，ICW 应用及 LTA 应用还可利用交叉路口路侧设施提供辅助信息，通过 V2I 通信提高交叉路口的安全通行能力。

在中国汽车工程学会（China SAE，China Society of Automotive Engineers）发布的《合作

式智能运输系统车用通信系统应用层及应用数据交互标准（第一阶段）》（T/CSAE 53-2020）中，对上述 8 类典型应用的通信需求进行了总结，如表 2-1 所示[14]。

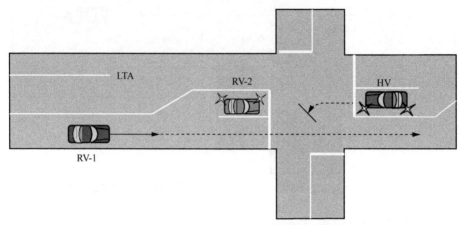

图 2-8 左转辅助（LTA）：HV 在交叉路口左转[10,14]

表 2-1 T/CSAE 53-2020 标准的部分行驶安全类应用通信需求[14]

应用	通信类型	频率/Hz	最大时延/ms	定位精度/m	通信范围/m
紧急制动预警	V2V	10	100	1.5	150
前向碰撞预警	V2V	10	100	1.5	300
盲区预警/变道预警	V2V	10	100	1.5	150
逆向超车预警	V2V	10	100	1.5	300
交叉路口碰撞预警	V2V/I2V	10	100	1.5	150
车辆失控预警	V2V	10	100	1.5	300
左转辅助	V2V/I2V	10	100	1.5	150

3GPP TS 22.185[15]对行驶安全类应用的通信需求进行了总结，主要包括节点间 V2V/V2P/V2I I2V 通信的最大时延为 100ms，预碰撞感知等特殊情况的最大通信时延为 20ms；V2N 通信的端到端时延不超过 1000ms；在不包括安全开销的情况下，周期性广播消息的负荷为 50～300Byte，事件触发类消息的负荷最大为 1200Byte；最大的消息发送频率为 10Hz；车车通信范围在给定的相对速度下，需要给予驾驶员足够的反应时间（如典型值为 4s）；支持 V2V 应用的最大相对速度为 500km/h，支持 V2V 和 V2P 应用的最大相对速度为 250km/h，支持 V2I 应用的最大相对速度为 250km/h。

除了以上通信需求，在数据处理方面，据统计，单车每天产生的数据达到了吉字节级，除了需要满足海量数据存储的需求，还需要通过汇聚车辆、道路和交通等信息数据，满足实时共享、分析和开放的需求。在定位方面，定位精度需要满足车道级（米级）的定位需求，需要获取道路拓扑结构等信息[16]。

2.1.2 交通效率类应用

车联网可增强交通感知能力，通过构建智慧交通体系，实现交通系统的数字化和智能化，如动态调配路网资源、及时提供准确的静态和动态交通信息、进行拥堵提醒、完成协作变道和协作避免碰撞等协作驾驶行为、规划合理的出行路线、提高交通流量等。

从提升交通效率的角度，基于V2X通信，经过网联化改造的交通信号灯或电子标识等基础设施可将交通管理与指示信息通过RSU告知车辆，实现通行引导、车速引导等出行效率提升应用[1]。根据实际情况有不同的侧重，既可利用V2V通信，也可利用V2I/I2V通信。以通行引导为例，交通灯信号机可通过RSU将灯色状态与配时等信息实时传递给周围的行驶车辆，为车辆决策是否通过路口以及对应的通行速度提供相应的依据，并且可以在一定程度上避免闯红灯事故的发生。另外，车辆可以与交通基础设施进行信息交互，交通信号灯动态支持高优先路权车辆（如救护、消防、公安等紧急车辆及满载的公交车辆等）的优先通行。下面以绿波车速引导（I2V）、紧急车辆提醒（V2V）、动态车道管理（V2I）这3个典型应用为例进行说明[14, 17]。

（1）绿波车速引导（GLOSA，Green Light Optimal Speed Advisory）

当主车HV通过信号灯控制的交叉路口，收到RSU发送的道路信息及信号灯实时状态信息时，GLOSA应用将为HV的驾驶员建议车速区间，使其经济、舒适地通过该路口，如图2-9所示。

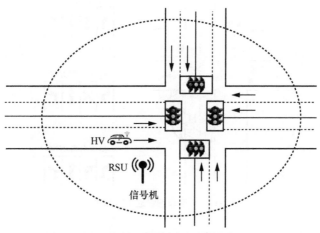

图2-9 绿波车速引导（GLOSA）：绿波车速引导HV[14]

（2）紧急车辆提醒（EVW，Emergency Vehicle Warning）

对于紧急车辆（如消防车、救护车、警车或其他紧急呼叫车辆），当主车 HV 行驶时，如果收到紧急车辆 RV 的提醒信息，则需要让行，如图 2-10 所示。RSU 收到紧急车辆或高优先级车辆的消息后，可调度道路沿线信号灯，开辟绿色通道。

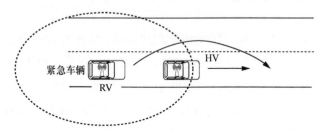

图 2-10　紧急车辆提醒（EVW）：HV 为接近的紧急车辆 RV 让行[14]

（3）动态车道管理（DLM，Dynamic Lane Management）

城市道路交通的潮汐现象明显，体现为早晚高峰期间道路资源利用不均，交通拥堵现象严重。采用动态潮汐车道行驶，是在不同的时间内变化某些车道的行车方向或行车种类的一种交通组织方式，可充分挖掘利用现有道路资源，提高城市道路通行能力，解决通行能力时空分布不均衡问题[18]。

交叉路口处的动态划分车道功能可以对交叉路口进口道的空间资源进行实时的合理分配。DLM 如图 2-11 所示，通过交叉路口范围内的网联车辆（EV，Equipped Vehicle）EV-1～EV-3 与 RSU 进行实时通信，RSU 收集并通过感知设备感知路口车辆的状态数据，包括位置、速度、转向等，实时确定交叉路口各个流向的交通需求，以此为基础进行进口道车道功能的划分，并将车道功能划分的结果发送给车辆，进而通过动态的车道管理提高交叉路口的运行效率[17]。

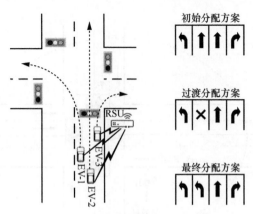

图 2-11　动态车道管理（DLM）[17]

在 CSAE 标准中，上述 3 类典型应用的通信需求如表 2-2 所示[14, 17]。

表 2-2 CSAE 标准中部分交通效率类应用的通信需求[14,17]

应用	通信类型	频率/Hz	最大时延/ms	定位精度/m	通信范围/m
绿波车速引导	I2V	2	200	1.5	150
紧急车辆提醒	V2V/V2I	10	100	1.5	300
动态车道管理	V2I	≥2	≤100	≤1.5	≥200

利用 V2X 通信技术对交通状态信息进行全面感知，优化交通信号和驾驶操作，可满足交通需求，提升通行效率。在实际的差异化场景中，基于交通参与者交互的信息，优化交通资源的调度和使用，是实现车联网车路协同价值的关键。

2.1.3 交通服务类应用

V2X 通信技术可改善交通管理和服务能力，面向交通参与者提供安全、高效的出行服务，赋能道路基础设施的数字化、网联化和协同化，支撑构建创新的智慧交通系统。下面以场站路径引导服务、车辆在行驶中付费、车辆在停止时主动付费等典型应用为例进行说明。

（1）场站路径引导服务（GSPA，Guidance Service in Parking Area）[14]

在场站内部区域（如停车场、高速服务区、加油站等）附近设有 RSU，当装载通信系统的网联车辆（EV）位于场站服务范围内时，EV 向 RSU 发送入场/离场信息或服务请求（包括自身信息、入场/离场请求以及意图信息等）。RSU 收到 EV 发送的请求，通过 V2I 的方式，根据 EV 请求服务类型、当前场站内服务点的状态信息、地图信息为 EV 下发场站地图信息（包括场站内的地图信息、各类车位信息和服务点信息），RSU 为 EV 提供路径引导服务，使车辆更便捷、精确地获得内部道路地图、车位信息以及引导路径，便于车辆更快地寻路和前往目的地，从而提升用户体验，服务"最后一公里"。EV 与 RSU 应具备无线通信能力，采用单播/广播的通信方式进行周期性信息交互[14]。GSPA 如图 2-12 所示。

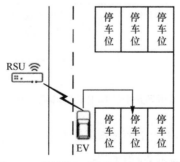

图 2-12 场站路径引导服务（GSPA）[14]

（2）车辆在行驶中付费

车辆在行驶中的付费有高速通行费、拥堵费等，由有公信力的商户主动扣款。随着汽车和通信技术的普及，汽车的车载终端（OBU）可作为支付节点对消费的服务和商品等实现车载支付，成为金融支付节点。下面以汽车近场支付（VNFP，Vehicle Near-Field Payment）为例进行说明[14]。HV 在行驶过程中驶过收费 RSU 时，RSU 广播收费能力信息；HV 收到信息后，与 RSU 完成单播通信会话，并反馈车辆信息。RSU 完成支付扣款后，通知 HV，如图 2-13 所示。

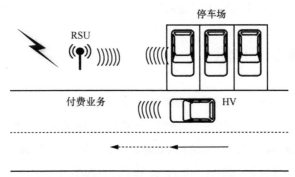

图 2-13　汽车近场支付（VNFP）：车辆在行驶中付费[14]

（3）车辆在停止时主动付费[14]

车辆在停止时的主动付费包括停车场支付、加油支付、充电支付。HV 停止时，向 RSU 发起支付请求及车辆信息验证，RSU 完成支付扣款后，通知 HV，如图 2-14 所示。

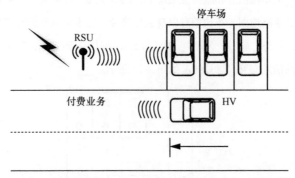

图 2-14　汽车近场支付（VNFP）：车辆在停止时主动付费[14]

在中国汽车工程学会制定的第一阶段应用层及应用数据交互标准中，场站路径引导服务和汽车近场支付应用的通信需求如表 2-3 所示[14]。

表2-3　CSAE标准中交通服务类应用的通信需求[14]

应用	通信类型	频率/Hz	最大时延/ms	定位精度/m	通信范围/m
场站路径引导服务	V2I	≥2	≤100	≤0.5	≥200
汽车近场支付	V2I	2	500	5	150

2.1.4　信息服务类应用

多样化的车载信息服务类应用是全面提升企业运营、政府监管和人民出行水平的重要手段。

随着汽车智能化和网联化技术的发展,汽车空中下载(OTA)技术得到了广泛应用。汽车装载V2X通信模块后,可基于V2X通信功能,打通用户入口和数据入口,实现整台汽车作为产品和服务功能的动态更新,解决汽车因迭代速度较慢难以满足用户需求的问题。通过OTA及时有效更新,赋能汽车从静态机电设备向具备成长力的移动平台转型,支持整个全生命周期的价值更新,实现了车体各个环节通过V2X通信进行业务和服务的更新,拓宽企业的收益边界,增加客户黏性,减少维修及召回成本[19-20]。

汽车OTA技术分为软件远程升级(SOTA,Software Over The Air)和固件远程升级(FOTA,Firmware Over The Air)两类。其中,SOTA针对管理应用逻辑的软件,升级内容包括车载地图、人机交互界面、应用软件、娱乐系统操作界面或主题等;FOTA针对管理硬件的软件,升级内容包括动力电池、发动机、电机、变速器和底盘等控制系统。目前以SOTA为主,FOTA是难点。通过车联网可支持OTA,但是从技术角度看,仍面临多领域(如自动驾驶、车身控制、底盘、电池功耗等)OTA功能开发等挑战,如维护海量数据、网络通信安全、防止恶意入侵、保障汽车安全[19]。OTA中的网络安全、数据安全、信息安全等涉及多部门,需要不断完善监管体制,加强监管,促进产品安全落地,规范OTA技术在召回工作中的应用,切实保障人身财产安全。

车载信息娱乐(IVI,In-Vehicle Infotainment)系统是基于车身总线系统和互联网服务形成的车载综合信息处理系统,主要通过4G/5G、蜂窝通信、Wi-Fi、蓝牙等通信手段实现。IVI多功能集成具体体现在信息娱乐、导航定位等方面:信息娱乐主要包括收音机、音视频播放、电子相册以及未来的虚拟现实和增强现实等;导航定位主要包括同步精准定位、同步语音导航、地图精准导航等[21]。

2.2　车联网的增强应用需求

车联网基本应用需求可以支持行驶安全类、交通效率类、交通服务类和信息服务类应用,但随着汽车技术和通信技术的持续演进，很难满足以自动驾驶为代表的车联网增强应用的需求。不同的自动驾驶级别，通过是人类驾驶员操作还是自动驾驶系统负责的驾驶环境感知以及驾驶系统的自动化控制程度来区分，对通信系统的功能和性能具有差异化的需求。在车辆等交通参与者分享状态信息的基础上，可以补充传输更丰富、更精准的信息，如高精度的传感器数据、高清音/视频数据、动态高精度地图数据、车辆驾驶意图数据以及待执行操作的协作和确认信息等。车联网的增强应用提出了更严苛的通信需求，如极低的通信时延、极高的可靠性、更高的传输速率和更远的通信范围。

国际标准组织 3GPP 将车联网的增强应用分为以下 4 类：车辆编队行驶、高级驾驶、传感器扩展和远程驾驶[22-23]，下面对这 4 类增强应用进行说明。

- 车辆编队行驶：支持车辆动态组成车队行驶，所有编队行驶的车辆都能够从头车获取信息，使得编队行驶的车辆保持米级车间距，从而提高交通运输效率，减少风阻，降低油耗[24]。典型应用有车辆编队行驶中的信息共享等，对丢包率、通信时延和可靠性具有严苛的通信要求。

- 高级驾驶：支持半自动/全自动驾驶，可以通过邻近车辆之间共享感知数据来共享自己的驾驶意图，并进行驾驶策略的协调和同步，实现运动轨迹和操作协同。典型应用有协作冲突避免（CoCA，Cooperative Collision Avoidance）、紧急驾驶轨迹对准（EtrA，Emergency Trajectory Alignment）、协作变道等。

- 传感器扩展：要求交通参与者（如车辆之间、车辆与 RSU 之间、车辆与行人以及车辆与 V2X 应用服务器之间）能够实现车载传感器或者车载动态视频信息的交互，从而扩展传感器的感知范围，以便获得当前道路的更全面的环境信息，这类应用一般要求数据传输速率比较高。

- 远程驾驶：通过远程驾驶员或者 V2X 应用服务器对远程车辆进行操控和驾驶，这类应用要求更低的时延和更可靠的通信服务。

3GPP SA1 在 TR 22.886 中对 V2X 增强应用给出了详细描述[23]，在 TS 22.186 中给出了明确量化的性能需求指标[22]，表 2-4 至表 2-7 说明了 V2X 增强应用对应的 V2X 通信的性能需求。

表 2-4 车辆编队行驶的性能需求[22-23]

通信场景描述		有效负荷/Byte	发送频率/Hz	最大端到端时延/ms	可靠性	数据速率/(Mbit·s^{-1})	最小通信范围/m
场景	自动化程度						
车辆编队协作驾驶：一组支持车辆编队应用的车辆间进行信息交互	最低	300～400	30	25	90%	—	—
	低	6500	50	20	—	—	350
	最高	50～1200	30	10	99.99%	—	80
	高	—	—	20	—	65	180

续表

通信场景描述		有效负荷/Byte	发送频率/Hz	最大端到端时延/ms	可靠性	数据速率/(Mbit·s^{-1})	最小通信范围/m
场景	自动化程度						
支持车辆编队应用的车辆间以及车辆和RSU间的信息上报	N/A	50~1200	2	500	—	—	—
支持车辆编队应用的车辆和RSU间的信息共享	较低	6000	50	20	—	—	350
	较高	—	—	20	—	50	180

表2-5 高级驾驶的性能需求[22-23]

通信场景描述		有效负荷/Byte	发送频率/Hz	最大端到端时延/ms	可靠性	数据速率/(Mbit·s^{-1})	最小通信范围/m
场景	自动化程度						
车辆间协作冲突避免		2000	100	10	99.99%	10	—
自动驾驶车辆间信息共享	较低	6500	10	100	—	—	700
	较高	—	—	100	—	53	360
自动驾驶车辆和RSU间信息共享	较低	6000	10	100	—	—	700
	较高	—	—	100	—	50	360
车辆间紧急驾驶轨迹对准		2000	—	3	99.999%	30	500
交叉路口车辆和RSU间信息共享		上行(UL): 450	上行(UL): 50	—	—	上行(UL): 0.25 下行(DL): 50	—
车辆间协作变道	较低	300~400	—	25	90%	—	—
	较高	12000	—	10	99.99%	—	—
车辆和V2X应用服务器间视频共享		—	—	—	—	上行(UL): 10	—

表2-6 传感器扩展的性能需求[22-23]

通信场景描述		有效负荷/Byte	发送频率/Hz	最大端到端时延/ms	可靠性	数据速率/(Mbit·s^{-1})	最小通信范围/m
场景	自动化程度						
车辆间传感器信息共享	较低	1600	10	100	99%	—	1000
	较高	—	—	10	95%	25	—
		—	—	3	99.999%	50	200
		—	—	10	99.99%	25	500
		—	—	50	99%	10	1000
		—	—	10	99.99%	1000	50

续表

通信场景描述		有效负荷/Byte	发送频率/Hz	最大端到端时延/ms	可靠性	数据速率/(Mbit·s^{-1})	最小通信范围/m
场景	自动化程度						
车辆间视频共享	较低	—	—	50	90%	10	100
	较高	—	—	10	99.99%	700	200
		—	—	10	99.99%	90	400

表 2-7　远程驾驶的性能需求[22-23]

通信场景描述	最大端到端时延/ms	可靠性	数据速率/(Mbit·s^{-1})
车辆和 V2X 应用服务器间视频共享	5	99.999%	UL：25 DL：1

综上所述，在不同应用类型的性能需求指标定义中，对不同的用例定义了不同的通信性能需求，但是相关的性能需求之间不是互斥的，车联网增强应用性能需求总结[22-23]如表 2-8 所示。

表 2-8　车联网增强应用性能需求总结[22-23]

增强应用用例组	有效负荷/Byte	发送频率/Hz	最大端到端时延/ms	可靠性	数据速率/(Mbit·s^{-1})	最小通信范围/m
车辆编队	50～6500	2～50	10～25	90%～99.99%	65（最大）	80
半/全自动驾驶	300～12000	10～100	3～100	90%～99.999%	10～53	360
传感器信息交互	1200	—	3	99.999%	1000	1000
远程驾驶	—	—	5	99.999%	UL：25 DL：1	—

与车联网基本应用相比，车联网增强应用面向自动驾驶，对低时延高可靠大数据量通信技术、信息数据交互技术、多传感器融合技术、高精度定位技术、高性能处理平台技术、高精度地图技术等提出了更严苛的要求。在 V2X 通信方面，最小端到端时延要求为 3ms，可靠性最高为 99.999%，直通链路的数据速率最大为 1000Mbit/s，上行数据速率最大为 25Mbit/s，负荷最大为 12000Byte，最小通信范围最大为 1000m[22-23]。在信息交互方面，需要实时交互交通参与者的全息全量数据，利用多传感器融合技术动态更新高精度地图。在数据处理方面，单车每天将产生高达上千 TB 的数据，这对数据的存储、分析等计算能力提出了更高要求。在定位方面，需要达到亚米级甚至厘米级的高精度定位[16]。

随着车联网、5G、虚拟现实和增强现实等技术以及人工智能技术的发展，在无人驾驶时代，汽车成为个人移动空间，智能化和网联化的车辆成为移动办公和移动娱乐的新场所和新载体，相关产品形态和类型更加丰富多样，如车联网信息服务类业务包括车载高清视频实时监控、视频通话和会议、AR 导航、车载 VR 娱乐、动态实时高精度地图、车辆和驾驶实时监控等[21]。如 5G 与 VR/AR 等结合时，利用信息技术和人工智能等为车辆驾驶环境提供沉浸式的新体验，仍面临很多挑战。从传输速率看，4K 分辨率的 2D 模式的传输速率约为 25Mbit/s，如果增加到 8K 分辨率，传输速率约为 1Gbit/s；同时，为了提供身临其境、无缝的沉浸式交互体验，时延要求为几毫秒[25]。

另外，智能化和网联化将推动汽车座舱在信息融合和功能整合等方面快速发展，如车辆后座娱乐系统、智能手机产业和云技术应用等[26]。根据 Research and Markets 公司的预测，全球的 IVI 市场份额在 2018 年为 200.24 亿美元，2027 年将在复合年增长率（CAGR，Compound Annual Growth Ratio）约为 11.7% 的情况下，达到 540.80 亿美元。

面向未来全天候、全场景的自动驾驶，需要面对与有人驾驶车辆、行人等并存的混合交通场景，以及应对各国各地区的特殊交通环境等挑战。未来更安全、更高效、更环保的交通服务类应用可以分阶段、分步骤、分场景逐步推进[27]。

V2X 通信可支撑封闭/半封闭特定区域、特定场景中的中低速无人驾驶，如用于矿区、港口、机场物流、园区的智慧公交、短途接驳小巴、Robotaxi 等场景。在矿区场景的车联网应用中，无人矿卡搭载 OBU，矿区布置 RSU 与视觉传感器智能标杆，可通过云端对车辆进行统一管理，以此实现矿卡由控制中心管理控制，合理规划每辆车的运输路线，车辆接收信号指令后，能够以合适的速度按照目标路线运行，根据行驶路线、自身位置、周围环境等信息实现自动驾驶，完成装载、运输、卸载的循环运作流程。通过全要素、全时空多源信息实时感知与智能化决策，矿区的自动驾驶水平得到提升，在确保安全和效率的前提下，整体生产经营管理和决策水平也有所提升。在 Robotaxi 场景应用中，搭载无人驾驶系统的 Robotaxi 能够应对多种复杂的城市交通场景，准确识别交通信号灯，主动避让行人和障碍物，在拥堵路段始终保持平稳运行，给乘客带来安全、舒适的新出行体验。

2.3　国内外车联网应用的标准进展

2.3.1　SAE International

SAE International 在车联网应用方面主要进行了以下标准化工作。

（1）SAE J2735

为支持实现应用层的互操作，SAE J2735 定义了车联网应用标准消息集、数据帧和数据元素[28]。SAE J2735 采用紧凑的消息编码方式，充分利用系统通信能力，将其标准消息集分为消息、数据帧和数据元素 3 级并进行定义。其中，数据元素是最小的信息单元；数据帧通过复杂数据结构可包括数据元素或其他数据帧；消息包括数据帧和数据元素，是最复杂的数据结构，采用 ASN.1 的非对齐压缩编码规则（UPER，Unaligned Packet Encoding Rules）。使用标准定义的车辆数据信息集进行 V2X 通信是车联网安全应用的基础。支撑 SAE J2735 应用的 V2X 通信技术不仅包括 DSRC、C-V2X、蜂窝通信、Wi-Fi，也可包括其他满足应用需求的通信方式。SAE J2735 定义了 31 类消息、172 个数据帧、244 个数据元素。SAE J2735 支持的部分典型消息[28]如表 2-9 所示。

表 2-9　SAE J2735 支持的部分典型消息[28]

消息名称	简称	说明
MSG_BasicSafetyMessage	BSM	最基础的 V2X 消息，车辆的行驶安全应用或其他应用间根据车辆状态交互安全相关数据信息，通过广播发送给周围车辆；BSM 的关键信息由消息的 Part I 定义，每个消息都必须携带，可选信息可以在 Part II 部分扩展定义，并可选发送
MSG_CommonSafetyRequest	CSR	车辆可以通过单播，请求其他车辆提供本车运行的安全应用所需的附加信息
MSG_EmergencyVehicleAlert	EVA	紧急车辆告警。由紧急车辆节点通过广播对邻近车辆发出告警信息，可供私人和公共响应车辆使用，并且每台响应车辆的相对优先级（以及安全证书）在应用程序层中确定
MSG_IntersectionCollisionAvoidance	ICA	交叉路口的碰撞告警。在交叉路口广播、告警可能的碰撞信息，可能由车辆节点或者 RSU 发出
MSG_MapData	MAP	地图消息。用于传递多种类型的地理道路信息，内容包括复杂交叉路口描述、路段描述、高速曲线轮廓、路段等
MSG_NMEAcorrections	NMEA	用于封装美国国家海洋电子协会（NMEA，National Marine Electronics Association）在其 0183 号标准中定义的 GPS/GNSS 无线电导航信号的 NMEA 183 型差分校正
MSG_PersonalSafetyMessage	PSM	弱势交通参与者（VRU）发布的 V2P 消息，用于广播有关各种弱势交通参与者运动状态的安全数据，如行人、骑自行车者或道路工人
MSG_ProbeDataManagement	PDM	用于控制 OBU，收集并发送数据类型到本地 RSU
MSG_ProbeVehicleData	PVD	探测车辆信息，用于与其他 V2X 通信设备（通常为 RSU）交换车辆的状态信息，以便收集有关典型车辆沿路段行驶行为的信息
MSG_RoadSideAlert	RSA	用于向旅行者发送附近的危险报警

续表

消息名称	简称	说明
MSG_RTCMcorrections	RTCM	用于封装国际海运无线电技术委员会（RTCM，Radio Technical Commission for Maritime Services）104 特殊委员会多项标准定义的 GPS 和其他无线电导航信号的 RTCM 差分校正信息
MSG_SignalPhaseAnd TimingMessage	SPAT	信号灯相位、配时信息，用于传递交叉路口一个或多个信号灯的当前状态，此消息可用于闯红灯报警及绿波车速引导等场景，消息的接收者根据前方信号灯的状态判断相位和配时信息
MSG_SignalRequest Message	SRM	用于 V2X 节点向路侧设备请求当前交叉路口的信号灯信息
MSG_SignalStatus Message	SSM	RSU 在交叉路口发送的信息，用于关联信号的当前状态、控制器收集的挂起信息、优先级请求的应答等，还可用于发送有关被拒绝的抢占或优先级请求的信息
MSG_Traveler Information Message	TIM	用于发送各种类型的信息（出行建议和路边标识等）到 OBU
MSG_Test Messages	—	为本地或其他地区的部署提供可扩展的消息

（2）SAE J2945/1

SAE J2945/1 定义轻型车的车载 V2V 安全应用通信系统的最小系统需求，包括标准中的默认参数配置（Profiles）、功能需求和性能需求，如消息发送频率、信道使用以及不同情况下的可选配置使用等[10]。

SAE J2945/1 基于 V2V 安全应用制定,但并不对特定的行驶安全应用提出具体的性能需求。SAE J2945/1 主要包括以下内容：V2V 安全特性，即对行驶安全应用需求和通信需求进行映射；接口描述；最小需求。其中，对最小需求进行了如下方面的定义：兼容性、定位和定时信息、BSM 的 Part Ⅰ和 Part Ⅱ的最低发送要求（内容、定时、优先级、精度等）、射频性能、安全隐私和安全管理以及参数设定等[10]。

2.3.2 ETSI

ETSI TC ITS 在制定应用层相关标准时，充分考虑了行驶安全类与交通效率类应用在数据需求方面的相似性[29]，包括高精度车辆动态数据信息传输、事件触发的附加信息传输、高精度车道级的交通信号相位和定时信息。ETSI 通过定义周期性协作感知消息（CAM, Cooperative Awareness Message）[30]和事件类分布式环境通知消息（DENM, Decentralized Environmental Notification Message）[31]来支持各类应用。

尽管 ETSI 和 SAE International 定义的消息名称不同，但通过消息中携带的信息实现的功能可能相同。典型的车联网应用采用 SAE International 消息格式以及 ETSI 消息格式的对比[10-13, 28, 30-31]如表 2-10 所示。

表 2-10　典型的车联网应用采用 SAE International 消息格式
以及 ETSI 消息格式的对比[10-13, 28, 30-31]

典型应用	SAE International 消息格式	ETSI 消息格式
前向碰撞预警	BSM	CAM：基本（Basic）+高频（HF）信息
紧急制动预警	BSM	CAM：Basic+HF+低频（LF）信息
紧急车辆提醒	BSM（Part II包括特殊车辆信息）	CAM：Basic+HF+Special（特殊车辆）信息
天气预警	TIM	DENM
车内标牌	TIM	DENM：Basic+HF（RSU）
道路施工	RSA, TIM	DENM
绿波车速引导	BSM, RSA, PSM, MAP	SPAT+MAP
交叉路口碰撞预警	BSM, RSA, PSM, MAP, TIM	CAM：Basic+HF+LF
盲区预警/变道辅助	BSM	CAM：Basic+HF+LF
左转辅助	BSM	CAM：Basic+HF+LF

为了便于互联互通，以及从上层应用到底层处理的映射，对应用 ID（AID，Application Identifier）和服务提供者 ID（PS-ID，Provider Service Identifier）进行了全球统一编号，如 CAM 的 PS-ID 为 0p24，AID 为 0x24；DENM 的 PS-ID 为 0p25，AID 为 0x25；用于 V2V 安全感知的 BSM 的 PS-ID 为 0p20，AID 为 0x20[32]。

2.3.3　3GPP

3GPP 参考其他标准化组织（如 SAE International）关于车联网应用的标准定义，根据 LTE-V2X 支持的通信能力，选择了 27 种应用场景，包括行驶安全类（如 FCW、CLW 等）、交通效率类（如排队告警、弯道速度告警等）、信息服务类（远程诊断及按时维修通知等）等应用，总结定义在 3GPP TR 22.885[33]和 3GPP TS 22.185[34]中。

综合分析各应用场景，3GPP TR 22.885 针对不同的场景，总结了 V2X 业务需要 LTE-V2X 通信支持的链路层性能指标，如表 2-11 所示[33]。

面向自动驾驶的增强应用，需要提供丰富精准的信息来实现自动驾驶的自主操控，3GPP 对通信需求提出了超高可靠性、超低时延、支持大容量信息（如视频、图片等）输出，对车辆编队、高级驾驶、传感器扩展、远程驾驶等不同应用场景分别量化了性能需求指标，详细信息请参见第 2.2 节。

表 2-11　3GPP TR 22.885 定义的支持 V2X 业务的链路层性能指标[33]

场景	有效通信范围/m	车辆绝对移动速度/(km·h^{-1})	车辆间相对移动速度/(km·h^{-1})	最大时延/ms	有效通信范围内单次传输的可靠性	传输两次累计传输可靠性
郊区/主要道路	200	50	100	100	90%	99%
限速高速公路	320	160	280	100	80%	96%
不限速高速公路	320	280	280	100	80%	96%
非视距传输/城区	150	50	100	100	90%	99%
城市交叉路口	50	50	100	100	95%	—
校园/商业区	50	30	30	100	90%	99%
预碰撞	20	80	160	20	95%	—

2.3.4　中国汽车工程学会

中国汽车工程学会（China SAE）依托中国智能网联汽车产业创新联盟和中国智能交通产业联盟，与 C-ITS 联盟、IMT-2020（5G）推进组 C-V2X 工作组等合作，充分考虑我国的交通环境和产业需求，制定了适合中国国情的第一阶段车联网应用层标准《合作式智能运输系统　车用通信系统应用层及应用数据交互标准》（T/CSAE 53-2017）[35]，于 2017 年 9 月发布。根据 C-V2X 产业的广泛应用需求，2020 年 12 月发布了更新版本 T/CSAE 53-2020[14]，提升了若干车用通信系统基础应用的定位精度，从"定位精度≤5m"提升为"定位精度≤1.5m"；将基本性能要求中的"数据更新频率≤"改为"提供数据更新频率典型值"；同时调整应用层交互数据集，与《基于 LTE 的车联网无线通信技术　消息层技术要求》（YD/T 3709-2020）保持一致[36]。

该标准包含三部分内容：第一阶段共有 17 个典型应用场景，支撑场景的应用层交互数据集、应用程序接口（API，Application Program Interface）和服务提供者接口（SPI，Service Provider Interface）。第一阶段应用的选择充分考虑了技术成熟度、应用价值、近期可实现性以及应用的典型性，确定了 17 个典型应用场景，包括 12 个行驶安全类业务、4 个交通效率类业务和 1 个信息服务类业务[14]。根据应用对通信频率和时延的不同需求，将 17 个应用分为两大类：①高时延（>100ms）、低频率（<10Hz）的应用，可通过 4G 技术实现；②低时延（≤100ms）、高频率（≥10Hz）的应用，需要借助 LTE-V2X、DSRC、5G 等技术的支持才能实现。T/CSAE 53-2020 标准的 17 个应用及通信需求总结[14]如表 2-12 所示。

表 2-12　T/CSAE 53-2020 标准的 17 个应用及通信需求总结[14]

序号	类别	应用	通信方式	频率/Hz	最大时延/ms	定位精度/m	通信范围/m	适用的通信技术	通信特征分类
1	行驶安全类	前向碰撞预警	V2V	10	100	1.5	300	LTE-V2X/DSRC/5G	低时延、高频率
2		交叉路口碰撞预警	V2V/I2V	10	100	1.5	150		
3		左转辅助	V2V/I2V	10	100	1.5	150		
4		盲区预警/变道辅助	V2V	10	100	1.5	150		
5		逆向超车碰撞预警	V2V	10	100	1.5	300		
6		紧急制动预警	V2V	10	100	1.5	150		
7		异常车辆提醒	V2V	10	100	1.5	150		
8		车辆失控预警	V2V	10	100	1.5	300		
9		道路危险状况提示	I2V	10	100	1.5	300		
10		闯红灯预警	I2V	10	100	1.5	150		
11		弱势交通参与者碰撞预警	V2P/I2V	10	100	1.5	150		
12	交通效率类	限速预警	I2V	1	500	1.5	300	4G/LTE-V2X/DSRC/5G	高时延、低频率
13		基于信号灯的车速引导	I2V	2	200	1.5	150		
14		车内标牌	I2V	1	500	1.5	150		
15		前方拥堵提醒	I2V	1	500	5	150		
16		高优先级车辆让行/紧急车辆信号优先权	V2V/V2I	10	100	1.5	300	LTE-V2X/DSRC/5G	低时延、高频率
17	信息服务类	车辆近场支付	V2I	1	500	—	150	4G/LTE-V2X/DSRC/5G	高时延、低频率

支撑车联网场景的应用层交互数据集标准定义了 5 种基本的 V2X 消息以及构成消息的数据帧与数据元素。T/CSAE 53-2020 标准消息集的 5 类消息[14]如表 2-13 所示。

表 2-13　T/CSAE 53-2020 标准消息集的 5 类消息[14]

消息类型	说明
基本安全消息（BSM，Basic Safety Message）	车辆通过该消息的广播，将自身的实时状态告知周围车辆
地图消息（MAP，Map Data）	由路侧设备广播，向车辆传递局部区域的地图信息
路侧消息（RSI，Road Side Information）	路侧设备向周围车载终端发布的交通事件消息以及交通标识标牌信息
路侧安全消息（RSM，Roadside Safety Message）	路侧设备检测周围交通参与者的实时信息，并将其整理成对应格式发送给交通参与者

续表

消息类型	说明
信号灯消息 （SPAT，Signal Phase and Time）	包含一个或多个路口信号灯的当前状态信息，结合 MAP，为车辆提供前方信号灯的实时相位信息

与 SAE J2735 定义的应用层数据字典相比，该标准在基础的数据帧和数据元素层面，针对通用的车辆和道路属性、通用的数据单位，尽可能兼容与统一。在构成具体应用场景的 5 种基本消息层面，该标准基于我国智能网联汽车和智慧交通产业的现状与需求量身定制，如创新性地提出了 RSM。在路侧端，考虑到传统 ITS 感知设施（如路侧雷达、视频）网联化后，可为智能网联汽车提供更丰富的道路（特别是本车感知盲区）感知信息，通过 RSM 对基于 V2X 的协同安全应用进行增强[37]。

面向行驶安全、交通效率、信息服务、交通管理和高等级自动驾驶等多个领域，中国汽车工程学会开展了《合作式智能运输系统 车用通信系统应用层及应用数据交互标准（第二阶段）》（T/CSAE 157-2020）[17]标准的研究工作，该标准已于 2020 年 12 月发布。该标准选择了 12 个典型应用，可基于 LTE-V2X 或 NR-V2X，如表 2-14 所示[17]。

表 2-14 T/CSAE 157-2020 标准应用[17]

应用	通信模式	触发方式	场景分类
交通参与者感知数据共享	V2V/V2I	事件触发	行驶安全/交通效率
协作式变道	V2V/V2I	事件触发	行驶安全
协作式匝道汇入	V2I	事件触发/周期性触发	行驶安全
协作式交叉口通行	V2I	事件触发/周期性触发	行驶安全/交通效率
差分数据服务	V2I	周期性触发	信息服务
动态车道管理	V2I	周期性触发	交通效率/交通管理
特殊车辆优先	V2I	事件触发	交通效率
车辆场站路径引导	V2I	事件触发/周期性触发	信息服务
道路交通事件提醒	V2I/V2V	事件触发	行驶安全
浮动车数据采集	V2I	周期性触发/事件触发	交通管理
慢行交通预警	V2P	周期性触发	行驶安全
车辆编队	V2V	事件触发/周期性触发	高级智能驾驶
场站进出服务	V2I	事件触发/周期性触发	交通效率/信息服务

面向 L4 和 L5 的高等级自动驾驶，中国汽车工程学会开展了《基于车路协同的高等级自动

驾驶数据交互内容》（T/CSAE 158-2020）标准的研究，该标准已于 2020 年 11 月发布。该标准选择了 LTE-V2X 支持的 8 个典型应用，如表 2-15 所示[38]。

表 2-15　T/CSAE 158-2020 标准应用[38]

应用	通信模式	触发方式
协同式感知	V2V/V2I	事件触发/周期性触发
基于路侧协同的无信号交叉口通信	V2I	事件触发
基于路侧协同的自动驾驶车辆"脱困"	V2I	事件触发
高精度地图版本对齐及动态更新	V2I	事件触发
自主泊车	V2I	事件触发
基于路侧感知的"僵尸车"识别	V2I	事件触发
基于路侧感知的交通状况识别	V2I	事件触发/周期性触发
基于协同式感知的异常驾驶行为识别	V2V/V2I	事件触发

2.3.5　5GAA

5G 汽车协会（5GAA）致力于汽车行业和信息通信技术（ICT）的跨行业合作研究。其中，5GAA 工作组 1（WG1，Working Group 1）对用例流程的定义和服务级别需求（Service Level Requirements）进行了梳理，为了规范描述 C-V2X 应用用例，采用道路环境、用例、具体场景的 3 层分级方法进行分析[39]。为便于清晰地识别不同的 C-V2X 应用用例，5GAA 将应用用例分为 7 组，分别为安全、车辆操作管理、便利、自动驾驶、车辆编队行驶、交通效率和环境友好、关注社会和社区[39]。

2019 年 5GAA 发布了第一批典型用例（Wave 1 Use Cases），并于 2021 年发布了更新版本，包括 12 个用例和服务级别需求，如左转辅助、交叉路口碰撞预警、紧急制动预警、交通拥堵预警、软件升级、远程车辆状态监控、危险地点预警、速度协同、高精度传感器共享、超车视频信号共享、变道预警、弱势交通参与者碰撞预警[39-40]。5GAA 持续研究面向自动驾驶的增强应用，2020 年发布了第二批用例（Volume Ⅱ），2023 年发布了第三批用例（Volume Ⅲ），参考第一批用例划分方法，划分了 7 组用例[41-42]。

2.3.6　IMT-2020（5G）推进组 C-V2X 工作组

2019 年，IMT-2020（5G）推进组 C-V2X 工作组发布了《C-V2X 业务演进白皮书》[43]，其

中，推动 C-V2X 业务研究跨行业广泛协作需要通信行业提供网联通信及网联协同智能支撑，需要智慧交通企业提供道路交通静态、动态状态感知与交通策略及时控制，需要各数据提供方支持业务流互联互通及业务数据共享等[43]。

针对行驶安全、交通效率和信息服务这 3 类业务，并结合车路协同的发展，C-V2X 工作组根据 C-V2X 网联覆盖范围和网联智能协同的不同程度，对 C-V2X 演进业务进行技术依赖分析，并建议针对不同的业务特征，结合发展的不同阶段逐步推进[43]。

思考题

1. 基于 V2X 通信，如何实现行驶安全类应用？China SAE 定义的应用层及应用数据交互标准中的行驶安全类应用通信需求是什么？

2. 各说明交通效率类、交通服务类、信息服务类的一个典型应用，并说明 V2X 在应用中的处理机制。

3. 车联网的增强应用需求主要分为哪 4 类？各类应用的通信需求是什么？

4. China SAE 制定的两阶段应用标准包括哪些典型用例？和 SAE International 制定的应用标准的差异体现在哪些方面？

参考文献

[1] 陈山枝, 葛雨明, 时岩. 蜂窝车联网(C-V2X)技术发展、应用及展望[J]. 电信科学, 2022, 38(1): 1-12.

[2] 陈山枝. 蜂窝车联网(C-V2X)及其赋能智能网联汽车发展的辩思与建议[J]. 电信科学, 2022, 38(7): 1-17.

[3] WISCH M, HELLMANN A, LERNER M, et al. Car-to-car accidents at intersections in Europe and identification of use cases for the test and assessment of respective active vehicle safety systems[J]. Proceedings of the 26th International Technical Conference on the Enhanced Safety of Vehicles (ESV), 2019: 1-27.

[4] National Highway Traffic Safety Administration. Traffic safety facts annual report tables[R]. 2018.

[5] ABUELSAMID S. C-V2X is finally gaining momentum in the U.S.[EB]. 2021.

[6] WANG X S, QIN D M, CAFISO S, et al. Operational design domain of autonomous vehicles at skewed intersection[J]. Accident; Analysis and Prevention, 2021, 159: 106241.

[7] U.S. NHTSA. Vehicle safety communications-applications (VSC-A) final report, DOT HS 811 492A[R]. 2011.

[8] U.S. NHTSA. Vehicle-to-vehicle safety system and vehicle build for safety pilot (V2V-SP) final report. Volume 1 of 2, driver acceptance clinics: national highway traffic safety administration (cooperative agreement number DTFH61-01-X-00014)[R]. 2014.

[9] CAMP VSC3. V2V-SP light vehicle driver acceptance clinics and model deployment support[R]. 2011.

[10] SAE International. On-board minimum performance requirements for V2V safety systems: SAE J2945/1[S]. 2016.

[11] ETSI. Intelligent transport systems (ITS); V2X applications; Part 1: road hazard signalling (RHS) application requirements specification: ETSI TS 101 539-1, V1.1.1[S]. 2013.

[12] ETSI. Intelligent transport systems (ITS); V2X applications; Part 2: intersection collision risk warning (ICRW) application requirements specification: ETSI TS 101 539-2, v1.1.1[S]. 2018.

[13] ETSI. Intelligent transport systems (ITS); V2X applications; Part 3: longitudinal collision risk warning (LCRW) application requirements specification: ETSI TS 101 539-3, v1.1.1[S]. 2013.

[14] 中国汽车工程学会. 合作式智能运输系统 车用通信系统应用层及应用数据交互标准（第一阶段）: T//CSAE 53—2020[S]. 2020.

[15] 3GPP. Service requirements for V2X services: TS 22.185, v.14.4.0[S]. 2018.

[16] 陈维, 李源, 刘玮. 车联网产业进展及关键技术分析[J]. 中兴通讯技术, 2020(2): 5-11.

[17] 中国汽车工程学会. 合作式智能运输系统 车用通信系统应用层及应用数据交互标准（第二阶段）: T/CSAE 157—2020[S]. 2020.

[18] 王敏, 王江锋, 熊若曦, 等. 朝阳路潮汐车道运行效果评价[J]. 长安大学学报(自然科学版), 2015(s1): 240-244.

[19] 中国汽车技术研究中心有限公司. 汽车远程升级（OTA）发展现状研究[R]. 2022.

[20] 王志勤. 我国汽车行业已经进入下半场"智能化"的竞争中[R]. 2022.

[21] 吴冬升. 5G 车联网业务演进之路的探索与展望[J]. 通信世界, 2020(5): 15-18.

[22] 3GPP. Enhancement of 3GPP support for V2X scenarios: TS 22.186, v16.2.0[S]. 2019.

[23] 3GPP. Study on enhancement of 3GPP support for 5G V2X services: TR 22.886, v16.2.0[S]. 2018.

[24] TNO. Truck platooning; driving the future of transportation[R]. 2015.

[25] 中国通信标准化协会. 5G 边缘计算平台技术要求[R]. 2019.

[26] Automotive infotainment market: global industry trends, share, size, growth, opportunity and forecast 2023-2028[Z]. 2022.

[27] 中国通信学会. C-V2X 车联网技术发展与产业实践白皮书[R]. 2022.

[28] SAE International. V2X communications message set dictionary: SAE J2735[S]. 2022.

[29] BAI S. US-EU V2V V2I message set standards collaboration[R]. 2012.

[30] ESTI. Intelligent transport systems (ITS); vehicular communications; basic set of applications; part 2: specification of cooperative awareness basic service: ETSI EN 302 637-2, v1.3.2[S]. 2014.

[31] ESTI. Intelligent transport systems (ITS); vehicular communications; basic set of applications; part 3: specifications of decentralized environmental notification basic service: ETSI EN 302 637-3, v1.2.2[S]. 2014.

[32] Qualcomm Technologies, Inc. ITS Stack[Z]. 2019.

[33] 3GPP. Study on LTE support for vehicle to everything (V2X) services: TR 22.885, v14.4.0[S]. 2015.

[34] 3GPP . Study on LTE support for vehicle to everything (V2X) services: TS 22.185, v14.4.0[S]. 2015.

[35] 中国汽车工程学会. 合作式智能运输系统 车用通信系统应用层及应用数据交互标准: T/CSAE 53—2017[S]. 2017.

[36] 中国通信标准化协会. 基于 LTE 的车联网无线通信技术 消息层技术要求：YD/T 3709-2020[S]. 2020.

[37] 王易之. 属于中国 V2X 的"语言和文字"——T/C SAE 53-2017 解读[EB]. 2018.

[38] 中国汽车工程学会. 基于车路协同的高等级自动驾驶数据交互内容: T/CSAE 158-2020[S]. 2020.

[39] 5GAA. C-V2X use cases methodology, examples and service level requirements[R]. 2019.

[40] 5GAA. C-V2X use cases and service level requirements vol I[R]. 2023.

[41] 5GAA. C-V2X use cases and service level requirements vol II[R]. 2023.

[42] 5GAA. C-V2X use cases and service level requirements vol III[R]. 2023.

[43] IMT-2020（5G）推进组 C-V2X 工作组. C-V2X 业务演进白皮书[R]. 2019.

第 3 章 | 车联网系统架构与技术标准体系

第 ❸ 章
车联网系统架构与技术标准体系

　　本章首先分析了车联网面临的技术挑战，然后从通信和应用、车路云协同视角，描述了车联网的系统架构。本章重点介绍车联网的两个主要技术标准体系——DSRC（IEEE 802.11p）与 C-V2X 的关键技术与标准进展，着重介绍了 C-V2X 的设计思想、关键技术演进、标准进展及演进，并从关键技术、仿真结果以及实际道路测试结果等方面对这两类技术进行对比，充分说明 C-V2X 的性能优于 DSRC（IEEE 802.11p）。最后，本章简要介绍了 DSRC（IEEE 802.11p）与 C-V2X 频谱分配的最新进展，并总结了选择 C-V2X 作为车联网技术标准路线的多方面原因。

3.1 车联网的技术挑战

各类车联网应用需要不同性能的 V2X 无线通信技术来支持,如低时延、高可靠或大带宽等。具体而言,车联网通信面临的技术挑战如下[1-2]。

(1)复杂快时变的无线传播环境:车辆的高速移动,导致车辆作为通信节点构成的网络拓扑具有高速动态性与时空复杂性,可能引入更大的多普勒频移,受非视距场景多以及不同车型的天线高度不同等原因影响,车联网比蜂窝移动通信中的无线传播环境更加复杂、快时变。

(2)高频度、群发群收的车车通信:多车对多车间的高频度通信,导致车联网通信受资源碰撞、远近效应等影响,干扰环境更加复杂。

(3)车辆在高速移动过程中,其行驶安全涉及的车、人等交通参与者的通信典型特征为多点对多点通信、信息交互频率高、通信对象不确定且通信随机突发。

(4)道路与驾驶安全对低时延、高可靠的通信要求十分严苛,信息传递仅在一定的范围(如1km)内有价值且有时效性要求。

针对以上技术挑战,已有的技术如蜂窝移动通信、IEEE 主导的专用短距通信(DSRC,Dedicated Short Range Communication,即 IEEE 802.11p)、移动自组织网络(MANET,Mobile Ad-Hoc Network)和物联网等,均不能满足车联网多样化的通信场景应用以及严苛的通信要求。

在此背景下,研究适用于车联网通信场景、业务特征和性能需求的专用无线通信技术成为学术界和产业界共同的热点。为此,学术界和产业界开展了车联网无线通信技术的研究。目前,车联网通信技术标准主要有两大类:DSRC(IEEE 802.11p)标准、蜂窝车联网(C-V2X)标准。

3.2 车联网系统架构

车联网基于信息通信技术支持丰富的基本应用和增强应用类型,与自动驾驶和智慧交通等领域交叉融合发展。不同的视角下,对车联网系统架构的理解和侧重点也会不同。本节尝试从通信和应用视角、车路云协同视角介绍车联网系统架构。

3.2.1 通信和应用视角下的车联网系统架构

对车联网涉及的关键技术进行梳理,在通信和应用视角下,着重从通信能力和应用支撑的角度描述车联网系统架构，如图 3-1 所示。

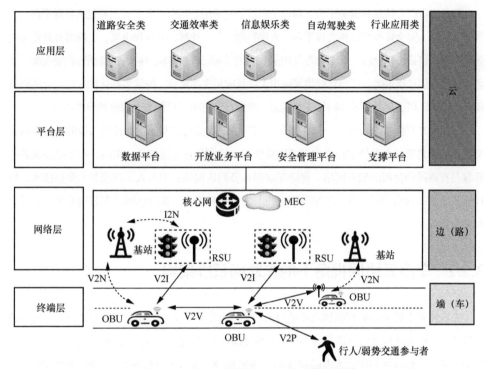

图 3-1　通信和应用视角下的车联网系统架构[1-3]

车联网系统架构可分为端（车）、边（路）和云 3 个层次，以共性基础技术和信息通信安全技术为支撑，可实现环境感知、数据融合计算、决策控制等功能，提供安全、高效、便捷、环保的车联网服务[1-3]。从协议层划分，可分为终端层、网络层、平台层与应用层，分别与架构中的端（车）、边（路）和云对应[1-3]，具体对应关系如下。

（1）端（车，终端层）

车联网的"端"是具有无线通信能力的车载终端和各种基础设施终端，可实现车辆与其他车辆间及云平台之间的信息收/发，以及车辆和交通状态信息的共享，包括车载无线通信终端、路侧感知设备以及个人便携式通信终端等。终端可进行各类 V2X 通信，如 V2V、V2I、V2P、V2N 等。

（2）边（路，网络层）

利用 V2X、蜂窝网络等通信技术进行路侧和网络侧处理的各类设备，包括 4G/5G 等蜂窝网络基站、C-V2X RSU、移动边缘计算设施等，实现车车、车路、车云等全方位网络连接和信息交互。网络支持根据业务需求进行灵活配置，同时可保障通信的安全可靠。

(3) 云 （平台层和应用层）

云可提供综合信息和服务平台，对应平台层和应用层。其中，平台层主要包括数据平台、开放业务平台、安全管理平台和支撑平台，实现数据汇集、计算、分析和决策，支持对开放业务的管理功能，包括安全管理、运维管理等功能。应用层面向各种车联网应用（包括行驶安全类、交通效率类、信息娱乐类、自动驾驶类等应用）以及应用支撑系统，提供多样化的车联网公共服务和行业应用。根据业务需求和网络支持能力，平台层和应用层可部署在边缘侧或中心云。

通过由车联网"端（车）、边（路）、云"的3层架构以及4层协议层构成的系统架构，交通参与者将形成全系统的信息化和数字化映射；蜂窝和直通通信融合组网，构建泛在覆盖的蜂窝与直通通信协同的融合网络，保障车联网业务的连续性；引入人工智能和大数据技术，将计算能力引入通信网络，实现海量数据分析与实时计算决策，建立协同的车联网业务支撑能力和系统管控平台[4]。

3.2.2 车路云协同视角下的车联网系统架构

车联网和车路云协同都强调汽车通过通信接收道路环境信息，提高驾驶的安全性和道路通行效率，目标都是通过信息通信的手段，支持交通、汽车、通信三大产业交叉融合、相互促进、协同发展。车路云协同的技术内涵有3点：强调车-路-人-云系统协同，强调区域大规模联网联控，强调利用多模式网络与信息交互[5]。

从车路云协同的角度来看，要求所有交通要素的状态信息实施数字化采集，并通过通信技术进行快速交换共享。交通参与者可根据交互信息进行协同，交通管控中心对采集的海量数据进行分析提取，实现全局管控[6]。

未来车路云智能协同将在3个维度上有新的变化：第一，感知模式的变化，从依靠人（驾驶员）的观察转变为车辆自主智能的环境感知；第二，决策模式的变化，由单个车辆个体基于规则的决策转变为群体协同决策；第三，管控方式的变化，从面向单个车辆个体的管控向系统控制和协同管控方向发展[5]。

综上所述，车路云协同视角下的车联网系统架构如图3-2所示。其中，感知层包括车载终端、行人便携设备以及路侧感知设备（路侧设备、交通信号设备、视频监控设备）3类感知设备，通过车联网实现互联和信息交互，并进行"路"与"端"之间的协同感知和辅助决策控制。感知层及对应的端设备与云间可以通过车联网进行信息交互。感知层负责车辆自身与道路交通信息的全面感知和采集，是车联网的神经末梢，通过传感器和定位等技术，实时感知自身车况和当前位置、周围车辆和道路环境等信息，及时获取车辆自身属性以及车辆外在环境（如道路、人、车等）的静态和动态信息。其数据来源包括：①车辆自身的感知信息，如位置、速度、加速度和横摆角速度等，通过读取 GNSS 和其他传感器得到；②对周围车辆行驶状态的感知信息，如周围车辆的位置、方位、速度、航向角，以及特殊车辆（如公交车、救护车等）的路权优先请求，需要通过车车通信（V2V）获取；③对道路环境的感知信息，如交通信号状态、道路拥堵状态、车道驾驶方向等，需要通过车路通信（V2I）获取；④交通全局信息，通过车与云后台及第三方应用（V2N）交互来获取更多的数据。

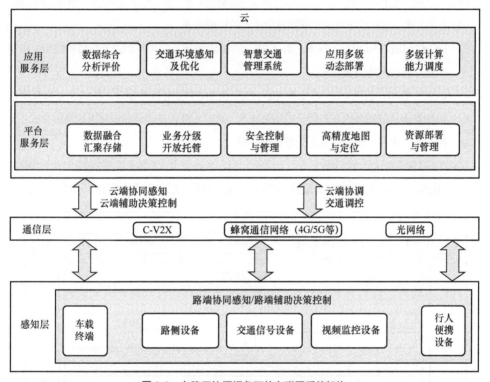

图 3-2　车路云协同视角下的车联网系统架构

车路云协同包括云与路侧设备间的协调与交通调控，以及云与车载终端间的协同感知和云端辅助决策控制。云由区域云和中心云构成，可进行多级协同处理，主要分为平台服务层和应用服务层两层。平台服务层主要为应用服务层提供平台支撑能力，可提供数据融合汇聚存储、业务分级开放托管、安全控制与管理、高精度地图与定位以及资源部署与管理等功能。应用服务层提供数据综合分析评价、交通环境感知及优化、智慧交通管理系统、应用多级动态部署和多级计算能力调度等功能。多级平台可根据 V2X 业务对时延、数据计算量和算力部署等方面的需求，分层提供不同的服务能力[7]。

3.3 车联网技术标准体系

汽车行业和通信行业基于多年协作,通过 ISO、IEEE、ETSI、SAE International 等标准化组织,共同制定了应用层、消息/设备层、传输/网络层以及安全机制等标准。尽管因各国和各地区的实际情况不同,相关标准也有所不同,但可以通过标准化协作研究开发工作,尽量减少差异,推动互联互通。

目前,全球主要有以下两条车联网通信技术的标准路线。

- DSRC(IEEE 802.11p)技术:由 IEEE 主导标准制定,提供短距离无线传输技术,以车车和车路通信为主要方式。
- C-V2X 技术:包括 LTE-V2X 和 NR-V2X,由 3GPP 主导标准制定。C-V2X 是将蜂窝通信和直通通信融合的车联网无线通信技术,同时支持直通通信和蜂窝通信两种方式,支持车车、车路、车人以及车云等各类应用。

C-V2X 尽量使用蜂窝通信系统已有的上层通信协议,将研究重点聚焦于接入层的物理层和媒体接入控制层技术,从而提供端到端的车联网通信解决方案。现有 V2X 协议参考模型[8-11]如图 3-3 所示。

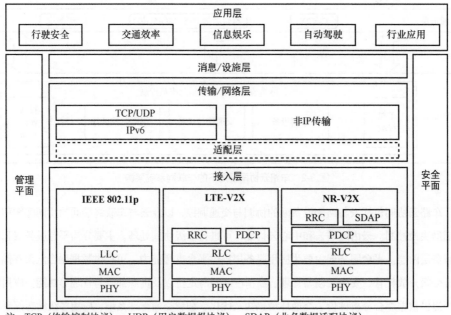

图 3-3　V2X 协议参考模型[8-11]

在 V2X 协议参考模型中，IEEE 802.11p 和 C-V2X 的不同主要体现在无线接入技术上；传输/网络层可支持 IP 协议栈；考虑 IP 协议栈的开销以及低时延传输要求，也可采用非 IP 传输支持上层应用；消息/设备层包括应用支持、信息支持以及进程/通信支持；应用层可支持行驶安全、交通效率等各类车联网应用。V2X 协议参考模型还需要安全平面和管理平面提供跨越各层的支撑功能。其中，安全平面可提供硬件安全、防火墙和入侵管理、鉴权授权和用户信息管理，以及安全相关基本信息管理（标识、密钥、证书等）等功能；管理平面可提供监督管理、跨层管理、站点管理和应用管理等功能[8-11]。

2016 年年底，工业和信息化部、国家标准化管理委员会等部门联合组织了《国家车联网产业标准体系建设指南》（以下简称《建设指南》）的制定工作。《建设指南》包括汽车、通信、电子、交通、公安等行业领域，分为总体要求、智能网联汽车、信息通信、电子产品与服务、智能交通和车辆智能管理 6 个部分[3,12-16]。多部委统筹规划和协同推进，鼓励面向行业需求的创新研发，在保障安全底线的前提下，推动开放兼容的标准体系构建，根据产业新形势和新进展动态完善，形成覆盖全面、框架完整、逻辑清晰的标准体系建设指南，为实现标准引领我国高质量的车联网产业发展奠定基础。

我国的车联网产业（信息通信）标准体系以新一代信息通信技术的应用为切入点，以突破关键技术、培育典型应用为导向，促进技术创新和产业发展。着力研究 C-V2X 等新技术在车联网产业中的应用，制定相关的技术、产品以及应用服务标准，通过标准的协调和引领作用，整合相关数据资源，构建数据和服务平台，促进不同部门和行业间的数据流通，实现人-车-路-云的有效互联互通[3]。

本章后续小节将分别简介 DSRC（IEEE 802.11p）以及 C-V2X（LTE-V2X 和 NR-V2X）的接入层关键技术与标准体系，说明我国将 C-V2X 作为车联网技术与标准体系路线的多层次和多方面考虑。

3.4　DSRC（IEEE 802.11p）技术与标准

3.4.1　DSRC（IEEE 802.11p）技术

资料专栏：WAVE，DSRC，IEEE 802.11p，ETC

车载环境的无线接入（WAVE，Wireless Access in Vehicular Environments）：包括 IEEE

802.11p 物理层和 MAC 层技术标准，以及 IEEE 1609 系列标准，以便支持 SAE International 制定的应用层和性能标准。WAVE 包括架构、管理、安全、网络等系列标准，其中 IEEE 1609.2 是安全相关标准；IEEE 1609.3 支持网络服务，包括 WAVE 短消息协议（WSMP，WAVE Short Message Protocol）；IEEE 1609.4 用于多信道操作处理等。

专用短距通信（DSRC，Dedicated Short Range Communication）：该术语的使用常引起混淆。从技术角度讲，指一类短距离通信技术。在美国，DSRC 专指与 WAVE 有关的技术，即基于 IEEE 802.11p 和 IEEE 1609 系列标准的车联网通信技术；专用（Dedicated）指使用指定的 5.9GHz 频段；短距（Short Range）指与蜂窝通信或者 Wi-Fi 相比，通信距离更短，通常只有百米级。在除美国外的其他国家或地区，DSRC 还可能指在 5.8GHz 频段的无线技术，如与 ETC 相关的短距离通信。因此，DSRC 包括两类：用于 ETC 的 DSRC 和基于 IEEE 802.11p 的 DSRC，两者是不同的技术（注：本书后续内容中的 DSRC 均指基于 IEEE 802.11p 的 DSRC）。

IEEE 802.11p：基于 IEEE 802.11 技术改进的车联网无线接入层技术和标准，主要包括物理层和 MAC 层。

ETC 指采用无线通信技术使得车道收费过程全自动化。车辆的车载电子标签自动与安装在路侧或门架上的天线进行无线信息交互，并自动从用户账户中扣除通行费。其中，ETC 系统中的车载电子标签与路侧收费设备之间的无线短距离通信也被认为是一种 DSRC 技术，但不同于 IEEE 802.11p，是低速率、低功耗的有源 RFID 通信技术。我国的 ETC 系统采用 5.8GHz 的 5MHz 带宽，下行数据速率为 256kbit/s，通信距离为 30～40m，通信时延为 40～80ms，不支持车车通信，难以支持规模数量的 V2I 应用。

需要指出的是，C-V2X 的 V2I 应用可以实现不停车收费，不需要单独的 ETC。

DSRC 协议栈结构[17-18]如图 3-4 所示。在 DSRC 协议栈中，IEEE 802.11p 协议定义了物理（PHY）层和媒体接入控制（MAC）层；IEEE 1609 系列标准定义了多信道操作、网络服务以及各通信实体安全[9,17-18]。

由于 IEEE 802.11 系列标准仅支持低速移动场景，为支持车联网通信高速移动环境，IEEE 802.11p 协议基于 IEEE 802.11 系列标准进行了技术改进，以 IEEE 802.11 补充协议的形式与 IEEE 802.11 协议一同发布。

IEEE 802.11 中定义的基本服务集（BSS，Basic Service Set）适用于有接入点（AP，Access Point）的场景。在车联网高速移动的场景下，通过 AP 进行节点间通信可能导致通信连接持续时间短、通信不稳定。因此，IEEE 802.11p 的 MAC 层采用增强分布式信道接入（EDCA，Enhanced Distributed Channel Access）支持差异化的服务质量（QoS，Quality of Service）需求，采用新的不属于 BSS 上下文（Outside the Context of a BSS，OCB）通信模式，降低通信连接建立过程的时延。IEEE 1609.4 在 MAC 层之上定义 MAC 扩展子层，支持多信道操作[9,17-18]。逻辑链路控制（LLC，Logical Link Control）层对 IEEE 802.2 协议进行最小修改，帧格式完全相同，可指示上层不同的传输类型。LLC 层之上的网络层和传输层，根据应用类型分类信息（安全应用和非安全应用），提供两种传输方式。其中 IEEE 1609.3 定义 WAVE 短消息（WSM，WAVE Short Message）和对应的 WSMP 来支持网络层和传输层的相关功能。IEEE 1609.3 定义 WAVE 业务通告（WSA，WAVE Service Advertisement）消息，用于通知 DSRC 消息的可用性。非安全应用也可以使用 WSMP，但主要通过传统的 TCP/UDP 和 IP 协议栈进行传输。WSMP 的协议头开销小，通常用于防碰撞的单跳消息；多跳消息可利用 IPv6 等路由功能[17-18]。应用层 SAE J2735 通过定义多种数据帧格式及数据元素，以便实现消息间的互操作[19]。SAE J2945/1 定义最小性能需求，包括 BSM 的发送速率和功率、信息的准确性以及拥塞控制机制[20]。

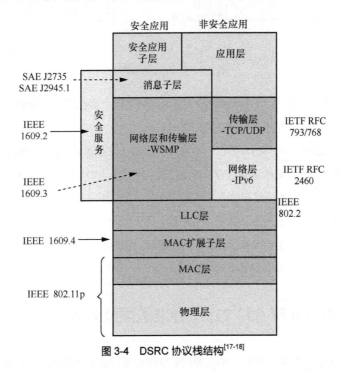

图 3-4　DSRC 协议栈结构[17-18]

欧洲 ETSI ITS-G5 系列标准支持 DSRC，与美国 DSRC 标准主要的区别体现在支持基于地理位置的路由协议（GeoNetworking），并支持基本传输协议（BTP，Basic Transfer Protocol）。BTP 可提供无连接、不可靠的端到端数据分组传输[17, 21]。

为了降低资源冲突概率，提供对共享信道公平的接入控制，IEEE 802.11p 采用带冲突避免的载波侦听多路访问（CSMA/CA，Carrier Sense Multiple Access with Collision Avoidance）机制[9]。

CSMA/CA 机制通常采用能量检测和载波检测,其中能量检测可基于接收信号的功率大小与配置的功率门限大小来判断信道忙闲状态;载波检测可通过对前导码的解析判断信道的忙闲状态。CSMA/CA 中采用二进制指数退避法确定需要退避的时长,在竞争窗口(CW,Contention Window)内选择 1 个随机数作为随机回退计数值,以时隙时长为基本时长单位,从而获得退避定时器的时长。以节点退避为例,说明退避过程的原理,节点退避示例[9]如图 3-5 所示。

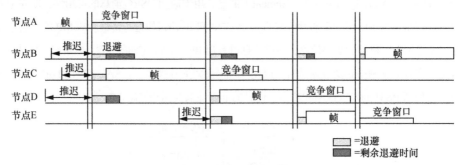

图 3-5　节点退避示例[9]

如图 3-5 所示,节点 A 发送帧成功后,进入退避进程;其他需要发送数据的节点(B、C 和 D)延迟发送时间。当信道空闲满足帧间隔时长后,B、C 和 D 各节点的退避计时器都开始以时隙时长为单位减少计时器的计数值。节点 C 的退避计时器最早减为 0,故而节点 C 开始发送帧。同理,各节点进行后续退避过程,等待信道空闲,节点 D、E 和 B 依次完成帧的发送。

由此可知,CSMA/CA 机制存在以下问题[1-2, 17-18, 21-23]:不同节点竞争资源依靠的是随机退避,可能带来过高的不确定时延,甚至产生丢包;关于离散随机的退避值,可能不同节点有相同的退避值,仍会继续发生资源碰撞;基于一跳感知,存在隐藏节点问题,可能导致资源碰撞;固定的载波感知门限,导致资源复用效率较低。

3.4.2　DSRC(IEEE 802.11p)标准进展及演进

美国 FCC 在 1999 年将 5.850~5.925GHz 共 75MHz 频段分配给智能交通系统领域的短距通信。2010 年 IEEE 802.11p 标准正式发布,该标准是 DSRC 的物理层和 MAC 层标准,是针对 ITS 中的相关应用对 IEEE 802.11 标准的扩充延伸。然而由于 IEEE 802.11p 可扩展性差以及无法很好地应对高速移动的车联网通信提出的挑战,与 C-V2X 相比,存在明显的性能差异和标准进展差异[24]。2006 年 IEEE 通过了 IEEE 1609.1~1609.4 系列标准。2018 年 12 月,IEEE 802.11p 的演进版本 IEEE 802.11bd 开始标准化工作,于 2023 年 3 月发布[25]。

3.5 C-V2X 技术与标准

3.5.1 C-V2X 的设计思想

蜂窝车联网（C-V2X）技术需要满足车联网近程信息交互、远程信息服务的通信需求，面临第 3.1 节所述的技术挑战。

回顾 C-V2X 技术提出之前，已有通信技术，如蜂窝移动通信、DSRC（IEEE 802.11p）、移动自组织网络（MANET）、物联网等，均不能满足车联网的严苛通信要求。下面对这几类技术进行简要对比分析。

（1）蜂窝移动通信

蜂窝移动通信具有覆盖广、容量大、可靠性高等优势，但其与车联网在通信场景、无线传播环境、通信特点与业务要求等方面均不同。在通信场景方面，蜂窝通信从以人为主向物拓展，通信对象多为静止或低速移动；而车联网的通信对象为车及周边交通元素，多为高速移动。在无线传播环境方面，蜂窝基站天线布设高度较高，典型的约为 20m；V2V、V2P 的终端直接通信时，车身天线高度约为 2m，车间遮挡、多个移动反射体条件下无线信号复杂快时变；V2I 的路侧设备天线高约为 7m。在通信特点方面，蜂窝通信为点对多点通信（基站控制下，单个基站对多个终端），以点对点的广域通信为主，大部分是低频度通信；车联网为多点对多点通信（分布式，多车对多车），V2N 与蜂窝通信一样，但 V2V、V2I 和 V2P 属于局部范围的多点对多点分布式并发通信，通信频度高，可发送 10 次/(车·s)以上状态信息。由于蜂窝通信在通信前需要通过信令建立连接，且用户数据需要经过基站、边缘计算设备、核心网和公共网络等，传输时延高（如 4G 网络的端到端传输时延超过 100ms[26]），可以支持 V2N，但达不到 V2V/V2I/V2P 场景的低时延通信性能要求。

（2）DSRC（IEEE 802.11p）

如第 3.4.1 节所述，DSRC（IEEE 802.11p）采用 CSMA/CA，即基于信道竞争的资源分配方法，随着通信车辆数量增多，时延和可靠性等系统性能急剧下降；采用非同步系统，用户间干扰大，并发用户少。因此，DSRC（IEEE 802.11p）的传输可靠性、系统容量等无法满足严苛的车联网通信需求。

（3）MANET

MANET 与车联网具有相同点，如拓扑结构为动态的且变化快，网络控制是无中心、分布式的，多节点共享无线信道，无线传输链路资源有限以及安全挑战大等。但 MANET 无法满足车联网近程数据实时交互的通信要求，与车联网存在较大差异。MANET 的通信对象可以随意加入或离开，但大多应用相对固定；通信地理范围与场景有关，可从几米到百千米量级；节点可任意移动，但移动速度不一；通信信道可由多跳多点共享；节点间通信频度大多不高；对通信性能的低时延高可靠、信息时效性大多无要求。MANET 典型应用场景包括战术网络（战场环境）、传感器网、应急通信、野外科考、个域网以及家庭或商场等商业应用。车载自组织网络（VANET）是 MANET 的一个重要分支，强调独立于通信基础设施而组网，但其采用的车辆间无线通信技术通常是指 IEEE 802.11p，也无法满足车联网严苛的通信需求。

（4）物联网

物联网（IoT）的概念很泛化，因此有人将车联网看作物联网的子集，但两者区别很大，不能简单等同。物联网通信终端类型种类多，包括消费类、工业类、环保及公共安全类等。绝大部分物联网通信终端处于静止状态，通信频度低，大部分时间处于休眠状态，通常要求超低功耗。支持不同应用的通信对象的物理范围可对应短距或广域，在系统性能方面，如通信时延、可靠性、安全性等，要求不同，大部分业务要求不高。物联网的短距离通信主要有 ZigBee、Wi-Fi、蓝牙、射频识别（RFID，Radio Frequency Identification）等技术，广域网通信主要有 LoRa、窄带物联网（NB-IoT，Narrow Band Internet of Things）等技术。物联网技术在智慧交通有广泛的应用，在此不再细述。对应 IoT，车联网中有 IoV（Internet of Vehicles）。

综上所述，已有通信技术与车联网在通信场景、业务特征、移动性、通信性能、通信范围以及传输特性等方面存在明显差异，不能满足车联网的通信需求。

本书第一作者及其团队于 2013 年 5 月 17 日（世界电信和信息社会日）在国内外最早公开提出融合蜂窝通信与直通通信的车联网技术概念，即基于 LTE 的车联网技术（LTE-V2X），确立了 C-V2X 系统架构和技术路线[1-2, 27-32]。依托移动通信技术和标准及产业化方面的深厚技术积累和产业实践，本书第一作者及其团队敏锐意识到车联网将对交通、汽车等行业产生重大影响，并将拉动万亿级产业规模，萌生基于蜂窝移动通信解决车联网问题的想法，C-V2X 技术在此背景下产生。

C-V2X 以蜂窝通信技术为基础，通过技术创新具备 V2X 直通通信能力，既能解决车联网应用的低时延、高可靠通信难题，又能够利用已有的移动网络部署支持信息服务类业务，并利用移动通信的规模经济降低成本，是兼顾技术和成本优势的选择，这就是本书作者团队在 2013 年首次提出 LTE-V2X 的初衷[1-2, 27-32]。本书作者团队（大唐/CATT）于 2015 年开始联合 LG 电子和华为等企业在 3GPP 制定包括 LTE-V2X 和 NR-V2X 两个阶段的 C-V2X 国际标准[33-35]。

C-V2X 的蜂窝通信与直通通信融合系统架构和控制方式包括如下两种通信方式：基于终端间直通通信（PC5 接口）、基于蜂窝通信（Uu 接口）[36-37]。C-V2X 通过终端直通通信和蜂窝

第 3 章 车联网系统架构与技术标准体系

通信两者间的高效协同，能满足多样化车联网应用的不同通信要求。关于 C-V2X 两种通信方式及其对应的 Uu 接口与 PC5 接口对比，请参见本书第 1.2.2 节。

> **资料专栏：Uu 接口，PC5 接口，上行链路，下行链路，直通链路**
>
> 蜂窝通信系统中，基站与手机等终端之间的双向通信接口被称作 Uu 接口，包括基站发射、终端接收的下行链路（Downlink），以及终端发射、基站接收的上行链路（Uplink）。
>
> 终端与终端直通通信使用 PC5 接口，即终端间用户数据通信不需要经过基站。此时，终端间的直通通信链路被称作 Sidelink，本书译成直通链路。

蜂窝车联网的通信架构设计中，既需要在技术思想上保持充分的兼容重用，使蜂窝车联网可充分利用蜂窝通信已有的网络部署与终端规模经济优势，又需要通过技术创新进而实现差异化通信能力的互补。车联网应用具有低时延、高可靠的近程信息交互和大范围、大带宽的远程信息服务需求，分别适合采用直通通信和蜂窝通信。蜂窝通信采用基站集中式控制，资源冲突解决容易，但信令开销大、时延高；直通通信采用终端分布式控制，提供低时延、高可靠和近距离通信能力，但资源冲突解决难。两种通信方式在通信场景、接入控制、资源调度等方面具有明显差异，蜂窝车联网面临融合通信架构设计和差异化能力互补的难题。

为实现兼具分布式直通通信和集中式蜂窝通信的优势，C-V2X 蜂窝通信与直通通信的融合系统架构和控制方式需要创新设计[1-2, 28-33]，如图 3-6 所示。C-V2X 可采用基站集中式控制和终端分布式控制两种协同控制方式。在基站集中式控制方式下，基站可以直接控制参数配置，也可以集中式控制接入方式，为车联网节点直接调度直通通信发送资源；在终端分布式控制方式下，基站可以提供预配置信息，也可以通过终端出厂设置等方式进行预配置信息设置，由车联网节点在资源池中进行分布式资源调度，实现车联网通信的协同控制与全局优化[1-2, 28-32]。

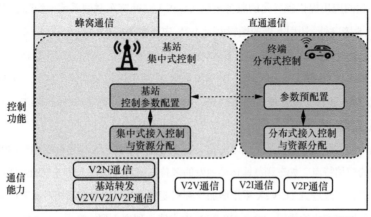

图 3-6　C-V2X 的蜂窝通信与直通通信的融合系统架构和控制方式[1-2, 28-32]

C-V2X 通信存在既相互独立又互相补充的两种工作方式，即基于直通通信和基于蜂窝通信的 V2X 通信，或称基于 PC5 接口和基于 Uu 接口的 V2X 通信。基于 PC5 接口的 V2X 通信可支持 V2V/V2I/V2P 直通通信；基于 Uu 接口的 V2X 通信可利用蜂窝通信支持 V2N 通信，以及经基站转发的 V2V/V2I/V2P 通信。

3.5.2 C-V2X 关键技术演进

针对车联网通信低时延、高可靠、高动态、快时变、高并发等技术挑战，为满足多样化的车联网应用严苛的通信需求，解决高速移动和高载频的多普勒频移影响，减少复杂传输环境下的干扰问题，C-V2X 融合了蜂窝通信与直通通信。随着蜂窝移动通信技术发展，C-V2X 技术在 3GPP 的标准化分为 LTE-V2X 和 NR-V2X 两个阶段，二者支持的应用互补，通信能力互补，充分考虑了技术兼容性[1-2, 28-32]。

LTE-V2X 确立了 C-V2X 的技术基础和系统架构，支持 C-V2X 实现平滑演进的技术路线。LTE-V2X 基于 LTE 4G 空口设计，引入支持 V2X 短距直通通信的 PC5 接口，支持面向行驶安全业务的通信需求，主要实现辅助驾驶和中低速自动驾驶功能。NR-V2X 在支持快时变信道导频设计、分布式资源分配、同步机制等方面沿用 LTE-V2X 的关键技术体系设计，并进行了适应性改进。NR-V2X 基于 5G NR 灵活的系统设计，面向增强的车联网应用严苛需求，持续进行技术演进[1-2, 28-32]。

国际和国内的标准化组织、产业界、学术界开展了 C-V2X 关键技术研究，以下从系统架构、无线传输、接入控制和资源调度、同步机制等方面对 C-V2X 关键技术演进进行总结说明。

在系统架构方面，为了实现对 C-V2X 蜂窝网络覆盖内、覆盖外通信场景的灵活支持，以及为各类车联网应用提供差异化的服务质量（QoS），蜂窝车联网系统架构除了引入实现直通通信的 PC5 接口外，还引入新的逻辑网元 V2X 应用服务器（VAS, V2X Application Server）和对应接口；并针对 V2X 管控和安全需求，在 LTE-V2X 中引入新的核心网网元 V2X 控制功能（VCF, V2X Control Function），在 NR-V2X 中对策略控制功能（PCF, Policy Control Function）、接入和移动性管理功能（AMF, Access and Mobility Management Function）等实体进行了适应性扩展[1-2, 29-33, 37-38]。

在无线传输方面，帧结构是无线通信制式的基础框架，C-V2X 借鉴蜂窝通信的帧结构，并结合车联网的应用特点（如车辆高速运动引发的多普勒频移问题等）及 5.9GHz 高载频下的直通通信特性进行了改进。LTE-V2X 采用增加导频密度方法等以应对车辆相对高速运动及车辆自组网网络拓扑快速变化的挑战，并在 NR-V2X 中支持 2 列到 4 列的自适应导频参考信号模式，可应用于不同行驶速度场景和不同的参数集配置。LTE-V2X 支持广播通信方式以满足行驶安全类应用的信息广播需求，NR-V2X 还扩展支持直通链路的单播和多播通信方式，用于支持辅助交互的业务需求。LTE-V2X 支持混合自动重传（HARQ，Hybrid Automatic Repeat Request）的盲重传，NR-V2X 引入自适应重传机制，实现比广播机制更高的可靠性。在调制方面，引入了高阶调制（最高可以是 256QAM）和空间复用的多天线传输机制（最大支持 2 层空间复用），以支持更高的传输速率[1-2, 28-32, 37-51]。

在接入控制和资源调度方面，C-V2X 支持两种资源调度方式，包括基站调度方式和终端自主资源选择方式。LTE-V2X 最早提出这两种模式，NR-V2X 沿用并进行了适应性改进。在基站调度方式（即 LTE-V2X 的模式 3 和 NR-V2X 的模式 1）中，基站调度 V2X 终端在直通链路的传输资源，能够有效避免资源冲突、解决隐藏节点问题。在终端自主资源选择方式（即 LTE-V2X 的模式 4 和 NR-V2X 的模式 2）中，C-V2X 采用分布式资源调度机制。对于周期性特征明显的行驶安全等 V2X 业务，采用感知信道与半持续调度（SPS，Semi-Persistent Scheduling）结合的资源分配方法，充分利用 V2X 业务的周期性特点，发送节点预约周期性的传输资源来承载待发送的周期性 V2X 业务，有助于接收节点进行资源状态感知和冲突避免，提高了资源利用率，提升了传输可靠性。对于非周期性业务，采用感知与单次传输结合的资源分配方法，但由于无法预测和预约未来的资源占用，资源碰撞概率较大[1-2, 28-32, 37-51]。

在同步机制方面，为了减少系统干扰，实现全网统一定时，C-V2X 支持基站、GNSS、终端作为同步源的多源异构同步机制[1-2, 28-32, 37-46]。由基站配置同步源和同步方式，覆盖外采用预配置方式确定同步源，以便实现全网统一的同步定时。

3.5.3　C-V2X 标准进展及演进

国际上，C-V2X 技术标准由 3GPP 负责制定。在中国信科/大唐联合友商共同推动下，2015 年 3 月，3GPP 正式开始 LTE-V2X 技术标准化工作，各工作组主要从业务需求、系统架构、安全研究和空口技术 4 个方面开展工作。其中，空口技术由 3GPP RAN 工作组负责，业务需求由 3GPP SA1 工作组负责，系统架构由 3GPP SA2 工作组负责，安全研究由 3GPP SA3 工作组负责。

本节从负责业务需求的 3GPP SA1 工作组和负责空口技术的 3GPP RAN1 工作组的标准进展，说明 C-V2X 的标准进展及后续演进情况。3GPP SA1 工作组的 C-V2X 标准化进展[52]如表 3-1 所示。将 3GPP SA1 工作组制定的需求作为输入，提供给 3GPP RAN1 工作组进行空口技术的研究和标准化。3GPP RAN1 工作组 C-V2X 标准化进展[52]如表 3-2 所示。

表 3-1　3GPP SA1 工作组的 C-V2X 标准化进展[52]

C-V2X	标准阶段	起止时间	项目名称	标准化内容	主要输出
LTE-V2X	R14	2015 年 3 月至 2015 年 12 月	Study on LTE Support for V2X Services（FS_V2X LTE）	定义 27 种基本应用场景，支持行驶安全和非安全应用	TR 22.885
		2015 年 9 月至 2016 年 3 月	LTE Support for V2X Services（V2X LTE）	总结 LTE-V2X 的总体需求、业务需求和安全需求	TS 22.185
	R15	2016 年 6 月至 2016 年 12 月	Study on Enhancement of 3GPP Support for V2X Services（FS_eV2X）	定义四大类共 25 种应用，面向自动驾驶应用	TR 22.886 R15 版本
		2017 年 1 月至 2017 年 3 月	Enhancement of 3GPP Support for V2X Scenarios（eV2X）	总结四大类应用需求	TR 22.186 R15 版本
NR-V2X	R16	2018 年 3 月至 2018 年 6 月	Study on Improvement of V2X Service Handling（FS_V2XIMP）	支持自动驾驶、编队行驶等 QoS 属性应用，补充 SAE International 等其他标准组织对自动等级的定义等	TR 22.886 R16 版本
		2018 年 10 月至 2018 年 12 月	Improvement of V2X Service Handling（V2XIMP）	根据更新的 TR 22.886 更新对应的需求	TR 22.186 R16 版本

表 3-2　3GPP RAN1 工作组的 C-V2X 标准化进展[52]

C-V2X	标准阶段	起止时间	项目名称	标准化内容	主要输出
LTE-V2X	R14	2015 年 6 月至 2016 年 6 月	RAN1 Study on LTE-based V2X Services（FS_LTE_V2X）	确定 LTE-V2V 工作场景、仿真假设以及需要增强的技术特征	TR 36.885
		2015 年 12 月至 2016 年 9 月	Core part: Support for V2V Services Based on LTE Sidelink（LTE_SL_V2V-Core）	研究 LTE-V2V 的 PC5 接口相关技术	技术规范 36 系列 R14 版本
		2016 年 6 月至 2017 年 3 月	Core part: LTE-Based V2X Services（LTE_V2X-Core）	研究 LTE-V2V 的 Uu 接口相关技术，解决上一阶段遗留的问题	技术规范 36 系列 R14 版本
	R15	2017 年 3 月至 2018 年 9 月	Core Part: V2X Phase 2 Based on LTE（LTE_eV2X-Core）	研究基于 LTE-V2X R14 增强的 LTE-V2X R15 相关技术	技术规范 36 系列 R15 版本
		2017 年 3 月至 2018 年 6 月	Study on Evaluation Methodology of New V2X Use Cases（FS_LTE_NR_V2X_eval）	研究支持 V2X 增强应用的评估方法	TR 37.885

续表

C-V2X	标准阶段	起止时间	项目名称	标准化内容	主要输出
NR-V2X	R16	2018年6月至 2019年3月	Study on NR Vehicle-to-Everything（FS_NR_V2X）	研究基于5G NR的V2X通信机制可行性	TR 38.885
		2019年3月至 2020年6月	Core Part: 5G V2X with NR Sidelink（5G_V2X_NRSL-Core）	研究基于5G NR的V2X通信机制	技术规范38系列R16版本
	R17	2019年12月至 2022年6月	Core Part: NR Sidelink Enhancement（NR_SL_enh-Core）	研究VRU增强机制，如节电机制、节点间协调等	技术规范38系列R17版本
	R18	2022年5月至 2024年6月	Core Part: NR sidelink evolution（NR_SL_enh2-Core）	研究SL非授权频谱机制、LTE-V2X/NR-V2X同信道共存、SL毫米波通信、SL载波聚合等	技术规范38系列R18版本

在我国，CCSA、C-ITS联盟、China SAE、IMT-2020（5G）推进组C-V2X工作组等组织积极推进LTE-V2X标准体系建设，目前已建设完成支持端到端通信的LTE-V2X标准体系和核心标准规范，包括总体技术要求、空中接口、安全、网络层与应用层消息、设备规范等各标准，形成了LTE-V2X标准全协议栈的各层次、各层面、各类设备较为完善的标准体系。随着NR-V2X技术标准研究的开展，CCSA、China SAE等开展面向高等级自动驾驶应用等研究[53-57]。

综上，C-V2X持续演进，从支持行驶安全、辅助驾驶等车联网基本应用到支持未来的自动驾驶、智能交通、智慧城市等增强应用，具有清晰的技术标准演进路径。

3.6 DSRC（IEEE 802.11p）与C-V2X技术对比

5GAA、下一代移动网络（NGMN，Next Generation Mobile Network）联盟以及5G Americas对DSRC（IEEE 802.11p）和C-V2X进行了技术对比研究，主要包括以下方面[24, 58-60]。

（1）低时延：在低负荷情况下，IEEE 802.11p可以满足100ms内的传输需求，但由于CSMA/CA机制存在隐藏终端问题，在节点数量密集时，无法提供业务要求的确定性时延保证。LTE-V2X基于感知的半持续调度，LTE-V2X R14支持20ms时延，LTE-V2X R15需要满足时延10ms的业务需求；NR-V2X需要满足时延3ms的业务需求。

（2）高可靠性：IEEE 802.11p基于CSMA/CA机制，纯竞争式资源分配方法资源碰撞概率高,在节点数量密集时容易发生碰撞拥塞,通信可靠性急剧下降;而 C-V2X 可基于资源感知的结果,利用半持续调度预约资源,减小资源碰撞概率。同时,IEEE 802.11p 采用卷积码,而 LTE-V2X 利用 Turbo 码,NR-V2X 利用 LDPC 码,提供了更优的编码增益。IEEE 802.11p 不支持 HARQ 机制,而 LTE-V2X 支持两次传输的 HARQ 机制,NR-V2X 对单播、多播都支持 HARQ 机制,并且对于多播方式,支持基于距离的反馈机制。

(3)更高的资源利用率:IEEE 802.11p 仅在时域支持时分复用(TDM)方式,而 C-V2X 支持频域的频分复用(FDM)和时域的 TDM 方式。在多天线支持方面,IEEE 802.11p 未在标准中明确机制,只能取决于 UE 实现,LTE-V2X R14 支持接收分集,LTE-V2X R15 支持发送分集,NR-V2X 支持 2 层的数据传输,从空域进一步提升资源利用率。

(4)同步:IEEE 802.11p 是异步系统,节点间干扰大;C-V2X 为同步系统,可利用基站、GNSS 以及节点等进行多源异构同步,系统干扰小,而且可以进一步提升系统的资源利用率。

(5)更远的传输范围:IEEE 802.11p 支持 100m 传输范围,而 LTE-V2X R14 可支持 320m 传输范围,LTE-V2X R15 支持约 500m 传输范围,NR-V2X 需要支持 1000m 的传输范围。

(6)更高的传输速率:IEEE 802.11p 支持典型的 6Mbit/s 传输速率,支持 64QAM;LTE-V2X R14 单载波可支持 31Mbit/s,支持 64QAM;在 LTE-V2X R15 载波聚合情况下,支持约 300Mbit/s;NR-V2X 带宽未定,假设带宽为 40MHz,R16 单载波 2 层数据传输支持约 400Mbit/s,多载波聚合情况下更高。

(7)更灵活地与蜂窝网络融合的工作模式:IEEE 802.11p 的 RSU 部署存在问题,覆盖和连通性差。而 C-V2X 可利用广泛部署的 4G 和 5G 商用蜂窝网络接入,RSU 可与已部署的基站结合,更灵活地选择适合应用需求的通信模式,能更好地保障通信业务连续性,并且成本低。

综上所述,C-V2X 和 IEEE 802.11p 技术对比[1-2, 23, 28-32, 58-60]如表 3-3 所示。

表 3-3 C-V2X 和 IEEE 802.11p 技术对比[1-2, 23, 28-32, 58-60]

C-V2X 技术优势	具体技术或性能	IEEE 802.11P	LTE-V2X(3GPP R14/R15)	NR-V2X(3GPP R16)
低时延	时延	不确定时延	R14: 20ms R15: 10ms	3ms
高可靠性	资源分配机制	CSMA/CA	支持感知+半持续调度和动态调度	支持感知+半持续调度和动态调度
	可靠性	不保证可靠性	R14: > 90% R15: > 95%	99.999%
	信道编码	卷积码	Turbo	LDPC

续表

C-V2X 技术优势	具体技术 或性能	IEEE 802.11P	LTE-V2X （3GPP R14/R15）	NR-V2X （3GPP R16）
高可靠性	重传机制	不支持	支持 HARQ，固定 2 次传输	支持 HARQ，传输次数灵活，最大支持 32 次传输
更高的资源利用率	资源复用	只支持 TDM	支持 TDM 和 FDM	支持 TDM 和 FDM
	多天线机制	取决于 UE 实现	R14：接收分集 R15：发送分集	支持 1 个传输块（TB，Transport Block）2 层传输，未确定具体多天线机制
同步	同步	不支持	支持	支持
更远的传输范围	通信范围	100m	R14：320m R15：500m	1000m
	波形	OFDM	单载波频分复用（SC-FDM，Single-Carrier Frequency-Division Multiplexing）	循环前缀（CP，Cyclic Prefix）-OFDM
更高的传输速率	数据传输速率	典型 6Mbit/s	R14：31Mbit/s R15：约 300Mbit/s	与带宽有关，40MHz 时 R16 单载波 2 层数据传输支持约 400Mbit/s，多载波聚合情况下更高
	调制方式	64QAM	64QAM	256QAM
更灵活地与网络融合的工作模式	支持网络覆盖内通信	有限，通过 AP 连接网络	支持	支持
	支持网络覆盖外操作	支持	支持	支持

通过以上技术特性对比分析可知，C-V2X 在保证确定的低时延、高可靠性、大数据量传输的业务需求，获得更高车辆移动速度下更优的链路性能和系统性能，支持更大的通信范围和更小的系统干扰等方面全面优于 IEEE 802.11p。

3.7　DSRC（IEEE 802.11p）和 LTE-V2X 仿真与实测比较

为了对比 IEEE 802.11p 和 LTE-V2X 的性能，产业界从仿真验证、实际道路测试等多方面开展了研究测试工作。

3.7.1　NGMN V2X 工作组的仿真结果

NGMN V2X 工作组联合通信公司，对 DSRC 和 LTE-V2X 在相似假设的条件下（如信道模型、业务模型等）进行了链路级和系统级仿真。结果表明，LTE-V2X 在所需 SNR、支持的通信范围以及可靠性方面全面优于 IEEE 802.11p[59]。

（1）在链路仿真中，所需达到的链路性能误块率（BLER，Block Error Rate）为 0.1 时，在视距（LOS，Line-of-Sight）传输场景下，车辆相对速度分别为 30km/h 和 280km/h 时，IEEE 802.11p 比 LTE-V2X 需要的 SNR 分别高 4.2dB 和 5.2dB；在非视距（NLOS，Non-Line-of-Sight）传输场景下，车辆相对速度分别为 30km/h 和 120km/h 时，IEEE 802.11p 比 LTE-V2X 需要的 SNR 分别高 0.5dB 和 2.8dB。在典型信道的典型场景下，LTE-V2X 链路性能优于 IEEE 802.11p。

（2）在系统仿真中，给定系统可靠性对应的通信范围下，相比 IEEE 802.11p，LTE-V2X 一般有 20%~80% 的增益，有些场景甚至高于 80%。

NGMN 系统仿真结果[59]如图 3-7 所示，各公司系统仿真结果表明，以高速场景车辆相对速度 280km/h 为例，在 90% 的可靠性对应的通信范围内，LTE-V2X 比 IEEE 802.11p 远约 170m。

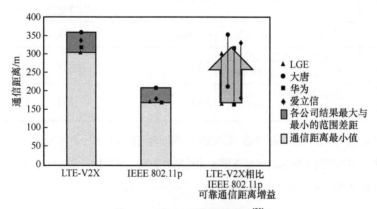

图 3-7　NGMN 系统仿真结果 [59]

3.7.2　实际道路测试结果

在 2018 年 4 月的 5GAA 会议上，福特汽车发布了其与大唐、高通的联合测试结果，对比了 IEEE 802.11p 和 C-V2X（LTE-V2X）的实际道路测试性能。LTE-V2X 的可靠性等通信性能均明显优于 IEEE 802.11p，具体联合测试结果[61]如图 3-8 至图 3-10 所示。

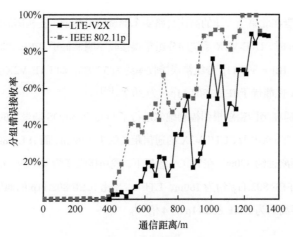

图 3-8 福特汽车与大唐在京津高速公路的联合测试结果[61]

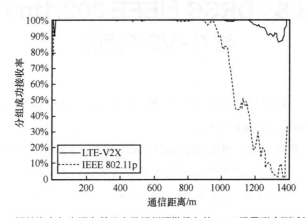

图 3-9 福特汽车与高通在美国密歇根州福勒维尔的 LOS 场景联合测试结果[61]

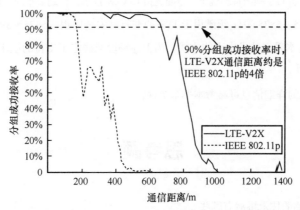

图 3-10 福特汽车与高通在美国密歇根州福勒维尔的 NLOS 场景联合测试结果[61]

福特汽车与大唐在北京至天津的高速公路实车测试结果显示，在相同的测试环境下，通信距离在 400～1200m 时，LTE-V2X 系统的分组错误接收率明显低于 IEEE 802.11p 系统；典型通信距离为 600m 时，IEEE 802.11p 分组错误接收率约为 37.9%，而 LTE-V2X 分组错误接收率约为 7.7%，LTE-V2X 性能优于 IEEE 802.11p，为 30.2%[61]。

福特汽车与高通在美国密歇根州福勒维尔进行了 LOS 和 NLOS 场景下的道路测试。在 LOS 场景下，成功接收率为 90% 时，LTE-V2X 的通信距离约为 1360m，而 IEEE 802.11p 约为 980m，LTE-V2X 的通信距离远约 380m。在 NLOS 场景下，成功接收率为 90% 时，LTE-V2X 的通信距离约为 660m，而 IEEE 802.11p 约为 160m，LTE-V2X 比 IEEE 802.11p 的通信距离远约 500m，LTE-V2X 的通信距离约为 IEEE 802.11p 的 4 倍[61]。

3.8 DRSC（IEEE 802.11p）与 C-V2X 频谱

1999 年 10 月，美国 FCC 批准将 5.9GHz 频段的 75MHz（5.850～5.925GHz）作为专有频率，分配给基于 DSRC 的智能交通业务[62-63]。

2018 年 11 月，我国工业和信息化部正式规划 5.9GHz 频段的 20MHz（5.905～5.925GHz）作为基于 LTE-V2X 直通通信的工作频谱[64]。我国是全球第一个为 C-V2X 技术规划专用频谱的国家。

2020 年 11 月，美国 FCC 撤销分配给 DSRC 的 5.9GHz 的 75MHz 频谱，并将其中的 30MHz 频谱分配给 C-V2X，正式放弃 DSRC（IEEE 802.11p）并转向明确支持 C-V2X[65-66]。2024 年 11 月，美国 FCC 发布最终版 ITS 频谱管理规定，全面支持 C-V2X 技术，计划 2 年内终止 DSRC 运营[67]。

欧洲划分 5855～5875MHz 频谱用于 ITS 的非行驶安全应用，5875～5925MHz 用于 ITS 行驶安全应用。基本采用技术中立的方式，为上述频段只确定了支持的应用，并没有指定具体的通信技术[68-69]。

以上频谱分配的详细信息可参考本书第 7 章。

思考题

1. 车联网面临的技术挑战有哪些？

2. 通信和应用视角下的车联网系统架构分为哪些层，各层的重要功能是什么？

3. 请简要描述 C-V2X 的蜂窝与直通融合系统架构和控制方式。

4. 请从系统架构、无线传输、接入控制和资源调度、同步机制等方面，说明 C-V2X 关键技术演进情况。

5. 请从物理层设计、MAC 层调度等无线通信角度对比分析，说明 C-V2X 在低时延、高可靠性、资源利用率等方面的技术优势。

参考文献

[1] 陈山枝. 蜂窝车联网(C-V2X)及其赋能智能网联汽车发展的辩思与建议[J]. 电信科学, 2022, 38(7): 1-17.

[2] 陈山枝, 葛雨明, 时岩. 蜂窝车联网(C-V2X)技术发展、应用及展望[J]. 电信科学, 2022, 38(1): 1-12.

[3] 工业和信息化部, 国家标准化管理委员会. 国家车联网产业标准体系建设指南（信息通信）[Z]. 2018.

[4] 中国联合网络通信有限公司, 华为技术有限公司. 新基建、新动能 5G 车路协同白皮书[R]. 2020.

[5] 王云鹏. 智能车路协同技术展望[R]. 第十二届中国智能交通年会, 2017.

[6] 张杰. C-V2X 与智能车路协同技术的深度融合[J]. 中兴通讯技术, 2020, 26(1): 19-24.

[7] 陈维, 李源, 刘玮. 车联网产业进展及关键技术分析[J]. 中兴通讯技术, 2020(2): 5-11.

[8] ISO. Intelligent transport systems — Communications access for land mobiles (CALM) — Management: ISO 24102[S]. 2010.

[9] IEEE. Part II: wireless LAN medium access control (MAC) and physical layer (PHY) specification: IEEE Std 802.11-2012[S]. 2012.

[10] 3GPP. Study on architecture enhancements for LTE support of V2X services: TR 23.785, v14.0.0[S]. 2016.

[11] 3GPP. Architecture enhancements for 5G system (5GS) to support vehicle-to-everything (V2X) services: TS 23.287, v16.2.0[S]. 2020.

[12] 工业和信息化部, 国家标准化管理委员会. 国家车联网产业标准体系建设指南（总体要求）[Z]. 2018.

[13] 工业和信息化部, 国家标准化管理委员会. 国家车联网产业标准体系建设指南（智能网联汽车）[Z]. 2023.

[14] 工业和信息化部, 国家标准化管理委员会. 国家车联网产业标准体系建设指南（电子产品和服务）[Z]. 2018.

[15] 工业和信息化部, 公安部, 国家标准化管理委员会. 国家车联网产业标准体系建设指南（车辆智能管理）[Z]. 2020.

[16] 交通运输部, 工业和信息化部, 国家标准化管理委员会. 国家车联网产业标准体系建设指南（智能交通相关）[EB]. 2021.

[17] HARTENSTEIN H, LABERTEAUX K P. VANET: vehicular applications and inter-networking technologies[M]. Hoboken: John Wiley & Sons, 2009.

[18] KENNEY J B. Dedicated short-range communications (DSRC) standards in the United States[J]. Proceedings of the IEEE, 2011, 99(7): 1162-1182.

[19] SAE International. Dedicated short range communications (DSRC) message set dictionary: SAE J2735[S]. 2016.

[20] SAE International. On-board minimum performance requirements for V2V safety systems: SAE J2945/1[S]. 2016.

[21] 李俨, 等. 5G 与车联网-基于移动通信的车联网技术与智能网联汽车[M]. 北京: 电子工业出版社, 2019.

[22] 蔡华. ETC 系统 DSRC 技术标准化动态[J]. 公路交通科技, 1998, 15(3): 49-52.

[23] 5G Americas. V2X cellular solutions[R]. 2016.

[24] NAIK G, CHOUDHURY B, PARK J M. IEEE 802.11bd & 5G NR V2X: evolution of radio access technologies for V2X communications[J]. IEEE Access, 2019, 7: 70169-70184.

[25] IEEE. Part II: wireless LAN medium access control (MAC) and physical layer (PHY) specifications amendment 5: enhancements for next Generation V2X: IEEE 802.11bd-2022[S]. 2023.

[26] ZTE. 5GAA A-180008, Latency evaluation for 5GAA architecture[EB]. 2017.

[27] C114 通信网. 大唐电信副总裁陈山枝: 未来积极推动 LTE-V 标准[EB]. 2013.

[28] CHEN S Z, HU J L, SHI Y, et al. LTE-V: a TD-LTE-based V2X solution for future vehicular network[J]. IEEE Internet of Things Journal, 2016, 3(6): 997-1005.

[29] CHEN S Z, HU J L, SHI Y, et al. Vehicle-to-everything (V2X) services supported by LTE-based systems and 5G[J]. IEEE Communications Standards Magazine, 2017, 1(2): 70-76.

[30] 陈山枝, 胡金玲, 时岩, 等. LTE-V2X 车联网技术、标准与应用[J]. 电信科学, 2018, 34(4): 7-17.

[31] 陈山枝, 时岩, 胡金玲. 蜂窝车联网(C-V2X)综述[J]. 中国科学基金, 2020, 34(2): 179-185.

[32] CHEN S Z, HU J L, SHI Y, et al. A vision of C-V2X: technologies, field testing, and challenges with Chinese development[J]. IEEE Internet of Things Journal, 2020, 7(5): 3872-3881.

[33] 3GPP. New SI proposal: feasibility study on LTE-based V2X services: RP-150778[Z]. 2015.

[34] 3GPP. New WID on 3GPP V2X phase 2: RP-170798[Z]. 2017.

[35] 3GPP. New SID: study on NR V2X: RP-181429[Z]. 2018.

[36] 3GPP. Architecture enhancements for V2X services: TS 23.285, v14.9.0[S]. 2015.

[37] 3GPP. Physical channels and modulation: TS 36.211, v15.3.0[S]. 2018.

[38] 3GPP. Physical layer procedures: TS 36.213, v14.6.0[S]. 2018.

[39] 3GPP. Medium access control (MAC): TS 36.321, v14.4.0[S]. 2018.

[40] 3GPP. Radio resource control (RRC): TS 36.331, v14.6.0[S]. 2018.

[41] 3GPP. Physical layer procedures: TS 36.213, v15.3.0[S]. 2018.

[42] 3GPP. Medium access control (MAC) protocol specification: TS 36.321, v15.3.0[S]. 2018.

[43] 3GPP. Radio resource control (RRC): TS 36.331, v15.3.0[S]. 2018.

[44] 3GPP. Study on evaluation methodology of new vehicle-to-everything (V2X) use cases for LTE and NR: TR 37.885, v15.3.0[S]. 2019.

[45] 3GPP. Overall description of radio access network (RAN) aspects for vehicle-to-everything (V2X) based on LTE and NR: TR 37.985, v1.3.0[S]. 2020.

[46] 3GPP. Physical channels and modulation: TS 38.211, v16.1.0[S]. 2020.

[47] 3GPP. Multiplexing and channel coding: TS 38.212, v16.1.0[S]. 2020.

[48] 3GPP. Physical layer procedures for control: TS 38.213, v16.1.0[S]. 2020.

[49] 3GPP. Physical layer procedures for data: TS 38.214, v16.1.0[S]. 2020.

[50] 3GPP. Medium access control (MAC): TS 38.321, v16.0.0[S]. 2020.

[51] 3GPP. Radio resource control (RRC): TS 38.331, v16.0.0[S]. 2020.

[52] 3GPP. List of work items[Z]. 2020.

[53] 中国通信学会. 车联网技术、标准与产业发展态势前沿报告（2018 年）[R]. 2018.

[54] 中国通信学会. 车联网技术、标准与产业发展态势前沿报告（2020 年）[R]. 2020.

[55] 中国通信学会. C-V2X 车联网技术发展与产业实践白皮书（2022 年）[R]. 2022.

[56] 中国信息通信研究院. 车联网白皮书（2022 年）[R]. 2023.

[57] 中国科学技术协会, 中国通信学会. 车联网产业与技术发展路线图[M]. 北京: 科学普及出版社, 2022.

[58] 5GAA. The case for cellular V2X for safety and cooperative driving[Z]. 2016.

[59] NGMN Alliance V2X Task-Force. Liaison statement on technology evaluation of LTE-V2X and DSRC[Z]. 2017.

[60] 5G Americas. White paper: cellular V2X communications towards 5G[R]. 2018.

[61] JOVAN Z. The C-V2X proposition[Z]. 2018.

[62] U.S. Federal Communications. Commission intelligent transportation services report and order, R&O FCC 99-305[R]. 1998.

[63] U.S. Federal Communications. Dedicated short range communications reportand order, R&O FCC 03-324[R]. 2003.

[64] 工业和信息化部. 关于印发《车联网（智能网联汽车）直连通信使用 5905-5925MHz 频段管理规定（暂行）》的通知[Z]. 2018.

[65] U.S. Federal Communications Committee. Use of the 5.850-5.925GHz band, 47 CFR parts 2, 15, 90, and 95. ET docket No. 19-138; FCC 19-129; FRS 16447[Z]. 2020.

[66] FCC. FCC modernizes 5.9GHz band for Wi-Fi and auto safety[EB]. 2020.

[67] FCC. Second report and order, use of the 5.850-5.925GHz, ET docket No. 19-138[EB]. 2024.

[68] ECC Recommendation (08)01. Use of the band 5855-5875MHz for intelligent transport systems (ITS). Approved 21 February 2008, latest amendment on 06 March 2020[Z]. 2020.

[69] ECC Decision (08)01. The harmonised use of safety-related intelligent transport systems (ITS) in the 5875-5935MHz frequency band. Approved 14 March 2008, latest amendment on 06 March 2020[Z]. 2020.

第 4 章 | LTE-V2X 技术

第❹章
LTE-V2X 技术

本章介绍 C-V2X 的第一阶段——LTE-V2X 技术。首先从车联网的通信需求出发，分析了 LTE-V2X 的研究背景、主要技术思路和技术需求，介绍了其通信方式和网络架构；在此基础上，详细介绍了 LTE-V2X 直通链路的无线接口协议栈、物理层关键技术、无线信道接入控制与资源分配、同步机制、服务质量管理拥塞控制等关键技术；最后介绍了 LTE-V2X Uu 增强和 LTE-V2X 直通链路增强技术。

4.1 研究背景与技术思路

针对目前 DSRC（IEEE 802.11p）、C-V2X 两条国际上主要的车联网技术路线，本书第 3 章介绍了这两条技术路线的研究进展与技术对比。目前 C-V2X 已在二者的竞争中胜出，成为被产业界广泛采用的国际标准[1-2]。C-V2X 从提出、发展到目前在全球形成明显的技术优势，均源于其技术能力能够满足车联网各类应用场景的通信性能需求。

在 C-V2X 技术出现之前，全球范围内车联网业务的无线通信技术只有 DSRC（IEEE 802.11p）技术，Wi-Fi 阵营具有先发优势。2010 年，IEEE 完成了车联网无线通信标准 IEEE 802.11p，在 Wi-Fi 的基础上进行改进，能支持运动环境下车车和车路的直通通信，但其存在隐藏终端问题，在交通拥堵、车辆密集时，会出现时延高、可靠性低等缺点。因此，虽然与产业链相关的参与方（包括许多车企）在 DSRC 系统上已进行了十余年的研究和测试评估，但其商用进展一直不理想。我国亦因缺乏核心知识产权及产业基础，在 DSRC 的技术与应用方面均不具有优势[1-5]。

因此，针对车联网近程信息交互、远程信息服务等多样化的应用场景和通信需求，以及 IEEE 802.11p 的 CSMA/CA 存在资源分配管理及拥塞控制等问题，本书作者团队在 2010 年开始思考如何利用蜂窝移动通信的技术与产业优势，研究基于 LTE 技术的车联网通信技术，特别将蜂窝通信技术和直通通信技术有机结合起来，形成蜂窝车联网（C-V2X），既解决车车和车路的低时延、高可靠通信难题，又满足高速率且时延可容忍的车云通信需求，支持智能交通和自动驾驶汽车等垂直行业新应用。本书第一作者于 2013 年 5 月 17 日世界电信和信息社会日大会在全球率先公开提出 LTE-V2X 概念和关键技术[6]，作者的中国信科（大唐）团队联合 LG 电子、华为等公司在 3GPP 推进相关标准化工作。3GPP 从 2015 年开始，在 R14 中开展 V2X 特性的标准化工作[1-2]。

LTE-V2X 技术是 C-V2X 技术的第一阶段，主要面向基本道路安全业务，典型应用包括前向碰撞预警、信号灯提示等。基本特征是面向周围近距离相邻节点广播发送（无特定通信对象）、时延较低（<100ms）、可靠性较高、业务模型具备明显的周期性。

LTE-V2X 引入了短距直通通信方式，在用户终端（UE, User Equipment）（如车、路、人等）之间直接进行数据传输，不经过基站转发，既可实现低时延的端到端通信，又可以在 LTE 蜂窝覆盖外工作，具备与 IEEE 802.11p 相当的部署灵活度。另外，为了能够重用 LTE 4G 基站等基础设施，LTE-V2X 技术中也设计了基站/网络对终端直通链路的管理和配置功能，还针对 V2X 业务对终端–基站间通信进行了优化设计，进一步扩大和丰富了车联网通信技术应用[1-5]。

作为面向车路云协同的通信综合解决方案，LTE-V2X 能够在高速移动环境中提供低时延、高可靠、高速率、安全的通信能力，满足车联网多种应用的需求；并且基于 TD-LTE 通信技术，LTE-V2X 能够最大限度地利用 TD-LTE 已部署的网络及终端芯片平台等资源，节省网络投资，共享规模经济，降低芯片成本[1-2]。

4.2　技术需求

4.2.1　LTE-V2X 业务需求

LTE-V2X（R14）主要面向 V2X 基本道路安全应用，3GPP 在技术需求研究中共定义了包含车车、车路、车人以及车与后台（云）通信在内的 27 个用例，包括前向防碰撞、车辆失控告警等典型应用。在本书第 2.3.3 节的 3GPP TR 22.885 中给出了典型场景下 V2X 的传输性能要求（具体可参见第 2 章表 2-11）[7]。

基于技术需求研究课题的 27 个用例，3GPP 定义了 LTE-V2X 支持的最大移动速度、时延、消息发送频度、数据分组大小以及安全等通用的业务要求。在各个场景的指标设计中，主要考虑以下方面的因素：①有效传输距离需要满足避免碰撞的安全制动距离，即碰撞时间（TTC，Time to Collision）乘以车辆间相对速度，考虑人类驾驶员的反应时间，TTC 典型值为 4s；②接收可靠性是指 V2X 信息在有效传输距离内，无线接入层应满足的最低接收成功率，典型值为 90%；③低时延要求在直通通信时，LTE-V2X 支持典型时延 100ms，在预碰撞感知场景下为 20ms，在 V2N 通信中通过应用服务器转发信息时，时延不超过 1000ms。LTE-V2X 需要支持的业务需求[8]如表 4-1 所示。

表 4-1　LTE-V2X 需要支持的业务需求[8]

业务需求	说明
移动速度	最大绝对速度为 250km/h，最大相对速度为 500km/h
数据分组大小	典型的周期性数据分组为 50～300Byte，事件触发数据分组最大为 1200Byte
消息发送频度	1～10Hz
端到端时延	100～1000ms，预碰撞场景下为 20ms
可靠性	传输层支持高可靠性（>90%）
通信范围	满足 TTC 为 4s 的反应时间（即通信范围≥UE 最大相对速度×4(s)）
安全性	通信设备需要经网络授权才能支持 V2X 业务，支持用户的匿名性，并保护用户隐私

另外，为支持有效的蜂窝网络覆盖内和覆盖外的无线资源管理，设计支持 V2X 通信的 LTE 蜂窝网络时，需要满足以下需求：蜂窝网络覆盖内，资源可由网络集中管控；蜂窝网络覆盖外，可通过预配置参数方式为终端提前配置无线资源；可以提供差异化的业务服务质量（QoS）。

4.2.2　LTE-V2X 的技术挑战

LTE-V2X 在设计之初面临的主要挑战是近程信息交互的车车、车路通信提出的低时延、高可靠、大容量、高通信频率、高密度通信场景和性能需求。

蜂窝通信中虽然也引入了终端间的直通通信的特性，即在基站的统一调度与协调下，通过共享蜂窝通信上行链路无线资源实现 UE 间直接通信。但其主要面向静止或低速移动场景，典型业务为 VoIP，与高速移动的车联网环境，以及支持周期性消息和事件触发消息的基本道路安全应用的业务特征有很大差别。因此，LTE-V2X 需要结合 V2X 通信需求进行相应的技术方案创新设计，主要面临以下几个方面的挑战[1-5,9-11]。

（1）系统架构设计

LTE-V2X 提供两种通信方式：蜂窝通信（也称 LTE-V-Cell）方式和直通通信（也称 LTE-V-Direct）方式，且两种方式相互配合，互为补充。在蜂窝网络覆盖内，终端可以智能选择最佳传输通道，且蜂窝网络可以对直通链路进行多种形式的管理和配置；在没有蜂窝网络覆盖的场景中，直通方式仍然可以独立工作，有效保证车联网业务的连续性。

为此，系统架构设计中要有机集成这两种通信方式对应的通信接口，并相应设计对二者进行传输管理和控制的网元。此外，还需要在蜂窝网络架构的基础上，引入支持 V2X 应用的新网元功能，在应用层进行消息的发送、接收、转发处理。有关 LTE-V2X 网络架构的设计，可参见本书第 4.3 节。

（2）物理信道结构设计

V2X 中车辆移动的速度高，直通通信的 ITS 工作频段比蜂窝通信载频更高，会引入更大的多普勒频移，原有蜂窝通信的物理信道结构设计无法满足 V2X 通信需求，需要对物理信道结构进行优化设计，包括导频图样、扰码等方面。

在 LTE-V2X 系统中，每辆车都要周期性地点对多点发送基本道路安全消息，要求较高的系统效率和较低的通信时延。而蜂窝通信中的控制信息和业务数据仅支持 TDM，系统效率较低。需要在支持低时延、高可靠的前提下研究新的高效率的无线信道接入控制与资源复用方法。

为了降低控制信令的盲检复杂度、资源调度的复杂度，提高终端的可实现性，LTE-V2X 还需要支持资源池和子信道等优化设计。

LTE-V2X 直通通信的物理层关键技术可参见本书第 4.5 节。

（3）集中式无线信道接入控制与资源分配方法

在蜂窝通信中，采用基于基站控制的集中调度方式，即终端无线信道接入和发送的资源都是基站控制和调度的，因此可以很好地避免资源冲突。基站可以获知比终端之间局部感知范围更广、相对全局的资源占用信息，能够提高数据传输的可靠性和系统效率。在基于基站控制的集中调度方式下，为支持高用户密度、高通信频度的 LTE-V2X 直通通信，需要解决的主要问题是如何降低系统的信令开销。LTE-V2X 直通通信中的集中式无线信道接入控制与资源分配方法可参见本书第 4.6.3 节。

（4）分布式无线信道接入控制与资源分配方法

在 LTE-V2X 中，车辆间的直通通信需要考虑在蜂窝覆盖外的工作，即无基站控制下如何实现分布式资源的高效分配。车辆用户密度高的场景会增加无线信道接入和资源碰撞的概率。另外，LTE-V2X 与 3GPP R12 LTE-D2D 面向的应用数据分组大小不同，其中 LTE-D2D 面向的主要应用是 VoIP 业务，典型的数据分组大小约为 40Byte；而在 LTE-V2X 中，以 V2V 为例，业务的数据分组远大于 VoIP 数据分组，周期性业务数据分组大小的典型范围为 50~300Byte，事件类业务数据分组对应传输的消息最大为 1200Byte。由于数据分组变大，相应地承载每个数据分组占用的资源变大，因此会让有限的可用资源变得更加紧张，用户间干扰影响更大，这些都增加了资源选择和分配的难度。LTE-V2X 直通通信中的分布式无线信道接入控制与资源分配方法可参见本书第 4.6.2 节。

（5）同步机制

在进行 LTE-V2X 直通通信之前，收/发车辆节点间首先需要进行同步，如果相邻节点的定时和频率有较大偏差，可能会产生干扰，这对车联网安全消息的可靠性传输会产生影响。相比手机终端，车载终端能直接获得 GNSS 信号，可将其作为高可靠的高精度同步源。此外在某些工作环境下，如隧道、室内停车场，终端难以获得 GNSS 信号。在进行 LTE-V2X 的同步机制设计时，需要考虑车载终端的能力以及工作环境等特殊性，提供统一且可靠的同步方案，保证相邻节点安全消息传输的低时延、高可靠要求。

由于 LTE-V2X 中引入了 GNSS 或者其等效的同步源，同步周期、同步优先级等方面都需要进行相应的设计。LTE-V2X 直通通信中的同步机制可参见本书第 4.7 节。

（6）拥塞控制

在道路拥堵等车辆高密度聚集场景，车辆高频发送数据会占用大量的信道资源，导致冲突和干扰加剧，引起数据传输的性能恶化。因此，LTE-V2X 系统需设计拥塞控制机制，并根据车辆的拥塞情况进行拥塞控制，合理调整发送参数，以减少系统干扰，提高消息（特别是高优先级消息）的传输可靠性。LTE-V2X 直通通信的拥塞控制机制可参见本书第 4.8 节。

（7）基于 Uu 接口的 LTE-V2X 通信机制

通过蜂窝通信（Uu 接口）转发实现数据传输的方式可以扩大 LTE-V2X 的通信范围，扩展到视距之外的更广区域，并可由基站通过广播或者多播的方式进行 LTE-V2X 数据传输，以及降低系统的信令开销。但需要针对 LTE-V2X 的业务特点，优化设计基于 Uu 接口的 LTE-V2X 通信机制，具体可参见本书第 4.9 节。

综上所述，为了加速 LTE-V2X 的标准开发和研究过程，基于 LTE 蜂窝通信技术，结合直通通信方式，LTE-V2X 针对上述挑战进行了多方面、多层次的技术方案设计。以下将对基于蜂窝通信和直通通信融合的 LTE-V2X 通信技术进行详细说明及分析。

4.3 LTE-V2X 通信方式和网络架构

4.3.1 LTE-V2X 通信方式

大唐团队在国内外最早提出 LTE-V2X 技术，定义了两种通信方式：蜂窝通信方式和直通通信方式，分别对应 Uu 和 PC5 两类接口，两者可有机结合。根据业务需要，用户可灵活选择通信方式，涵盖集中式控制和分布式控制手段[1-6]。Uu 接口的工作频段为 4G 授权频段，PC5 接口的工作频段为 ITS 频段。LTE-V2X 是首个 C-V2X 技术，确立了 C-V2X 的基本系统架构、接入控制方式、资源分配方法和同步机制等技术原理，后续演进的 NR-V2X 也遵循类似的系统架构和技术框架。

（1）蜂窝通信方式

将蜂窝网络作为集中式的控制中心和数据信息转发中心，由基站完成集中式调度、拥塞控制和干扰协调等，可以显著提高 LTE-V2X 的接入和组网效率，保证业务的连续性和可靠性。蜂窝通信方式对应的接口为 Uu 接口，LTE-V2X 对 Uu 接口进行了增强设计，以更好地支持 V2X 业务，详见第 4.9 节。

（2）直通通信方式

针对道路安全业务的低时延、高可靠传输要求，节点高速运动、隐藏终端等挑战，LTE-V2X 提出了直通链路的物理层技术、资源分配方法、服务质量管理与拥塞控制机制等。直通通信方式对应的接口为 PC5 接口，可以工作在蜂窝覆盖内和蜂窝覆盖外，当工作在蜂窝覆盖内时，资源分配可以由基站集中式控制,也可以采用分布式控制;当工作在蜂窝覆盖外时,采用分布式控制。

在实际应用中,直通通信方式(PC5 接口)可以实现车辆与周边其他交通元素(其他车辆、道路基础设施、行人等弱势交通参与者)之间的实时信息交互,服务于低时延道路安全业务;蜂窝通信方式(Uu 接口)可以为车辆提供高速数据的连续性传输,用于车辆与远端应用服务器、云平台的通信,或在有遮挡的 NLOS 场景,通过基站转发实现车辆间的道路安全消息交互[1]。

如本书 1.2.1 节图 1-2 所示,3GPP 定义了 LTE-V2X 需要支持的 4 类 V2X 通信,即 V2V、V2I、V2P 和 V2N。

上述不同的 V2X 通信中使用的通信链路、对应的接口均有所区别。直通通信方式中,终端间直接通信的链路被称为直通链路(SL),终端间对应的空中接口被称为 PC5 接口,因此该方式也被称为 PC5 方式(本书后续内容中,"直通方式"和"PC5 方式"均有出现,含义相同);蜂窝通信方式中,沿用传统蜂窝通信中终端和基站间通信的网络方式,使用终端和基站之间的上行链路(UL)和下行链路(DL)进行传输,对应的接口被称为 LTE-Uu 接口,因此这种方式也被称为 Uu 方式(本书后续内容中,"蜂窝方式"和"Uu 方式"均有出现,含义相同)。

在不同工作场景中,车与车间、车与路侧设备间、车与行人间、车与应用服务器间的通信,可基于不同的接口实现。

以车车通信为例[12],如图 4-1 所示。对于低时延、高可靠的短距离 V2X 通信需求,可通过 PC5 方式实现车辆间直接通信,不需要经过蜂窝基站转发数据。而对于长距离、大数据量、时延不敏感的通信或存在遮挡的非视距场景,则可采用 Uu 方式(即 V2N2V 通信),发送车辆通过与基站的上行链路将数据传输给基站,基站通过下行链路转发给接收节点。

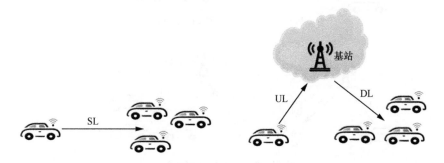

(a)基于直通(PC5)方式的V2V通信　　(b)基于蜂窝(Uu)方式转发的V2N2V通信

图 4-1　LTE-V2X 两种车车通信方式[12]

基于 PC5 接口的 LTE-V2X 系统支持车与路侧设备间、车与行人间通信的工作场景[12],如图 4-2 所示。图 4-2 中所示场景的通信参与者均为 UE,数据传输均不经过 LTE 蜂窝网络。

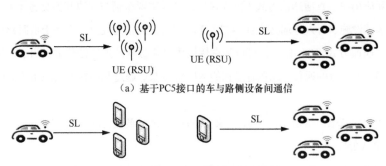

（a）基于PC5接口的车与路侧设备间通信

（b）基于PC5接口的车与行人间通信

图 4-2 基于 PC5 接口的 LTE-V2X 系统支持车与路侧设备间、车与行人间通信的工作场景[12]

基于 Uu 接口的 LTE-V2X 系统支持车与路侧设备间、车与行人间、车与应用服务器间通信的工作场景[12],如图 4-3 所示。路侧设备为 LTE 基站,因此基于 Uu 接口的车与路侧设备间通信实际上就是车载终端 UE 和基站之间的通信。通过 Uu 接口进行的车与行人间通信,通信参与者均为 UE,数据传输总是经过 LTE 基站转发（发送 UE 通过 Uu 上行将数据发送给基站,然后基站通过 Uu 下行将数据发送给接收 UE）。在车与应用服务器间通信中,将云端的应用服务器部署在 LTE 蜂窝网络中,因此也使用传统的 UE 和基站之间的 Uu 接口通信[12]。

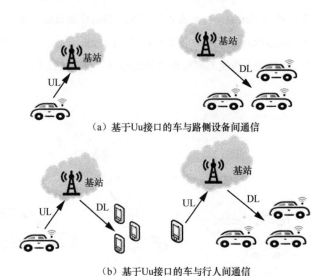

（a）基于Uu接口的车与路侧设备间通信

（b）基于Uu接口的车与行人间通信

图 4-3 基于 Uu 接口的 LTE-V2X 系统支持车与路侧设备间、
车与行人间、车与应用服务器间通信的工作场景[12]

(c) 基于Uu接口的车与应用服务器间通信

图 4-3 基于 Uu 接口的 LTE-V2X 系统支持车与路侧设备间、
车与行人间、车与应用服务器间通信的工作场景[12]（续）

可以将上述应用场景总结如下。

- 设备对设备的直通通信：车对车（V2V）、车对路（V2I）、车对行人（V2P）均可以采用直通通信的方式（PC5 接口），无须经过基站即可实现低时延、高可靠通信。
- 设备对基站的蜂窝通信：采用蜂窝通信方式（Uu 接口），可以实现车对车的远距离中继通信，即 V2N2V；也可以通过蜂窝通信方式（Uu 接口）实现车对网络/云（V2N）服务，这种服务适用于对时延要求不高，但可能对通信带宽要求高的业务，如高精度地图下载、视频娱乐、智能驾驶车辆行驶数据上传等。

总之，基于蜂窝通信方式（Uu 接口）、直通通信方式（PC5 接口）的 V2X 传输方式各有优缺点。基于 PC5 的 V2X 有利于满足端到端低时延和高可靠通信要求，一些道路安全业务（如碰撞预警等）需要极低时延，基于 Uu 的 V2X 难以满足此要求。基于 PC5 的 V2X 还能支持蜂窝网络覆盖外的车车/车路通信需求，在任何地点都能够提供道路安全服务。而基于 Uu 的 V2X 易于发挥蜂窝网络覆盖优势，通信范围比基于 PC5 的 V2X 大，适用于时延不敏感、长距离通信的 V2I 和 V2N 业务。

4.3.2 LTE-V2X 网络架构

为了支持蜂窝通信和直通通信这两种互为补充的通信方式，从而满足各种车联网应用的需求，3GPP 在 LTE 4G 网络架构基础上设计了 LTE-V2X 网络架构。

LTE 4G 蜂窝网络架构包括核心网、接入网及用户终端（UE）部分，其中核心网与接入网间需要进行控制面和用户面的接口连接；接入网与 UE 间通过协议栈定义的无线空口进行连接。无线接入网与核心网遵循各自独立发展的原则，空口终止在无线接入网[13]。

在 3GPP R12 中，LTE 4G 蜂窝网络系统架构经过扩展，已可以支持通过 LTE-Uu 接口和 PC5 接口通信，其中 PC5 接口通信又支持 VoIP 业务，无法满足车联网 V2X 业务的严苛通信需求。为了充分利用蜂窝通信系统架构加速标准开发研究过程，满足不同 V2X 业务的性能需求，

3GPP SA2 工作组确定在 R12 中支持直通通信的 LTE 蜂窝系统架构的基础上，扩展设计了 LTE-V2X 网络架构来支持 V2X 业务[14-15]。

基于 PC5 和 LTE-Uu 的 LTE-V2X 网络架构如图 4-4 所示，该架构支持 PC5 和 Uu 两种传输方式。

LTE-Uu 方式的 V2X 通信尽量重用蜂窝通信系统的已有设计，在网络架构中引入支持 V2X 类应用的新网元——V2X 应用服务器（VAS，V2X Application Server），在核心网中通过 SGi 接口与服务网关（SGW，Serving Gateway）、PDN 网关（PGW，PDN Gateway）连接。VAS 在应用层进行消息的发送、接收、转发处理。终端侧的 V2X 应用与网络侧的 VAS 通过 Uu 通信方式在 V1 接口上进行对等通信。

面向低时延传输需求，网络架构中引入了 UE 间直通通信的 PC5 接口，UE 间直通通信不经过任何网络侧的网元，可明显降低传输时延。图 4-4 中的 UE 既可以代表车辆、行人等位置不断移动的终端，也可以代表固定部署在交通道路的 RSU 等。从应用层看，UE 间直通通信的终端侧 V2X 应用在 V5 接口上进行对等通信。

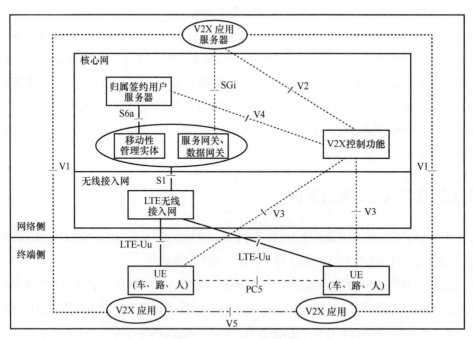

图 4-4　LTE-V2X 网络架构

在图 4-4 的 LTE-V2X 网络架构中，V2X 消息的传输方式（传输路径）有以下几种。

- 基于 PC5 接口：即 UE 间使用直通链路直接传输。V2X 消息传输不经过 LTE 4G 接入网

（E-UTRAN[1,2]）。此种方式适用于 V2V/V2I/V2P。

- 基于 LTE-Uu 接口：传输必经 LTE 的接入网，也必经 V2X 应用服务器，使用上行链路和下行链路。此种方式适用于 V2N/V2V/V2I/V2P，具体如下。

LTE-Uu 接口支持 V2N 通信时，需要实现 UE 侧 V2X 应用与 V2X 应用服务器之间的通信，因此上行方向 V2X 消息的传输路径为 UE→LTE 接入网→SGW/PGW→VAS，下行方向 V2X 消息的传输路径为 VAS→SGW/PGW→LTE 接入网→UE。

LTE-Uu 接口支持 V2V/V2I/V2P 通信时，需要实现支持 V2X 应用信息交互的 UE 间的通信，需要经 LTE 的接入网和 VAS 转发，V2X 消息的典型传输路径为 UE→LTE 接入网→SGW/PGW→VAS→SGW/PGW→LTE 接入网→UE。可以看出，这种传输方式下 UE 间数据经过 5 个蜂窝通信网络的网元，传输时延高。

为了便于对 Uu 和 PC5 接口传输进行管理和控制，基于 PC5 和 LTE-Uu 的 LTE-V2X 网络架构在 LTE 蜂窝网络基础上，在核心网引入了新的逻辑网元 V2X 控制功能（VCF，V2X Control Function），该功能是对 UE 进行 PC5/LTE-Uu 的 V2X 传输参数的配置管理。

基于 LTE-V2X 网络架构，LTE-V2X 终端获取参数配置等信息的途径有如下几种：通过 V3 接口从 VCF 获取，通过 V1 接口从 V2X 应用服务器获取，通过设备内预配置信息获取，通过 USIM 卡中存储的信息获取。

LTE-V2X 传输需求是 UE 向邻近 UE 进行信息广播，而蜂窝通信系统中下行承载是逐个 UE 建立的单播通信，为支持下行广播传输只能对每个接收 UE 建立下行承载，空口效率很低。相比之下，PC5 接口上的无线传输天然就是广播性质的，发送 UE 的信号可以同时被不限数量的邻近 UE 接收，效率明显高于 Uu 方式。此外，PC5 方式还可以不依赖蜂窝网络，支持在蜂窝网络覆盖外工作。因此 PC5 方式的设计是 LTE-V2X 技术研发和标准制定的重点，Uu 方式尽量重用 LTE 4G 蜂窝通信系统的技术，为支持 V2X 应用，只做必要的针对性修改。相应地，后续章节也将以介绍基于 PC5 接口的直通通信技术创新内容为主。

综上，LTE-V2X 网络架构支持蜂窝方式（LTE-V-Cell）和直通方式（LTE-V-Direct），在蜂窝网络覆盖内，提供多种通信方式供终端选择。此外蜂窝网络还可以对直通链路进行多层次的管理和配置，实现蜂窝技术和直通技术的有机融合。

---

1 在 3G 网络中，无线接入网叫作 UMTS 陆地无线电接入网（UTRAN，UMTS Terrestrial Radio Access Network）。在 LTE 4G 网络中，因为演进关系，将无线接入网称为演进的 UMTS 陆地无线电接入网（E-UTRAN，Evolved UMTS Terrestrial Radio Access Network）。

2 LTE 网络即 4G 网络，是由 3GPP 组织制定的通用移动通信系统（Universal Mobile Telecommunications System, UMTS）技术标准的长期演进。UMTS 是指 3G 移动通信技术标准，包括 WCDMA 和 TD-SCDMA。

4.4 无线接口协议栈

LTE 蜂窝网络中终端和接入网之间的无线接口简称 LTE-Uu 接口。无线接口协议主要用来建立、重配置和释放各种无线承载业务。无线接口协议栈主要分为三层两面,三层指物理层、数据链路层和网络层,两面指控制面和用户面[13]。

LTE-V2X 中,Uu 方式的无线接口协议栈沿用 LTE 蜂窝网络中终端和接入网之间的接口,相关内容不再赘述。本节将对 LTE-V2X PC5 接口协议栈及各层进行详细介绍。

UE 间的 V2X 消息经 PC5 用户面进行传输,LTE-V2X PC5 用户面协议栈如图 4-5 所示。物理(PHY)层位于协议栈最底层,提供比特流传输的所有功能。数据链路层包括媒体接入控制(MAC)层、无线链路控制(RLC)层和分组数据汇聚协议(PDCP)层。数据链路层同时位于控制面和用户面,在控制面负责无线承载的建立,在用户面负责用户业务数据的传输。为了减少 IP 头开销,网络层(3GPP 协议栈之上)支持 IP 和非 IP(Non-IP)两种方式承载,以便更好地支持上层 V2X 应用层的数据传输[16]。

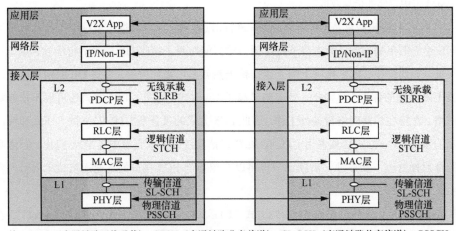

注:SLRB(直通链路无线承载)、STCH(直通链路业务信道)、SL-SCH(直通链路共享信道)、PSSCH(物理直通链路共享信道)。

图 4-5 LTE-V2X PC5 用户面协议栈[16]

LTE-V2X PC5 用户面协议栈各层的主要功能如下。

- 应用层:应用层的功能对等通信实体,进行应用消息组包和解析。

- 网络层:支持 IP/非 IP 方式承载。对于非 IP 传输,定义了 V2X 消息家族(V2X Message

Family）字段，从而支持全球不同区域的 V2X 协议栈。

- 接入层：尽量复用 LTE 蜂窝网络协议栈功能，选择适合 V2X 通信的特性，形成支持 LTE-V2X 的各层功能，具体如下。

    - PDCP 层：LTE-V2X 中不使用 LTE 系统的 IP 头压缩、加密、完整性保护等功能，仅使用 PDCP 头中的 SDU Type 字段指示上层 SDU 类型，支持基于 IP 和基于 Non-IP 的 V2X 消息。PDCP 层以直通链路无线承载（SLRB）的形式向上层提供服务。

    - RLC 层：在 LTE-V2X 中仅支持非确认模式（UM，Unacknowledged Mode），仅支持数据的分段，不支持重组。RLC 层以 RLC 信道的形式为 PDCP 层提供服务。每个 RLC 层信道（对应每个无线承载）针对一个 UE 配置一个 RLC 实体。

    - MAC 层：负责逻辑信道的复用及调度。MAC 层以逻辑信道的形式为 RLC 层提供服务，支持逻辑信道优先级机制。

    - PHY 层：负责信道编解码、调制解调、天线映射及其他典型的物理层功能，物理层以传输信道的形式向 MAC 层提供服务。

LTE-V2X PC5 控制面协议栈主要负责对无线接口进行管理和控制，包括无线资源控制（RRC，Radio Resource Control）协议、MAC/RLC 协议以及物理层协议。LTE-V2X PC5 控制面协议栈[16]如图 4-6 所示。

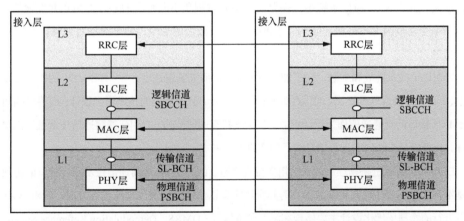

注：SBCCH（直通链路广播控制信道），SL-BCH（直通链路广播信道），PSBCH（物理直通链路广播信道）。

图 4-6　LTE-V2X PC5 控制面协议栈[16]

LTE-V2X PC5 控制面协议栈沿用 LTE-Uu 控制面协议栈的基本框架。各层的主要功能如下。

- RRC 层：传统的 LTE RRC 协议负责终端的连接管理、移动性管理、无线参数配置等。而 LTE-V2X 通信是无连接的多点对多点传输，因此在 PC5 控制面没有建立连接的信令交互，也没有收发 UE 之间的资源配置，只设计了用于同步过程的直通链路广播信令（SBCCH-SL-BCH-Message），其中携带基本的系统带宽、系统帧号、子帧号等信息。
- RLC 层：采用透明模式（TM，Transparent Mode）发送。
- MAC 层：使用物理层的 SL-BCH 承载 SBCCH。
- PHY 层：将 SL-BCH 映射至物理直通链路广播信道进行发送。

4.5 物理层关键技术

LTE-V2X 的物理层设计面临以下技术挑战和难题：V2X 业务低时延、高可靠的严苛通信需求；V2X 通信系统中较高的节点密度和较大的业务量，要求尽量提升系统资源利用率；车辆高速移动带来的多普勒频移影响，现有的频移估计方案不能满足要求；V2X 工作的高载频带来的频移对信道估计也提出了巨大挑战；无线通信半双工的限制，任一时刻只能接收或发送，这对可靠性和系统容量等造成影响。在蜂窝通信中，终端和基站一对一进行上下行通信；而在 V2X 通信系统中，需要支持不同时刻和不同距离的多点对多点并发通信，接收功率变化范围大（可达 80dB），同时由于远近效应的影响，信号泄漏对邻频接收信号的干扰较大[1-5]。

针对以上技术挑战和难题，为了加快技术标准的研究制定进度，在 LTE-V2X 的物理层设计中，LTE-Uu 接口尽量复用 LTE 4G 蜂窝网络的设计，只做必要的技术增强设计；而将终端间基于 PC5 接口的直通通信作为设计重点，基于支持直通通信的 LTE 4G 蜂窝通信技术进行优化设计，以便满足车联网的近程信息交互的实时通信需求。

LTE-V2X 直通链路物理层设计沿用支持直通通信的 LTE 4G 蜂窝通信技术 PC5 接口的物理层基本框架，主要体现在传输波形、时频资源定义以及传输信道处理流程等方面。针对 V2X 特点进行的物理层优化设计主要体现在解调参考信号（DMRS，Demodulation Reference Signal）设计、控制信道和数据信道复用方式，以及自动增益控制（AGC，Automatic Gain Control）设计上。

本节将对 LTE-V2X 物理层关键技术设计中的时域和频域结构、物理信道结构以及资源池配置等内容进行详细说明，主要参考了文献[17-22]等技术资料。

4.5.1 传输波形、时频资源的定义

LTE-V2X 的 PC5 接口通信沿用 LTE 4G 蜂窝通信中上行采用的单载波调制波形 DFT-s-OFDM（Discrete Fourier Transform-Spread Orthogonal Frequency Division Multiplexing），其优势是具有更低的峰值平均功率比（PAPR，Peak to Average Power Ratio），可以降低对硬件（主要是功放）的要求，可以提高功放效率，提升传输质量[13]。其信号产生过程[13]如图 4-7 所示。与下行采用的 OFDM 波形相比，DFT-s-OFDM 信号先经过 DFT 处理，从时域变换到频域，再映射到频域子载波上，后续处理包括逆快速傅里叶变换（IFFT, Inverse Fast Fourier Transform）和插入循环前缀操作，与 OFDM 系统完全一致，保持了很好的一致性[13]。

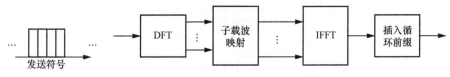

图 4-7　DFT-s-OFDM 信号产生过程[13]

LTE-V2X 时域的系统帧结构如图 4-8 所示。

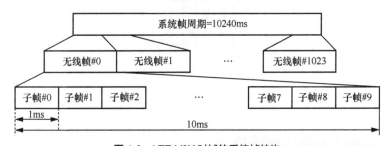

图 4-8　LTE-V2X 时域的系统帧结构

系统帧周期为 10240ms，由 1024 个长度为 10ms 的无线帧构成，每个无线帧由 10 个长度为 1ms 的子帧构成，传输的最小时域单位是子帧，一个子帧包含 2 个长度为 0.5ms 的时隙。

在 LTE-V2X 系统中，由于直通链路的典型传输距离要求为 300m，因此 LTE 常规循环前缀长度为 4.7μs 即可满足系统传输距离要求，3GPP R14 的 LTE-V2X 不支持扩展循环前缀。1ms 的子帧中包含 14 个符号，符号长度与 LTE 4G 蜂窝通信相同。

LTE-V2X 直通链路资源格定义为一个直通链路物理信道或信号在一个时隙内包含 $N_{RB}^{SL}N_{sc}^{RB}$ 个子载波和 N_{symb}^{SL} 个单载波频分多址接入（SC-FDMA, Single-Carrier Frequency Division Multiple Access）符号，如图 4-9 所示。子载波间隔为 15kHz，1 个符号和 1 个子载波组成最小

的频域资源单元（RE，Resource Element）；频域 12 个连续子载波和时域 7 个符号构成一个资源块（RB，Resource Block），每个 RB 带宽为 15kHz×12=180kHz。

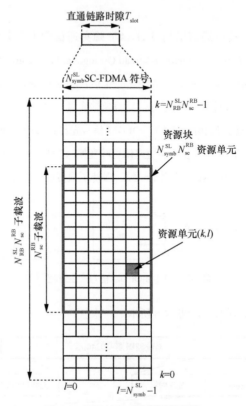

图 4-9　LTE-V2X 直通链路资源格

4.5.2　物理信道和物理信号

直通链路物理信道对应一组携带源自高层信息的资源元素。LTE-V2X PC5 接口包含以下 3 类物理信道，如表 4-2 所示。

表 4-2　LTE-V2X PC5 接口中的物理信道

物理信道	缩写	用途	调制/编码方式
物理直通链路控制信道	PSCCH	承载控制信息	QPSK、咬尾卷积码
物理直通链路共享信道	PSSCH	承载业务数据	QPSK 和 16QAM、Turbo 码
物理直通链路广播信道	PSBCH	同步控制及调整	QPSK、咬尾卷积码

4.5.2.1 自动增益控制（AGC）

在蜂窝通信系统中，每个 UE 的通信对象始终是基站，UE 与基站进行一对一通信，因此其发送功率、接收增益调整都是缓慢变化的。但在 LTE-V2X PC5 直通通信中，采用广播发送。从接收 UE 的角度来说，每个子帧都可能收到不同距离的通信对象的信号，通信对象是高度不确定的，不同子帧的接收功率是动态变化的，且变化较大。因此每个子帧都要重新进行自动增益控制（AGC，Automatic Gain Control），需要对子帧结构进行优化设计。

发送端将子帧中的第一个 SC-FDMA 符号用于承载业务数据，并且整个子帧内的发送功率保持恒定。接收端在该符号上进行 AGC 调整，在进行增益调整时会损失该符号。此外，子帧的最后一个符号用作保护间隔（GP，Guard Period），用于直通链路的收发/发收转换，不承载数据。

4.5.2.2 解调参考信号（DMRS）

由于车联网较高的相对移动速度，直通通信工作在 ITS 高载频，无线信道的相干时间比 LTE 蜂窝系统中更短，因此 LTE-V2X 系统中的导频时域间隔需要缩短。LTE-V2X 每个子帧中时域均匀分布设置了 4 个导频符号，相邻 DMRS 序列之间的间隔为 0.25ms。可跟踪相对速度为 280km/h 和 6GHz 频段相关时间为 0.277ms 的时变信道，PSCCH 和 PSSCH 的 4 列导频符号位置为（2,5,8,11），LTE-V2X 的 PSCCH 及 PSSCH 的 DMRS 位置如图 4-10 所示。在频域连续资源上，LTE-V2X PC5 4 列导频符号根据各信道占用带宽映射。

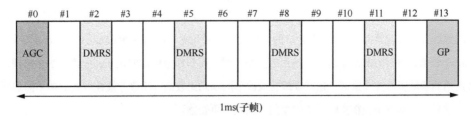

图 4-10　LTE-V2X 的 PSCCH 及 PSSCH 的 DMRS 位置

4.5.2.3 物理信道资源映射

LTE-V2X 消息传输涉及 2 个相互关联的物理信道：物理直通链路控制信道（PSCCH）和物理直通链路共享信道（PSSCH）。

PSCCH 固定映射至 2 个连续 RB，用于指示 PSSCH 的资源位置和调制编码方式。PSCCH 承载直通链路控制信息，指示关联的 PSSCH 的信息，具体包括初传和重传的频域资源位置、初传和重传的时间间隔、PSSCH 的调制和编码方式、重传索引、数据优先级、资源预留周期等。

PSSCH 用于承载 V2X 消息,映射的 RB 数目和调制编码方式灵活可变。由于需要进行 DFT 处理,RB 数目 N 的因子只能是 2、3、5,即 $N=2^x \times 3^y \times 5^z$,其中 x、y、z 均为非负整数。接收端只需要以固定格式盲检 PSCCH 即可获知 PSSCH 的资源位置,这种设计不仅能有效降低接收端的处理复杂度,还能支持灵活的消息大小。

PSCCH 与关联的 PSSCH 以频分复用方式在相同子帧发送,3GPP R14 LTE-V2X PC5 方式支持如下 2 种频分复用方式。

- 邻带传输:PSCCH 和关联 PSSCH 在同一个子帧的邻带传输,二者使用的 RB 资源在频域上相邻,具体如图 4-11 所示。

图 4-11　PSCCH 和关联 PSSCH 在同一个子帧的邻带传输

- 非邻带传输:PSCCH 和关联 PSSCH 在同一个子帧的非邻带传输,二者使用的 RB 在频域上保持一定间隔。

PSCCH 与关联的 PSSCH 以频分复用的方式在相同子帧发送,可以减少系统内干扰,同时减少半双工带来的影响。其中,在邻带传输方式下,由于 PSCCH 和 PSSCH 这 2 个物理信道占用的频域资源彼此紧邻,因此二者合成的波形的峰值平均功率比(PAPR,Peak to Average Power Ratio)较低,这种方式是系统实际使用的主要方式。而非邻带传输方式下,上述这 2 个物理信道占用的频域资源并非紧邻,这就导致合成波形的峰均比较高,功放非线性导致的功率回退明显,这种方式基本不会在实际系统中使用,后续不再赘述。

4.5.3　资源池配置

4.5.3.1　资源池定义和配置

资源池(RP,Resource Pool)是指 LTE-V2X PC5 的 PSCCH/PSSCH 发送和接收资源的候选物理时频资源集合,由高层配置公共的资源池参数。

可以为 UE 独立配置发送资源池和接收资源池，从而支持灵活组合的参数配置。

对于蜂窝网络覆盖内的 UE，发送资源池通过 eNB 发送的系统信息或专用信令获得；接收资源池通过 eNB 发送的系统信息获得。对于蜂窝网络覆盖外的 UE，发送资源池和接收资源池通过预配置获得。

4.5.3.2 资源池频域设计

为了降低盲检复杂度，LTE-V2X 在频域对资源池划分子信道（Subchannel），以子信道为频域资源的最小粒度。UE 使用一个或多个连续的子信道进行 PSCCH/PSSCH 传输，当 PSCCH 和关联 PSSCH 为邻带传输方式时，多个子信道中第一个子信道的最低 2 个 RB 即 PSCCH 的传输位置，该子信道剩余的 RB 以及其他子信道 RB 均可以用于传输 PSSCH。当使用混合自动重传请求（HARQ，Hybrid Automatic Repeat Request）时，UE 初传和重传使用的子信道数目一致。

同时，资源池在频域划分子信道还有以下好处。

- 简化资源分配方法：以 RB 为粒度进行资源分配，可能的资源占用情况非常多，资源冲突的计算量大。而划分子信道后，资源占用减少，资源冲突的计算复杂度降低。
- 减少资源碎片：以 RB 为粒度进行资源分配，系统中可能存在大量的 RB 碎片，这些 RB 碎片无法被分配导致浪费。而划分子信道后，合理配置子信道大小可以减少资源碎片，充分利用时频资源。
- 减少 PSCCH 信令开销：PSCCH 中需要指示业务数据占用的频率资源信息，划分子信道后，频率资源的分配粒度变大，因此频率资源信息的比特数目减少。

邻带方式下的子信道配置和使用示例如图 4-12 所示。

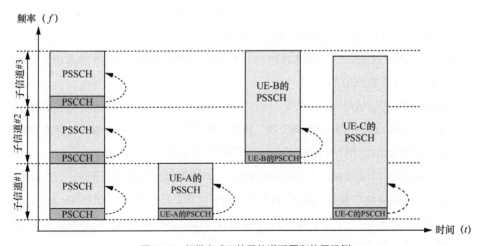

图 4-12　邻带方式下的子信道配置和使用示例

4.5.3.3 资源池时域设计

在 LTE-V2X PC5 直通通信中,为了适应业务的周期性,资源池配置通过位图(bitmap)方式指示可用于业务数据传输的子帧,位图长度可以为 16、20 和 100。位图中用 1 和 0 表示该子帧对该资源池是否可用。

资源池是系统帧周期内不断重复出现的用于 PSCCH/PSSCH 数据发送的子帧的集合。资源池内的子帧称为逻辑子帧。时域资源池配置示例如图 4-13 所示。

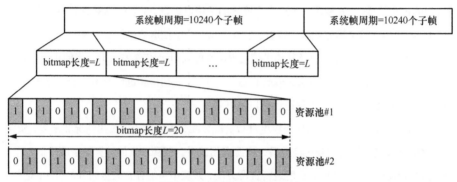

图 4-13 时域资源池配置示例

图 4-13 中,资源池#1 和资源池#2 的位图长度为 20,在长度为 10240 个子帧的系统帧周期内可以完整连续地出现 512 次。位图中每个 bit 的取值为 0 或 1。资源池#1 的位图取值为 {10101010101010101010},对应系统帧周期内的全部偶数子帧;资源池#2 的位图取值为 {01010101010101010101},对应系统帧周期内的全部奇数子帧。根据上述例子中位图的长度和取值配置,系统帧周期内的 10240 个子帧按照 TDM 方式平均划分为 2 个时域资源池。LTE-V2X 系统中位图长度、取值都是可配置的,便于系统的灵活部署。

然而,有几类子帧无法用于 PSCCH/PSSCH 的传输,需要在确定资源池子帧集合时从系统帧周期中扣除,这几类子帧如下。

- 同步子帧:直通链路同步过程中,UE 之间需要收发直通链路同步信号,为了避免这类信号对 PSCCH/PSSCH 传输的干扰,将该信号设置在专门的同步子帧中,同步子帧与 PSCCH/PSSCH 之间为 TDM,因此同步子帧不属于资源池的一部分。
- 共享载波中的下行子帧:当直通链路与 LTE 蜂窝链路为共享载波场景时,运营商要从其上行传输资源中拿出一部分分配给直通链路,对于时分双工(TDD,Time-Division Duplex)系统而言,下行子帧所在的子帧对直通链路始终是不可用的,因此需要从系统帧周期内将此类下行子帧扣除。

- 预留子帧：将上述 2 类子帧扣除后，若系统帧周期中剩余的子帧数量无法被位图长度整除，就会产生余数个子帧，此类子帧被称为预留子帧，需要从系统帧周期中扣除。为了防止预留子帧连续分布导致业务传输等待时延升高，规定在系统帧周期内预留子帧的位置要均匀打散分布。

这里给出一个具体的例子，系统内无同步子帧和下行传输子帧，位图长度为 100，此时 10240 整除 100 的余数为 40，即预留子帧数目为 40。按照均匀打散分布的原则，预留子帧平均间距应为 10240/40=256，因此系统帧周期内预留子帧的编号 $n=i\times256$，$i=0\sim39$，计算资源池时这 40 个预留子帧需要被扣除。

4.6 无线信道接入控制与资源分配

4.6.1 概述

由于 LTE-V2X PC5 系统中分布式节点间可能通过共享资源池中的无线资源进行接入和传输，如何对有限的无线资源进行合理分配和有效管理，以支持 V2X 应用性能，减少系统干扰，提升系统容量及达到联合的最佳状态，成为需要重点解决的问题。LTE-V2X 的无线信道接入和资源分配方法需要考虑以下因素[1-5]。

- 业务需求：LTE-V2X 面向基本道路安全应用，V2X 业务具有低时延、高可靠的严苛通信需求。V2X 业务消息可分为周期性消息和事件触发消息，周期性消息可用于与周围邻近节点交互状态信息（如车辆位置、行驶方向等），业务发送频度较高（10Hz），持续时间长；事件触发类消息在被触发首次发送后，可能周期性发送一段时间。因此 V2X 消息发送具有周期性特点。
- 多点对多点并发通信：蜂窝通信的基本通信方式是终端和基站间的点对点通信，而 LTE-V2X 中是多点对多点的通信方式。多种因素影响多点对多点通信的可靠性和资源利用率，如车辆快速移动导致的网络拓扑变化快、无线通信半双工的影响，以及远近效应、邻频泄漏以及资源碰撞等带来的干扰影响等。
- 集中式和分布式的无线信道接入控制与资源分配方法：与蜂窝通信基站的依赖关系会影响资源分配方法的设计，例如，蜂窝网络覆盖内应支持集中式接入控制与资源分配方法，蜂窝网络覆盖外应支持分布式接入控制与资源分配方法，此外，集中式接入控制与资源分配方法中还需要考虑终端和基站交互的信令开销、时延等因素。
- 地理位置信息：LTE-V2X 终端间需要周期性交互状态信息的消息（必须包括位置信息），而蜂窝网络节点不一定能获得位置信息。利用车联网特有的位置信息进行的无线信道接入控制与资源管理，可减少干扰，提高资源利用率。
- 手持终端（P-UE，Pedestrian UE）的节电需求：P-UE 指行人、自行车等弱势交通参与者使用的终端。车载终端或 RSU 由于可获得持续供电，不需要考虑节电问题；而 P-UE 与蜂窝网络终端类似，需要考虑节电问题，以及与车载终端进行通信的兼容设计。

基于以上多个考虑因素，LTE-V2X 无线信道接入控制与资源分配方法需要支持灵活的时频资源分配。PSSCH 的资源分配的最小粒度在时域上为子帧，在频域上为子信道。由于采用邻带复用方式的 PSCCH 占用的子信道与 PSSCH 的起始子信道相同，因此资源分配方法仅须考虑对 PSSCH 的处理。

基于终端的直通通信（PC5）具有时延低、通信容量大和频谱利用率高等优点，是 V2X 安全类业务的基本工作方式。根据 PC5 接口的资源分配方法和蜂窝通信基站的关系，资源分配方法可分为以下两种，其工作方式如图 4-14 所示。
- 模式 4：UE 自主资源选择（分布式无线信道接入控制与资源分配方法），具体内容见本书第 4.6.2 节。
- 模式 3：基站资源调度分配（集中式无线信道接入控制与资源分配方法），具体内容见本书第 4.6.3 节。

图 4-14　LTE-V2X 两种资源分配方法：模式 4 和模式 3

4.6.2　分布式无线信道接入控制与自主资源选择（模式 4）

模式 4 定义的分布式无线信道接入控制与自主资源选择机制，不通过基站调度进行 UE 间直通通信，避免了基站控制与调度的信令开销。UE 与基站间是松耦合的关系，UE 对蜂窝网络和基站的依赖性降低。车辆可能行驶在蜂窝网络覆盖内、覆盖外等不同场景，需要保证 V2X

业务的连续性和可靠性。在蜂窝网络覆盖内时，可通过系统信息或 RRC 信令配置 UE 的收发资源池信息；在蜂窝网络覆盖外时，可利用预配置的资源池信息。在资源池中，UE 自主选择适合 V2X 应用的时频资源进行发送。

本节简单介绍模式 4 支持的多种资源分配方法及应用场景，重点介绍车联网作为优化设计要点的、基于感知的半持续调度的分布式无线信道接入控制与资源分配方法。为了支持防碰撞应用的更低时延要求，模式 4 支持短周期业务的优化设计。最后介绍了基于地理位置信息的模式 4 资源分配方法，以及支持节电设计的用于便携终端的模式 4 资源分配方法。

4.6.2.1　模式 4 支持的无线信道接入控制与资源分配方法

由于车联网业务通信频率高、拓扑变化快，低时延的直通通信易出现接入与资源冲突，以及协调难度大等问题。LTE-V2X 结合道路安全业务的周期性特性，采用基于感知的半持续调度（SPS）的分布式无线信道接入控制与资源分配方法，在兼顾其他发送节点的需求和业务的周期性严苛要求下，既减少了系统干扰和信令开销，又提高了 LTE-V2X 的传输可靠性[1-5]。

SPS 机制是蜂窝通信中针对 VoIP 等具有周期性特征且业务分组大小较为恒定的业务所设计的资源分配方法。蜂窝通信网络中的 SPS 机制主要由基站控制，首先由基站发送 RRC 信令，配置 SPS 资源周期及 HARQ 反馈使用的资源等；再通过下行调度信令指示 SPS 资源的生效时间及频域资源位置；SPS 的上下行资源释放可通过下行控制信令通知 UE 释放 SPS 资源，也可以通过检测上行 MAC PDU 的情况隐式释放[13]。

LTE-V2X 的模式 4 资源分配方法利用了 SPS 机制周期性占用资源的技术特点，适用于 V2X 业务周期性和业务分组大小存在规律等特点，实现减少信令开销的技术优势。但是，模式 4 的 SPS 资源分配方法不再通过基站进行资源调度，而是根据已获得的资源池信息，设计分布式的无线信道接入控制与周期性资源占用等机制，支持低时延、高可靠等 V2X 业务需求[1-5]。

LTE-V2X 面向道路安全应用，支持如下 12 种资源预约周期（单位为 ms）：20、50、100、200、300、400、500、600、700、800、900、1000。其中预碰撞感知场景下为 20ms，前 2 种小于 100ms，被称为短资源预约周期；后 10 种均为 100ms 的整数倍，被称为常规资源预约周期。

基于感知的半持续调度的分布式无线信道接入控制与资源分配方法是 LTE-V2X 针对周期性数据传输需求重点设计的资源选择方法，其基本思想如下。

- 利用车联网业务数据的周期性特点发送 UE，周期性地占用发送资源。除在本周期发送资源外，还可以预约未来使用的资源。
- 使用资源感知方法，根据发送节点周期性占用资源的特点，UE 需要持续监听资源池，获知其他 UE 使用的周期性发送资源。可以通过两种方法实现：通过解码控制信道信息，获知其他节点的资源占用和预约未来占用资源的信息；通过物理层测量，评估时频资源占用情况。
- 进行资源选择时，UE 需要根据感知结果（资源占用、干扰情况等），对已占用资源进行有效避让，然后选取自己的周期性发送资源。
- 考虑业务 QoS 需求，对高优先级业务提供优先发送处理机制。

从系统角度看，基于感知的半持续调度机制原理和效果如图 4-15 所示。

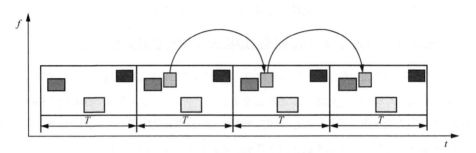

图 4-15　基于感知的半持续调度机制原理和效果

图 4-15 中系统已有 3 个业务在不同周期占用不同的时频资源，在第 2 个周期 T 时，新出现的业务通过感知其他 3 个业务占用的时频资源，避开 3 个业务占用的时频资源，而且通过 PC5 接口信令，预约占用下一周期（第 3 个周期 T）的时频资源，其他 UE 感知该 UE 在第 3 个周期 T 的资源预约占用信息，也会避开对应的资源。通过基于感知的半持续调度可以降低资源碰撞概率，提高可靠性。

基于感知的半持续调度的无线信道接入与资源分配方法是针对具有周期性占用、分组大小相对恒定特征的业务设计的。对于某些事件触发的 V2X 消息，其可能不符合周期性规律，分组的大小可能发生变化，因此无法使用这种机制，只能通过感知被动避让其他 UE 的发送资源，但无法预约下一次发送的资源，很难让其他 UE 感知和避让，资源碰撞概率较大。这种资源分配方法被称为基于感知的单次资源选择（Sensing+One Shot），面向的是单次数据传输需求。

在异常处理，如小区切换和资源池重配置等少量场景下，LTE-V2X 也支持采用随机选择资源分配的方法，但其并不是 LTE-V2X 典型的资源选择方法，后续不再赘述。

4.6.2.2　基于感知的半持续调度的无线信道接入控制与资源分配方法

（1）时序关系

模式 4 中基于感知的半持续调度的无线信道接入控制与资源分配方法的时序关系如图 4-16 所示。

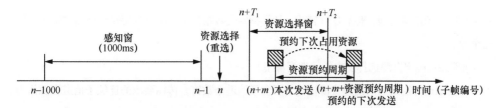

图 4-16 模式 4 中基于感知的半持续调度的无线信道接入控制与资源分配方法的时序关系

基于感知的半持续调度的无线信道接入控制与资源分配方法的时序关系，根据从前向后的时序说明如下。

- [$n-1000, n-1$]：定义为感知窗。为了完全感知其他 UE 的发送情况，设置固定长度为 1000ms 的感知窗，即使是最大资源预约周期的业务，在感知窗内也至少能感知 1 次。在 1000ms 的感知窗内，接收节点接收发送节点在各子帧发送的 PSCCH 和 PSSCH。
- [$n+T_1, n+T_2$]：定义为资源选择窗。T_1、T_2 与 UE 的实现有关。T_1 与 UE 的处理时延有关，体现的是 UE 的处理能力，$T_1 \leq 4\text{ms}$；T_2 应满足业务分组的时延要求，$20\text{ms} \leq T_2 \leq 100\text{ms}$。
- ($n+m$)：UE 在 ($n+m$) 时刻发送 n 时刻传输块（TB, Transport Block）对应的 PSCCH 和 PSSCH。
- ($n+m+$资源预约周期)：UE 在 ($n+m$) 时刻发送 n 时刻 TB 对应的 PSCCH，其中包含预约 1 次下个周期时频资源的信息，UE 将在 ($n+m+$资源预约周期) 时刻发送 TB 占用该时频资源的信息。其中，资源预约周期即发送间隔，与业务周期对应。

（2）资源分配的跨层协作

为实现基于感知的半持续调度机制，需要协议栈中的多层协作，包括：PHY 层为 MAC 层提供可用的候选资源集合，由 MAC 层根据上层的时延限制随机选择发送资源；MAC 层将上层的业务属性映射的优先级、周期、分组大小等参数传递给 PHY 层；RRC 层可以通过系统广播/RRC专用信令配置蜂窝网络覆盖内的资源池，通过预配置参数配置蜂窝网络覆盖外可用的资源池。

基于图 4-16 的时序关系，从物理层角度，基于感知的半持续调度机制尽量选择干扰最低的候选资源，同时需要保留资源选择随机性，以便降低分布式资源选择机制的资源碰撞概率，提高系统的可靠性。基于感知的半持续调度机制在发送 UE 时需要进行以下步骤的处理。

步骤 1：高层在 n 时刻触发资源选择/重选。

根据 n 时刻，确定固定长度为 1000ms 的感知窗前后沿；根据待发送业务分组的 QoS 的时延要求，确定资源选择窗的后沿 T_2；同时根据 UE 处理时延，确定资源选择窗的前沿 T_1。记录发送业务分组的资源预约周期、可靠性要求对应的发送次数（默认为 2 次）和数据优先级等，用于后续资源选择处理。根据 QoS 需求，计算待发送数据分组单次物理层传输所需的资源子信道个数。

步骤 2：确定资源选择窗内的候选资源集。

将资源选择窗及当前发送资源池内，所含子信道个数符合传输要求的连续子信道资源作为候选资源集的元素。

步骤 3：资源选择窗内的资源排除。

从本 UE 发送的角度，当本 UE 在感知窗内某子帧发送业务数据时，由于半双工的影响，无法监听其他 UE 发送 PSCCH 的情况，该子帧被称为跳过子帧。基于感知的半持续调度机制使用保守策略处理跳过子帧，假设该跳过子帧的全部频域资源被其他 UE 占用，且该 UE 以资源池中配置的所有资源预约周期进行未来的 1 次发送，则基于以上跳过子帧在感知窗的处理，结合本 UE 待发送数据的资源大小、资源预约周期和发送次数，排除资源选择窗内的候选资源集中的对应资源。

从本 UE 接收的角度，综合采用 PSCCH 译码内容和功率测量判断资源选择窗内候选资源集的元素是否可用。

功率测量包括两类 UE 物理层测量：直通链路接收信号强度指示（S-RSSI，Sidelink-Received Signal Strength Indication），指在子信道全部 RB 内，子帧除去首尾符号后，剩余 12 个 SC-FDMA 符号上接收功率的线性平均值。物理直通链路共享信道参考信号接收功率（PSSCH-RSRP，PSSCH-Reference Signal Received Power）指在 PSSCH 占用的 RB 内，解调参考信号（DMRS）所在资源单元（RE）的接收功率的线性平均值。

在感知窗内，通过成功解码 PSCCH 获得时频资源位置和资源预约周期，在候选资源集中排除与本 UE 可能冲突的资源，具体使用如下两个准则。

- 功率高低准则：高层会设置收发优先级对应的业务信道 PSSCH-RSRP 门限值，本 UE 根据待发送数据分组的优先级以及其他 UE 的 PSCCH 中指示的优先级确定业务信道 PSSCH-RSRP 门限值，判断其他 UE 的 PSSCH-RSRP 测量结果是否高于功率门限值。如果 PSSCH-RSRP 高于门限值，意味着其他 UE 和本 UE 距离较近，需要根据下面的资源冲突准则进行资源排除处理；否则本 UE 不排除该资源，可复用其他 UE 占用的时频资源。
- 资源冲突准则：对于资源选择窗内的候选资源集中的任一候选资源，本 UE 基于待发送数据的资源预约周期和发送次数（10 乘以 SPS 传输次数），确定本 UE 的未来发送时频资源集。同时本 UE 基于其他 UE 预约 1 次的时频资源、资源预约周期，确定其他 UE 的预约发送资源集。如果其他 UE 的预约发送资源集和本 UE 的未来发送时频资源集中存在资源（部分或全部）重叠，则需要将该候选资源从候选资源集中排除。该准则考虑了不同资源预约周期的时频资源碰撞的最大可能性，尽可能降低资源碰撞的概率。

基于感知的半持续调度机制资源排除机制示例如图 4-17 所示，其中对方 UE 的下次 SPS 传输资源在时间上晚于资源选择窗内的候选资源集，这时需要判断在窗口后是否存在未来资源冲突。假设 SPS 传输次数取 7，则本 UE 的业务数据共需要进行 $N_t = 10 \times 7 = 70$ 次 SPS 发送。对于候选资源集中的一个候选资源（子信道个数 $L=2$），对应的本 UE 的未来发送资源集是以该候选资源为起点，以 T_t 为周期持续重复。这 70 个资源中，只要有任一资源与其他 UE 预约 1 次的资源存在（部分或全部）重叠，则 UE 应将该候选资源排除。

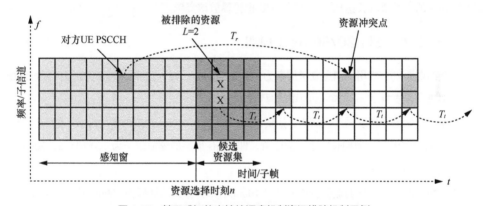

图 4-17 基于感知的半持续调度机制资源排除机制示例

当进行资源排除后，如果剩余的可用资源的数目小于候选资源集总量的 20%，则需要迭代抬升 3dB 的 PSSCH-RSRP 门限，以便获得更多的剩余资源，之后再次进行资源排除；如果剩余可用资源数大于或等于候选资源集总量的 20%，则停止资源排除过程。

步骤 4：剩余资源基于能量排序，形成可用资源集。

根据感知窗内的 S-RSSI 能量测量结果，对候选可用资源进行能量排序，物理层将资源选择窗内能量测量 S-RSSI 最低的 20%的候选资源作为可用资源集，上报给 MAC 层。其中能量测量是指，以固定的 100ms 为间隔对各时频位置的 S-RSSI 测量值取平均，反映剩余资源的历史干扰水平，以便预测剩余资源的干扰情况。

步骤 5：在可用资源集中进行随机资源选择。

LTE-V2X 支持 1 个 TB 的单次传输或 2 次传输（1 次初传+1 次重传）。综合考虑时间分集增益和接收机合并缓存大小要求，初重传之间最大间隔为 15 个逻辑子帧。如果本 UE 的业务分组对应的物理层传输次数为 1，则在可用资源集中随机选择 1 份资源；如果本 UE 的业务分组对应的物理层传输次数为 2，则应在可用资源集中随机选择 2 份资源，其中时间靠前的为初传资源，时间靠后的为重传资源。之后 UE 在选中的时频资源进行业务数据发送。

上述步骤中本 UE 的 SPS 发送资源不应长期固定不变，2 个同时发送的 UE 之间可能由于半双工的影响长期无法互相接收，长期资源冲突，降低了 V2X 广播业务的可靠性。因此，SPS 调度机制进行了随机化设计，体现在两方面：①在每次资源选择或资源重选前，在 5~15 之间随机选择 SPS 持续传输的次数；②当上述 SPS 持续传输次数达到后，UE 根据配置的概率决定是否保持资源不变。若保持资源不变，则重新随机选择 SPS 传输的次数；若须改变资源，MAC 层在 5~15 之间随机选择新的 SPS 传输的次数，并重新进行资源选择过程。另外，如果预留发送资源未使用的次数或时长达到一定条件，UE 也将释放该资源。

4.6.2.3 支持 20/50ms 短周期

典型的道路安全应用的消息发送周期为 100~1000ms，为了支持防碰撞感知等更低时延场景，需要进一步支持 20ms、50ms 的短资源预约周期。

在基于感知的半持续调度机制中，短资源预约周期为 100ms 周期的等比缩放，缩放因子 F 是 100ms 与短资源预约周期长度之间的比值，即 20ms 周期的缩放因子为 100/20 = 5，50ms 周期的缩放因子为 100/50 = 2。

假设短资源预约周期的业务会持续至少 100ms，则资源预约周期为 100ms 时的 1 次传输时间范围内，会遭遇资源预约周期为 20ms 的 5 次传输，以及资源预约周期为 50ms 的 2 次传输，因此在资源感知机制中对周期进行等比缩放处理。

在第 4.6.2.2 节的基于感知的半持续调度过程中，需要引入相应的等比缩放操作，假设根据短资源预约周期时长计算的缩放因子为 F，相关操作体现在如下 3 个环节。

- 资源排除过程中，其他 UE 如果使用短资源预约周期发送，则其未来的发送次数放大 F 倍；跳过子帧处理环节，认为其他 UE 以所有短资源预约周期进行未来的 F 次发送。
- 剩余资源的能量排序中，如果本 UE 用短资源预约周期发送，以该短资源预约周期为间隔，对各时频位置的 S-RSSI 测量值取平均，从短资源预约周期的频繁发送的角度评估各个资源的干扰强度。
- 如果本 UE 用短资源预约周期发送，则 SPS 传输次数的随机化范围需要扩大缩放因子 F 倍，即在[$5 \times F, 15 \times F$]内等概率随机选择。

4.6.2.4 基于地理区域的无线信道接入控制与资源分配

无线信号的抖动影响可能导致干扰感知情况不准确，不能合理地进行资源复用。车联网节点可直接获取较准确的经度、纬度等位置信息,利用这一条件,LTE-V2X 系统设计了基于地理区域(Zone)的资源分配方法,为每个区域配置不同的资源池。

区域的配置示例如图 4-18 所示,可通过将一个基本区域重复配置的方式,遍布 V2X 通信区域,图 4-18 中虚线框表示的就是一个 2×3 的基本区域,通过重复配置实现该区域的全部覆盖。

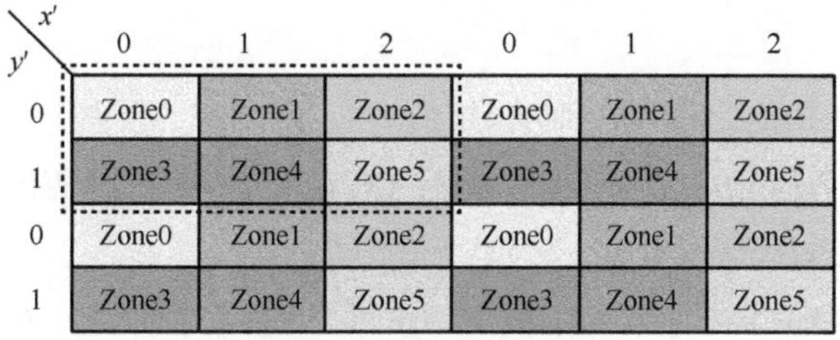

图 4-18 区域的配置示例

每一个区域都对应一个标识,即 ZoneID。UE 基于当前位置根据式(4-1)获得 ZoneID:

$$x' = \text{Floor}(x/L) \bmod N_x \quad (4\text{-}1)$$

$$y' = \text{Floor}(y/W) \bmod N_y \quad (4\text{-}2)$$

$$\text{Zone\_id} = y' \times N_x + x' \quad (4\text{-}3)$$

其中,x 和 y 表示区域原点的坐标,L 代表区域的长度,W 代表区域的宽度,N_x 代表长度方向的区域个数,N_y 代表宽度方向的区域个数。对于覆盖区内模式 4 的 UE,eNB 可通过系统广播提供 V2X 直通链路发送资源池和区域的映射关系,供 UE 进行自主资源选择;对于覆盖区外模式 4 的 UE,V2X 直通链路发送资源池和地理区域的映射关系由预配置确定。当配置(或预配置)地理区域和发送资源池的映射关系时,UE 从所处的区域相对应的资源池中选择发送资源。

接收远/近车辆节点的信号功率差异大,由于带内泄漏,强信号的功率泄漏将淹没邻频弱信号,远近效应严重影响通信的可靠性。多点对多点的广播通信无法使用传统的闭环功率控制,干扰协调难。网格内节点间资源可频分复用,从而减轻远近效应影响;距离相近的网格间可时分复用,错开发送时间,减少网格间干扰影响,提高通信可靠性。基本区域的重复及对应资源池的重复配置,可实现资源的空分复用,提高系统资源的利用率。

4.6.2.5 手持终端的节电设计

当手持终端(P-UE)参与 V2X 业务时,新挑战是如何降低终端功耗。相比车载终端或路侧设备能够持续从车辆或基础设施获得能源供应,P-UE 的特点决定了其对功耗非常敏感。

在 V 发 P 收场景下,仅增加 P-UE 作为接收节点,V2P 发送不需要对 P-UE 接收进行优化处理。在 P 发 V 收场景下,为了选择发送资源,P-UE 需要在发送子帧之外的子帧中持续感知资源占用情况，P-UE 的接收比发送更费电，导致 P-UE 无法采用休眠模式来节电。综上分析，应该集中考虑 P 发 V 收场景的资源分配方法的节电设计。

P-UE 能否接收其他 UE 发送的数据，取决于 UE 的应用层具体要求，3GPP 标准并未针对此场景进行优化设计。3GPP 标准设计的假设前提是 P-UE 的应用层并不需要持续感知其他 UE 发送的 LTE-V2X PC5 消息，即 P-UE 只发不收，该假设可以有效地降低 P-UE 持续接收带来的功耗问题。

支持低功耗 P-UE 资源分配的 3 种方法如下。

- 基于随机选择的单次传输资源选择方法：UE 在每次需要发送数据的时候，在发送资源池中随机地选择传输的资源，无须监听信道。
- 基于随机选择的半持续资源选择方法：UE 在每次资源选择时刻，在发送资源池中随机地选择传输的资源，并持续占用选择的资源进行传输。这样做的好处是便于车载终端对自己发送的资源进行监听和避让。
- 基于部分感知的半持续资源选择方法（Partial Sensing+SPS）：UE 在每次资源选择时刻，在发送资源池中采用部分感知的方式选择传输的资源，并持续占用选择的资源进行传输。这种方式的资源冲突避免效果最好，代价就是终端需要在发送资源池的部分子帧中监听，而不需要监听全部 1s 的感知窗。基本设计思想是，对于 P-UE 未监听的子帧，由于无法确定是否存在其他终端发送，不将其作为候选发送资源；相反，P-UE 仅挑选少量子帧作为监听对象，仅在这些监听的子帧中选择候选资源，监听子帧的数目是可配置的，但具体位置则取决于 P-UE 实现。部分感知机制示例如图 4-19 所示。

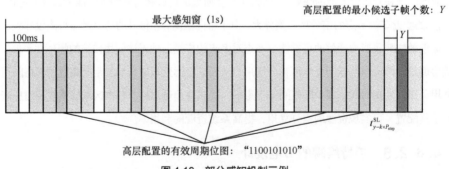

图 4-19 部分感知机制示例

P-UE 根据高层配置的最小候选子帧个数 Y，自主确定在资源选择窗中的 Y 个子帧的位置。监听 $t^{SL}_{y-k \times P_{step}}$ 子帧上的资源占用结果，确定当前的 Y 子帧是否可用。其中 K 值的集合可通过高层配置。在这个过程中，P-UE 仅对感知窗内的通过 Y 和 K 确定的子帧集合进行感知，可以极大地降低 P-UE 的功耗。

假设感知窗为 1000ms，车载终端监听感知窗 1000 个子帧；P-UE 配置 $Y=2$，表示只需要监听 2 个子帧；资源池内允许 10 种预约周期，则 P-UE 在 1000ms 的感知窗内需要监听的子帧数目为 2×10=20，远小于 1000。在其他 1000-20=980 个子帧中，P-UE 可以进行休眠，从而极大地降低功耗。

4.6.3 集中式无线信道接入控制与资源分配方法（模式 3）

在模式 3 定义的基站资源分配方法中，由于 UE 发送的资源是 eNB 集中调度的，可以很好地避免资源冲突。进一步结合 UE 上报的地理位置信息，eNB 可实现基于地理位置的资源分配。eNB 可以获知比 UE 之间感知范围更广的资源占用信息，可以较好地解决隐藏节点的问题。eNB 集中调度可以提高数据传输的可靠性和效率，模式 3 的 eNB 调度方式是 LTE-V2X 的重要组成部分。

模式 3 基站分配资源要求 UE 发送数据前处于 RRC 连接状态，发送 V2X 数据时，UE 向 eNB 请求传输直通链路发送资源，eNB 分配资源，并通过下行控制信令通知 UE 在该资源上进行 PSCCH 和 PSSCH 的发送。

模式 3 需要解决以下几个方面的调度问题。

（1）跨载波调度

LTE 基站的典型工作频率为 2.6GHz，LTE-V2X 使用 5.9GHz 专用频段，因此基站无法直接测量 5.9GHz 的信道状况，面临跨载波调度问题。此外由于 PC5 为广播发送，基站难以逐个获取各个收发 UE 之间的信道状态作为调度依据。eNB 通过在蜂窝通信载波发送对 V2X 专用载波的跨载波调度信令，避免了在 V2X 专用载波上部署 eNB，并且避免了直通链路与 Uu 链路之间共存的问题。这种方式主要通过在下行调度信令中增加载波编号信息域来实现。

（2）调度信令开销

LTE-V2X 消息有周期性传输的规律，如果基站对每个分组进行调度，则 UE 和基站之间需要频繁地进行调度请求、调度信令等过程，会严重增加基站信令处理量，此外请求-响应过程也会增加调度时延。因此模式 3 支持改进的直通链路 SPS，支持最多 8 个并发 SPS 进程，便于快速响应 UE 内部的 V2X 消息周期性的变化，UE 需要上报自身的业务周期等作为基站的调度依据。

（3）调度时序

若 V-UE 在子帧 n 接收到调度信令，V-UE 应在子帧 $n+4$ 之后的最近 V2X 可用的子帧上，进行 PSCCH/PSSCH 的初传。

如果 UE 在子帧 n 收到调度信息，那么发送 PSCCH 的时序应当发生在子帧 $n + k_{init}$ 中的资源 L_{init} 上。这里的 L_{init} 是分配给初传子信道的最低索引指示，k_{init} 是大于或等于 $4 + m$ 的最小整数，并且子帧 $n + k_{init}$ 属于资源池。

4.7 同步机制

直通链路以 LTE 上行链路为基础进行设计，沿用了 LTE 同步系统的基本思路，在无线传输层面，系统内各个 UE 均须保持相同的时间、频率基准，才能正确实现频分复用操作；在资源池配置层面，统一的时间、频率基准也是系统内资源池配置的基础。

LTE-V2X 直通链路有 4 种基本的同步源：GNSS、基站、发送直通链路同步信号（SLSS，Sidelink Synchronization Signal）的终端以及终端内部的时钟。在蜂窝系统中，基站是唯一的同步源；而在 LTE-V2X 系统中，由于 UE（OBU 或者 RSU）配有 GNSS 模块，它们能够直接获得 GNSS 信号，其定时和频率精度都比较高，可以作为同步参考源为附近其他节点提供必要的同步信息。LTE-V2X 直通链路的 4 种同步源如图 4-20 所示。

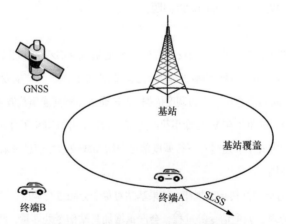

图 4-20　LTE-V2X 直通链路的 4 种同步源

通常认为 GNSS 和基站的同步源具有最高同步级别，系统根据终端是否直接从 GNSS 或者基站获取同步，形成一个同步优先级的层级关系。具体优先级顺序如下。

- Level 1：系统（预）配置的 GNSS 或者基站。
- Level 2：与 Level 1 直接同步的参考终端。

- Level 3：与 Level 2 直接同步的参考终端，即与 Level 1 间接同步。
- Level 4：其他参考终端。

LTE-V2X 系统同步周期长度固定为 160ms，每个系统帧周期内有完整的 10240/160 = 64 个同步周期。考虑半双工的限制，在一个同步周期内至少需要配置 2 个同步子帧，使 UE 可以在其中一个同步子帧中接收同步信号，并在另一个同步子帧上发送自己的同步信号。标准也支持不配置任何同步子帧。

LTE-V2X 同步子帧的帧格式如图 4-21 所示。

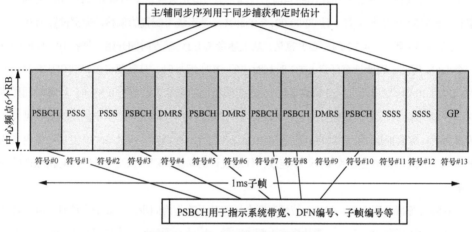

图 4-21　LTE-V2X 同步子帧的帧格式

从图 4-21 中可看出，由于使用常规循环前缀，1ms 同步子帧由 14 个符号构成。其中，符号#1、符号#2 用于主直通链路同步信号（PSSS，Primary Sidelink Synchronization Signal）；符号#11、符号#12 用于辅直通链路同步信号（SSSS，Secondary Sidelink Synchronization Signal）；符号#4、符号#6、符号#9 用于 PSBCH 的解调参考信号；最后一个符号#13 为保护间隔，用于收发/发收转换；剩余符号用于 PSBCH 数据。

在同步子帧中，同步序列和 PSBCH 的发送位于系统中心频点的 6 个 RB 上。接收 UE 通过捕获主同步信号、辅同步信号，获得当前同步子帧的起点，并进行 PSBCH 解调，从 PSBCH 内容中读取系统带宽、系统帧号、子帧编号等信息，从而实现时间和频率同步。

PSSS 和 SSSS 被称为 SLSS，UE 通过使用的 SLSS ID 指示同步源的信息，标准中详细定义了 SLSS ID 设置的规则，从而可以根据该值判断同步源及相应同步源的质量。例如，直接与 GNSS 同步的，SLSS ID=0；而间接与 GNSS 同步的，SLSS ID 为 168（或者 169），从而可以判断出系统同步源的层级关系。

在实际 LTE-V2X 系统中,UE 通常具备 GNSS 模块,以下将以 GNSS 为系统同步源,介绍 LTE-V2X 直通链路的同步过程。

各个 UE 通过 GNSS 接收机获取当前的协调世界时(UTC,Coordinated Universal Time),并与本地晶振联合处理后锁定直通链路的中心频点。基于 GNSS 同步源,给定当前时刻 $T_{current}$,直通链路定时(系统帧编号 DFN、子帧号)的计算式如下。

$$DFN= \text{Floor}\ (0.1 \times (T_{current} - T_{ref} - \text{offsetDFN}))\ \text{mod}\ 1024 \qquad (4-4)$$

$$\text{SubframeNumber}= \text{Floor}\ (T_{current} - T_{ref} - \text{offsetDFN})\ \text{mod}\ 10 \qquad (4-5)$$

其中,$T_{current}$ 是 GNSS 接收机输出的当前 UTC 时刻;T_{ref} 是系统定义的参考 UTC 基准时间,即格林尼治时间 1900 年 1 月 1 日 00:00:00;offsetDFN 是系统可配置的偏移,通常设置为 0。

式(4-4)和式(4-5)的核心思想是,从上述参考 UTC 基准时间开始,每隔 10.24s 即经过一个 DFN 周期,因此计算任意 UTC 时刻对应的 DFN 编号时,只需要将该时刻和基准时刻的时间差对 10.24s 取模即可。子帧编号是 10ms 无线帧内的编号(取值为 0~9),计算时同样将时间差对 10ms 取模。需要注意的是,相比原子时,式(4-4)和式(4-5)中使用的协调世界时为日历时,需要根据国际地球自转服务组织的公告进行闰秒调整(通过 GNSS 卫星导航电文通知终端)。闰秒调整会导致 DFN 不连续,仔细设计的系统实现可以避免或减少对传输性能的影响。

在隧道等特殊环境中,GNSS 信号盲区会导致其无法作为同步源。设备实现时可以结合晶振维持手段降低影响,但并不能从根本上解决问题。因此直通链路也设计了基于 UE 之间的空口自同步机制,该机制的核心思想是:通过 UE 在直通链路发送 SLSS,相互传递同步信息,实现在一定通信距离内的 UE 之间的相对同步。

基于 GNSS 同步源的优先级定义如表 4-3 所示。

表 4-3 基于 GNSS 同步源的优先级定义

优先级	定义
第 1 优先级 P1(最高)	GNSS 本身
第 2 优先级 P2	直接将 GNSS 作为同步源的 UE
第 3 优先级 P3	将 P2 UE 作为同步源、间接 GNSS 作为同步源的 UE
第 4 优先级 P4(最低)	剩余 UE

表 4-3 中的同步优先级通过 SLSS ID(PSSS/SSSS 中携带)和 PSBCH 内容联合进行指示。接收 UE 在进行同步搜索时,将搜索到的最高同步优先级的定时作为自己的同步参考,而当 UE 无法搜索到表 4-3 中定义的所有同步源时,则将自己内部的时钟作为同步参考,相应的同步优

先级为最低的 P4。

LTE-V2X 直通链路也支持将基站作为同步源的同步机制，具体过程不再赘述。

4.8 服务质量管理与拥塞控制

4.8.1 服务质量管理

PC5 接口的 LTE-V2X 通信机制中的服务质量（QoS）机制可以针对不同业务提供差异化的传输服务，采用逐数据包优先级机制，其特点在于以单个数据包（而不是前后连贯的多个数据包组成的数据流）的颗粒度决定其发送优先级。具体来说，UE 将上层提供的 V2X 数据分组的消息优先级映射为接入层使用的发送优先级邻近业务每数据包优先级（PPPP），并用于底层发送过程。PPPP 取值为 1～8（1 代表最高优先级，8 代表最低优先级）。

在模式 4 下，UE 内部发送依据数据分组的 PPPP，先高后低发送。各 PPPP 可映射至不同的发送数据包时延预算（PDB，Packet Delay Budget），原则上优先级越高时延预算越小。在模式 3 下，发送 UE 将 PPPP 通知基站，基站依据 PPPP 和 UE 聚合最大速率，进行 UE 内部各数据之间以及 UE 间数据的调度决策。

4.8.2 拥塞控制

在车联网应用环境下，当道路发生拥堵时，聚集的各车辆持续对外广播 V2X 消息，很容易造成空口信道的拥塞。拥塞控制机制使车辆感知到信道的拥塞状态，并自适应地减少发送需求（包括发送频度、发送资源、发送功率等）；而在信道非拥塞时，各车辆逐步恢复常规的发送需求。拥塞控制的核心是保证各车辆之间传输资源占用的公平性，并且优先保证高优先级数据分组的发送。支持拥塞控制机制，可以提高系统资源利用率，减少系统干扰，提高消息接收的可靠性。

LTE-V2X 标准未规定具体的拥塞控制算法，仅定义了拥塞控制的基本框架，包括信道拥塞程度的衡量标准和拥塞状态与发送参数之间的映射关系。

信道拥塞程度的衡量标准为接收 UE 角度的资源池粒度的信道忙率（CBR，Channel Busy Ratio）。RSSI 能量测量结果高于给定门限值的子信道即被判定为占用，否则为空闲。CBR 表示 100ms 内的各物理子帧中，PSSCH 传输占用的子信道数量与所在资源池内子信道总数之间的比值。因为邻带方式下，PSCCH 和 PSSCH 在频域上紧邻，PSSCH 的拥塞情况可以直接反映 PSCCH 的拥塞情况，没有必要对 PSCCH 进行 CBR 测量。

UE 定期进行 CBR 测量，一方面，信道占用情况会随着周围车辆正在实施的拥塞控制调整机制不断变化；另一方面，车辆运动也可能进入空口负荷不同的其他区域。

在模式 3 资源分配方法下，基站负责实施集中式的拥塞控制，UE 定期测量 CBR，并连同位置一起上报给基站，基站获取各个区域的信道拥塞情况后，在为 UE 分配发送资源时适当调整发送 UE 占用的资源、功率等。具体调整方式取决于基站算法实现，以闭环方式控制系统拥塞，将系统负荷控制在合理水平。

在模式 4 资源分配方法下，各个 UE 进行分布式的拥塞控制。为了便于根据测量的 CBR 合理地发送参数调整，同时考虑减少拥塞控制处理的复杂度，高层可以为各个资源池独立配置发送参数与 CBR 范围、PPPP 之间的映射参数表。8 个 PPPP 反映了业务的优先级及 QoS 需求，1 个 PPPP 可能对应一个或多个 CBR 范围。

UE 定期测量 CBR，并依据 UE 预配置或网络配置的 CBR 和发送参数之间的对应关系表，自主调整发送参数，PPPP 和 CBR 范围与可调整的发送参数之间的对应关系[22]如图 4-22 所示，不同的 CBR 测量值结合不同的 PPPP，可以对应如下不同的发送参数设置。

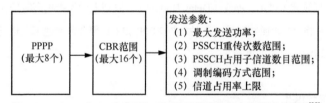

图 4-22　PPPP 和 CBR 范围与可调整的发送参数之间的对应关系[22]

- 最大发送功率：拥塞时，可以降低最大发送功率，减小通信范围；非拥塞时，可以提升最大发送功率。
- PSSCH 重传次数范围：LTE-V2X 支持最多 1 次 HARQ，提升业务传输的可靠性。拥塞时，可以关闭 HARQ，业务传输可靠性可能降低；非拥塞时，可以打开 HARQ。
- PSSCH 占用子信道数目范围：调整 PSSCH 占用子信道数量的上下限，本质上与调整可用的 MCS 上下限相同，也可为拥塞控制占用资源提供更多的选择和灵活性。拥塞时，可以降低占用子信道的数量；非拥塞时，可以提升占用子信道的数量。
- 调制编码方式范围：调整可用的 MCS 上下限，为拥塞控制占用资源提供更多的选择和灵活性。较高的 MCS 占用资源少，但可靠性相对较低；较低的 MCS 占用资源多，但可靠性相对较高。拥塞时，可以提升 MCS，减少占用的资源，可靠性可能受影响；非拥塞时，可以降低 MCS，占用资源较多。

- 信道占用率上限（CR limit，Channel Occupy Ratio limit）：从发送端角度，在 1000ms 内资源池粒度的 CR 评估可以获知本节点发送资源在配置的发送资源池的资源占用比例，基于测量的 CR 判断是否超出配置的 CR limit，需要对发送参数进行调整。拥塞时，可以降低 CR limit，限制发送资源；非拥塞时，可以提升 CR limit。

根据物理层 CBR 测量值对应的 CBR 范围和业务的 PPPP，可以确定对应的发送参数设置，从而进行参数调整。

CBR/PPPP 的对应参数示例如表 4-4 所示。其中，不同的 CBR 下的 CR limit 不同，且较高的优先级对应较高的资源上限。

表 4-4　CBR/PPPP 的对应参数示例

PPPP	PPPP:1/2	PPPP:3/4/5	PPPP:6/7/8
CBR	CR limit	CR limit	CR limit
[0.0,0.3]	无限制	无限制	无限制
(0.3,0.6]	无限制	0.03	0.02
(0.6,0.8]	0.02	0.006	0.004
(0.8,1.0]	0.02	0.004	0.002

3GPP 标准仅规定了拥塞控制的总体框架性要求，为满足这些要求而实施的具体调整方法则留给 UE 实现。例如，UE 可以选择丢弃某些 V2X 业务数据发送，从而保证发送资源不超过信道占用率上限。

4.9　LTE-V2X 对 Uu 接口的增强技术

LTE Uu 接口也可用于传输 V2X 业务，针对 V2X 业务的特点，Uu 接口为支持 V2X 传输进行了增强设计，包括 V2X 业务质量指示、上行链路半持续调度增强、下行广播周期优化等。

（1）V2X 业务质量指示

V2X 业务对时延可靠性等有较严苛的要求，通常对业务质量有明确的要求。在 3GPP 标准中，服务质量通常用服务质量分类标识（QCI，QoS Class Identifier）来定义，QCI 是一个数量等级，代表了系统应该为某项业务提供的业务质量特性。3GPP 针对 V2X 业务，定义了 3 个 QCI 值，LTE-V2X Uu 方式使用的 QCI 值[23]如表 4-5 所示。QCI 值影响的是基站对 Uu 接口的调度行为，对 UE 无直接影响。

表 4-5　LTE-V2X Uu 方式使用的 QCI 值

QCI	资源类别	优先级	时延预算/ms	分组丢失率	业务示例
3	保证比特速率（GBR）	3	50	10^{-3}	实时游戏、V2X 消息
75	保证比特速率（GBR）	2.5	50	10^{-2}	V2X 消息
79	非保证比特速率（Non-GBR）	6.5	50	10^{-2}	V2X 消息

（2）上行链路半持续调度增强

针对 V2X 消息的周期性特点，在上行链路需要进行半持续调度，从而降低基站信令开销。传统的上行链路半持续调度（UL SPS）只有 1 个进程，为了支持 V2X 业务所呈现的多种周期性业务并发的现象，如与基本道路安全业务相关的心跳信息、分布式事件触发信息等，LTE-V2X 标准引入了上行多 SPS 进程的设计，基站最多可配置 8 个不同参数的 SPS 配置，所有的 SPS 配置可同时被激活。SPS 配置的激活/去激活由基站通过物理下行控制信令控制。

为了便于基站调度上下行传输，UE 需要向基站上报辅助信息，其中包括与 SPS 配置相关的参数，如观察到的业务模式期望的 SPS 间隔、SPS 间隔时间偏移、逻辑信道标识和最大 TB 值。

（3）下行广播周期优化

Uu 接口支持 V2X 业务，为提升效率，可以使用广播模式。LTE 广播模式包括单小区点到多点（SC-PTM，Single-Cell Point To Multipoint）和多媒体广播/多播服务单频网络（MBSFN，Multimedia Broadcast multicast service Single Frequency Network）机制。为了降低 SC-PTM 或 MBSFN 的时延，针对 SC-PTM/MBSFN 中的广播控制/广播业务信道引入更短的调度周期、重复周期和修改周期。具体地，接收周期可支持短至一个 10ms 的无线帧，同时在标准中增加新的信息单元来支持上述新增小周期取值信息的传递。

V2X 消息分发的典型距离仅为几百米，为了降低广播区域范围，提升效率，可以由 V2X 应用服务器指定，根据地理位置信息选择合适的目标 MBMS 服务区域标识或 E-UTRAN 小区全球标识，作为广播发送区域。

4.10　LTE-V2X 直通链路增强技术

在 R14 LTE-V2X 的基础上，3GPP 在 R15 阶段开展了基于 LTE 技术支持增强 V2X 应用的研究，V2X 用例总体上分为 4 类，分别是车辆编队行驶、高级驾驶、传感器扩展以及远程驾驶。3GPP 增强 V2X 应用的用例分析和需求见文献[24]。

R15 LTE-V2X 标准化集中在直通链路的增强设计上，从提高峰值传输速率、降低时延、提高系统可靠性等方面对以下关键技术进行研究和标准化。

（1）高阶调制 64QAM

R15 LTE-V2X 标准中，在 PSSCH 中引入 64QAM 高阶调制，可提高峰值速率，同时高阶调制的传输性能对码率非常敏感，因此 R15 中资源映射时跳过 GP 所占用的 OFDM 符号，克服了 R14 中采用打孔导致的高码率区间的坏点问题；在确定直通链路传输块大小时，将 PSSCH RB 数目裁剪至 80%后再检索传输块表格，避免了出现码率大于理论码率上限 0.932。上述操作在 PSCCH 中用 1bit 指示。

（2）载波聚合

LTE-Advanced 系统引入载波聚合（CA，Carrier Aggregation）技术，可以将最多 5 个 20MHz LTE 成员载波聚合在一起，实现最大 100MHz 的传输带宽，从而有效提高上下行传输速率。

在 R15 LTE-V2X 标准中，沿用 R14 LTE-V2X 的资源选择机制，各载波独立进行资源感知和资源选择，与 R14 的不同之处在于，R15 需要根据各个载波的 CBR 和 PPPP 的映射进行载波/载波集合的选择，同时需要在每个载波具体的资源选择过程中考虑 UE 的能力限制。在 R15 LTE-V2X 中，物理层标准最多支持 8 个载波进行聚合，射频标准中支持（10+10+10）MHz、（10+20）MHz、（20+10）MHz 这 3 种载波聚合场景。

（3）传输时延降低

R14 中，资源选择窗的后沿 T_2 取值至少为 20ms。R15 中，T_2 可以低至 10ms，以此降低传输时延。

（4）模式 3 和模式 4 资源池共享

在 R14 LTE-V2X 中，如果模式 3 和模式 4 的 UE 配置共享同一资源池，两种模式的 UE 间无法相互感知和避让占用的资源。一方面，因为模式 3 的 UE 即使进行 SPS 发送，直通链路控制信息中并不指示资源预约周期（仅填写为保留值 0），因此无法被模式 4 的 UE 感知和避让；另一方面，模式 4 的 UE 的发送资源占用情况不上报基站，无法被基站获知，因此无法被模式 3 的 UE 感知和避让。

R15 中将 LTE-V2X 模式 3 中的资源预约周期的指示域修改为按照实际的业务周期填写，解决了模式 3 的 UE 资源被模式 4 的 UE 感知和避让的问题。

需要说明的是，R15 LTE-V2X UE 与 R14 LTE-V2X UE 可以在同一资源池内彼此共存，对彼此的占用资源可以进行感知和避让，但 R14 UE 无法正确接收 R15 UE 发送的使用 64QAM 高阶调制或开启速率匹配/RB 裁剪机制的 PSSCH。此外，3GPP 并未开展 R15 LTE-V2X 对应的终端一致性测试方面的标准化工作，可以认为 R15 LTE-V2X 暂不具备实际产业化部署的条件。

思考题

1. LTE-V2X 系统中，Uu 接口和 PC5 接口各自特点是什么？适用于什么场景？

2. LTE-V2X 系统中，直通链路子帧中各个符号的设计与上下行链路有哪些显著的区别？其原因是什么？

3. LTE-V2X 系统中，为何引入频域子信道？这样的设计有何特点？

4. 分布式无线信道接入控制中，如何理解"资源感知"和"半持续资源调度"之间的关系？二者必须相互配合吗？

5. 基于感知的半持续调度机制中，哪些环节存在随机性？为什么？

参考文献

[1] 陈山枝, 胡金玲, 时岩, 等. LTE-V2X 车联网技术、标准与应用[J]. 电信科学, 2018, 34(4): 7-17.

[2] 陈山枝, 时岩, 胡金玲. 蜂窝车联网(C-V2X)综述[J]. 中国科学基金, 2020, 34(2): 179-185.

[3] CHEN S Z, HU J L, SHI Y, et al. LTE-V: a TD-LTE-based V2X solution for future vehicular network[J]. IEEE Internet of Things Journal, 2016, 3(6): 997-1005.

[4] CHEN S Z, HU J L, SHI Y, et al. Vehicle-to-everything (V2X) services supported by LTE-based systems and 5G[J]. IEEE Communications Standards Magazine, 2017, 1(2): 70-76.

[5] CHEN S Z, HU J L, SHI Y, et al. A vision of C-V2X: technologies, field testing, and challenges with Chinese development[J]. IEEE Internet of Things Journal, 2020, 7(5): 3872-3881.

[6] 陈山枝. 未来积极推动 LTE-V 标准[Z]. 2013.

[7] 3GPP. Study on LTE support for V2X services: TR 22.885, v14.0.0[S]. 2015.

[8] 3GPP. Service requirements for V2X services: TS 22.185, v14.4.0[S]. 2018.

[9] 3GPP. SID proposal on LTE V2X: RP-151109[Z]. 2015.

[10] 3GPP. WID proposal on PC5-based V2V: RP-152293[Z]. 2015.

[11] 3GPP. WID proposal on LTE V2X: RP-161298[Z]. 2016.

[12] 3GPP. Study on LTE-based V2X services: TR 36.885, v14.0.0[S]. 2016.

[13] 王映民, 孙韶辉. TD-LTE 移动宽带系统[M]. 北京: 人民邮电出版社, 2013.

[14] 3GPP. New SID on architecture enhancements for LTE support of V2X services: S2-153355[Z]. 2015.

[15] 3GPP. Architecture enhancements for V2X services: TS 23.285, v14.9.0[S]. 2015.

[16] 3GPP. E-UTRAN; Overall description stage 2: TS 36.300, v14.7.0[S]. 2018.

[17] 3GPP. E-UTRA; Physical channels and modulation: TS 36.211, v14.7.0[S]. 2018.

[18] 3GPP. E-UTRA; Multiplexing and channel coding: TS 36.212, v14.6.0[S]. 2018.

[19] 3GPP. E-UTRA; Physical layer procedures: TS 36.213, v14.7.0[S]. 2018.

[20] 3GPP. E-UTRA; Physical layer measurements: TS 36.214, v14.4.0[S]. 2018.

[21] 3GPP. E-UTRA; Medium access control (MAC) protocol specification: TS 36.321, v14.7.0[S]. 2018.

[22] 3GPP. E-UTRA; Radio resource control (RRC): TS 36.331, v14.7.0[S]. 2018.

[23] 3GPP. Policy and charging control architecture: TS 23.203, v14.6.0[S]. 2018.

[24] 3GPP. Study on enhancement of 3GPP support for 5G V2X services: TR 22.886, v15.3.0[S]. 2018.

第 5 章 | NR-V2X 技术

第❺章
NR-V2X 技术

NR-V2X 是 C-V2X 的重要组成部分，用于支持未来车联网增强应用的通信需求。本章主要介绍 NR-V2X 的总体架构和关键技术，力求给读者建立一个 NR-V2X 的整体概貌，并详细介绍了 NR-V2X 各项关键技术，包括直通链路的通信模式管理（单播、多播和广播）、直通链路服务质量的管理、直通链路的 HARQ 反馈机制、分布式无线信道接入控制与资源分配方法（模式 2）、直通链路的同步机制、LTE-V2X 和 NR-V2X 设备内共存以及直通链路的终端节电技术等。

5.1 背景介绍

随着智能网联汽车的发展，仅支持基本安全业务已经不能满足以自动驾驶为代表的车联网增强应用的需求。3GPP SA1 工作组研究了以车辆编队行驶、高级驾驶、传感器扩展和远程驾驶为代表的 4 类车联网增强应用和相关的通信需求[1-2]，要求在直通链路上提供更可靠、更低时延以及更高数据速率的车联网通信服务，最低端到端时延要求为 3ms，可靠性最高为 99.999%，直通链路数据速率需要支持高达 1Gbit/s 的通信需求，这些都对 C-V2X 技术演进提出了更严苛的需求[3-4]。

2017 年年底，3GPP 完成了基于新空口（NR）的 5G 标准第一个版本（R15）。作为全新的无线传输技术，NR 不需要考虑与 LTE 后向兼容的问题，从而提供了更灵活的无线空口设计，支持更宽广的业务需求。从 C-V2X 技术升级和标准演进来看，业界认为下一代 V2X 技术应该基于 NR 进行设计。一方面可以继承 NR 技术框架，灵活支持更宽广的 V2X 业务需求；另一方面可以与 NR Uu 共享相同的产业链，提高产业化成熟度，共享规模经济，降低产业化成本。

从 2018 年 6 月开始，3GPP RAN 启动 C-V2X 第二阶段的研究和标准化工作（R16、R17）[5-10]，即 NR-V2X 技术。R16 于 2020 年 6 月完成标准化工作，在直通链路中引入了高阶调制（最高可以是 256QAM）和空间复用的多天线传输机制（最大支持 2 层空间复用），用以支持更高的传输速率；在直通链路中引入了 HARQ 反馈机制来提高传输可靠性；同时研究了 NR-V2X 分布式无线信道接入控制与资源分配方法，以降低资源冲突，并使其更好地适用于车联网增强应用中非周期业务的需求。R17 继续研究 NR-V2X 的增强机制，于 2022 年 6 月完成标准化工作，一方面，引入了直通链路的终端节电机制，包括基于部分感知的无线信道接入控制与资源分配方法和直通链路的非连续接收机制，用于支持弱势交通参与者的应用场景；另一方面，引入了直通链路的终端间资源协调机制，有效提高直通链路的可靠性。

从 2022 年 5 月开始，3GPP RAN 启动 R18 NR-V2X 演进技术的研究，一方面是针对 NR-V2X 直通链路通信技术新频段的设计，使 NR-V2X 直通链路通信技术有更广阔的应用场景，主要包括非授权频段和毫米波频段技术的研究和标准化工作，其中毫米波频段仅开展了研究项目，未在 R18 中标准化相关研究成果；另一方面是针对现有各国潜在的 C-V2X 频谱进行适应性增强，包括直通链路的载波聚合技术和 LTE-V2X 与 NR-V2X 同信道共存技术的研究和标准化。

为了保障车联网技术和产业的有序发展，在 NR-V2X 的研究和标准化过程中，强调了 LTE-V2X 和 NR-V2X 之间是互相补充的关系，而不是替代关系[5-6]。LTE-V2X 用于 V2X 基本道路安全业务，而 NR-V2X 主要面向增强的 V2X 业务。

> **资料专栏：5G uRLLC[11]，NR-V2X**
>
> 5G uRLLC：基于 Uu 接口，经基站转发的低时延和高可靠性通信。其通信前需要信令先建立连接，从空闲态到连接态需要 100ms 以上，其毫秒级的低时延指已建立连接后的用户数据从基站到终端的传输时延。主要应用于静止或中低速移动的工业互联网和并发用户数有限的虚拟现实（VR）场景，还可支持远程驾驶和自动驾驶的脱困/远程接管，但难以支持通信对象不确定且快速变化的 V2V 和 V2I 的低时延和高可靠通信。
>
> NR-V2X：基于 PC5 接口的直接通信，无须信令先建连接，数据无须经过基站转发，支持 V2V 和 V2I 间的高频度群发群收、低时延和高可靠性通信。

在 R16 NR-V2X 的研究和标准化过程之初，3GPP 也曾考虑对 NR Uu 进一步优化设计，从而更好地支持远程驾驶类应用。但当时 3GPP 还没有开展 NR Uu 广播和多播通信的标准化工作，同时 3GPP 在 R16 并行开展了 uRLLC 增强的项目，其设计的目标包含支持远程驾驶类的应用。因此在 R16 NR-V2X 的研究和标准化中仅包含直通链路的设计，本章也主要介绍 NR-V2X 直通链路的设计。

5.2　NR-V2X 部署场景

考虑车辆的移动性，NR-V2X 部署场景包括蜂窝网络覆盖内、蜂窝网络覆盖外和蜂窝网络部分覆盖 3 个场景。

当 NR-V2X 部署在蜂窝网络覆盖内时，由于蜂窝网络演进是一个渐变的过程，会存在一些地区蜂窝网络已演进到 5G 网络，而另外一些地区仍然部署 4G 网络的情况。同时，核心网与接入网可能处于不同的演进阶段，例如，核心网演进到了 5G 核心网，而接入网仍然是 4G 接入网。5G 接入网中包括两类节点：5G NR 基站（gNB）和可接入 5G 核心网的 LTE 4G 演进基站（ng-eNB）。

从 C-V2X 的实际部署考虑，LTE-V2X 和 NR-V2X 至少在一段时间内会同时存在，当 LTE-V2X 和 NR-V2X 工作在蜂窝网络覆盖内时，蜂窝网络能够控制 LTE-V2X 和 NR-V2X 的通信。根据蜂窝网络的不同部署情况，C-V2X 工作场景包括如下 6 种情况[12]，蜂窝网络覆盖内 V2X 工作场景[11]如图 5-1 所示。其中，工作场景 1、2、3 为独立组网场景，即终端只与一个接入节点连接，接入节点可以是 gNB 或者 eNB。工作场景 4、5、6 是双连接场景，即终端可以与无线接入网的两个节点（gNB 和 eNB）同时连接，其中一个节点为主节点，负责管理和控制无线接入控制面的连接，另一个节点为辅节点，为终端提供额外的用户面链路。目前 NR-V2X 仅支持主节点进行直通链路的管理和控制，因此双连接场景的控制机制与独立场景的实质是相同的，无须额外的设计。

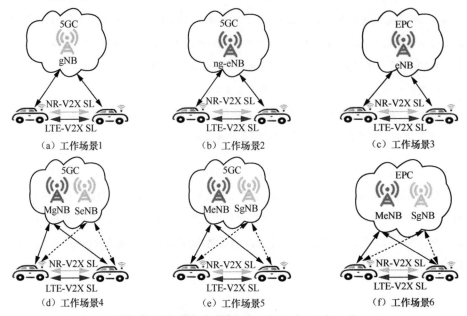

图 5-1 蜂窝网络覆盖内 V2X 工作场景[11]

- 工作场景 1：核心网演进到 5G 核心网（5GC），通过 gNB 控制 LTE-V2X 和 NR-V2X 的直通链路通信。

- 工作场景 2：核心网演进到 5G 核心网，通过 ng-eNB 控制 LTE-V2X 和 NR-V2X 的直通链路通信。

- 工作场景 3：核心网是 4G 核心网 EPC（Evolved Packet Core），通过 eNB 控制 LTE-V2X 和 NR-V2X 的直通链路通信。

- 工作场景 4：NR 和 E-UTRA 双连接（NE-DC，NR E-UTRA Dual Connectivity）场景，核心网演进到 5G 核心网。其中 gNB 为主节点（MgNB），负责管理和控制终端无线接入控制面的连接，而 ng-eNB 为辅节点（SeNB），为终端提供额外的用户面链路。该场景中通过 MgNB 控制 LTE-V2X 和 NR-V2X 的直通链路通信。

- 工作场景 5：下一代 E-UTRA 和 NR 双连接（NGEN-DC，NG-RAN E-UTRA NR Dual Connectivity）场景，核心网演进到 5G 核心网。其中 ng-eNB 为主节点（MeNB），gNB 为辅节点（SgNB）。该场景中通过 MeNB 控制 LTE-V2X 和 NR-V2X 的直通链路通信。

- 工作场景 6：E-UTRA 和 NR 双连接（EN-DC，E-UTRA NR Dual Connectivity）场景，核心网依然是 4G 核心网。其中 eNB 为主节点（MeNB），gNB 为辅节点（SgNB）。该场景中通过 MeNB 控制 LTE-V2X 和 NR-V2X 的直通链路通信。

从图 5-1 中 6 个工作场景可以看出，在 NR-V2X 的设计中，除了由 NR Uu 控制 NR-V2X 直通链路，还需要支持跨无线接入技术（Cross-RAT）调度机制，即 LTE Uu 控制 NR-V2X 直通链路，NR Uu 控制 LTE-V2X 直通链路，具体跨无线接入技术调度机制在第 5.12 节中描述。

5.3　NR-V2X 总体架构

本节介绍 NR-V2X 整体网络架构以及直通链路的用户面协议和控制面协议，主要聚焦于 NR-V2X 的特性，其他与 5G 共用的关键技术本书不再赘述，读者可参阅相关的 5G 技术与标准专著[13]。

5.3.1　NR-V2X 网络架构

由第 5.2 节中 NR-V2X 工作场景可知，NR-V2X 既可以工作在 5G 网络覆盖内，也可以工作在 4G 网络覆盖内。NR-V2X 网络架构设计要能够灵活支持上述两种覆盖情况，具体参见 3GPP 协议 TS 23.287[14]。NR-V2X 参考网络架构如图 5-2 所示，相应参考接口的说明如表 5-1 所示。

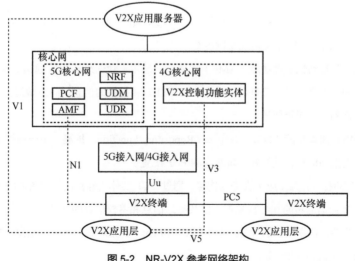

图 5-2　NR-V2X 参考网络架构

表 5-1　NR-V2X 参考接口的说明

参考接口	功能
V1	终端 V2X 应用与 V2X 应用服务器之间的参考接口
V3	4G 网络中，终端 V2X 应用与 V2X 控制功能（VCF，V2X Control Function）实体之间的参考接口
V5	不同终端 V2X 应用之间的参考接口
N1	5G 网络中从接入和移动性管理功能（AMF，Access and Mobility Management Function）到 V2X 终端之间的参考接口

在 NR-V2X 参考网络架构中，主要功能实体如下。

- V2X 应用服务器：位于蜂窝网络覆盖外的 V2X 管理实体，提供对全局 V2X 通信（包括 PC5 和 Uu）的策略和参数的管理功能，以及对 V2X 终端的签约信息和鉴权信息的管理功能。

- 5G 核心网：与 V2X 应用服务器连接，为蜂窝网络覆盖内的 V2X 终端提供对 V2X 通信的策略和参数配置及签约信息和鉴权信息的管理功能。与 4G 核心网不同，5G 核心网采用了服务化架构，各个网络功能可以独立演进和扩展，在 NR-V2X 中将 4G 核心网中的 VCF 分散到不同的 5G 核心网的功能实体中。相应地，对 5G 核心网的功能实体进行了如下扩展。

    - 统一数据存储库（UDR，Unified Data Repository）功能扩展，用于存储 V2X 通信所有参数配置的数据库，可以根据 V2X 应用服务器的数据进行更新。

    - 统一数据管理（UDM，Unified Data Management）功能扩展，用于 V2X 终端 PC5 接口通信的签约信息管理。

    - 策略控制功能（PCF）扩展，用于向终端和 AMF 实体提供必要的 V2X 通信的参数，包括 V2X 终端的鉴权信息管理，以及 V2X 通信（PC5 和 Uu）的策略和参数管理，其中 PCF 通过 UDR 实现参数更新。

    - 接入和移动性管理功能（AMF）扩展，一是用于管理终端 PC5 通信的签约和授权状态的上下文信息；二是可以根据 PCF 和 UDM 提供的信息，向终端提供 PC5 通信的策略和参数配置信息。

    - 网络存储库功能（NRF，Network Repository Function）扩展，主要根据 V2X 终端能力上报的信息，选择和发现对应的 PCF 配置。

- 4G 核心网：与 V2X 应用服务器连接，通过 VCF 实体为蜂窝网络覆盖内的 V2X 终端提供 V2X 通信的策略和参数配置，以及签约信息和鉴权信息的管理。

- V2X 终端：根据获取的 V2X 通信（PC5 和 Uu）的策略和参数配置信息，在 PC5 或者 Uu 接口上进行 V2X 通信。

> **资料专栏：鉴权信息，签约信息**
>
> 鉴权信息：用于验证用户是否拥有系统访问权限的信息。在移动通信系统中，鉴权包括两个方面：一种是用户鉴权，即网络对用户进行鉴权，防止非法用户占用网络资源；另一种是网络鉴权，即用户对网络进行鉴权，防止用户接入非法网络，被骗取关键信息。
>
> 签约信息：业务使用者或者业务提供者与业务或者网络运营商之间签订的合约信息。在移动通信系统中，用户的签约数据主要包括用户标识、签约业务、服务等级、接入限制、漫游限制等信息。

NR-V2X 终端的授权、策略和参数配置过程参见文献[14]。当终端位于蜂窝网络覆盖内时，相应的授权和参数配置都是通过网络进行的。当终端位于蜂窝网络覆盖外时，只有当终端明确知道自己的地理位置信息时，才可以根据鉴权信息进行直通链路通信。NR-V2X 的策略和参数配置信息中包括 PC5 无线接入技术（LTE-V2X PC5 或 NR-V2X PC5）选择策略的配置，不同 V2X 应用可以配置不同的 PC5 无线接入技术。同时在 NR-V2X 的策略和参数配置信息中，还包括 V2X 广播、多播和单播通信类型管理配置（具体参见第 5.4 节的描述），以及 PC5 接口 QoS 流的参数配置（具体参见第 5.5 节的描述）。

NR-V2X 终端获取 V2X 通信的鉴权、签约、策略配置和参数配置等信息的途径主要有 4 种，按照优先级从高到低排序，高优先级的信息可代替低优先级的信息，具体如下。

- 通过 PCF 获取的 V2X 配置信息（N1 参考接口）。
- 通过 V2X 应用服务器获取的 V2X 配置信息（V1 参考接口）。
- 通过全球用户身份卡（USIM，Universal Subscriber Identity Module）中存储的信息获取 V2X 配置信息。
- 通过设备内预配置的信息获取 V2X 配置信息。

5.3.2　NR-V2X PC5 协议栈和信道映射关系

NR-V2X PC5 协议栈复用了 NR Uu 协议栈设计[15]。NR-V2X PC5 用户面协议栈结构如图 5-3 所示，用于承载 V2X 应用数据。用户面协议栈的功能描述如下。

- 应用层：实现 V2X 应用层信息的交互，进行 V2X 应用消息的解析和组包。
- 网络层：支持 IP/非 IP 方式承载。对于非 IP 传输，定义了 V2X 消息家族（V2X Message Family）字段，从而支持全球不同区域的 V2X 协议栈。对于 IP 传输，只支持 IPv6，不支持 IPv4。
- 接入层：实现与 V2X 接入层信息的交互，具体包含如下协议层。
  - 业务数据适配协议（SDAP，Service Data Adaptation Protocol）层：实现 V2X 业务的

PC5 QoS 流到直通链路无线承载的映射。

- PDCP 层：复用现有 Uu 接口设计，实现 V2X 数据包或者信令的包头压缩、加密和完整性保护。
- RLC 层：复用现有 Uu 接口设计，实现数据的分段和重传功能。
- MAC 层：复用现有 Uu 接口设计，除了实现逻辑信道复用、HARQ 等相关功能，还新增了 PC5 资源选择、数据包过滤、直通链路逻辑信道优先级处理以及直通链路信道状态信息（CSI，Channel State Information）上报功能。
- PHY 层：负责直通链路物理信道的处理，物理层以传输信道形式为 MAC 层提供服务。

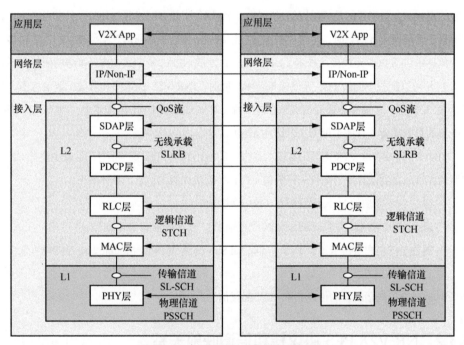

图 5-3　NR-V2X PC5 用户面协议栈结构

NR-V2X PC5 控制面协议栈结构如图 5-4 所示，其中分别包括非接入层（NAS，Non-Access Stratum）信令协议栈（PC5-S，PC5 Signaling Protocol Stack）和接入层控制面协议栈（PC5-C，PC5 Control Plane Protocol Stack）。PC5-S 用于非接入层信令交互，主要用于 PC5 单播的管理和控制。PC5-C 用于接入层的无线资源控制（RRC，Radio Resource Control）层交互，且 NR-V2X PC5 控制面的协议栈仅用于单播通信情况。NR-V2X PC5 接口中对 RRC 层进行简化设计，仅提供 V2X 终端之间的 PC5-RRC 信令交互、PC5-RRC 连接维护和释放、PC5-RRC 连接无线链路的失败检测等功能。

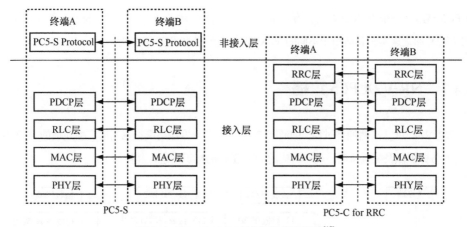

图 5-4　NR-V2X PC5 控制面协议栈结构[15]

接入层维护的直通链路的无线承载包括两种：用于用户面数据传输的直通链路数据无线承载（SL-DRB，Sidelink Data Radio Bearer）、用于控制面传输的直通链路信令无线承载（SL-SRB，Sidelink Signaling Radio Bearer）。

PC5-S 用于 V2X 应用层触发的单播连接建立过程，在完成单播连接建立过程之后，PC5-C 通过 PC5-S 建立的单播通信 SL-SRB 进行 V2X 终端之间的 RRC 层能力和参数配置交互，单播连接建立的具体过程参见第 5.4.3 节的描述。

5.4　NR-V2X PC5 单播、多播和广播通信模式

NR-V2X 设计的一个重要的技术特征是支持基于直通链路上的多点对多点通信的单播、广播和多播等通信模式。NR-V2X 通信模式是 V2X 应用层管理[13]。在第 5.3.1 节中已经提到，NR-V2X 的策略和参数配置信息中包括 V2X 广播、多播和单播通信模式管理配置，主要包括以下内容。

- V2X 应用的业务标识与 V2X 通信的广播、多播和单播通信模式的映射关系及配置策略。
- V2X 应用的业务标识与层二目标标识的映射关系及配置策略。

V2X 应用层通过 3 个信息管理 PC5 链路，具体为层二的源标识、层二的目标标识和通信模式（包括广播、多播或者单播）。层二的源标识是 24bit 的字符串，指示链路层的源地址，是 V2X 终端自己分配的终端标识。层二的目标标识是与 V2X 应用的业务标识相对应的链路层标识，用来区分不同的 V2X 应用，由运营商分配。这 3 个信息也被通知给接入层，用于接入层管

理 PC5 链路。一个 V2X 终端可能存在多个层二的源标识和多个层二的目标标识，用于支持并发的 V2X 通信连接，其适用于不同的 V2X 业务以及不同的通信模式等。

5.4.1 NR-V2X PC5 广播

NR-V2X PC5 广播通信过程[14]如图 5-5 所示。V2X 发送终端根据当前广播通信的 V2X 应用的业务标识以及配置策略，确定对应的 PC5 链路的标识信息，具体如下。

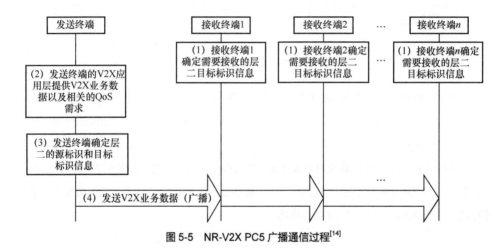

图 5-5　NR-V2X PC5 广播通信过程[14]

- 层二的目标标识由广播通信模式下配置的 V2X 业务标识与层二目标标识的配置策略确定。
- 层二的源标识由 V2X 发送终端自己确定。

根据自身签约的广播 V2X 业务集合，V2X 接收终端确定需要监听的层二目标标识集合，根据确定的层二目标标识监听相应的 V2X 业务数据。

5.4.2 NR-V2X PC5 多播

NR-V2X PC5 多播通信有两种类型，如图 5-6 所示，具体如下。

- 面向连接的多播通信："面向连接"是指发送终端有确定的目标接收终端组，明确知道哪些终端属于组内成员。该类型中，由 V2X 应用层管理组标识的分配及组内成员的标识信息。典型的应用场景是车辆编队行驶。
- 无连接的多播通信：V2X 应用层没有明确的组管理机制，是一种基于距离的动态多播通信，V2X 应用层不掌握具体参与多播的成员信息。在无连接的多播通信中需要有通信距离的参数。

图 5-6　NR-V2X PC5 多播通信的两种类型

NR-V2X PC5 多播通信过程[14]如图 5-7 所示。多播通信中 V2X 发送终端确定层二目标标识的方式与广播情况下略有不同。在面向连接的多播通信中，V2X 应用分配了明确的组标识信息，根据组标识信息获得层二的目标标识。在无连接的多播通信中，层二的目标标识根据多播通信模式下配置的 V2X 业务标识与层二目标标识的配置策略来确定，这种方式与广播模式下的层二目标标识确定的方法是一致的。PC5 多播通信的层二源标识与广播模式下相同，都由 V2X 发送终端自己确定。V2X 接收终端根据当前自身 PC5 多播签约信息，确定支持的面向连接的多播通信标识集合，以及无连接的多播的层二目标标识集合，进行相应的 V2X 业务的监听。

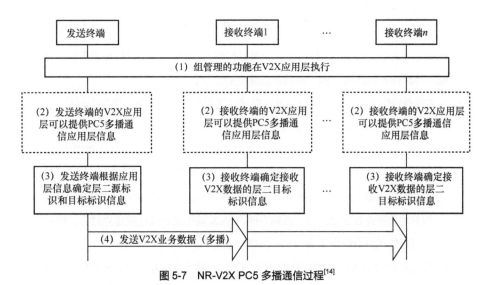

图 5-7　NR-V2X PC5 多播通信过程[14]

5.4.3　NR-V2X PC5 单播

NR-V2X PC5 单播通信同样通过层二的源标识和目标标识管理 PC5 单播链路。PC5 单播包括单播链路连接建立、链路更新和链路释放过程。NR-V2X PC5 单播连接建立的过程如图 5-8

所示，其中，终端 1 为 PC5 连接建立的源用户，终端 2 为目标用户。PC5 单播连接建立流程如下。

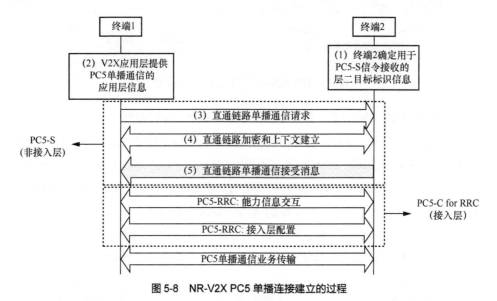

图 5-8 NR-V2X PC5 单播连接建立的过程

- 在配置策略中配置了用于进行 PC5 单播连接建立的默认层二目标标识信息，这里默认层二目标标识信息用于 PC5 单播连接建立的发起和信令交互。
- PC5 单播通信的两个用户之间通过连接建立过程交互各自的层二源标识信息，形成各自的单播通信层二源标识和层二目标标识信息，具体过程如下。
  - PC5 连接的发起方（终端 1）通过 PC5 广播的方式发送直通链路单播通信请求消息，消息中包括终端 1 的 V2X 应用层标识信息和层二源标识信息，以及可选的包含目标用户的标识信息。当直通链路单播通信请求中包含目标 UE 的标识信息时，则为面向用户的单播连接建立过程；否则为面向 V2X 业务的单播连接建立过程，即对该业务感兴趣的用户会响应当前的单播连接建立请求。
  - 接收用户（终端 2）根据默认的用于 PC5-S 信令交互的层二目标标识信息，检测直通链路单播通信请求。当终端 1 发送的直通链路单播通信请求中包含目标终端的标识信息，且目标终端的标识信息为终端 2 时，终端 2 反馈直通链路单播通信接受消息。当终端 1 发送的直通链路单播通信请求中不包含目标 UE 的标识信息，但是对终端 1 发送的 V2X 业务感兴趣的其他 UE 会反馈直通链路单播通信接受消息。直通链路单播通信接受消息中包括终端 2 的 V2X 应用层标识信息和层二源标识信息。
- 在 PC5 单播通信的连接建立过程中，终端 1 的层二目标标识信息为终端 2 的层二源标识信息，相应地，终端 2 的层二目标标识信息为终端 1 的层二源标识信息。
- 在完成 PC5-S 的直通链路单播连接建立过程之后，PC5-C for RRC 通过 PC5-S 建立的单播通信的 SL-SRB 进行 V2X 终端间的 RRC 层能力和参数配置的交互，配置直通链路的接入层参数。

5.5　NR-V2X 业务的服务质量管理机制

如第 4.8.1 节所述，在 LTE-V2X 中，根据直通链路每个数据分组的 PPPP，以数据分组为粒度，为不同的业务提供差异化的传输服务。而在 NR-V2X 中，需要支持更灵活、差异化更大的传输服务。因此在 NR-V2X 直通链路的 QoS 管理中，沿用了 NR Uu 中基于 QoS 流的管理机制。每个 V2X 应用都配置了一套默认的直通链路 QoS 参数，每一套 QoS 参数通过 QoS 流标识表征，具体参见文献[13]中的描述。相同 QoS 流标识的数据分组采用相同的调度策略、队列管理策略以及直通链路无线承载的配置参数。

NR-V2X 直通链路 QoS 管理机制示意图[14]如图 5-9 所示。用户发起 V2X 应用的通信，根据 V2X 应用与直通链路 QoS 参数的映射关系，确定当前 V2X 应用对应的 QoS 流标识，并根据 QoS 流标识确定对应的调度策略与调度队列，以及直通链路无线承载的配置参数。接入层根据相应的配置参数建立直通链路的无线承载。SDAP 层管理 QoS 流和直通链路的无线承载之间的映射关系。对于给定的 PC5 链路，其可能包含多个无线承载，每个无线承载服务于不同 QoS 流对应的 V2X 应用。同时，当现有的无线承载可以支持新到达的 V2X 业务 QoS 要求时，接入层也可以将多个 QoS 流对应的 V2X 应用映射到同一个无线承载。

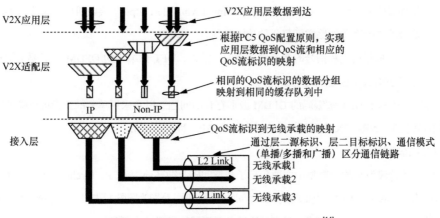

图 5-9　NR-V2X 直通链路 QoS 管理机制示意图[14]

NR-V2X 中新引入了通信距离的参数，用于表示直通链路 QoS 参数使用的通信范围，即当接收终端位于规定的通信距离内时，需要满足相应 QoS 的要求。通信距离参数仅适用于面向无连接的多播通信。

5.6 NR-V2X 直通链路物理层技术

NR-V2X 的主要目的是支持更高级的 V2X 业务，需要在直通链路上支持更灵活的通信方式、更高的传输可靠性、更低的传输时延及更高的数据传输速率等。NR-V2X 直通链路的物理层设计借鉴了 NR Uu 物理层灵活的设计，包括传输波形、传输参数集、带宽部分、信道编码、参考信号设计等，并结合直通链路和车联网增强应用的特点进行了针对性改进。本节从 NR-V2X 直通链路的传输波形和参数集的选择开始，逐步介绍直通链路信道的结构、调度信令的传输方法以及资源池配置等相关技术，详细的内容参见文献[16-21]中的描述。

5.6.1 传输波形、参数集、带宽部分和时频资源的定义

（1）传输波形

在 NR Uu 的空口设计中，同时支持 OFDM 和 DFT 预编码的 OFDM 两种传输波形，其中 OFDM 波形可以灵活地为各种物理信道和物理信号定义时频资源。DFT 预编码的 OFDM 波形可以降低传输信号的峰值平均功率比（PAPR，Peak to Average Power Ratio），增加覆盖距离。但是 DFT 预编码的 OFDM 传输会存在如下问题。

- 增加多输入多输出（MIMO，Multiple-Input Multiple-Output）接收机的复杂度，不能更高效地支持直通链路空间复用的传输机制。
- 限制了物理信道和信号时频资源放置的灵活性，DFT 预编码的 OFDM 波形要求所有的信号必须放置在连续的频域位置。

考虑上述基于 DFT 预编码的 OFDM 波形存在的问题，以及采用单一的波形可以降低终端实现的复杂度，NR-V2X 直通链路中仅支持 OFDM 一种传输波形。

（2）传输参数集

OFDM 传输波形的参数集中主要包括子载波间隔及循环前缀（CP，Cyclic Prefix）。在 NR Uu 中，为了灵活支持不同的应用场景以及不同的部署频段，分别为频段 1（FR1，Frequency Range 1）和频段 2（FR2，Frequency Range2）[22]，定义了不同的子载波间隔和 CP 长度。在 NR-V2X 直

通链路中，考虑未来的 ITS 频谱不仅包含 5.9GHz，还有可能包含高频段，在参数集设计中也同时支持 FR1 和 FR2 两种频段，NR Uu 和 NR-V2X 直通链路传输参数集如表 5-2 所示。

表 5-2 NR Uu 和 NR-V2X 直通链路传输参数集

频带[20]	子载波间隔	NR Uu	NR 直通链路
FR1 （410~7125MHz）	15kHz	正常 CP	正常 CP
	30kHz	正常 CP	正常 CP
	60kHz	正常 CP，扩展 CP	正常 CP，扩展 CP
FR2 （24250~52600MHz）	60kHz	正常 CP，扩展 CP	正常 CP，扩展 CP
	120kHz	正常 CP	正常 CP
	240kHz	正常 CP	—

注：正常 CP、扩展 CP 参见 TS 38.211[16] 中的描述。

在没有特殊说明的情况下，本书通常以正常 CP 为基础进行描述。

（3）带宽部分

在 NR Uu 的设计中，一个载波最大可以支持 400MHz 带宽，如果强制所有终端都能够处理这么大的载波带宽，会极大地增加终端的复杂度、功耗和成本。因此在 NR Uu 设计中引入了带宽部分（BWP，Bandwidth Part）技术，其直观上类似于一个终端专属的载波带宽。一方面可以为一些低能力等级的终端配置较小的 BWP，另一方面可以支持带宽自适应的技术。例如，当终端进行小数据传输时，系统可以将终端配置工作在一个带宽比较小的 BWP 中；当终端需要进行大数据传输时，系统可以配置终端工作在一个带宽比较大的 BWP 中。其中传输参数集是 BWP 配置参数的一部分，一个 BWP 中仅支持一种传输参数集。

在 NR-V2X 直通链路设计之初，针对是否在直通链路上引入 BWP 有以下两种观点。

1）观点 1：直通链路上引入 BWP 概念，采用与 NR Uu 相同的设计。针对不同的场景以及业务特征配置不同的传输参数集，这种设计具有更好的前向兼容性，且由于 NR Uu 中已经有成熟的技术方案，直通链路中大部分内容可直接使用。

2）观点 2：直通链路上不需要引入 BWP 概念，因为所有终端之间都要求互连互通，所有终端操作的系统带宽和传输参数集必须是相同的。

从前向兼容的角度，NR-V2X 中最终确定在直通链路上引入 BWP 概念，但是由于 R16 版本中仅支持一个载波，因此要求直通链路中一个载波只能配置一个 BWP，接收和发送使用相同的 BWP。同时，在直通链路与蜂窝上行传输共享同一个载波的情况下，直通链路的 BWP 和上行 BWP 配置应相同。

（4）时频资源

在 NR-V2X 直通链路的设计中，直接使用了 NR Uu 中对时频资源的定义。时域资源的周期为 10240ms，由 1024 个长度为 10ms 的无线帧构成，其中每个无线帧由 10 个 1ms 的子帧构成，每个子帧又由若干个时隙构成。在正常 CP 长度下，每个时隙包含 14 个 OFDM 符号（在扩展 CP 长度中，每个时隙包含 12 个 OFDM 符号），其中一个子帧中包含的时隙个数与子载波间隔的大小有直接关系，帧、子帧、时隙示意图如图 5-10 所示。频域基本单位为子载波，12 个子载波构成一个资源块（RB），若干个资源块构成一个直通链路的子信道；资源单元（RE）定义为 1 个 OFDM 符号上的 1 个子载波，子载波、资源块、资源单元示意图如图 5-11 所示。

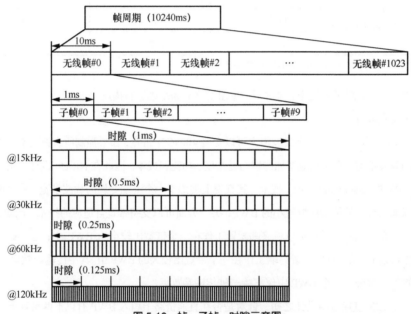

图 5-10 帧、子帧、时隙示意图

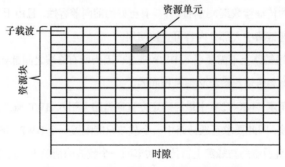

图 5-11 子载波、资源块、资源单元示意图

NR Uu 接口提供了非常灵活的上下行资源配置,可以将一个时隙中的部分 OFDM 符号用于下行,部分 OFDM 符号用于上行,类似于 LTE Uu 中的特殊子帧设计。当直通链路与蜂窝上行共享同一个载波时,针对这种时隙中,若一个时隙配置的上行 OFDM 符号数大于一个预定门限,那么这个时隙可以用于直通链路的传输,但是用于直通链路的 OFDM 符号数小于 14,相当于截短的时隙。本书不对这种截短的时隙进行介绍。

5.6.2 物理信道结构

(1) 时隙结构

在直通链路物理信道的时隙结构设计中,与蜂窝网络相比,一个重要区别是无中心节点的通信方式。直通链路上每个时隙中,各节点的收/发状态和接收到的信号强度都会发生变化。因此直通链路每个时隙的第一个 OFDM 符号都用于接收节点进行快速的自动增益控制(AGC)调整,同时每个时隙中的最后一个 OFDM 符号都预留为节点收/发转换的保护间隔(GP)。

(2) NR-V2X 物理信道和信号

在 NR-V2X 物理信道结构设计中,与原来的 LTE-V2X 相比,NR-V2X 引入了较多的新功能,包括直通链路单播、多播和广播通信模式,直通链路信道状态测量以及直通链路 HARQ 反馈等机制。NR-V2X 直通链路的物理信道结构与 LTE-V2X 相比发生了很多变化。NR-V2X 直通链路支持以下物理信道及物理信号。

- 物理直通链路控制信道(PSCCH):用于传输第一阶段的直通链路控制信息(SCI,Sidelink Control Information),第一阶段 SCI 中包括 PSSCH 传输的资源分配信息,同时也包含第二阶段 SCI 的格式和资源分配信息(关于第一阶段和第二阶段 SCI 的内容参见第 5.6.3 节)。PSCCH 的信道编码为 Polar 码,调制方式为 QPSK。
- 物理直通链路共享信道(PSSCH):用于业务数据和高层信令的传输,同时还承载第二阶段的 SCI。PSSCH 承载数据和高层信令传输时,采用 LDPC 编码,调制方式支持 QPSK、16QAM、64QAM 和 256QAM,最大支持 2 层空间复用的传输。当 PSSCH 同时用于承载第二阶段 SCI 时,其信道编码为 Polar 码,调制方式为 QPSK;当 PSSCH 采用两层传输时,第二阶段 SCI 重复地映射在两层传输上。
- 物理直通链路反馈信道(PSFCH):承载直通链路上接收终端向发送终端的 HARQ 反馈信息。PSFCH 通过长度为 12 的 ZC(Zadoff-Chu)序列,承载 1bit 的 HARQ ACK/NACK 反馈信息,不同的 HARQ ACK/NACK 反馈信息通过序列的不同循环移位表示。
- 物理直通链路广播信道(PSBCH):承载来自无线资源控制(RRC)层的 V2X 的主信

息块（MIB-V2X），PSBCH 的信道编码为 Polar 码，调制方式为 QPSK。
- 直通链路同步信号（SLSS）：包括直通链路主同步信号（S-PSS，Sidelink Primary Synchronization Signal）、直通链路辅同步信号（S-SSS，Sidelink Secondary Synchronization Signal）。
- 解调参考信号（DMRS）：包括用于 PSCCH、PSSCH、PSBCH 的解调参考信号。
- 信道状态信息参考信号（CSI-RS，Channel State Information-Reference Signal）：用于单播通信模式中的信道状态信息的测量。
- 相位跟踪参考信号（PT-RS，Phase Tracking-Reference Signal）：仅用于跟踪高频段传输（FR2）的相位变化。

（3）时隙内的物理信道复用

时隙结构如图 5-12 所示，其中 PSCCH 从第二个 OFDM 符号开始，连续占用 2 个或者 3 个 OFDM 符号。如果当前时隙中包含 PSFCH 资源时，每个 PSFCH 时域上占用一个时隙中的倒数第二个和倒数第三个 OFDM 符号，频域上占用一个物理资源块。用于 PSFCH 传输的两个 OFDM 符号以重复的方式进行传输。一方面可以提高 PSFCH 的可靠性；另一方面，第一个用于 PSFCH 传输的 OFDM 符号可以用于 AGC 调整。由于半双工的原因，PSFCH 和 PSCCH/PSSCH 之间采用时分复用方式，并且两者之间有一个 OFDM 符号的保护间隔。

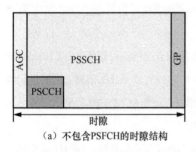

（a）不包含PSFCH的时隙结构　　（b）包含PSFCH的时隙结构

图 5-12 时隙结构

（4）直通链路同步信号块结构

PSBCH、S-PSS 和 S-SSS 统称为直通链路同步信号块（S-SSB，Sidelink Synchronization Signal Block），用于 NR-V2X 直通链路的同步搜索。S-SSB 时隙结构如图 5-13 所示。S-PSS 和 S-SSS 都采用符号重复的方式提高同步搜索的可靠性，S-PSS 使用 m 序列，S-SSS 使用 Gold 序列，各自都占用 127 个子载波。PSBCH 时域上占用一个时隙中除 S-PSS、S-SSS 和 GP 之外剩余的 OFDM 符号，频域上占用连续的 11 个物理资源块（PRB）。在 NR-V2X 的 S-PSS 和 S-SSS 设计中，S-PSS 包含 2 个备选的 m 序列，S-SSS 包含 336 个备选的序列，通过 S-PSS 和 S-SSS 的组合，总共可以表示 672 个同步源的标识。同步机制在第 5.9 节进行详细的说明。

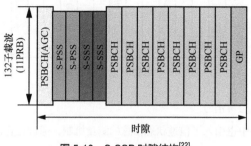

图 5-13　S-SSB 时隙结构[22]

（5）解调参考信号（DMRS）

在 NR-V2X 直通链路的 DMRS 设计中，大量重用了 NR Uu 接口中的 DMRS 设计，其中 PSCCH 和 PSBCH 的 DMRS 分别重用了 NR Uu 接口中的 PDCCH 和 PBCH 的 DMRS 时频资源图样。PSSCH DMRS 频域图样重用了 NR Uu 接口中 PDSCH 信道类型 1 的 DMRS 频域图样，即间距为 2 的梳状导频结构；在时域上也引入了多图样的方式，在一个时隙内可以包含 2 个、3 个或者 4 个 DMRS 符号，根据信道变化的快慢，选择合适的 DMRS 图样。PSCCH 和 PSBCH 中一个 PRB 中的 DMRS 图样示例如图 5-14 所示，频域上是间距为 4 的梳状导频结构，同时在每个用于 PSCCH 或者 PSBCH 传输的 OFDM 符号中都包含对应的 DMRS 资源单元。PSSCH 的 DMRS 图样如图 5-15 所示，给出了 PSCCH 占用 3 个 OFDM 符号时 PSSCH DMRS 导频符号数 4 的时域图样。

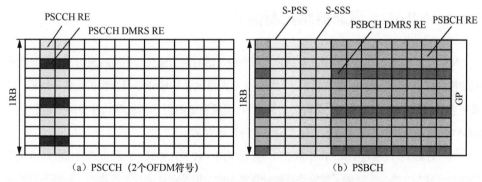

图 5-14　PSCCH 和 PSBCH 中一个 PRB 中的 DMRS 图样示例

当 PSSCH 进行 2 端口传输时，2 个 DMRS 端口之间采用长度为 2 的正交序列进行频域正交扩展，生成两个相互正交的 DMRS 序列。

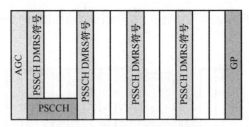

图 5-15　PSSCH 的 DMRS 图样

（6）信道状态信息参考信号

NR-V2X 直通链路中也引入了信道状态信息的测量机制，通过在直通链路上发送信道状态信息参考信号（CSI-RS），接收终端根据 CSI-RS 进行单播通信模式下直通链路信道状态的测量，最大支持 2 端口的 CSI-RS。如果用户配置了 CSI-RS 传输，则 CSI-RS 与 PSSCH 的传输伴随出现。当 CSI-RS 配置为单端口传输时，CSI-RS 在一个时隙内的每个 PSSCH 的资源块内，占用一个资源单元。当 CSI-RS 配置为 2 端口传输时，CSI-RS 在一个时隙内的每个 PSSCH 的资源块内，2 端口 CSI-RS 占用频域连续的 2 个资源单元，不同 CSI-RS 端口之间通过长度为 2 的正交序列进行频域扩展。CSI-RS 占用的 RE 位置和端口数是通过单播通信终端之间的 PC5 RRC 信令配置的。

（7）相位跟踪参考信号

当 NR-V2X 部署到 FR2 高频段时，会产生比较大的载波相位噪声。NR-V2X 直通链路设计中也引入了时域上密集、频域上稀疏的相位跟踪参考信号（PT-RS）进行载波相位的跟踪和纠正。在 FR1 频段，不需要支持 PT-RS 传输。

5.6.3　NR-V2X 直通链路控制信令

NR-V2X 直通链路支持单播、多播和广播多种灵活的通信模式，不同的通信模式会导致不同的控制信令开销，例如，在广播中，控制信令不需要包含与 HARQ 反馈相关的信令指示，以及在多播和广播中，控制信令不需要支持 CSI 测量触发的指示信息等。在标准化过程中，NR-V2X 直通链路的控制信令主要包含以下 3 种技术方案。

（1）方案 1：仅通过 PSCCH 承载 SCI，且仅支持一种 SCI 格式。这种方式的接收终端仅需要盲检一种 SCI 格式，降低了接收终端的处理复杂度。但是需要进行补零处理，即将不同的通信模式对应的 SCI 比特长度对齐。当不同的通信模式对应的 SCI 比特长度差异比较大时，会降低控制信道的资源利用率。

（2）方案 2：通过 PSCCH 承载 SCI，不同的通信模式可以有不同的 SCI 格式。这种方式的好处是可以提高控制信道的资源利用率。但是这种方式需要盲检多种 SCI 格式，会增加终端的复杂度。

（3）方案 3：SCI 的信息分为两个阶段，NR-V2X 两阶段 SCI 指示方法的示意图如图 5-16 所示。第一阶段 SCI（1st-Stage SCI）主要包含数据传输的时频资源信息，以及第二阶段 SCI（2nd-Stage SCI）的格式和时频资源信息等，第一阶段 SCI 在 PSCCH 资源上发送。第二阶段 SCI 包含解码对应 PSSCH 的必要信息、HARQ 进程信息、冗余版本（RV，Redundancy Version）以及 CSI 反馈的触发信息等，第二阶段 SCI 在 PSSCH 资源上承载。对于所有的通信模式，只存在一种固定的第一阶段 SCI 格式，不同的通信模式通过第二阶段 SCI 进行区分。接收终端仅需要盲检第一阶段 SCI，并根据第一阶段 SCI 的指示获取第二阶段 SCI 的信息，这种设计降低了控制信道盲检的复杂度，同时保持较好的可扩展性以及前向兼容性。

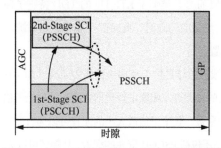

图 5-16　NR-V2X 两阶段 SCI 指示方法的示意图

最终在 NR-V2X 控制信令方案的设计中，从系统可扩展性和终端实现复杂度两个角度考虑，决定采用通过两个阶段 SCI 的方式进行指示。虽然第二阶段 SCI 占用的是 PSSCH 资源，并且用 PSSCH DMRS 进行信道估计，但是第二阶段 SCI 和 PSSCH 承载的业务数据之间采用独立的加扰、独立的信道编码、独立的调制方式，因此相当于一个独立的信道。具体第一阶段 SCI 和第二阶段 SCI 中包含的信令内容参见文献[17]。

5.6.4　NR-V2X 资源池配置

与 LTE-V2X 类似，NR-V2X 直通链路同样引入了直通链路资源池的概念，一方面通过资源池配置 PSCCH、PSSCH 和 PSFCH 传输的时频资源集合，另一方面通过资源池配置为发送终端和接收终端确定公共的参数配置。

NR-V2X 资源池的时域资源配置同样也是以帧周期 10240ms 进行配置的，通过给定比特长度和时隙级的位图，以位图重复的方式指示整个帧周期中的时隙资源，其中位图中为"1"的时隙集合归属于当前资源池。基本的配置原理与 LTE-V2X 相似，具体请参见第 4.5.3 节中关于时域资源配置的描述。考虑 NR-V2X 的直通链路可以与 NR Uu 共享载波,在 NR-V2X 时隙级的位图的定义中,根据最大灵活性给出了可选的位图长度为{10,11,12,…,160}。其主要原因是 NR Uu 定义的 TDD 上下行图样是以 20 个子帧为周期的,其中当子载波间隔为 120kHz 时,20 个子帧对应的是 160 个时隙。

需要指出的是,NR-V2X 资源池的时域资源也都是定义在逻辑时隙上的,NR-V2X 逻辑时隙与 LTE-V2X 逻辑子帧类似,不包含用于 S-SSB 传输的时隙,且不包含位图的长度导致的预留时隙。预留时隙与 LTE-V2X 中的预留子帧相同,均匀分布在帧周期中。同时,当 NR-V2X 的直通链路与 NR Uu 共享载波时,NR-V2X 直通链路只占用共享载波的上行资源进行传输。在 NR Uu 的时隙设计中,为了灵活适用不同的业务,在很多配置中,一个时隙内会同时包含下行 OFDM 符号以及上行 OFDM 符号,类似于 LTE Uu 的 TDD 特殊子帧。当一个时隙中的连续上行 OFDM 符号数小于系统配置的门限时,此时隙不属于逻辑时隙。具体请参见第 4.5.3 节中 LTE-V2X 资源池的时域配置。

NR-V2X 资源池的频域资源总是位于直通链路带宽部分(SL-BWP)的内部,其配置同样也以子信道为粒度。资源池的频域资源配置主要包括资源池的起始子信道的 PRB 的索引、子信道的大小和子信道的个数 3 个参数。其中子信道大小的配置可以为{10, 12, 15, 20, 25, 50, 75, 100}个 PRB。在每一个子信道内部,还包括 PSCCH 资源的配置,其频域可以为{10, 12, 15, 20, 25}个 PRB,时域为{2, 3}个 OFDM 符号。接收终端在每个子信道中,根据 PSCCH 资源的配置进行 PSCCH 的盲检测。当一个终端连续占用多个子信道进行传输时,仅在第一个子信道中传输 PSCCH,其他子信道中的 PSCCH 资源用于 PSSCH 的传输。子信道配置示例如图 5-17 所示。

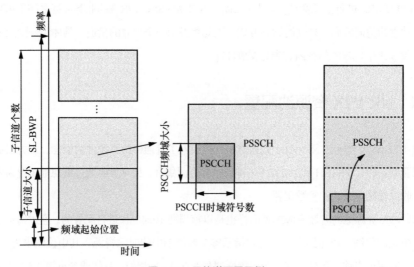

图 5-17　子信道配置示例

NR-V2X 资源池配置中还包括 PSFCH 资源的配置，在第 5.6.2 节已经介绍了 PSFCH 的物理结构，时域上占用一个时隙中的倒数第二个和第三个 OFDM 符号，频域上占用一个 PRB。由于半双工，PSCCH/PSSCH 与 PSFCH 之间采用时分复用的方式。为了降低 PSFCH 的资源开销，在一个资源池内部，PSFCH 资源在时域上可以配置为每 N 个时隙出现，N 可以为 $\{0, 1, 2, 4\}$。当 N=0 时，表示当前资源池中没有配置 PSFCH 资源，也不支持直通链路的 HARQ 反馈的操作，此时与 LTE-V2X 相似，NR-V2X 仅支持盲重传的方式。PSFCH 资源在频域上通过位图的方式指示 PSFCH 的 PRB 资源集合。PSFCH 资源时域配置示例如图 5-18 所示。

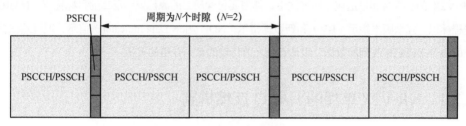

图 5-18　PSFCH 资源时域配置示例（N=2）

5.7　NR-V2X 直通链路的 HARQ 反馈机制

与 LTE-V2X 相比，NR-V2X 需要支持更高的可靠性和更低的传输时延，NR-V2X 直通链路支持两种重传方式：盲重传和基于 HARQ 反馈的自适应重传。

（1）盲重传方式：终端根据自己的业务需求或者配置，预先确定重传的次数和重传的资源，应用于广播、单播和多播模式。在这种方式下不需要考虑 HARQ 反馈的时延，因此能够降低传输时延。但是由于重传的次数是预先确定的，无论接收终端是否正确接收都需要按照预定的次数进行重传，对于已经提前接收成功的数据分组，会导致资源浪费，但是对于没有接收成功的数据分组，会导致可靠性降低。

（2）自适应重传方式：根据 ACK/NACK 反馈的信息确定是否需要进行数据的重传，应用于单播和多播模式。这种方式能够提供更高的可靠性，同时当接收终端正确接收后，可以放弃后续的重传资源，从而减少资源的浪费。但是该方式会引入 HARQ 反馈的时延，与盲重传相比，会有更大的传输时延。

在资源池中配置了 PSFCH 资源的情况下，这两种重传方式都可以使用，在 SCI 中显式指示重传的方式。

在 LTE-V2X 中，仅支持盲重传方式，且一个数据分组的最大传输次数为 2，其 HARQ 冗余版本按照预定义的顺序传输，且初传和重传的资源可以通过一个 SCI 完全确定，因此不需要额外的信息区分两次传输是一个数据分组的初传还是重传。而在 NR-V2X 的设计中，不同的增强 V2X 业务有不同的可靠性要求（99%~99.999%），NR-V2X 支持可变且更多的重传次数（标准最终定义最大重传次数是一个基于资源池配置的参数，其上限为 32 次）。在某些情况下，当需要更多的传输次数时，从信令开销的角度考虑，一个 SCI 中无法包含所有的初传和重传的资源指示，需要将多个 SCI 中的信息拼接起来，指示一个数据分组的初传和重传资源。因此在 NR-V2X 的盲重传和自适应重传方式中，都需要包含层二的源标识、层二的目标标识、HARQ 进程标识、冗余版本指示（RV）和新数据指示（NDI, New Data Indicator）信息，通过这些信息的组合来确定接收到的数据分组是否是之前传输的数据分组的重传。

5.7.1　NR-V2X 单播的 HARQ 反馈机制

在 NR-V2X 直通链路单播通信模式中，发送终端和接收终端通过 PC5-S 和 PC5-RRC 信令的交互建立单播通信，其 HARQ 反馈与 NR Uu 接口的设计保持一致，采用 HARQ ACK/NACK 的方式进行反馈。当接收终端正确接收 SCI 和 PSSCH 时，在对应的 PSFCH 资源上反馈 ACK 信息。当接收终端正确接收 SCI，但未能正确接收 PSSCH 时则反馈 NACK 信息。当接收终端未能正确接收 SCI 时，相当于接收终端不知道是否有相应的 PSSCH 传输，则接收终端不进行任何反馈，这种状态被称为非连续发送（DTX, Discontinuous Transmission）状态。采用 HARQ ACK/NACK 反馈的优点是能够判断终端是否处于 DTX 状态，提高 HARQ 传输的可靠性。

5.7.2　NR-V2X 多播的 HARQ 反馈机制

根据第 5.4.2 节描述，NR-V2X 直通链路多播通信模式中，存在两种不同的 PC5 多播通信类型，即无连接的多播通信和面向连接的多播通信。对于面向连接的多播通信，发送终端明确知道组内成员的信息，目标接收终端是确定的。而对于无连接的多播通信，由于组内成员是动态形成的，发送终端不能明确知道组内成员的信息，接收终端需要根据一定的准则判断自己是否属于目标接收终端。

对于无连接的多播通信，接收终端如何确定自己是否进行 HARQ 反馈是一个需要解决的问题。在设计中主要考虑两个因素：一方面，V2X 业务是一种邻近类的业务，从安全的角度考虑，发送终端和接收终端之间距离越近，越需要可靠接收；另一方面，当接收终端距离发送终端较远时，应当避免这些接收终端反馈 ACK/NACK 信息，否则会导致不必要的重传，降低系统的资源利用率。基于通信距离的多播 HARQ 反馈如图 5-19 所示,实线区域内的接收终端在需要可靠通信的范围内,而虚线区域表示在这个范围内接收终端可能会正确接收 SCI,但是接收终端处于要求的可靠通信的范围之外,此时位于实线区域和虚线区域之间的接收终端不要求进行 HARQ 反馈。

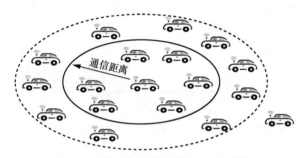

图 5-19　基于通信距离的多播 HARQ 反馈

在 NR-V2X 多播 HARQ 反馈的标准化过程中,主要讨论了以下两种确定目标接收终端的备选准则。

(1)基于发送终端和接收终端间的真实地理距离确定目标接收终端。当接收终端与发送终端之间的距离小于给定的地理距离门限时,当前接收终端被称为目标接收终端。在此方法中,需要发送终端通过 SCI 中携带自身的地理位置信息和通信距离信息并通知接收端,辅助接收终端进行计算。

(2)基于接收终端测量的目标信号强度确定目标接收终端。当接收终端接收到的发送终端的信号强度高于一个给定的参考信号接收功率(RSRP,Reference Signal Received Power)门限值时,当前接收终端被称为目标接收终端。

在研究中发现,通过无线信号强度表征通信距离会存在比较大的误差。图 5-20 给出了 NR-V2X 评估方法[24]给出的视距(LOS,Line of Sight)和非视距(NLOS,Non-LOS)传输情况下的大尺度路径损耗分析,可以看出,LOS 传输和 NLOS 传输之间有大约 30dB 的差异。图 5-21 以十字路口为例,分别以 LOS 传输和 NLOS 传输的大尺度路径损耗估算有效通信距离,可以看出,基于 RSRP 确定的目标通信距离与实际有效通信距离之间有比较大的偏差。因此标准中最终确定了采用发送终端和接收终端间的真实地理距离来确定目标接收终端。

结合 NR-V2X 直通链路多播通信的两种类型,在设计多播的 HARQ 反馈机制时,引入了两种 HARQ 反馈机制,通过 SCI 指示具体采用哪种 HARQ 反馈机制,图 5-22 给出了两种机制的示例。

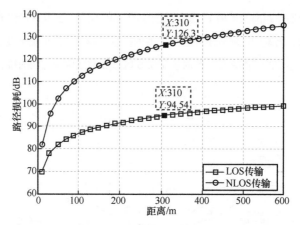

图 5-20 LOS 和 NLOS 传输情况下的大尺度路径损耗分析

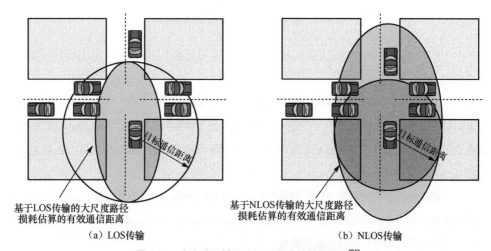

(a) LOS传输　　　　　　　　　　(b) NLOS传输

图 5-21 十字路口基于 RSRP 的有效通信距离[25]

（1）基于 HARQ NACK 的反馈方式

如图 5-22（a）所示，所有目标接收终端共享相同的 PSFCH 资源。当任何一个目标接收终端中未能正确接收 PSSCH 时，则在共享的 PSFCH 资源上反馈 NACK 信息；如果正确接收 PSSCH，则不反馈任何信息。这种方式适用于无连接的多播类型，因为无法确切知道目标接收终端的信息，无法为每个终端分配相应的 PSFCH 资源。但是这种方式存在的问题是发送终端无法区分 DTX 状态和 ACK 状态。当接收终端 PSCCH 检测发生错误时，发送终端无法获知目标接收终端 PSSCH 接收错误，因此可靠性略有下降。

（2）基于 HARQ ACK/NACK 的反馈方式

如图 5-22（b）所示，每个目标接收终端都有自己独立的 PSFCH 资源。与单播通信相同，每个目标接收终端根据是否正确接收 PSSCH，在自己对应的 PSFCH 资源上发送 HARQ ACK/NACK 信息。这种方式的优点与单播情况一样，可以区分 DTX 状态，从而提高 HARQ 传输增益。但由于每个终端都需要独立的 PSFCH 资源，该方式主要用于组内用户较少的场景。

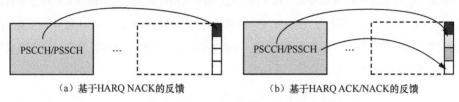

图 5-22　NR-V2X 多播的 HARQ 反馈

5.7.3　PSFCH 资源确定方法

在 NR-V2X 直通链路中，存在两种资源分配模式：基于基站控制的资源分配模式（模式 1）、基于感知的终端自主资源选择模式（模式 2），具体参见第 5.8 节的介绍。在设计中，两种资源分配模式采用相同的 PSFCH 资源确定方法。在模式 2 中没有中心节点的控制，相应的 PSFCH 资源选择方法也必须是终端自主确定的。为了避免不同终端之间发生 PSFCH 资源冲突，通过隐式方法确定 PSFCH 的传输资源，即 PSFCH 的资源与接收到的 PSCCH/PSSCH 传输时频资源关联。采用这种隐式的 PSFCH 资源确定方法的主要出发点是发送终端的 PSCCH/PSSCH 传输资源是基于感知结果选择的，当不同发送终端之间的 PSCCH/PSSCH 没有资源冲突时，那么相应的 PSFCH 资源也不会发生冲突。

PSFCH 资源确定方法中主要包含两个步骤：第一步是根据接收的 PSCCH/PSSCH 资源确定候选的 PSFCH 资源集合；第二步是根据接收到的 SCI 确定 HARQ 反馈的方式，进而确定 PSFCH 传输的资源。

（1）确定候选 PSFCH 资源集合

在直通链路的 HARQ 反馈机制中，第一步的候选 PSFCH 资源确定方法中包含两种技术方案：一种是基于关联的 PSSCH 传输资源的时隙编号和起始的子信道编号，确定候选 PSFCH 资源集合，后文称之为第一种方案；另一种是基于关联的 PSSCH 传输资源的时隙编号和具体占用的所有子信道编号，确定候选 PSFCH 资源集合，后文称之为第二种方案。在一个资源池中，通过基于资源池配置的公共参数，确定具体采用哪种技术方案确定候选 PSFCH 资源集合。

以图 5-23 为例说明两种候选 PSFCH 资源集合确定方法。当前资源池频域上包括 S 个子信道（$S=4$），每个子信道带宽为 20 个 PRB，PSFCH 资源的时域周期为 N（$N=4$），PSFCH 频

域资源为连续的 N_f 个 PRB（N_f=64）。系统中总共包含 A 个 PSFCH 组（$A=S \cdot N$=16），且每个 PSFCH 组中包含 Z 个 PRB（$Z=N_f/A$=4），每个时隙中的每个子信道对应一个 PSFCH 组。假设发送终端的 PSSCH 占用的时域资源为 PSFCH 反馈窗口的第二个时隙，频域占用第二个和第三个子信道，也就是图 5-23 中编号为 5 和 9 的资源。如果当前资源池配置为按照第一种方案确定候选 PSFCH 资源集合，那么候选的 PSFCH 资源的集合为编号为 5 的 PSFCH 组。如果当前资源池配置为按照第二种方案确定候选 PSFCH 资源集合，那么候选的 PSFCH 资源的集合为编号为 5 和 9 的两个 PSFCH 组。

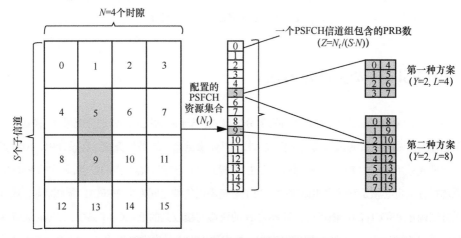

图 5-23　两种候选 PSFCH 资源集合确定方法

第一种方案的主要优点是简单，且当 PSSCH 传输的第一个子信道不发生冲突时，PSFCH 的资源不会发生冲突，但主要缺点是候选 PSFCH 资源集合的大小受限于 PSFCH 资源的配置。当采用基于 HARQ ACK/NACK 的多播反馈方式，且当多播内的目标接收终端个数比较多时，如果每个目标接收终端都需要独立的 PSFCH 资源，会出现候选的 PSFCH 资源集合容量不够的问题。

第二种方案的主要优点是能够提高 PSFCH 资源的利用率。当一个 PSSCH 占用多个子信道时，会潜在增加候选 PSFCH 资源集合的容量，从而更好地支持基于 HARQ ACK/NACK 的多播反馈方式。

（2）确定 PSFCH 传输资源

在完成第一步的候选 PSFCH 资源集合确定之后，需要根据候选 PSFCH 资源集合进行第二步，确定具体传输的 PSFCH 资源。采用如下计算式确定具体的 PSFCH 索引。

$$\text{PSFCH\_index} = (K+M) \text{Mod}(L \cdot Y) \tag{5-1}$$

其中，K 为发送终端发送的 PSSCH 关联的 SCI 中携带的、截短的层二源标识信息。M 根据 SCI

中指示的 HARQ 反馈类型进行确定，在单播通信和基于 HARQ NACK 反馈的多播通信中，M 固定为 0；在基于 HARQ ACK/NACK 的多播通信中，M 为多播成员的组内标识信息。L 为候选 PSFCH 资源集合中的 PRB 个数。Y 表示一个 PRB 中能承载的 ZC 序列的循环移位（CS, Cyclic Shift）对的个数，也就是一个 PRB 中能够通过序列区分的 PSFCH 的个数。不同的 PSFCH 标识信息对应的是候选 PSFCH 集合中 PRB 索引和循环移位对的组合。

在 PSFCH 具体的资源确定方法中，引入层二源标识信息的目的主要是避免 PSFCH 资源的冲突，例如，当不同的发送终端的 PSSCH 选择相同的时频资源时，引入层二源标识信息可以降低 PSFCH 资源之间的冲突。PSFCH 资源编号是频域优先，然后是不同的循环移位对，通过这样的处理，目标接收终端总是优先选择不同的 PRB 进行 PSFCH 的传输，当基于 HARQ ACK/NACK 的多播反馈类型中目标接收终端比较少时，能降低 PSFCH 之间的同频干扰。

5.8 NR-V2X 直通链路无线信道接入控制与资源分配

NR-V2X 主要用于支持 V2X 增强应用业务，相比于 LTE-V2X 支持的基本道路安全业务，其支持的业务灵活性、业务可靠性和业务传输时延等方面面临更高的要求。相应地，NR-V2X 直通链路的无线信道接入控制与资源分配需要更多地考虑多种业务类型混合的场景，包括周期性业务和非周期性业务共存的场景及 HARQ 重传的影响。

NR-V2X 直通链路的资源分配方法中同样引入了两种与 LTE-V2X 类似的资源分配模式：一种是基于基站控制的集中式无线信道接入控制与资源分配方法，称之为模式 1（类似于 LTE-V2X 的模式 3），主要应用场景是当 V2X 终端位于蜂窝网络覆盖内，通过基站调度 V2X 终端在直通链路的传输资源，这种模式中，终端不需要进行资源感知的操作；另一种是基于终端自身感知和预约的分布式无线信道接入控制与资源分配方法，称之为模式 2（类似于 LTE-V2X 的模式 4），主要应用场景是当 V2X 终端位于蜂窝网络覆盖外，或者当 V2X 终端位于蜂窝网络覆盖内，在预配置或者蜂窝网络配置的模式 2 资源池中进行自主的资源选择。

5.8.1 NR-V2X 集中式无线信道接入控制与资源分配方法（模式 1）

在 NR-V2X 模式 1 的接入控制与资源分配方法中，基站的控制与调度流程与 LTE-V2X 模式 3 的流程基本一致，同样要求 V2X 终端与蜂窝网络处于 RRC 连接态，基站根据 V2X 终端上报直通链路业务特性,或者直通链路缓存状态上报,在蜂窝网络配置的模式 1 资源池中进行直通链路的传输资源分配。与 LTE-V2X 模式 3 相比,NR-V2X 模式 1 中主要的增强包括如下两个方面。

- 结合 NR Uu 中上行传输的 3 种调度方式,即动态调度、配置授权类型 1 和配置授权类型 2,在模式 1 直通链路资源分配中同样引入了这 3 种调度方式,3 种调度方式的说明如表 5-3 所示。

表 5-3 模式 1 中的 3 种资源分配方式

模式 1 资源分配方式	说明
动态调度	动态调度主要针对非周期性业务,通过下行控制信息(DCI,Downlink Control Information)指示 PSCCH 和 PSSCH 的传输资源,以及相关的物理上行控制信道(PUCCH,Physical Uplink Control Channel)反馈资源等信息
配置授权类型 1	配置授权类型 1 主要针对周期性业务,通过 RRC 信令配置指示配置授权类型 1 的索引、PSCCH 和 PSSCH 的传输资源和传输周期,以及相关的 PUCCH 反馈资源等信息。配置授权类型 1 的资源的激活和释放通过 RRC 信令进行控制。该分配方式的主要优点是节省信令开销
配置授权类型 2	配置授权类型 2 同样针对周期性业务,其调度时序与动态调度基本一致,通过 RRC 信令配置指示配置授权类型 2 的索引、PSCCH 和 PSSCH 的传输周期等参数,但是通过 DCI 激活和释放相应的授权配置信息,其中 PSCCH 和 PSSCH 的传输资源以及相关的 PUCCH 反馈资源等信息通过激活当前配置授权的 DCI 信令携带。与配置授权类型 1 相比,这种方式提供了一定的调度灵活性,但也增加了控制信令开销

- 基站根据 V2X 发送终端上报的直通链路 HARQ ACK/NACK 信息,调度 V2X 发送终端的直通链路重传,具体如图 5-24 所示。

图 5-24 模式 1 中直通链路 HARQ 重传的调度

图 5-25 以配置授权类型 1 为例,具体说明了模式 1 资源分配中的主要配置参数,其中 PSFCH 资源出现的周期为 4 个时隙。

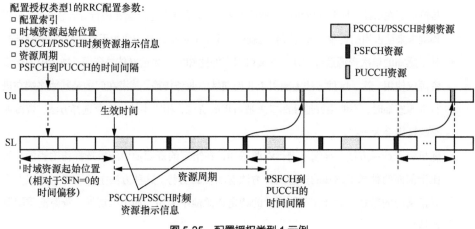

图 5-25 配置授权类型 1 示例

- 时域资源起始位置：表示相对于系统帧号（SFN，System Frame Number）为 0 的时隙偏移值。
- 资源周期：用于指示当前配置的资源以给定的周期重复出现。
- PSCCH/PSSCH 时频资源指示信息：指示一个资源周期内的一个或者多个 PSCCH/PSSCH 的传输资源，且这些传输资源仅能用于相同数据的初传和重传。
- PSFCH 到 PUCCH 的时间间隔：用来表示 V2X 终端收到直通链路的 ACK/NACK 信息的时刻与通过 PUCCH 将直通链路的 ACK/NACK 上报给基站的时刻之间的时间间隔。

在动态调度和配置授权类型 2 中，时域资源的起始位置通过当前 DCI 指示时隙偏移值，表示相对于 V2X 收到的当前 DCI 时刻的时隙偏移值，且其 PSCCH/PSSCH 时频资源指示信息、PSFCH 与 PUCCH 资源之间的时间间隔都通过 DCI 进行指示。

在直通链路的配置授权类型 1 或类型 2 中，当基站收到 V2X 终端上报的、直通链路的 NACK 信息时，通过动态调度方式调度相应的数据分组重传。

5.8.2　NR-V2X 分布式无线信道接入控制与资源分配方法（模式 2）

在 NR-V2X 模式 2 的无线信道接入控制与资源分配方法中，终端进行资源选择的流程与 LTE-V2X 模式 4 的流程基本一致，在预配置或者蜂窝网络配置的模式 2 的资源池中感知直通链路的资源使用情况，根据资源感知结果进行直通链路传输资源的选择。在 NR-V2X 模式 2 的资源选择中，与 LTE-V2X 模式 4 相同，也引入了以下 3 种具体的资源选择方法。

- 基于感知的半持续资源选择方法：终端根据资源感知的结果选择传输资源，且被选中的传输资源在后续一段时间内可以周期性占用。优势在于其他终端在进行资源感知时，可以预测未来被占用的资源，最大可能地避免发生资源冲突，其主要用于周期性的业务传输。

- 基于感知的单次资源选择方法：终端根据资源感知的结果选择传输资源，被选中的传输资源仅使用一次。这种方法主要用于非周期性的业务传输，其潜在问题是其他终端在进行资源感知时，不能很好地预测未来被占用的资源，相比半持续资源选择方法，资源冲突的概率会大一些。
- 随机资源选择方法：终端不进行资源感知，在给定的资源池中随机选择传输资源，相比于前面两种基于感知的资源选择方法有明显的劣势。这种方法主要适用于终端发生异常情况的场景，适合在系统配置的特定资源池中采用，如小区切换、资源池重配置等情况。

5.8.2.1 NR-V2X 模式 2 资源选择流程

NR-V2X 模式 2 资源选择的时序图[23]与 LTE-V2X 模式 4 基本一致，如图 5-26 所示。当终端在 n 时刻有数据到达或者触发资源重选时，终端在感知窗内，根据检测到的其他终端发送的 SCI 和关联的 RSRP 测量值，预测在资源选择窗内的可用资源集合，其中资源感知的时域和频域粒度分别是时隙和子信道。

在图 5-26 中，$n-T_0$ 时刻是感知窗的前沿，$n-T_{proc,0}$ 是感知窗的后沿，感知窗长度设计需要能够尽可能地感知到所有的未来资源预约情况。在 NR-V2X 中提供了两种感知窗长度的配置：一种是短窗（T_0=100ms），感知窗的长度固定为 100ms，主要用于非周期性业务传输的感知，V2X 业务的最大分组时延预算（PDB）为 100ms，通过 n 时刻之前的 100ms 感知可以获知单次传输的所有可能的资源预约情况；另一种是长窗（T_0=1100ms），感知窗长度固定为 1100ms，主要用于周期性业务传输的感知，相比 LTE-V2X，额外增加了 100ms，主要是考虑在 NR-V2X 中引入基于 HARQ ACK/NACK 重传机制，重传资源可能会由于数据分组的正确接收而放弃传输，因此在资源感知时，需要增加额外的 100ms。

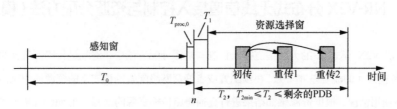

图 5-26 模式 2 资源选择的时序图[23]

$T_{proc,0}$ 表示终端进行资源感知的处理时间，包括 SCI 译码和 RSRP 测量处理。而 T_1 表示终端根据资源感知的结果进行资源选择的处理时间，当终端处理能力比较强时，资源选择窗的前沿可以小于 $n-T_1$。T_2 是资源选择窗的后沿，T_2 的选择取决于终端实现，需要大于当前业务优先级对应的最小时间，同时小于剩余的 PDB 时间。

LTE-V2X 模式 4 的资源选择基本流程如图 5-27 所示，在 NR-V2X 中也采用了类似的流程，在此主要介绍每个步骤中的改进内容，具体如下。

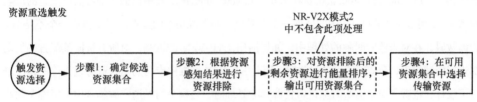

图 5-27　LTE-V2X 模式 4 的资源选择基本流程

（1）资源重选的触发条件

在 NR-V2X 资源重选的触发条件中，重用了 LTE-V2X 中半持续资源维护的重选触发方式。同时在 NR-V2X 中增加了两个资源重选条件：一个是重评估过程发现的资源冲突，触发资源重选；另一个是高优先级业务抢占低优先级业务的传输资源，低优先级业务传输触发资源重选。具体参见第 5.8.2.2 节的内容。

（2）步骤 1：确定候选资源集合

确定候选资源集合全集的操作与 LTE-V2X 相同，将资源选择窗中的所有资源定义为候选资源集合全集。

（3）步骤 2：根据资源感知的结果进行资源排除

LTE-V2X 根据检测到的 SCI，确定相应的传输资源位置，同时根据传输资源中 PSSCH 的 DMRS 进行 RSRP 的测量。当 RSRP 的测量值高于 RSRP 门限值时，认为当前 SCI 预约的后续资源为占用状态，其中 RSRP 的门限值与业务优先级对 $\{P_{tx}, P_{rx}\}$ 的组合关联，P_{tx} 表示当前需要发送的数据分组的业务优先级，而 P_{rx} 表示感知到的用于当前资源传输的数据分组的业务优先级。当进行资源排除后，如果剩余的资源数目小于候选资源集合全集的一定比例（$X\%$）时，通过增加 3dB RSRP 门限值的方式获得更多的剩余资源，直到剩余资源的数目超过全部资源的 $X\%$，其中 $X\%$ 在 LTE-V2X 中定义为固定值 20%。而在 NR-V2X 中根据可配置的方式确定，不同的业务优先级对应不同的配置，$X\%$ 的取值集合为 $\{20\%, 35\%, 50\%\}$。

NR-V2X 同样采用了类似于 LTE-V2X 的资源排除机制，根据 SCI 的译码信息以及关联的 RSRP 测量结果确定资源的占用状态。但 NR-V2X 定义了两种 RSRP 测量方法：一种是根据检测到的 PSCCH 的 DMRS 进行测量；另一种是根据 SCI 指示的 PSSCH 传输对应的 DMRS 进行测量。NR-V2X 额外定义 PSCCH DMRS 进行 RSRP 测量的原因主要有两个：第一，在 NR-V2X 中，PSCCH 频域占用的 PRB 个数可以为{10, 12, 15, 20, 25}中的一个，可以进行比较精确的 RSRP 测量；第二，PSCCH 位于一个时隙的前 4 个符号，根据 PSCCH 的 DMRS 测量 RSRP 可以降低资源感知的处理时延。

为了更好地支持增强的 V2X 业务，在 NR-V2X 定义了更灵活的资源预约周期，其可能取值为{0, Y, 100, 200, 300, 400, 500, 600, 700, 800, 900, 1000}ms，其中包括一个灵活可配置的周期取值 Y，Y 可以是集合[1, 99]中的任何一个整数值。当资源预约的周期配置中包括一个不是 100 的因数时，在对未监听时隙的处理中，如果沿用 LTE-V2X 的机制，对所有资源池配置的周期都进行资源排除，会造成资源的过排除。因此 NR-V2X 标准中专门为这种资源过排除的情况进行了设计，也就是对未监听时隙进行资源排除处理时，当剩余的候选资源集合中的资源个数小于 $X \cdot M_{total}$ 时，则将当前剩余的候选资源集合重新设置为初始的候选资源集合，并跳过未监听时隙的资源排除过程，其中 M_{total} 为初始候选资源集合中的资源个数。

（4）步骤 3：对资源排除后的剩余资源进行能量排序，输出可用资源集合

可用资源集合通过步骤 2 输出的剩余的候选资源集合进行确定，在 LTE-V2X 中，主要考虑周期性的资源占用机制，对剩余资源对应的资源感知窗中的资源位置进行直通链路接收信号强度指示（S-RSSI）测量和平均，能很好地预测下一个周期内剩余资源的干扰状况。而在 NR-V2X 中，考虑非周期性业务或者非周期性业务和周期性业务的混合场景，对剩余资源对应的历史资源的 S-RSSI 测量和平均并不能体现未来对应资源上的干扰情况，因此在 NR-V2X 中没有包含对剩余资源进行能量排序的操作。

（5）步骤 4：在可用资源集合中选择传输资源

LTE-V2X 在可用资源集合中通过等概率的随机选择方法确定传输资源，从而降低同时进行资源选择的终端间的资源冲突。当支持重传时，在当前选中资源前后邻近的 16 个子帧内选择第二个资源。

在 NR-V2X 中，为了支持更高可靠性的业务，需要在资源选择中支持更多的重传次数，包括盲重传和自适应重传两种情况。通过资源池配置一个 SCI 中能够指示的最大传输资源个数，最大传输资源个数可以是{2, 3}中的一个值，并且一个 SCI 中指示的资源时间跨度最大为 32 个时隙。这也就意味着在 NR-V2X 中相邻两个传输资源的时隙间隔要小于 32 个时隙，这样的约束有助于其他终端更好地根据接收到的 SCI 感知被预约占用的资源。在自适应重传机制中，相邻两个资源间的时间间隔需要满足 HARQ 的往返时延（RTT，Round Trip Time），从而可以根据直通链路的 HARQ ACK/NACK 反馈确定是否进行下一次重传。

5.8.2.2 资源重评估和抢占方法

NR-V2X 在直通链路上需要支持编队行驶、传感器数据共享、自动驾驶等 V2X 增强应用，直通链路支持的业务类型更加复杂，不仅包括周期性业务和非周期性业务的混合场景，还包括大量不同优先级业务的混合传输场景。一方面，由于非周期性业务的存在，现有的 LTE-V2X 基于感知的半持续资源选择机制不能很好地避免资源冲突；另一方面，对不同优先级的业务提供差异化服务，以保证高优先级业务传输的传输资源和可靠性。为了解决上述问题，在 NR-V2X 模式 2 的资源选择方法中引入了资源重评估机制和资源抢占机制。

（1）资源重评估机制

在 LTE-V2X 中，当两个终端选择的资源发生资源冲突时，终端不发生资源重选，当前资源冲突会一直持续，直到半持续占用的资源触发资源重选。而 NR-V2X 解决了此问题，其通过重评估过程，在发现资源冲突时，及时触发资源重选。

资源重评估机制示意图[23]如图 5-28 所示，终端在 n 时刻进行资源选择，其中初传的资源位于 m 时刻，终端在完成资源选择、发送相关的资源预约 SCI（m 时刻）之前，持续进行短期的资源占用状态感知。如果终端在 $m-T_3$ 时刻之前发现所选择的第二个资源发生资源冲突，则对发生冲突的资源进行重选。资源重评估机制可以有效地降低资源冲突，提高传输可靠性。

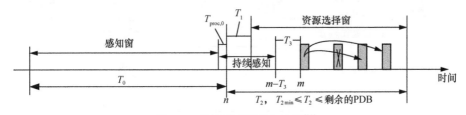

图 5-28 资源重评估机制示意图[23]

（2）资源抢占机制

LTE-V2X 根据发送和接收优先级，通过设置不同的 RSRP 门限来判断资源占用状态，高优先级待发送业务分组可能获得更多的候选资源，实现隐式的资源抢占。但是因为被抢占的资源不发生资源重选，因此资源冲突还是存在的，无法可靠地保证高优先级业务的抢占效果。NR-V2X 对资源抢占机制进行了增强设计，即低优先级传输的资源进行资源重选。其中资源抢占与资源重评估的不同之处在于，在资源重评估过程中，如果一个传输资源已经被之前的 SCI 指示，那么此时该发生冲突的资源不进行资源重选。而在资源抢占机制中，如图 5-29 所示，终端在初传时已经通过初传指示了第二次传输，当终端在第二次传输时刻之前的 $m-T_3$ 时刻发现第二次传输发生资源抢占时，则对原有的第二次传输进行资源重选。

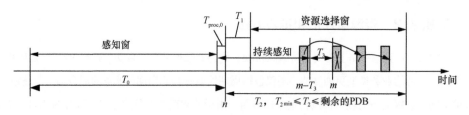

图 5-29 资源抢占机制示意图

5.8.3 终端间协调的资源选择方法

在上述直通链路的分布式无线信道接入和资源分配方法中,终端基于自身的感知结果进行资源排除和资源选择,从而减少资源碰撞,提高传输可靠性。然而,考虑 V2X 实际部署场景的多样性和复杂性,以及分布式通信系统中固有的隐藏节点、半双工,以及用户之间潜在的发送资源碰撞等问题会直接影响直通链路通信的可靠性,因此 R17 引入了终端间协调机制,进一步提高直通链路传输的可靠性。终端间协调机制针对的问题如图 5-30 所示,具体如下。

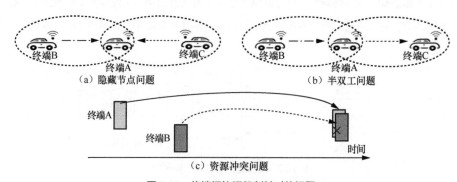

图 5-30 终端间协调机制针对的问题

(1)隐藏节点问题,如图 5-30(a)所示,终端 B 和终端 C 之间由于遮挡或者通信距离的限制,彼此之间无法互相感知对方的资源占用情况,因此两者在选择资源时可能发生资源碰撞,导致接收用户终端 A 无法成功解码两者的信息。

(2)半双工问题,如图 5-30(b)所示,由于终端在同一信道上无法同时执行发送和接收,如果终端 A 和终端 B 选择相同时刻的发送资源,则会导致两个终端之间由于半双工问题而无法接收对方发送的数据包。

(3)资源冲突问题,如图 5-30(c)所示,在分布式的资源感知机制中,由于半双工或者隐藏节点,终端根据自身的感知结果选择发送资源总是存在一定的局限性,因此两个用户在选择发送资源的时候有一定的概率会出现发送资源碰撞的问题，从而影响传输的可靠性。

为解决上述问题带来的传输性能损失，提升 NR-V2X 在复杂场景应用的可靠性，基于现有分布式资源分配方法，引入了终端间协调机制。终端间协调机制是在终端自身感知结果的分布式资源选择机制基础上，引入了终端间资源感知信息交互的过程，用于辅助终端进行资源选择。主要有两种资源协调方案：一种是基于资源集合的终端间协调机制，称为方案 1；另一种是基于资源冲突指示的终端间协调机制，称为方案 2。为了方便描述，这里定义了两种终端的角色：一种是使用协调信息进行资源选择的终端，称之为终端 B，另一种是提供协调信息的终端，称之为终端 A。

5.8.3.1 基于资源集合的终端间协调机制（方案 1）

基于资源集合的终端间协调机制可根据协调机制触发的条件分为两种类型，如图 5-31 所示。一种是基于请求信息的终端间协调机制，其终端交互流程如图 5-31（a）所示；另一种是基于条件触发的终端间协调机制，其终端交互流程如图 5-31（b）所示。

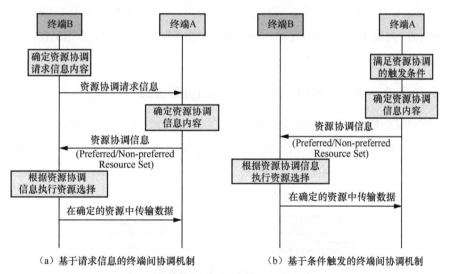

（a）基于请求信息的终端间协调机制　　　　（b）基于条件触发的终端间协调机制

图 5-31　基于资源集合的终端间协调机制

在基于资源集合的终端间协调机制中，协调信息的类型又被分为期望使用的资源集合（Preferred Resource Set）或不期望使用的资源集合（Non-preferred Resource Set）。

- 当协调信息的类型为期望使用的资源集合时，终端 A 通常是终端 B 的目标接收用户，因此期望使用的资源集合为终端 A 感知和测量的空闲或者干扰较小的资源，同时该集合中不包含终端 A 发送时隙中的所有频域资源。
- 当协调信息的类型为不期望使用的资源集合时，如果终端 A 是终端 B 的目标接收用户，不期望使用的资源集合中一方面需要包括终端 A 感知和测量的干扰较强的资源，另一方面还需要包括终端 A 发送时隙中的所有频域资源；如果终端 A 不是终端 B 的目标接收用户，不期望使用的资源集合中仅包括终端 A 感知到的干扰较强的资源。

终端 A 确定协调信息时，需要知道一些先验信息用于确定期望终端间协调的资源集合，这些先验信息主要包括数据包的优先级、占用的子信道个数、资源预约的周期、资源选择窗和协调信息类型等信息。在基于请求信息触发的终端间协调机制中，这些先验信息通过终端 B 发送的请求信息携带。而在基于条件触发的终端间协调机制中，这些先验信息可以通过资源池的配置信息获得，或者当没有相关的资源池配置信息的时候通过终端的实现自己确定。同时在基于条件触发的终端间协调机制中，由于触发的条件有很多种组合的复杂情况，因此 3GPP 最终决定触发的条件取决于终端的实现，留给实现更多的优化处理空间。

终端 B 接收到终端 A 的协调信息后，基于自身的感知结果和接收到的协调信息联合确定传输资源。当接收到的协调信息为期望使用的资源集合时，终端 B 优先选择使用自身感知确定的可用资源集合与期望使用的资源集合两者交集中的资源。当接收到的协调信息为不期望使用的资源集合时，终端 B 在资源选择过程中优先排除不期望使用的资源集合中的传输资源，在剩余的可用资源集合中选择传输资源。

5.8.3.2 基于资源冲突指示的终端间协调机制（方案 2）

基于资源冲突指示的终端间协调机制的终端交互流程如图 5-32 所示，这种终端间协调机制可被认为是一种被动式协调机制，终端 B 根据自身的感知结果进行传输资源的选择，终端 A 判断终端 B 预约的资源是否将要发生资源冲突，如果发生资源冲突则终端 A 对终端 B 发送资源冲突指示信息，触发终端 B 对发生冲突的资源进行重选。

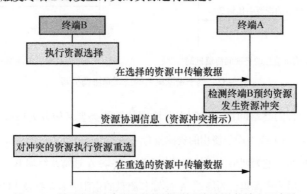

图 5-32　基于资源冲突指示的终端间协调机制的终端交互流程

基于资源集合的终端间协调机制如图 5-33 所示，资源冲突判断的准则有如下两种情况。

- 资源冲突准则1：根据感知的结果确定终端B传输的资源是否将要与其他用户的传输资源发生冲突，其中终端A需要是终端B或者发生资源冲突的其他用户的目标接收用户，如图5-33（a）所示。
- 资源冲突准则2：当终端A是终端B的目标接收用户时，终端B的发送资源是否将要与终端A的发送资源所在的时隙发生冲突，如图5-33（b）所示。

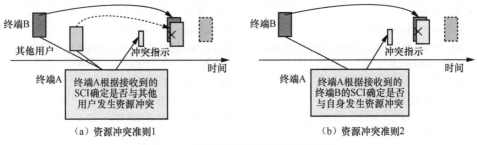

图 5-33　基于资源集合的终端间协调机制

由于资源冲突指示信息只有1bit，因此可以通过PSFCH承载，其中资源冲突指示的PSFCH资源与ACK/NACK反馈信道的PSFCH资源是独立配置的，但从兼容性角度考虑，两种类型的PSFCH资源集合必须位于相同的时隙集合中，否则R16的终端和R17的终端对于时隙结构的理解不一致。

5.9　NR-V2X 直通链路的同步机制

NR-V2X在本质上与LTE-V2X相同，都是一个同步的系统，系统内各个UE均须保持相同的时间、频率基准。终端根据时间基准确定相应的帧、子帧和时隙的定时。与LTE-V2X相同，NR-V2X在直通链路上也引入了完整的同步机制，支持不同的车联网部署场景，包括蜂窝网络覆盖内、蜂窝网络覆盖外、有GNSS信号或者无GNSS信号的区域。通过一些能够可靠获得蜂窝网络同步或者GNSS同步的终端，在直通链路上传输S-SSB信号，辅助位于蜂窝网络覆盖外或者无法可靠接收到GNSS信号的终端实现同步。

与NR-V2X的S-SSB物理信道结构相关的内容已经在第5.6.2节中进行了介绍。本节主要聚焦直通链路同步机制的介绍。

NR-V2X直通链路有4种基本的同步源：GNSS、基站、发送SLSS的终端以及终端内部时钟。通常认为GNSS和基站的同步源具有最高同步级别，根据系统的配置，可以分别将GNSS

或者基站作为最高同步源等级,形成同步优先级的层级关系,具体如表5-4所示。V2X终端在进行同步搜索时,将搜索到的最高同步优先级的定时作为自己的同步参考。当终端无法搜索到表格中定义的所有同步源时,则采用自己内部的时钟作为同步参考,相应的同步优先级为最低。

表5-4 同步优先级的层级关系

基于 GNSS 的同步源及优先级	基于 gNB/eNB 的同步源及优先级
• P0:GNSS • P1:终端直接与 GNSS 同步 • P2:终端间接与 GNSS 同步,即通过 P1 终端获取 GNSS 同步 • P3:基站(包括 eNB 和 gNB)* • P4:终端直接与基站同步* • P5:终端间接与基站同步,即通过 P4 终端获取与基站的同步* • P6:其他终端的同步优先级都是最低优先级	• P0':基站(包括 gNB 和 eNB) • P1':终端直接与基站同步 • P2':终端间接与基站同步,即通过 P1'终端获取与基站的同步 • P3':GNSS • P4':终端直接与 GNSS 同步 • P5':终端间接与 GNSS 同步,即通过 P4'终端获取 GNSS 同步 • P6':其他终端的同步优先级都是最低优先级

注:*在以 GNSS 为最高优先级的同步优先级中,系统可以通过(预)配置的方式确定是否引入基站相同的同步优先级。

表5-4中同步优先级通过一个参数对{SL-SSID, In-Coverage}联合指示,其中 SL-SSID 共有672个 ID,由 S-PSS/S-SSS 携带,In-Coverage 标识由 PSBCH 携带。3GPP 协议 TS 38.331 中针对同步优先级与参数对{SL-SSID, In-Coverage}的映射关系进行了详细描述[21]。

NR-V2X 同步的过程如图5-34所示,给出了一个同步定时传播的示例,以将 gNB 作为最高优先级的同步源为例。位于 gNB 覆盖内的终端 A 通过检测蜂窝网络的 SSB 信号获取与蜂窝的同步,终端 A 的同步优先级为表5-4中的"P1'",终端 A 通过直通链路发送 S-SSB 信号,终端 B 通过终端 A 发送的 S-SSB 信号获取定时,这时候终端 B 的同步优先级为"P2'"并发送 S-SSB,相应地,终端 C 根据终端 B 的 S-SSB 信号获取定时,其同步优先级为"P6'"。这样的定时传播机制,可以使邻近的终端有效获得系统定时。

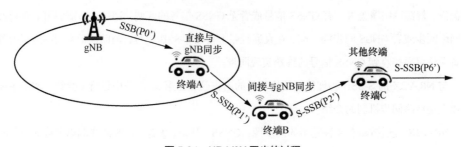

图 5-34 NR-V2X 同步的过程

5.10　NR-V2X 直通链路的功率控制技术

功率控制是为了控制和降低干扰。对于直通链路来说，选择合适的发送功率十分重要，一方面能够保证直通链路传输信息的正确接收；另一方面可避免对其他直通链路造成不必要的干扰。在直通链路中考虑覆盖内和覆盖外的场景，主要包含以下两种功率控制机制。

（1）基于下行路径损耗的开环功率控制

该控制机制可以用于广播、多播和单播的通信模式，发送终端必须位于蜂窝网络覆盖内，此时上行传输和直通链路传输共享同一个载波。终端根据接收到的 SSB 的参考信号或者用于确定 PUSCH 发送功率的参考信号，确定参考信号的 RSRP，并根据 RSRP 结果计算下行路径损耗，进行开环功率控制，控制直通链路发送功率，避免对蜂窝网络的上行传输造成过高的干扰，保证上行传输的可靠性。

（2）基于直通链路路径损耗的开环功率控制

这种方式仅用于直通链路单播的通信模式，可以用于蜂窝网络覆盖内、蜂窝网络覆盖外所有场景。发送用户根据接收用户反馈的直通链路的 RSRP 测量值，估计直通链路的路径损耗，并进行直通链路的发送功率开环控制，如图 5-35 所示。在广播和多播模式中没有引入基于直通链路路径损耗的功率控制机制，其主要原因是目标接收终端有多个，对于每一个接收终端都可能需要不同的发送功率，发送终端无法选择一个适用于所有接收终端的发送功率。

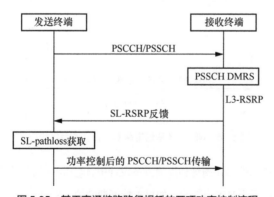

图 5-35　基于直通链路路径损耗的开环功率控制流程

结合上述两种功率控制方式，V2X 终端可以配置为以下 3 种功率控制模式之一：仅支持基于下行路径损耗的开环功率控制模式；仅支持基于直通链路路径损耗的开环功率控制模式；同时支持基于下行路径损耗和基于直通链路路径损耗的开环功率控制模式，在这种模式下，V2X 终端在直通链路的发送功率是这两种功率控制计算结果的最小值。

在直通链路功率控制方案设计中，需要保持一个时隙内的所有 OFDM 符号的功率频谱密度（PSD，Power Spectral Density）保持相同，否则会引入额外的转换时间（大约为 10μs）。

对于 PSFCH 的功率控制机制，仅支持基于下行路径损耗的开环功率控制模式。由于一个用户可能需要在一个时隙内同时传输多个 PSFCH，为了满足多个 PSFCH 同时传输的射频要求，以及避免多个 PSFCH 码分复用产生的远近效应，要求多个 PSFCH 传输的发送功率是相等的。

5.11 NR-V2X 直通链路信道状态信息（CSI）的测量和反馈

在 NR-V2X 直通链路的单播通信中，为了支持直通链路的链路自适应技术，引入了直通链路的 CSI 测量和反馈机制，基本流程如图 5-36 所示。其中，单播通信的用户之间通过 PC5-RRC 信令配置直通链路的 CSI 反馈，相应的配置信息包括 CSI-RS 天线端口数（最大为两天线端口）和 CSI-RS 时频资源（重用 NR Uu 中 CSI-RS 的单端口和两端口的资源配置方法）等。

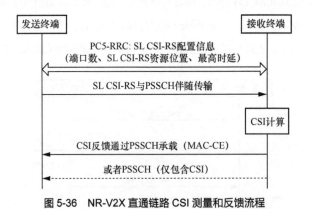

图 5-36　NR-V2X 直通链路 CSI 测量和反馈流程

在 NR-V2X 直通链路的 CSI 测量和反馈方案设计中，仅支持非周期性的 CSI-RS 传输和 CSI 反馈。主要原因是考虑了半双工的影响，如果支持周期性的 CSI-RS 传输，一方面用户在周期性发送 CSI-RS 时隙时，无法接收其他用户的 V2X 信息，会影响 V2X 通信的可靠性；另一方面用户在周期性发送 CSI-RS 时隙时，也无法进行当前时隙资源占用的感知，产生额外的未监听的时隙，对资源选择有比较大的影响。同理，这也是直通链路不支持周期性 CSI 反馈的原因。

NR-V2X 直通链路 CSI 反馈通过媒体接入控制单元（MAC-CE，MAC-Control Element）携带，MAC-CE 方式比物理层信令有更大时延。为了避免接收用户反馈的 CSI 过时，不能反映当前的信道状态信息，引入了 CSI 反馈的最大时延限制。

直通链路中 CSI 反馈的触发是由发送用户的 PSCCH 承载的 SCI 指示的，接收用户根据 CSI 反馈的最大时延配置，确定在一个 CSI 反馈的窗口。当存在多个 CSI 反馈的触发事件，并且多个 CSI 反馈的窗口在时间上存在重叠区域时，如图 5-37 所示，发送终端在不同时刻传输了两次 CSI-RS，接收终端对 CSI-RS1 和 CSI-RS2 分别有各自的 CSI 反馈窗口，当两者时间上存在重叠的时候，会出现 CSI 反馈模糊的情况。举例来说，由于半双工，在某个 CSI-RS 传输的时隙，接收用户可能也处于发送状态，从而无法接收相应时隙中的 CSI-RS。在这种情况下，如果接收用户在重叠区域反馈 CSI 报告，则发送用户不能确定接收用户反馈的是与哪个 CSI-RS 关联的 CSI 测量结果。为了避免这个模糊性问题，多个 CSI 反馈的窗口不能在时域上重叠。

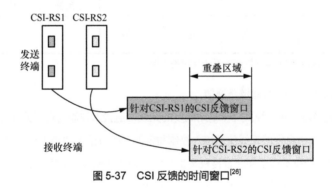

图 5-37　CSI 反馈的时间窗口[26]

5.12　跨无线接入技术调度机制

如第 5.2 节的车联网部署场景所述，从蜂窝网络部署和演进的角度考虑，在一段时间内，会出现一些地区部署了 5G 网络，而另外一些地区仅部署了 LTE 4G 网络的情况。同样，在直通链路的部署和演进过程中，也会出现 LTE-V2X 和 NR-V2X 共存的情况。因此在 LTE Uu 控制 LTE 直通链路、NR Uu 控制 NR 直通链路之外，NR-V2X 还研究了 LTE Uu 控制 NR 直通链路的技术，以及 NR Uu 控制 LTE 直通链路的技术，跨无线接入技术调度机制如图 5-38 所示。跨无线接入技术调度机制概览如表 5-5 所示，总体说明了 R16 NR-V2X 在此机制中的标准化工作。

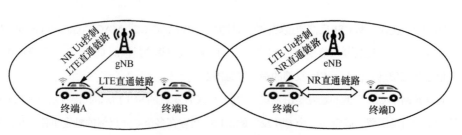

图 5-38 跨无线接入技术调度机制

表 5-5 跨无线接入技术调度机制概览

接口		PC5 接口						LTE 直通链路模式 4
		NR 直通链路模式 1			NR 直通链路模式 2	LTE 直通链路模式 3		
		动态调度	配置授权类型 1	配置授权类型 2		动态调度	半持续调度	
Uu 接口	NR	/	/	/	/	不支持	支持	支持
	LTE	不支持	支持	不支持	支持	/	/	/

注:"/"表示跨无线接入技术调度机制中不涉及相关的操作。

(1) LTE Uu 控制 NR 直通链路通信

在 NR 直通链路中包括模式 1 (基站调度的无线信道接入控制与资源分配方法) 和模式 2 (终端在配置资源池中自发的无线信道接入控制与资源分配方法) 两种工作模式。模式 1 中包括动态调度、配置授权类型 1 和配置授权类型 2 共 3 种调度模式。配置授权类型 1 仅通过 RRC 高层信令配置、激活直通链路的调度;动态调度和配置授权类型 2 需要 DCI 指示直通链路上的调度。

为了减少对现有 LTE 协议的改动,标准中仅支持通过 RRC 高层信令配置方式控制 NR 直通链路。LTE Uu 的 RRC 信令中需要包含控制 NR 直通链路的必要信息。相应地,对于 NR 直通链路模式 1 来说,其仅支持配置授权类型 1,通过 LTE Uu 的 RRC 专用信令进行配置;对于 NR 直通链路模式 2 来说,支持通过 LTE Uu 的 RRC 信令配置 NR 直通链路模式 2 的资源池。

(2) NR Uu 控制 LTE 直通链路通信

在 LTE 直通链路中包括模式 3 (基站调度的无线信道接入控制与资源分配方法) 和模式 4 (终端在配置资源池中自发的无线信道接入控制与资源分配方法) 两种工作模式。模式 3 中包括动态调度和半持续调度两种调度模式,这两种调度模式都需要通过 DCI 进行调度或者激活。相应地,对于 LTE 直通链路模式 3,其仅支持半持续调度模式,通过 DCI 进行半持续调度的激活和释放，但是不支持动态调度模式；对于 LTE 直通链路模式 4 来说，支持通过 NR Uu 的 RRC 信令配置 LTE 直通链路模式 4 的资源池。

5.13　NR-V2X 与 LTE-V2X 设备内共存

为了保障车联网技术和产业的有序发展，LTE-V2X 技术作为 C-V2X 技术的先导，支持基本安全业务；而 NR-V2X 是后来者，支持更高级的 V2X 业务。具备 NR-V2X 技术的设备作为后来者，为了实现与 LTE-V2X 技术直通链路的互联互通，需要设备内同时支持 LTE-V2X 和 NR-V2X 两种直通链路的技术。

NR-V2X 与 LTE-V2X 直通链路的设备内共存依赖于两种直通链路部署的频段。当两种直通链路部署在频率间隔足够远的两个载波上时，每个直通链路有各自的射频链路，相互间不受影响，可以各自独立工作。当两种直通链路部署在频率间隔比较近的两个载波上时，通常这种情况下两个直通链路共享同一套射频链路，相应地有如下约束。

- 半双工的约束：即当用户正在一个直通链路的载波上发送信息时，不能同时在另一个直通链路的载波上进行信息接收。
- 最大发送功率受限：当用户同时在两个直通链路上发送信息时，由于共享相同的功率放大器，每个直通链路都不能以最大发送功率进行发送，从而影响直通链路的覆盖范围以及传输可靠性。

对于两种直通链路部署在相同频段内的情况（如 5.9GHz 频段内），为了消除半双工的约束和最大发送功率受限的影响，NR-V2X 和 LTE-V2X 直通链路采用时分复用的方式共存。具体包含如下两种方式。

- LTE-V2X 和 NR-V2X 直通链路间半静态时分复用，也称为长期时分复用，其中 LTE-V2X 和 NR-V2X 直通链路配置了时域上互不重叠的资源池。这种方式实现简单，且两种直通链路之间不需要信息的交换和协调，但是不能根据不同的业务特点充分利用频谱资源。
- LTE-V2X 和 NR-V2X 直通链路间动态时分复用，也称为短期时分复用，如图 5-39 所示。当两个直通链路发送/发送或者发送/接收同时发生时，如果可以提前获知两个直通链路传输的业务优先级，则丢弃低优先级的直通链路传输。这种方式要求两种直通链路之间能够进行信息交互。当两个直通链路接收/接收同时发生时，通常用户可以同时接收同一频带内的两个直通链路，如果用户不支持同时接收两个直通链路，则取决于设备的具体实现，标准中没有明确规定。

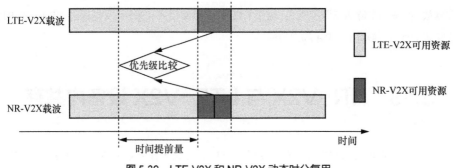

图 5-39 LTE-V2X 和 NR-V2X 动态时分复用

5.14 NR-V2X 直通链路的终端节电技术

在 NR-V2X 的研究中，除了考虑终端持续工作的场景，如 OBU 和 RSU 可以分别通过车辆和路侧设施获得持续的能量供给；还需要考虑能量持续供给受限的终端，如依靠电池工作的行人手持终端等 VRU。在 NR-V2X 的分布式无线信道接入控制与资源分配方法（详见 5.8.2 节）中，终端需要在直通链路上进行连续接收，从而感知信道的占用情况。因为接收时间远大于发送时间，终端功耗主要集中在接收处理。为此，NR-V2X 主要通过降低直通链路的接收时间来实现终端节电，主要包括直通链路的部分感知（Partial Sensing）机制和直通链路非连续接收（SL-DRX，Sidelink Discontinuous Reception）机制。

5.14.1 直通链路的部分感知机制

在 LTE-V2X 中就引入了终端节电的部分感知机制，根据资源池配置的资源预约周期确定周期性部分感知子帧，从而达到节电。在 NR-V2X 中不仅需要考虑周期性业务传输的影响，同时还需要考虑非周期性业务传输的影响。因此在 NR-V2X 直通链路的部分感知机制中引入了两种类型：周期性部分感知机制和连续部分感知机制。

（1）周期性部分感知机制

针对 NR-V2X 支持业务的多样性，在 LTE-V2X 的周期性感知机制基础上，NR-V2X 的周期性部分感知机制主要针对部分感知时机的确定方式进行了改进，使其配置更加灵活，并且更适用于 NR-V2X 的业务传输，具体如图 5-40 所示。资源选择窗中的 Y 个候选时隙，在周期性部分感知机制确定的感知机会中包含两部分：一部分是根据资源池配置的资源预约的周期确定周期性的感知时机,其中周期性的感知时机为 $t_{y0-k \times P_{reserve}}$ 对应的时隙,$P_{reserve}$ 对应于资源池配置的用于部分感知的资源预约的周期,t_{y0} 表示候选时隙集合 Y 中的第一个时隙,k 表示对于每一个资源预约的周期需要感知的次数,默认仅监听最近的一次($k=1$)或者根据配置额外监听一次($k=2$);另一部分为候选资源集合 Y 之前的短时的连续部分感知窗 $[n+T_A, n+T_B]$,这部分短时的连续部分感知机会主要用于获得周期性部分感知机会中不能感知到的资源占用情况,通常情况下短时感知窗的前沿 $n+T_A$ 可以为 $t_{y0}-M$,M 通常情况下可以为 32,这个是 SCI 中能够指示的任意两个传输资源之间的最大的时隙间隔。在周期性部分感知机制中,终端根据上述两部分的部分感知机会中的资源占用结果确定候选时隙集合 Y 中的可用资源。

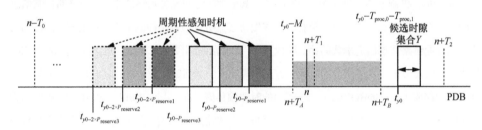

图 5-40 周期性部分感知机制

(2)连续部分感知机制

为支持非周期性业务传输的部分感知,在 NR-V2X 的部分感知机制中还引入了连续部分感知机制,如图 5-41 所示。对于非周期性业务传输来说,由于业务包的到达时刻 n 是不可预测的,相应地,只有业务包到达之后(n 时刻),终端才能够根据最大分组时延预算(PDB)确定资源选择窗 $[n+T_1, n+T_2]$、候选时隙集合 Y,以及连续部分感知窗 $[n+T_A, n+T_B]$。连续部分感知窗的前沿 $n+T_A$ 可以为 $t_{y0}-M$,M 通常情况下可以为 32,但是在某些情况下,当 PDB 的取值比较小时,M 会小于 32。

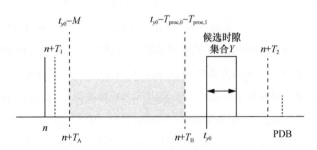

图 5-41 连续部分感知机制

通过上述的两种 NR-V2X 部分感知机制，终端可以高效地对资源池中的资源预留情况进行监听，从而在满足节电的要求下，不会造成业务传输可靠性的显著下降。

5.14.2　直通链路的非连续接收机制

为解决终端持续执行信道监听带来的耗电问题，蜂窝移动通信系统在 Uu 接口引入了 DRX 机制。终端通过周期性对控制信道进行监听，其他时间休眠，可以达到节电目的。考虑 NR-V2X 多样化的应用场景，节电终端不仅有发送需求，同样也有接收需求。在 NR-V2X 设计中，首次在直通链路上引入 SL-DRX 机制。

SL-DRX 机制基本原理如图 5-42 所示，其中激活时间段表示终端监听直通链路控制信息（SCI），在此期间，接收射频通道打开，终端持续监听直通链路控制信道承载的第一阶段 SCI 功耗和直通链路共享信道承载的第二阶段 SCI。除激活时间段外的其他时间，UE 可以跳过 SCI 的监听，实现节电。其中激活的时间一方面由周期性的激活时间段构成，其起始时隙编号是通过子帧偏移值（drx-StartOffset）、子帧内的时隙偏移值（drx-SlotOffset）、SL-DRX 周期和激活时间段的持续时间来联合确定；另一方面与数据传输的 HARQ 过程有关，需要根据 HARQ 重传间隔来确定终端的激活时间。

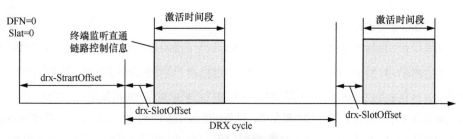

图 5-42　SL-DRX 机制基本原理

在单播通信模式中，发送终端和接收终端之间有 RRC 连接，两个终端间可以通过 RRC 信令协商 SL-DRX 的相关信息。广播或者多播通信模式中，因为没有 RRC 连接，所以 SL-DRX 的相关信息需要采用隐式确定的方式，其中 SL-DRX 的周期和激活时间段的时长与所传输业务的 QoS 信息关联，而 SL-DRX 的激活时间段的起始时刻是通过层二目标标识确定。

虽然 SL-DRX 机制通过减少终端接收的时间来节省终端功耗，但同时会对终端的感知和资源选择机制造成一定影响。例如，如果接收终端采用了 SL-DRX 机制，发送终端在进行资源选择时除了考虑信道占用情况，还需要考虑接收终端的 SL-DRX 配置，保证所选择的资源位于接收终端监听的时间段。

思考题

1. 比较 NR-V2X 和 LTE-V2X 技术分布式资源分配方法的共同之处和主要区别。

2. NR-V2X 中为什么要采用 OFDM 的波形设计，而不是采用基于 DFT 预编码的 OFDM 波形？

3. NR-V2X 的物理层控制信令设计中为什么引入两个阶段的控制信息？这两个阶段的控制信息各自的功能是什么，分别通过什么信道承载？

4. NR-V2X 资源选择模式 2 中为什么引入重评估和抢占的机制？这两种机制之间的不同之处是什么？

5. 请简要说明 NR-V2X 在直通链路上引入了哪几种 HARQ 反馈机制，以及在每种 HARQ 反馈机制下对应的反馈信道 PSFCH 资源的确定方法。

参考文献

[1] 3GPP. Study on enhancement of 3GPP support for 5G V2X services: TR 22.886, v16.2.0[S]. 2018.

[2] 3GPP. Enhancement of 3GPP support for V2X scenarios: TS 22.186, v16.2.0[S]. 2019.

[3] 陈山枝, 时岩, 胡金玲. 蜂窝车联网(C-V2X)综述[J]. 中国科学基金, 2020, 34(2): 179-185.

[4] CHEN S Z, HU J L, SHI Y, et al. A vision of C-V2X: technologies, field testing, and challenges with Chinese development[J]. IEEE Internet of Things Journal, 2020, 7(5): 3872-3881.

[5] 3GPP. New SID: study on NR V2X: RP-181480[Z]. 2018.

[6] 3GPP. New WID on 5G V2X with NR sidelink: RP-190766[Z]. 2019.

[7] 3GPP. Revised WID on 5G V2X with NR sidelink: RP-190984[Z]. 2019.

[8] 3GPP. Revised WID on 5G V2X with NR sidelink: RP-200129[Z]. 2020.

[9] 3GPP. New WID on NR sidelink enhancement: RP-193257[Z]. 2019.

[10] 3GPP. WID revision: NR sidelink enhancement: RP-201385[Z]. 2020.

[11] 陈山枝. 蜂窝车联网(C-V2X)及其赋能智能网联汽车发展的辩思与建议[J]. 电信科学, 2022, 38(7): 1-17.

[12] 3GPP. Study on NR vehicle-to-everything (V2X): TR 38.885, v16.0.0[S]. 2019.

[13] 王映民, 孙韶辉, 等. 5G 移动通信系统设计与标准详解[M]. 北京: 人民邮电出版社, 2020.

[14] 3GPP. Architecture enhancements for 5G system (5GS) to support vehicle-to-everything (V2X) services: TS 23.287, v16.2.0[S]. 2020.

[15] 3GPP. NR and NG-RAN overall description: TS 38.300, v16.1.0[S]. 2020.

[16] 3GPP. Physical channels and modulation: TS 38.211, v16.1.0[S]. 2020.

[17] 3GPP. Multiplexing and channel coding: TS 38.212, v16.1.0[S]. 2020.

[18] 3GPP. Physical layer procedures for control: TS 38.213, v16.1.0[S]. 2020.

[19] 3GPP. Physical layer procedures for data: TS 38.214, v16.1.0[S]. 2020.

[20] 3GPP. Medium access control (MAC): TS 38.321, v16.0.0[S]. 2020.

[21] 3GPP. Radio resource control (RRC): TS 38.331, v16.0.0[S]. 2020.

[22] 3GPP. User equipment (UE) radio transmission and reception, part 1: range 1 standalone: TS 38.101, v16.3.0[S]. 2020.

[23] 3GPP. Overall description of radio access network (RAN) aspects for vehicle-to-everything (V2X) based on LTE and NR: TR 37.985, v1.3.0[S]. 2020.

[24] 3GPP. Study on evaluation methodology of new vehicle-to-everything (V2X) use cases for LTE and NR: TR 37.885, v15.3.0[S]. 2019.

[25] 3GPP. Physical layer procedures for sidelink: R1-1905012 [Z]. 2019.

[26] 3GPP. Remaining issues on physical layer procedures for NR V2X: R1-2002080 [Z]. 2020.

第 6 章 | C-V2X 车路云协同关键技术

第 6 章

C-V2X 车路云协同关键技术

基于 C-V2X 发展车路云协同，支撑智能驾驶和智慧交通应用，已形成广泛共识。其中，C-V2X 需要与移动边缘计算、5G 网络切片、车路协同融合感知、高精度定位、高精度地图和云协同平台等关键技术相结合，共同为各类应用提供感知、决策与控制能力。例如，C-V2X 与移动边缘计算相结合，形成分层、多级智能计算体系，可以满足高速、低时延车联网业务处理及响应的需求；C-V2X 与 5G 网络切片的结合可以灵活应对车联网业务对网络能力的差异化需求；车路协同融合感知、高精度定位、高精度地图等技术将为自动驾驶汽车提供感知、定位、规划、控制等重要能力支撑；云协同平台为车联网应用提供基础能力支撑。本章介绍了与 C-V2X 车路云协同相关的移动边缘计算、5G 网络切片、车路协同融合感知、高精度定位、高精度地图和云协同平台等关键技术。

6.1 C-V2X 车路云协同

如第 1.3 节所述,基于 C-V2X 的车路云协同,能够实现车车、车路、车云的信息实时共享与交互,进而实现网联的协同感知、智能决策与控制。基于 C-V2X 的"聪明的车+智慧的路+协同的云"的车路云协同发展模式,支撑智能驾驶和智慧交通应用,实现安全、高效、节能、舒适等多方面的提升。

基于 C-V2X 的车路云协同系统示意图如图 6-1 所示,由云、边(路)、端(车)三级构成。作为智能终端的车辆,与周围的其他车辆、行人、路侧基础设施、边缘云之间基于 C-V2X 通信实现车车、车路协同,进而结合边缘云、中心云构成的分级云基础平台,形成物理分散、逻辑协同的网联化智能系统,满足各类应用服务不同实时性等级、不同覆盖范围的感知、决策、控制能力需求。

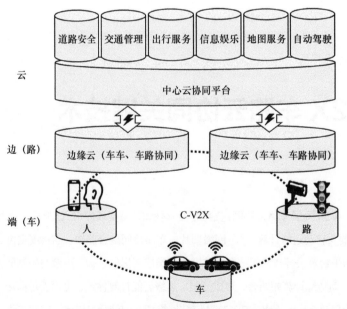

图 6-1 基于 C-V2X 的车路云协同系统示意图

如本书第 1.2.3 节的图 1-5 所示,可以通过 C-V2X 与 4G/5G 融合组网实现上述车路云协同系统。车车、车路的协同主要基于 C-V2X PC5 接口的直通通信实现,支持近程信息交互类的应用,进而基于 C-V2X Uu(即 4G/5G Uu)接口的蜂窝通信实现与云基础平台的协同,支持远程信息服务类的应用。

车路云协同系统的关键技术,既包括网络与通信、安全、云协同平台等技术,共同提供各类应用服务所需的基础性通信连接、端到端服务质量保证、安全防护、大数据、分级智能计算等共性基础能力,又包括智能驾驶与智慧交通应用中的车路云协同融合感知、决策与控制技术,以及高精度地图、高精度定位等应用支撑技术。本章将重点介绍与 C-V2X 相关的车路云协同关键技术,包括移动边缘计算、5G 网络切片、高精度地图、车路协同融合感知、高精度定位、云协同平台等。

6.2 C-V2X 与移动边缘计算

移动边缘计算技术在更靠近用户的网络边缘部署计算与存储能力,为用户提供低时延服务并降低无线回传资源消耗。C-V2X 与移动边缘计算的融合,构建了车联网中由云、边(路)、端(车)构成的分层多级网联智能架构,即由中心云–边缘云–智能网联汽车构成,协同提供车联网的智能驾驶与智慧交通应用所需的计算、存储、决策与控制能力,如图 6-2 所示。

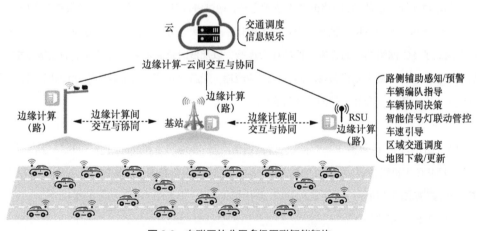

图 6-2 车联网的分层多级网联智能架构

6.2.1 移动边缘计算概述

移动边缘计算(MEC,Mobile Edge Computing)的概念最初出现于 2013 年,运营商和第三方可以在靠近用户接入点的位置部署业务,通过降低时延和通信回传负载来实现高效的业务分发。欧洲电信标准组织(ETSI)于 2014 年成立了移动边缘计算规范工作组(Mobile Edge

Computing Industry Specification Group）[1]，进而在 2016 年将 MEC 的概念扩展为多接入边缘计算（Multi-Access Edge Computing），进一步将边缘计算从蜂窝网络延伸至其他无线接入网络。

> **资料专栏：云计算，移动边缘计算**
>
> 云计算（Cloud Computing）：云计算是一种通过网络统一组织和灵活调用各种 ICT 信息资源，实现大规模计算的信息处理方式。云计算利用分布式并行计算、虚拟资源管理、分布式文件系统等技术，通过网络将分散的 ICT 资源（包括计算与存储、应用运行平台、软件等）集中形成共享资源池，并以动态按需和可度量的方式向用户提供服务。用户可以使用各种形式的终端（如个人计算机、平板电脑、智能手机甚至智能电视等）通过网络获取 ICT 计算和存储等资源服务。
>
> 移动边缘计算（Mobile Edge Computing）：移动边缘计算在靠近数据源或用户的地方提供计算、存储等基础设施，并为边缘应用提供云服务和 IT 环境服务。相比于集中部署的云计算服务，移动边缘计算可以解决时延过高、汇聚流量过大、安全隐私等问题，为实时性和带宽密集型业务提供更好的支持。

移动边缘计算也是 5G 网络的关键技术之一，通过将计算、存储能力与业务服务能力向 5G 网络边缘迁移，实现应用、服务和内容的本地化、近距离、分布式部署。一方面，它在一定程度上满足了 5G 网络热点高容量、低功耗大连接，以及低时延高可靠等技术场景的业务需求；另一方面，它可以减少无线和移动回传资源的消耗，缓解运营商进行承载网络建设和运维的成本压力，有利于运营商开拓新的商业机会[2]。

ETSI 提出的 MEC 系统框架[3]描述了 MEC 的功能组成（分为系统层、主机层和网络层），如图 6-3 所示。网络层包括 3GPP 定义的蜂窝通信网络、本地网络和外部网络，主机层包括 MEC 主机和 MEC 主机级管理，系统层包括 MEC 系统级管理、设备和第三方实体。ETSI 提出的 MEC 参考架构[3]如图 6-4 所示，主要定义 MEC 系统层和 MEC 主机层的相关功能和接口。

（1）MEC 系统层

MEC 系统层主要包括边缘计算运营支撑系统、多接入边缘编排器（MEO，Multi-Access Edge Orchestrator）、用户应用生命周期管理代理。

边缘计算运营支撑系统一般对应电信运营商的运营支撑系统（OSS，Operation Support System），负责 MEC 的运营管理和运维管理，为授权用户提供操作门户。

MEO 是移动边缘计算系统层管理的核心功能实体，负责根据部署的移动边缘主机、可用资源、可用移动边缘服务和拓扑，构建并维护移动边缘系统的整体视图。在加载应用程序包时，检查边缘计算应用程序包的完整性和真实性，验证应用程序规则和要求，保持应用程序包的加载记录,并通过接口通知虚拟化基础设施管理(VIM,Virtualised Infrastructure Manager)单元准备边缘计算应用加载所需的虚拟化基础设施资源。MEO 根据约束条件(如时延、可用资源和可用服务等)选择适当的移动边缘主机进行应用程序实例化,触发边缘计算应用程序实例化的生成和终止,并根据业务需求触发边缘计算应用在不同边缘计算主机间的迁移。

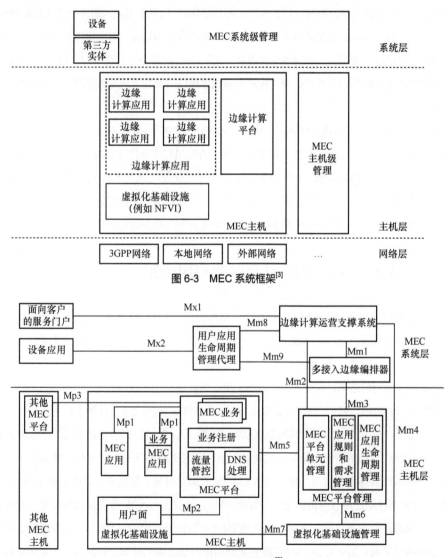

图 6-3 MEC 系统框架[3]

图 6-4 MEC 参考架构[3]

用户应用生命周期管理代理功能允许设备应用请求对应用的初始化、实例化和终止等生命周期进行管理,也支持用户应用在 MEC 系统中重定位。同时,用户应用生命周期管理代理会将设备应用的请求转发给 MEO 和 OSS 进行处理。

（2）MEC 主机层

MEC 主机层包括 MEC 主机级管理、MEC 主机，其中 MEC 主机又包括 MEC 应用、MEC 平台和虚拟化基础设施。

MEC 平台为边缘计算应用的发现、发布和使用提供环境，从而实现调用过程中的负载均衡、限流、安全、域名解析、业务路由等功能。虚拟化基础设施为边缘计算应用提供计算、存储和网络资源，可以提供虚拟机、容器等多种部署方式。MEC 应用是运行在 MEC 主机提供的虚拟化基础设施之上的虚拟应用程序，通过标准应用程序接口与第三方应用程序对接，并为用户提供服务。

MEC 主机级管理包括边缘计算平台管理（MEPM，MEC Platform Manager）和 VIM，边缘计算平台管理负责管理边缘计算应用的生命周期，将应用程序事件通知给 MEO，负责管理边缘计算应用的业务策略和需求，负责服务授权、DNS 配置等。MEPM 从 VIM 接收虚拟化资源的错误报告和性能检测。VIM 单元负责分配、管理和释放虚拟化基础设施的虚拟化资源，为应用的运行准备虚拟化基础设施，收集和报告虚拟化资源的性能和错误信息。

6.2.2　C-V2X 与移动边缘计算融合应用场景

C-V2X 网络需要支持车载终端（OBU）、路侧设备（RSU）、支持 V2X 的弱势交通参与者（VRU）等大量 V2X 终端，同时也需要支持多样的应用需求，如车车/车路/车人互动、路况感知与协同调度、视频或高精度地图分发等。海量车联网终端接入和数据传输需求极大地增加了网络负荷，并对网络通信带宽和时延提出了更高的要求。

C-V2X 与移动边缘计算的融合是将 C-V2X 业务部署在移动边缘计算平台上，从而借助 C-V2X 提供的 Uu 接口或 PC5 接口通信能力，实现"人－车－路－云"协同交互[4]。如第 2 章所述，车联网应用包括行驶安全类、交通效率类、信息服务类等基本应用和车辆编队、远程驾驶、传感器扩展等增强应用。针对这些 C-V2X 应用对时延、带宽和计算能力的不同要求，通过 C-V2X 与移动边缘计算的融合，一方面，MEC 可以为 C-V2X 业务提供低时延、大带宽和高可靠性的运行环境，有效缓解车辆或路侧智能设备的计算和存储压力，减少海量数据回传导致的网络负荷；另一方面，MEC 能够充分利用网络边缘的计算、存储能力，实现车联网中通信－计算－存储的融合，通过车－路－云协同感知、决策和控制，更好地支持智慧交通和智能驾驶的应用。

对于基本应用，MEC 能够提供的能力及性能要求主要包括以下 3 类[5]。

- 行驶安全类：车辆通过 MEC 获取周围车辆、行人、路侧设备的信息，辅助驾驶员做出决策，典型应用包括交叉路口预警、行人碰撞预警、道路故障实时预警等。通常要求 20ms 以内的通信时延、99%以上的通信可靠性。
- 交通效率类：MEC 利用 C-V2X 及大数据分析技术优化交通设施管理，提高交通效率。典型应用有交叉路口智能信号灯联动管控、车速引导等。通常要求时延在 100ms 以内。
- 信息服务类：利用 MEC 提供信息服务，典型应用包括高精度地图下载/更新、远程车辆诊断、影音娱乐等服务。此类业务对时延有一定的容忍度，业务速率要求较高，例如，4K 高清视频需要至少 25Mbit/s 的速率。

演进的 C-V2X 增强应用对网络提出了更高的时延、带宽和计算能力要求，例如，高级别自动驾驶和传感器共享场景要求的最低时延为 3ms，而传感器共享场景要求的最高带宽为 1Gbit/s，全局路况分析场景要求服务平台快速对视频、雷达信号等感知内容进行精准分析和处理[4]。

为了支撑上述应用场景，MEC 将为 C-V2X 应用提供不同的服务内容、计算/存储任务、通信内容，并具有不同的性能需求，举例如下[4,6-9]。

在汇入主路辅助场景中，MEC 需要对 RSU 发送的监测信息以及车辆的状态信息进行感知融合分析，并将分析结果实时发送给车辆。因此，需要具备用于监测信息分析及环境动态预测的计算能力、一定时间内 RSU 监测信息和车辆状态信息的存储能力，并基于车辆与 RSU 之间的通信能力完成相关信息的交互、实时分析结果的传输。在性能方面，MEC 需要提供 10～100Mbit/s 的带宽、20ms 的时延、支持图像处理级别的计算能力、TB 级的存储能力。

在车辆编队场景中，MEC 与车联网的融合可以实现 MEC 对车辆编队的指导。MEC 服务器负责编队状态信息的存储和分析，并可与 RSU、中心云协同，指导编队的形成、分离及车辆加入或离开编队，提供编队与其他车辆的通信能力。此场景主要体现了 MEC 对车辆、道路信息的存储和整合分析计算能力、低时延大带宽的通信能力、与中心云的交互能力。

在智慧交叉路口场景中，MEC 对车辆和弱势道路使用群体的位置等信息进行分析，并发出危险预警，合理优化信号灯各个相位配时参数。因此，MEC 需要具备路侧感知信息分析以及路况动态预测的计算能力、一段时间内路侧感知信息和动态预测结果的存储能力，以及低时延、大带宽通信能力，用于接收 RSU、车辆以及行人发送的实时信息，并将分析和预测的结果发送给相应的车辆和行人。在性能方面，MEC 需要提供 100Mbit/s 以上的带宽、20～100ms 的时延、能够支持智能决策、视频编解码、大量数据分析类的计算能力，以及 PB 级存储能力。

在区域级大规模协同调度场景中，MEC 收集传感器、车辆的实时信息并进行分析，以进行统一调度，从而实现一定范围内大规模车辆协同、车辆编队行驶、应急管控等功能；或在城市级交通导航场景中，MEC 根据区域车辆密度、道路拥堵严重程度、拥堵节点位置以及车辆目标位置等信息，利用路径优化的算法对车辆开展导航调度，避免拥堵进一步恶化。因此，MEC 需要具备对多种传感器信息以及大量车辆状态信息提供处理、综合路径规划的计算能力、EB 级海量信息的存储能力和低时延大带宽通信能力。另外，为了完成大范围、大规模的协同调度，MEC 还需要提供与中心云平台进行交互的能力，以及跨蜂窝基站、跨 MEC、跨 RSU 时的业务连续性支持能力。

相应地，MEC 为 C-V2X 应用提供的计算、存储和传输能力可以分为 3 类[5]：本地服务、近距离和网络信息感知/能力开放。本地服务是指 MEC 服务器在其服务范围内提供的区域性存储、计算能力。近距离是指 MEC 服务器具有的近距离通信能力。网络信息感知/能力开放是指 MEC 提供的对网络状态、用户身份、用户位置等的感知能力及向 V2X 业务提供的能力开放接口。

根据 C-V2X 各场景的业务需求，需要部署具有不同性能和功能指标的 MEC，可分为 4 个级别，不同 MEC 等级的性能指标、功能指标[5]如表 6-1 所示。

表 6-1 不同 MEC 等级的性能指标、功能指标[5]

MEC 等级	MEC 提供的服务	性能指标		功能指标				
		时延（端到端）/ms	带宽（单用户）/(Mbit·s^{-1})	计算能力	存储能力	定位服务	移动性	能力开放平台
基础级	低时延	0~100	≥10	控制级计算能力	TB 级	不需要	不需要	有可能需要
增强级	较低时延、大带宽、高性能	0~80	≥25	控制级计算能力	TB 级	有可能需要	有可能需要	有可能需要
移动增强级	超低时延、大带宽、常连接	0~20	≥25	支持图像处理级计算能力	PB 级	必需	必需	有可能需要
协同增强级	超低时延、超大带宽、高可靠、能力开放	0~20	≥100	支持智能决策级别的大数据计算能力	PB 级	必需	必需	必需

6.2.3 C-V2X 与移动边缘计算融合架构

在 C-V2X 与移动边缘计算的融合架构中，需要定义 MEC 平台应用于 C-V2X 的相关能力，以及 MEC 平台与现有网络系统的关系。

ETSI 给出了将 MEC 用于 C-V2X 的实例[10]，如图 6-5 所示。在该实例中，MEC 平台支持将 C-V2X 应用作为边缘应用部署在 MEC 平台上。MEC 平台新增的 V2X 信息服务（ VIS，V2X Information Service）可以从 3GPP 网络收集与 PC5 V2X 相关的信息，如授权 UE 的列表、PC5 配置参数等，并将此信息公开给 MEC 应用，使 MEC 应用能够和与 V2X 相关的 3GPP 网络功能（如 LTE-V2X 架构中的 V2X 控制功能或 NR-V2X 中的 PCF）进行安全通信，为不同 MEC 系统中的 MEC 应用程序建立安全通道，实现安全通信。VIS 还可以收集其他 MEC API 提供的信息（如位置 API、WLAN API 等），预测无线网络拥塞状况，并通知车联网设备。

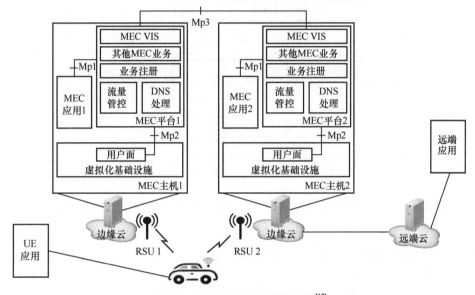

图 6-5　MEC 用于 C-V2X 应用实例[10]

当将 C-V2X 应用部署在 MEC 平台时，C-V2X 与 MEC 融合部署总体架构示意图[5]如图 6-6 所示。支持 C-V2X 应用的移动边缘计算可以基于灵活的网络架构实现。C-V2X 应用中涉及的 C-V2X OBU、RSU 及摄像机、雷达等可采用多种方式接入 MEC 平台，即各类型终端可以选择通过 C-V2X 中的 Uu 接口或 PC5 接口接入 C-V2X，进而接入 MEC 平台，或通过其他接入技术直接接入 MEC 平台。MEC 平台的部署位置也可灵活选择，例如，与 RSU 联合部署、与蜂窝网络的基站联合部署或部署在网络中的其他位置。

MEC 平台可提供多种服务供 V2X 应用程序调用，以获取无线网络信息、车辆位置信息等，具体如下。

（1）无线网络信息服务（RNIS，Radio Network Information Service）：MEC 平台通过 API 为第三方应用提供无线网络信息感知能力，V2X 应用可以根据其业务需求，获得差异化的网络服务，从而提高用户满意度。车联网应用可以利用无线网络信息优化业务的 QoS、避免拥塞发生。

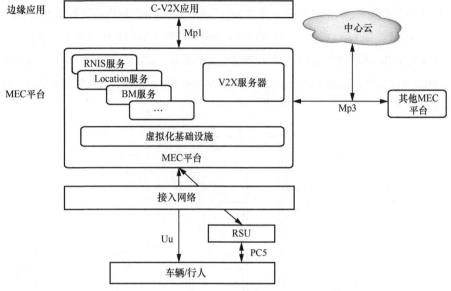

图 6-6 C-V2X 与 MEC 融合部署总体架构示意图[5]

（2）定位（Location）服务：MEC 基于蜂窝网络信息为 V2X 应用提供车辆的定位信息，进而应用于确定车辆位置、确认危险路段位置、工厂园区内车辆进出管理、厂区无人车物流交通管制、基于车辆位置的指定范围信息广播等多类场景。

（3）带宽管理（BM，Bandwidth Manager）服务：针对不同车联网应用对网络资源的差异化需求，带宽管理服务统一管理网络资源（如带宽、优先级）和带宽分配，以实现不同类型业务的差异化 QoS 管理，例如，为碰撞危险告警等安全类消息分配合理的固定带宽，即使在无线拥塞时，仍然可以保证告警消息的及时下发。

（4）应用移动性服务（AMS，Application Mobility Service）：通过将应用实例和用户上下文从源 MEC 移动到目标 MEC，支持车辆移动过程中跨 MEC 平台、跨网络业务的连续性。

从蜂窝网络的角度，网络架构中也需要针对 C-V2X 与 MEC 的融合进行对应的设计。在图 5-2 所示的 NR-V2X 参考架构的基础上，融合了 MEC 的 5G 车联网架构[10]如图 6-7 所示，该架构中增加了 5G 核心网的应用功能（AF，Application Function），MEC 作为应用功能和 5G 核心网中的网元实体交互，完成分流规则、策略控制的配置。MEC 通过网络开放功能（NEF，Network Exposure Function）与 5G 核心网网元交互，如果 MEC 处于核心网的信任域中，则可以与 5G 核心网网元直接交互。5G 核心网通过上行分流或者 IPv6 多归属方案实现边缘 UPF 的选择及业务分流。

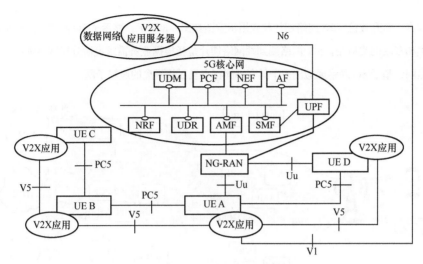

图 6-7 融合 MEC 的 5G 车联网架构[10]

6.3 C-V2X 与 5G 网络切片

6.3.1 5G 网络切片概述

  5G 网络技术中引入了网络切片的概念，将扩展性、灵活性差的传统集成网络系统分解成相互独立的网络功能组件，然后以可编程和虚拟化的方式串联成一个个具有特定服务能力的水平网络来服务不同需求的业务场景。这种提供特定服务和网络能力的一组网络功能以及运行这些网络功能的资源集合被 3GPP 和 NGMN 定义为网络切片[2,11-12]。

  5G 网络切片将物理网络划分成多个虚拟网络，每个虚拟网络可以根据不同业务的差异化需求提供满足业务需求的时延、带宽、安全性和可靠性的网络资源。运营商可以针对不同业务的特点对网络进行差异化定义，为不同的业务提供灵活的网络部署、分级的安全保障。网络切片在业务部署中通过切片隔离减少业务和网络的集成，加速业务的部署。运营商通过网络切片可以开拓垂直行业的新业务，促成新的商业模式和新的产业生态。运营商通过部署网络切片来为行业客户提供通信服务，行业客户通过运营商提供的开放接口将行业应用与网络切片相结合，从而自由地使用和管理网络切片，更好地满足用户的定制化需求。5G 网络中端到端的网络切片可以将业务所需的网络资源灵活地在网络中进行分配，从而实现网络连接的动态优化，降低成本，提升效益。5G 网络切片与应用示意图如图 6-8 所示，显示了 5G 网络切片分别提供手机类和车联网类应用。5G 网络端到端网络切片是指根据业务需求灵活分配网络资源，实现按需组网，基于 5G 网络虚拟出多个具有不同特点且互相隔离的逻辑子网。

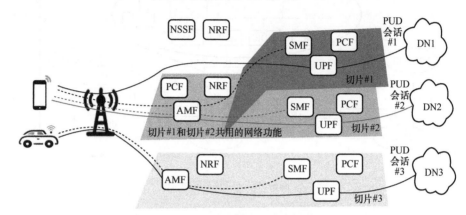

图 6-8　5G 网络切片与应用示意图

> **资料专栏：网络切片，虚拟专网**
>
> 　　网络切片：网络切片将运营商的物理网络划分为多个虚拟网络。每个网络切片中的网络功能经过定制化的裁剪后，可以通过动态的网络功能编排成一个完整的实例化的网络架构。网络切片根据不同的业务需求（如时延、带宽、安全性和可靠性等）来划分，以灵活地应对不同的网络应用场景。
>
> 　　虚拟专用网络（VPN，Virtual Private Network）：是在公用网络上建立专用网络的通信技术，VPN 的任意两个节点之间的连接是架构在公用网络服务商所提供的网络平台（如互联网等）之上的逻辑链路网络，用户数据在逻辑链路中传输。
>
> 　　传统的 VPN 是在公用网络上为行业用户构成一个逻辑通路，如 ATM VPN 和 MPLS VPN 等。而相比于 VPN，网络切片可以更进一步为行业用户定制和编排网络功能，形成实例化的网络架构。

　　5G 核心网通过单网络切片选择辅助信息（S-NSSAI，Single Network Slice Selection Assistance Information）来识别网络切片，其中 S-NSSAI 由切片/服务类型（SST，Slice/Service Type）和切片区分符（SD，Slice Differentiator）组成，SST 表示网络切片支持的特性和服务，SD 用来区分 SST 相同的多个网络切片。

　　S-NSSAI 可以是标准化的或非标准化的。标准化的 S-NSSAI 只包括标准化的 SST 字段，可支持切片在全球范围内的互操作。目前已定义的标准化 SST[13]如表 6-2 所示。其中，前 3 种

SST 针对 5G 网络三大典型应用场景定义，V2X 类型是专用于处理 V2X 业务的 SST，由 3GPP 在 R16 中定义。

表 6-2　标准化 SST[13]

SST	SST 值	特性
eMBB（Enhanced Mobile Broadband）	1	适合处理 5G eMBB 业务的切片
uRLLC（Ultra-Reliable Low Latency Communication）	2	支持超高可靠低时延通信的切片
mMTC（Massive Machine Type Communication）	3	用于处理 mMTC 通信的切片
V2X	4	用于处理 V2X 业务的切片

非标准化的 S-NSSAI 包括 SST 和 SD 字段或只包括非标准化的 SST 字段，其只能在特定的 PLMN 内使用。

6.3.2　5G 网络切片支持车联网应用

如前所述，5G 网络切片能够根据不同业务的需求差异化、灵活地提供网络功能和网络资源。车联网中的业务类型丰富多样，具有不同的时延、带宽、可靠性和安全性需求，引入 5G 网络切片可提供为特定网络能力和网络特性组建逻辑网络的功能，从而能够灵活应对车联网业务对网络能力的差异化需求、根据车联网业务需求进行分级管理和为不同类型的车联网业务提供合适的网络能力[14]。例如，当汽车行驶到网络拥塞热点地区时，网络切片技术会优先保障高可靠性与低时延性能。

在第 6.3.1 节中，表 6-2 列出了目前已定义的标准化 SST。针对车联网中不同业务类型对网络的不同要求，可以为其选择不同类型的网络切片。例如，高精度地图、车联网 AR/VR 视频影像加载等车联网业务要求大带宽，可以选择 eMBB 类型的切片；车辆生命周期维护等业务中存在海量传感器信息交互，可以选择 mMTC 类型的切片；对于事故后的远程接管及特定场景的远程驾驶控制信息传输、车辆运行环境实时获取等业务，则需要进行低时延、高可靠传输，可以选择 uRLLC 类型的切片。但是，车联网业务还常常需要多个应用协同才能工作，例如，智能驾驶需要高精度地图、传感器信息交互、自动驾驶控制信息传输等多个应用协同才能完成。5G 网络初期针对 5G 三大典型应用场景定义的 3 类 SST 不能满足 V2X 业务的全面需求。因此，5G 网络在 R16 中专门为车联网业务增加了 V2X 类型的切片。

5G 网络切片可通过多种形式支持车联网业务的部署。其中一种形式是车联网业务分层切片模式，如图 6-9 所示。

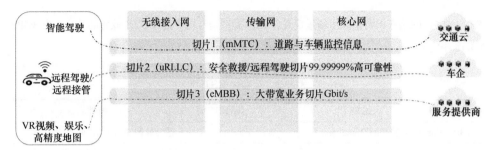

图 6-9　车联网业务分层切片模式

在这种模式下,车联网业务可以根据业务特点分别选择合适的切片,建立相应的车联网业务。例如,对于车辆生命周期维护业务,车辆上的车载终端可以通过 mMTC 切片与车辆监控平台建立 PDU 会话,车辆监控平台通过该连接对车辆上的传感器进行监控,在发现问题时可以及时通知驾驶员;对于高精度地图、AR/VR 视频、娱乐应用类业务,车辆上的车载终端可以通过 eMBB 切片与相应的服务器建立连接,下载相应的高精度地图,或者下载/上传 VR/AR 视频等;对于远程驾驶/远程接管业务,车辆上的车载终端可以通过 uRLLC 切片与相应的服务器建立连接,进行远程驾驶和远程接管消息的发送和接收。

上述模式适合不需要多个业务协同工作的车联网应用。对于需要多个业务协同工作的车联网业务,分层模式不能对业务进行统一管理,不能满足这类协同的车联网业务的需求,因此这种业务将采用车联网业务统一切片模式进行部署,如图 6-10 所示。

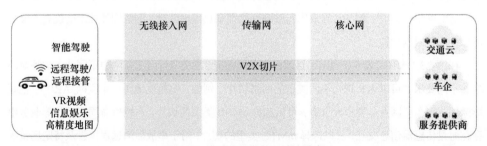

图 6-10　车联网业务统一切片模式

在这种模式下,车辆上的车载终端将通过 V2X 切片与车联网业务平台建立连接,在一个切片中传输高精度地图、监控车辆上的传感器状态和接收/发送自动驾驶信息。车联网业务平台可以统一管理车辆与服务平台的连接,网络也可以根据车联网业务的需求动态地调整切片的网络资源。例如,网络可以监控并预测切片的 QoS 状况,并通知车联网业务平台调整车联网业务的等级,保证车辆的安全行驶。

需要指出的是,基于 PC5 接口低时延、高可靠直通通信的行驶安全业务,因其时效性和区域性特点，不需要网络切片支持。

网络切片的安全机制是使用网络切片承载 C-V2X 业务亟须解决的重要问题，3GPP 在 R15 阶段，在接入安全、网络切片管理安全等方面进行了研究和标准化，并没有针对网络切片的特殊安全需求进行更多的研究和标准化工作，导致使用行业特定的用户标识和安全凭证访问特定网络切片时的身份认证和授权问题没有得到解决。在 R16 阶段，网络切片安全主要针对上述问题对网络切片安全机制进行了增强，解决了使用行业特定的用户标识和安全凭证接入特定网络切片的认证和授权、密钥隔离等安全问题。

当 UE 接入 5G 网络完成初始接入认证后，AMF 和 UE 会得到 UE 允许接入的 S-NSSAI 列表，根据运营商的策略和 UE 的签约数据，如果该 UE 需要进行针对特定网络切片的认证，那么 AMF 会触发针对特定切片的认证和授权过程，该认证和授权过程是基于可扩展认证协议（EAP，Extensible Authentication Protocol）认证构架在 UE 和行业特定的 AAA 服务器之间进行的。该认证和授权过程完善了切片的互操作和访问控制，打通了运营商与行业应用之间的认证和授权系统，行业用户可以通过网络切片的二次认证灵活控制终端的访问权限，同时计费策略更加灵活。这个安全增强特性对于车企建立自己的专网而言意义重大。

6.4 高精度地图

高精度地图是车联网应用的重要支撑技术。高精度地图既能为智能驾驶车辆提供感知能力，弥补车载传感器在故障、恶劣天气等特定条件下的不足，也能在卫星定位信号不佳时提供精准定位能力，并提供交通动态信息，进而用于车辆的行驶决策和路径规划。

相对于传统电子导航地图，高精度地图具有高精度、高丰富度和高新鲜度的特点[15-16]。高精度是指地图中对象的定位精度高（绝对位置精度为亚米级，相对位置精度为分米级），高丰富度是指地图中包含多维度的数据信息，高新鲜度是指地图数据更新快。

> **资料专栏：普通导航地图，高精度地图**
>
> 普通导航地图：精度通常为米级，达到交通道路级别的精细度，提供二维地图数据信息，有较丰富的关注点（POI，Point of Interest）供人类用户选取目的地。
>
> 高精度地图：和普通导航地图相比，高精度地图的绝对坐标精度更高，需要实时动态更新，达到车道级别的精度（如分米级），并且包含多种细致的道路交通信息元素（如信号灯、道路标志线、交通设施等），可实现地图要素几何形状的高精度表达，提供三维地图数据信息，满

足自动驾驶的要求。

高精度地图的使用者是自动驾驶系统,是智能机器人;普通导航电子地图的使用者则是人类驾驶员,主要是易于人类理解的导航地图。

在辅助驾驶阶段,虽然普通导航电子地图仍然可以发挥重要作用,但是高精度地图可以作为超视距传感器提供重要的先验知识,从而提供安全冗余保障。在自动驾驶阶段,高精度地图将成为车辆感知、定位等所需的重要甚至不可或缺的技术基础。不同的自动驾驶阶段对高精度地图的要求如表 6-3 所示。

表 6-3　不同的自动驾驶阶段对高精度地图的要求

自动驾驶阶段	精度	采集方式	数据	地图形式
安全辅助驾驶	2～5m	GPS 轨迹+IMU	传统地图+ADAS	静态地图
有条件自动驾驶	50cm～1m	图像提取或高精度 POS	车道模型+高精度 ADAS	静态地图+动态地图
高度自动驾驶	10～30cm	高精度 POS+激光点云	HAD Map	静态地图+动态地图
全自动驾驶	10～30cm	高精度 POS+激光点云	多源数据融合	静态地图+动态时间实时传输融合地图

注:定位测姿系统(Position and Orientation System,POS)

6.4.1　高精度地图数据

相对于传统导航地图,应用于自动驾驶的高精度地图提供了更加丰富的语义信息,除了包含车道模型(如车道线、坡度、曲率、航向、车道属性、连通关系等),还包括大量定位对象,即路面、道路两侧或上方的各种静态物体,如路缘石、栅栏、交通标牌、交通灯、电线杆、龙门架等,这些元素均包含精确的位置信息。

高精度地图信息数据可以分为静态数据和动态数据两类。高精度地图数据平台架构如图 6-11 所示。从数据分层上可以分为 4 层,第一层是传统的静态数据,即高精度地图的基础道路路网,如图 6-11 中的道路层和车道层;第二层是相对静态数据,包括交通基础设施(如地面标线、标志标牌和护栏信息等),如图 6-11 中的交通设施层;第三层是相对动态数据,即实时路况层,包括交通状况信息,如红绿灯、交通拥堵、天气引起的道路湿滑等信息;第四层是高度动态数据,即交通事件层,包括在道路路段内的车辆、行人、骑车人的动态信息以及预测的车辆位置或交通流信息。另外,当自动驾驶汽车通过其 ADAS 感知到实际道路环境与高精度地图信息存在差异时,会向云平台上传相关信息;云平台将多个自动驾驶汽车上传的数据融合处理后,再进行高精度地图数据更新。

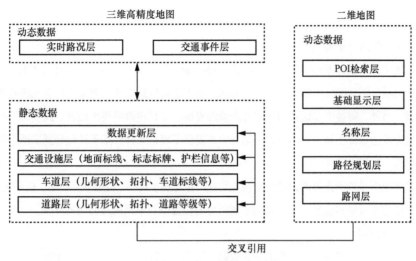

图 6-11 高精度地图数据平台架构

基于上述各层次数据，车用高精度地图数据服务系统为车辆提供实时更新的地图数据服务。数据更新层定期或实时对交通设施层、车道层、道路层进行数据更新。交通设施层、车道层和道路层都有地理编码，智能网联汽车通过对比车载卫星导航、惯性导航、雷达或机器视觉数据，精确认车辆的当前位置，使地形、物体和道路轮廓定位更准确，从而引导智能网联汽车行驶。

6.4.2 高精度地图生产

高精度地图的生产周期包括地图数据采集、融合识别、验证发布等环节。

（1）地图数据采集

目前，高精度地图数据的采集方式主要包括两种：专业采集车采集和众包数据采集。专业采集车通常配备有多种高端的传感器来进行道路和静态交通环境数据的高精度采集。专业采集车的采集精度高，通常可达厘米级，但缺点是效率低、成本高，很难达到高精度地图对数据更新的实时性要求。众包数据采集（也称为用户生成内容（UGC，User Generated Content）方式）则利用多个配备有摄像机和相对低端车载传感器的普通车辆进行协同数据采集。相对而言，众包数据采集方式能够低成本地完成道路信息采集，其实时性、鲁棒性与专业采集车方式相比具有较大优势，但精度不如专业采集车，可靠性和一致性较差。

因此，将两种采集方式相结合、优势互补的技术模式将成为主流的发展方向，即：以专业设备的集中采集为建图基础，在海量众包数据中快速提炼符合规范的静态图层变更信息和动态图层实况信息，两者深度结合、优势互补，以解决高精度地图量产化数据采集中的地图生产效率和更新实时性两个重要问题[17-18]。

除上述主流采集技术外，无人机（UAV，Unmanned Aerial Vehicle）也可以作为一种低成本、作业灵活、不受路况限制的补充采集方式，用于道路信息以及地面采集设备无法看到的信息的采集。另外，得益于车路协同技术与产业的发展、工程建设的逐步推进，路侧部署的视频图像、激光雷达等传感器为地图数据采集与生产提供了硬件条件，基于路侧传感器融合的测图方法也成为一种技术选择[19]。

高精度地图采集所需要的设备包括激光雷达、摄像机、IMU、陀螺仪、GPS、轮测距器等。融合各个传感器采集的信息，可以得到车辆所处的位置以及车辆周边的交通环境。

（2）融合识别

各类传感器采集得到不同类型的原始数据，如 GNSS 轨迹、点云数据、图像数据等。首先，需要经过对原始数据的整理、分类、清洗、校准等预处理过程，再经过机器学习等人工智能方法的自动处理，识别和提取道路标线、路沿、路牌、交通标志等道路元素，主要技术包括点云数据的处理、图像数据的识别、多传感器数据融合以及重复数据的整合删除等。

点云数据处理主要是指将激光雷达所采集的点云数据进行处理，产生车道线等道路信息的矢量数据，完成地图的构建，相关方法可以分为 3 类：基于体素处理点云数据、转化为图像处理、直接点云操作（如 Pointnet、Pointnet++等点云分类和分割算法）。图像数据的识别中，可以基于大规模图像训练的深度学习模型，快速识别道路及车道的形状与属性；基于语义分割、图像度量学习以及图像场景解析等，差异化地构建道路标牌、路面标识等交通设施的多维语义特征[16]。另外，多传感器数据融合将融合多源多模态数据的自动识别，实现不同类型传感器的互补和优化组合，处理进一步提高地图数据的生产效率。

（3）验证发布

专业验证人员需要将处理好的高精度地图数据与对应位置的采集视频等图像信息进行对比验证，找出错误的地方并更正。在确保地图数据准确的情况下，完成高精度地图的发布。

6.4.3　高精度地图更新

高精度地图中动态数据与静态数据的共存，以及对高实时性的要求，决定了地图更新维护的重要意义。通过更新维护操作，发现物理环境的变化（如临时道路作业等）并实时反映到地图上。持续变化的道路环境使得高精度地图更新非常具有挑战性。例如，有研究者通过利用航空图像检查了 80km 的德国高速公路的变化，结果表明，41%的长度出现了至少一个地图特征的变化，如车道标记、护栏的更新等[20]。

考虑实时性的要求，高精度地图更新通常采用众包采集更新方式，利用道路上行驶的大量非专业采集车辆，利用车载传感器实时检测环境变化，并与高精度地图进行比对。当发现道路变化时，可将数据上传至云平台（中心云或边缘云），再通过 V2X 通信下发更新给其他车辆，从而实现地图数据的快速更新。另外，通过利用 V2X 通信技术实现路侧实时感知数据与高精度地图数据的融合，也可以用于高精度地图中相对静态数据和实时动态数据的更新[18]。

高精度地图的实时更新维护面临诸多挑战。对于众包采集更新和利用路侧感知数据的更新模式来说，低时延、高可靠的数据传输与处理技术将成为未来制约高精度地图更新发展的关键技术之一。另外，确定是什么触发了地图的变化、什么程度的变化需要更新，以及为具有不同动态程度的各种数据类型确定恰当的更新频率，都是高精度地图更新中的重要问题[15]。

6.5 车路协同融合感知

6.5.1 感知技术原理

智能网联汽车的感知技术综合利用车端、路侧部署的各类传感器的感知信息，实现对驾驶环境的认知理解。本节将介绍主流的传感器类型及多传感器融合感知的基本技术原理。

（1）单传感器感知

目前主流的传感器主要包括视觉传感器、毫米波雷达和激光雷达等[21]，既可以用于车载感知设备，也可用于路侧部署的感知设备。

视觉传感器可以对行驶环境进行图像或视频采集，并通过图像/视频处理提取驾驶环境信息[22]。视觉传感器对检测对象的颜色和纹理较敏感，并且分辨率较高，适宜完成目标分类、检测、语义分割等任务，例如，可用于车道线检测及车辆、行人、非机动车等动态目标检测。但是，视觉传感器也存在一些缺陷，例如，单目相机缺乏景深信息，不易完成测距、测速等工作；对光照、能见度等工作环境较为敏感，在低照度、低能见度、黑白洞等工况下性能不佳。

毫米波雷达工作在毫米波频段，通过发射和接收波长为毫米尺度的电子波、基于多普勒效应进行检测。毫米波雷达对距离、速度较为敏感，适宜检测目标的速度和距离，且其探测距离相对较远，对光照、气象等工作条件不敏感，可全天候工作。但是，毫米波雷达的分辨率通常较低，对于沿切线方向运动的物体不敏感，不容易进行目标分类，对于大型目标，还容易产生目标分裂。

激光雷达向目标发射稠密激光束，然后将接收的回波信号和发射信号相比较，从而获得目标的距离、方位、高度、速度、姿态、形态等 3D 信息[22]。激光雷达对光照不敏感，在夜间也可以有效工作。但是，低线数激光雷达角分辨率较高，点云较为稀疏，分类不准，且无法获得目标纹理；高线数激光雷达成本过高，不利于规模使用。在雨、雪、雾、扬尘等天气中，因为存在噪点，性能也会下降。此外，激光雷达的产业成熟度相对较弱，设备的可靠性、成本都还有很大的优化空间，针对激光点云的感知算法成熟度较视觉的也较低。

不同传感器感知能力对比如表 6-4 所示。

表 6-4 不同传感器感知能力对比

传感器类型	视觉传感器	毫米波雷达	激光雷达
感知范围	中远	远	中
分类能力	高	低	高
测距能力	低	高	高
测速能力	低	高	高
轮廓测量能力	中	低	高
低照度工作能力	低	高	高
雨、雪、雾、扬尘天气适应性	低	高	低
产业成熟度	高	中	低

（2）多传感器融合感知

从上述介绍可以看出，各类传感器均存在能力短板，仅依赖任何一种单一传感器均无法满足复杂行驶环境对高精度实时感知的要求。因此，多传感器融合感知技术对不同传感器进行多层次、多空间的信息互补和优化组合，最终形成对观测对象的综合解析，从而弥补单一传感器感知能力的不足，有效发挥不同传感器的性能优势，扬长避短，有效提高系统感知效果。多传感器融合感知技术已在宝马、奥迪、福特、沃尔沃、特斯拉等厂商典型智能汽车研究方案和量产智能汽车的感知系统中得到广泛应用[25]。

根据感知信息融合的不同层次，多传感器融合可以分为数据级融合、特征级融合以及目标级融合[21]。数据级融合也被称为前融合，指通过时空对齐，直接融合多种传感器的原始信息，例如，将相机的像素信息和激光雷达的点云信息投影在一起，再基于融合后的数据进行目标检测。特征级融合也称为深度融合，指通过级联或元素相乘，在特征空间中融合跨模态数据，例如，从激光雷达获取目标的 3D 特征，从相机获取目标的 2D 特征，再将二者融合形成新的 3D

特征。目标级融合也称为后融合，是指对各单一传感器的感知结果进行融合，减少误检和漏检，提升感知鲁棒性。相机与激光雷达的不同融合方式对比如图 6-12 所示，以相机与激光雷达的融合为例，说明数据级融合、特征级融合及目标级融合 3 种不同融合方式的差异。

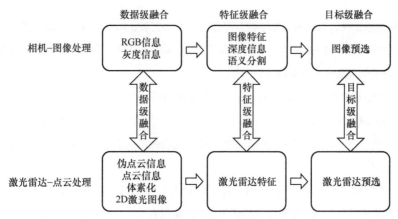

图 6-12　相机与激光雷达的不同融合方式对比

在进行多源传感器融合感知时，需要对多个传感器的时空基准进行统一。时间维度上，需要统一不同传感器的时间戳，特别是在不同传感器采样频率、处理时延不一致的前提下，需要保证在输出信息包含同一时间基准的时间戳。空间维度上，需要对多个传感器进行联合标定，并且根据处理时延对目标进行运动补偿。

在多传感器融合感知中，根据参与融合感知的传感器部署位置，可以分为车端融合感知、路侧融合感知和车路协同融合感知。参与车端融合感知的感知设备均为车载传感器，又可以分为单车多传感器的融合感知与车车融合感知[23-26]。路侧融合感知可以为路侧同一位置多传感器的融合感知[27]或不同位置之间的融合感知。车路协同融合感知则是路侧感知与车端感知的融合[28-30]。可见，上述不同类型的融合感知均需要利用 C-V2X 或其他通信方式实现感知信息的传输。由于车路协同融合感知是当下的研究热点，其通过路侧感知能力的构建为智能网联汽车提供盲区感知和超视距感知能力，本节后续内容将重点介绍路侧感知技术和车路协同融合感知技术。

6.5.2　路侧感知技术

路侧感知"站得高、看得远、看得全"，合理布设传感器位置可以最大限度地消除盲区。另外，路侧感知区域固定，在大量先验信息的辅助下，能够进一步提升感知准确性。因此，路侧感知已成为车路协同应用中最受关注的技术领域之一。但相对于车载感知，二者存在较大差异。本节将介绍路侧感知技术的特点及架构。

（1）路侧感知与车侧感知的差异

路侧感知的传感器安装位置、检测区域、环境特点、检测需求等存在较大差异，具体分析如下。

① 路侧感知视域与车侧感知不同。路侧传感器多安装在路侧杆件上，高度多在数米到十数米，提供的是居高临下的视角，相对而言感知盲区较小。多个不同杆位的视域还可进行互相补盲，具备提供全息感知的基础。

② 路侧感知检测区域固定，有更多先验信息可利用。对于运动中的车辆，其上安装的车载传感器的检测区域是动态变化的。与之相对，路侧传感器则位置固定，基础环境信息可以作为检测的先验信息，有效降低感知的复杂度。特别是在抛洒物识别上，路侧感知相对于车侧感知有较大优势。

③ 路侧感知需要更大的检测范围。对于车端感知，只需要感知车身周围较小范围的障碍物信息。而路侧感知不同，受限于设备部署成本，使用方往往希望使用更少的设备、更大的距离间隔来解决道路的全覆盖感知。以高速公路为例，主流的感知设备间距已经从早期的 100m 演进到现在的 400m，并且正在向 800m 甚至更远间距演进。因此，对于路侧感知来说，单一传感器的覆盖范围要远大于车端传感器。

④ 路侧感知需要对不同视域的感知结果进行融合，以实现跨视域目标连续追踪。当多个传感器感知区域有重合时，感知目标相对较为容易完成匹配，此时的主要挑战是去重，避免单一目标被检测成多个目标。当多个传感器感知区域不重合时，感知目标匹配挑战更大，需要通过运动补偿、轨迹推演等手段解决。

⑤ 路侧传感器需要同时跟踪更多的目标。对于车端感知，当周围存在多台车辆时，往往只需要关注与之邻近的车辆，通常要求跟踪的目标数在个位数。而路侧感知需要服务于区域内的所有智能网联汽车，因此需要检测并跟踪检测范围内的所有车辆、非机动车和行人。对于较为繁忙的路口，同时需要检测和跟踪的目标会达到数百个。

⑥ 路侧传感器标定更为复杂，模型泛化挑战更大。对于预装了感知设备的车辆，同一车型采用的传感器配置确定、位置固定，一次标定即可解决问题。而路侧传感器种类繁多，不同区域配置存在较大差异；受限于路侧基础设施条件，传感器安装位置也有很大不同。因此路侧传感器的标定会更为复杂，每个点位均须单独标定，而算法模型面临的泛化挑战也远高于车端感知。由此带来的后果就是路侧感知每个点位均须单独调优，部署成本难以快速降低。

⑦ 路侧感知算力资源更加丰富。路侧感知对成本、功耗、体积的要求相对不敏感，可以部署多种配置的边缘计算设备，满足多种感知算法的算力要求，还可以通过区域云的方式，进

一步增强路侧算力,因此路侧可以通过使用更为复杂的算法获得更佳的检测效果。

⑧ 路侧感知要求输出的元素更加多元。车侧感知一般只需要关注周边障碍物,重点是车辆、行人等。路侧感知除了要进行目标检测与跟踪,还需要进行交通事件检测、流量检测,以服务交通管理类需求。

(2)路侧感知系统架构

路侧融合感知系统需要具备感知、通信、计算等能力,其中的硬件设备包括各种类型的传感器(如视觉传感器、毫米波雷达、激光雷达)、交换机、MEC、RSU 等。路侧融合感知系统的硬件架构如图 6-13 所示。

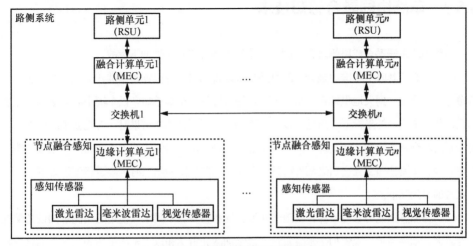

图 6-13　路侧感知系统的硬件架构

路侧融合感知软件利用视觉传感器、毫米波雷达、激光雷达的传感器数据输入,通过边缘计算设备进行模型运算,每一种传感器数据通过对应的算法模型都能够感知到交通参与者信息,再通过融合模块进行处理,转化成结构化语义数据,输出交通参与者详细信息(如速度、位置、航向角等),以及交通事件、交通流量信息。多个点位 MEC 之间通过网络通信,可获取其他 MEC 的目标数据进行融合处理,以便完成感知范围的拼接、目标轨迹接续等跨点位应用场景。

在路侧感知系统的具体部署中,需要结合实际需求选择合适的传感器组合,来保证应用场景达到预期设计要求。不同路侧传感器部署方案的对比如表 6-5 所示。

表 6-5　不同路侧传感器部署方案的对比

对比项	视觉传感器	视觉传感器 + 毫米波雷达	视觉传感器 + 毫米波雷达 + 激光雷达
全天候	不支持	部分支持	较好支持

续表

对比项	视觉传感器	视觉传感器+毫米波雷达	视觉传感器+毫米波雷达+激光雷达
低速识别	一般	一般	精准识别
速度感应	不准	精准识别	精准识别
物体尺寸	不支持	不支持	支持
定位精度	纵向略差	较好	精准识别
部署成本	低	中	高

6.5.3 车路协同融合感知技术

与单独的车端融合或路侧融合不同，车路协同融合感知面临如下挑战。

（1）动静两套时空基准的融合：路侧感知多以传感器自身位置为基准建立坐标系，多传感器融合时，会统一到大地坐标系，是一个静止的坐标系。车端感知多以车辆中心为基准建立坐标系，是一个运动的坐标系。当进一步融合路侧、车端两套感知结果时，首先要解决动静两套坐标系的联合校准问题，建立统一的空间基准。此外，由于路侧传感器采样时间与车端传感器存在差异，车路协同交互会引进额外时延，车端使用路侧感知结果时需要进行滤波处理，以统一双方的时间基准。

（2）路侧感知能力参差不齐：受限于建设目标和预算，不同区域使用的路侧感知设备配置差异较大，如纯视觉、视觉加毫米波雷达、视觉加激光雷达和以毫米波雷达为主等。加之受限于路侧设施安装条件、不同融合感知算法能力差异，不同区域的路侧感知能力存在较大差异。因此，车辆在使用路侧感知结果时，需要充分考虑这一差异，车路协同融合感知算法要尽可能鲁棒。

（3）V2V信息与路侧感知信息须二次融合：随着车联网技术渗透率的提升，若目标车配备OBU，还存在目标车既通过车车通信发送自身信息，同时又被路侧传感器重复感知、重复发送目标信息的情况，需要根据实际工况进行目标去重等处理。当配备OBU的目标车较多、较密时，处理复杂度明显提升。

目前，车路协同融合感知仍处于发展过程中，主要关键技术如下。

（1）时间同步：车端和路侧要建立以GNSS为基准的统一时钟体系。在缺少GNSS信号时，可以通过C-V2X空口同步技术保持统一时钟体系。在统一时钟体系下，还需要通过卡尔曼滤波等方法进行预测，以保障车路感知时的时间对齐。

（2）空间同步：车端要完成车路两套坐标系的变换，同时完成不同采样时间的目标运动补偿，降低后续目标匹配和数据关联的难度。

（3）目标匹配与数据关联：需要融合的目标可以分为两类，一类是位于车端感知盲区或视距外的目标，此时仅需采信路侧感知结果；另一类是同时位于车端感知和路侧感知范围内的目标，此时需对属性存在差异的感知结果进行精确匹配，并且决定如何对某一属性值进行融合，复杂度较高。

（4）路侧感知能力度量与置信度计算：不同区域路侧感知的设备配置和感知能力水平差异较大，因此需要建立一套度量基准，让车侧能够了解具体区域的感知能力和感知结果的置信度，进而在车路协同融合感知时有效使用路侧数据。目前路侧感知的建设规范、测量方法仍在讨论中。

（5）路侧感知端到端时延压缩：为了保证车路协同融合时的数据尽可能同步，需要控制包括路侧感知、V2X 发送、车端 V2X 解析等过程的端到端时延。目前已有的工程实践中，已经可以做到时延在 200ms 以内，与当前车端感知时延接近。随着技术发展，不管是车端感知时延，还是车路协同感知时延，都需要进一步降低。

6.6 C-V2X 高精度定位

车辆高精度定位是实现智慧交通、自动驾驶的必要条件，不仅为智能网联汽车及自动驾驶行驶安全提供重要保障，也是智能网联汽车感知和决策的时空基础[19]。随着 C-V2X 应用从辅助驾驶发展到自动驾驶，其定位精度性能要求也发生了变化。与其他应用不同，定位信息是保证与车联网位置相关业务可靠性的基本要素之一。3GPP 提出了定位的一些关键指标，如定位精度、时延、更新速率、功耗等。此外，对于 V2X 服务，其定位存在一些特殊需求，如连续性、可靠性和安全/隐私等。

6.6.1 C-V2X 高精度定位需求

车联网中，行驶安全、交通效率、信息服务、自动驾驶等不同应用类型具有不同的定位性能指标需求。同时，由于车辆行驶中会经历高速公路、城市道路、封闭园区以及地下车库等不同的道路环境和场景，对定位技术的要求也各不相同。典型的车联网基本应用类型对定位的业务需求[31]如表 6-6 所示。L4/L5 级自动驾驶对定位的需求[32]更为严苛，如表 6-7 所示。

表 6-6 C-V2X 基本应用类型对定位的业务需求[31]

应用类型	典型业务	通信方式	定位精度/m
行驶安全	紧急制动预警	V2V	≤1.5
	交叉路口碰撞预警	V2V	≤5
	路面异常预警	V2I	≤5
交通效率	车速引导	V2I	≤5
	前方拥堵预警	V2V,V2I	≤5
	紧急车辆让行	V2V	≤5
信息服务	汽车近场支付	V2I,V2V	≤3
	动态地图下载	V2N	≤10
	泊车引导	V2V,V2P,V2I	≤2

表 6-7 L4/L5 级自动驾驶对定位的需求[32]

项目	指标	理想值
位置精度	误差均值	<10cm
位置鲁棒性	最大误差	<30cm
姿态精度	误差均值	<0.5°
姿态鲁棒性	最大误差	<2.0°
场景	覆盖场景	全天候

在车联网定位技术中，目前可以商用的是基于实时动态定位（RTK，Real-Time Kinematic）的高精度 GNSS 增强定位技术。

6.6.2 基于 RTK 的 GNSS 高精度定位系统架构

GNSS 是指能在地球表面或近地空间的任何地点为用户提供全天候的三维坐标、速度和时间信息的空基无线电导航定位系统，如 GPS、GLONASS、伽利略导航卫星系统（GALILEO）和我国的北斗导航卫星系统[33]。但是目前普通 GNSS 提供的定位精度为 5~10m，不能满足第 6.6.1 节中描述的车联网应用定位精度要求，因此需要高精度的定位方案。

基于实时动态定位（RTK）的高精度 GNSS 增强定位技术是目前车联网中成熟可用的方案。基于 RTK 的高精度 GNSS 增强定位技术通过地面基准参考站（以下简称基准站）进行卫星观测，不断接收卫星数据，对电离层误差、对流层误差、轨道误差以及多路径效应等各种主要系统误差源进行优化分析，建立整网的电离层时延、对流层时延等误差模型，并将优化后的空间误差发送给终端用户——移动车辆。移动车辆根据自车位置及基准站误差信息不断纠正自车定位，最终达到厘米级的定位精度。GNSS 地基增强系统包括基准站、通信网络、系统控制中心、用户终端，其系统架构如图 6-14 所示。

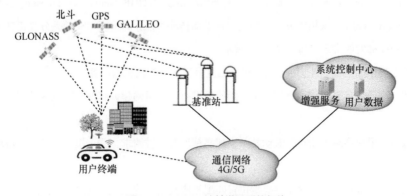

图 6-14　GNSS 地基增强系统架构

（1）基准站：提供 GNSS 地基增强系统的数据源，主要负责 GNSS 卫星信号的捕获、跟踪、采集与传输。

（2）通信网络：实现基准站与系统控制中心之间、系统控制中心与用户终端之间的通信。前者主要负责将基准站 GNSS 观测数据传输至系统控制中心，一般使用专线网或租用电信运营商网络。后者主要是将系统控制中心的差分信息传输至用户终端，一般采用蜂窝移动通信网，如 4G/5G 网络等。

（3）系统控制中心：是 GNSS 地基增强系统的核心单元，负责对各基准站采集的数据进行质量分析，对多站数据进行综合分析，形成统一的满足 RTK 服务的差分修正数据。按照测绘和定位导航的要求，给不同的用户终端输出对应的数据，例如，给 RTK 用户输出网络 RTK 差分修正信息，给米级定位导航用户输出伪距差分修正信息。

（4）用户终端：用户终端配置 GNSS 接收设备，向系统控制中心发送高精度定位请求动态实时数据，获取差分修正数据，实现不同精度（米级、分米、厘米级）的定位服务。车联网系统中的用户终端主要是安装有 GNSS 接收设备的车辆，RTK 服务可以实现厘米级的定位精度，满足车联网高精度定位需求。

6.6.3　基于 RTK 的 GNSS 高精度定位的关键技术

RTK 高精度定位技术通过基准站进行卫星观测，形成差分改正数，再通过数据通信链路将差分改正数播发到用户终端，即 GNSS 流动测量站。GNSS 流动测量站根据收到的改正数进行定位增强。因此，差分改正数的播发是整个方案实现的关键技术之一，目前采用的实现方式主要有以下两种。

（1）通过蜂窝网络向用户面播发差分改正数

差分改正数的用户面播发是基于 RTK 网络传输协议（NTRIP，Networked Transport of RTCM via Internet Protocol），采用差分信号格式实现单播传输方法，高精度 GNSS 差分改正数通过蜂窝网络用户面播发的实现步骤如图 6-15 所示。

步骤 1：由基准站观测卫星数据，将原始卫星观测值传输至云解算平台。

步骤 2：云解算平台收到原始卫星观测值后进行实时组网建模解算，形成区域网络化差分改正数。

步骤 3：用户终端（GNSS 流动站）发起高精度改正数请求，并上报当前卫星定位取得的初始位置。

步骤 4：云解算平台根据用户终端位置匹配相应高精度改正数，通过蜂窝网络用户面下发至用户终端。

步骤 5：用户终端设备根据自身的卫星观测值以及接收到的差分改正数，完成解算，进行高精度定位。

在这种播发方式中，蜂窝通信网络仅作为数据通路，差分改正数与蜂窝通信网不产生直接关联关系。

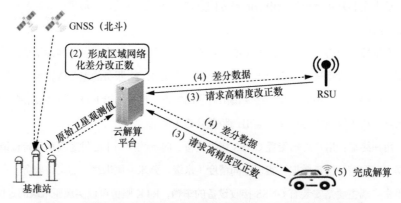

图 6-15　高精度 GNSS 差分改正数通过蜂窝网络用户面播发的实现步骤

（2）高精度 GNSS 差分改正数通过蜂窝网络控制面播发

借助蜂窝通信网络的覆盖优势，将高精度 GNSS 差分改正数引入蜂窝通信网络控制面，支持差分改正数的单播和广播两种播发方式。具体的实现步骤如下。

步骤 1：运营商定位服务器从基准站获取观测值，基准站可单独建立，也可以基于蜂窝网络中的基站进行改造升级。

步骤 2：在一个小区内，基站的位置可以被看作用户的概略位置，定位服务器通过部署方式或者基站上报的方式获得基站的位置信息。

步骤 3：定位服务器基于获得基站的位置信息以及基准站的测量值进行建模，并产生改正数，根据应用场景的不同，以单播或者广播的形式发送给终端。

步骤 4：用户终端获取改正数后进行定位解算。

关于差分改正数通过蜂窝网络控制面播发的标准体系框架，高精度 GNSS 在蜂窝通信网络 4G 系统中主要涉及的网元有 UE、eNB、移动性管理实体（MME，Mobility Management Entity）以及演进服务移动位置中心（E-SMLC，Evolution-Service Mobile Location Center）。

当差分改正数通过单播传输时，主要涉及的是 UE 与 E-SMLC 网元。E-SMLC 和 UE 之间的定位信令协议栈[34]如图 6-16 所示。当差分改正数通过广播传输时，定位服务器通过与基站的接口协议 LTE 定位协议 A（LPPa，LTE Positioning Protocol Annex）将数据发送给基站。基站通过空口广播给用户终端，E-SMLC 和 eNB 之间的定位信令协议栈[34]如图 6-17 所示，广播时 eNB 与 UE 之间的协议栈为控制面协议栈[34]，如图 6-18 所示。

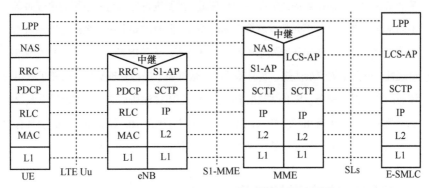

图 6-16　E-SMLC 和 UE 之间的定位信令协议栈[34]

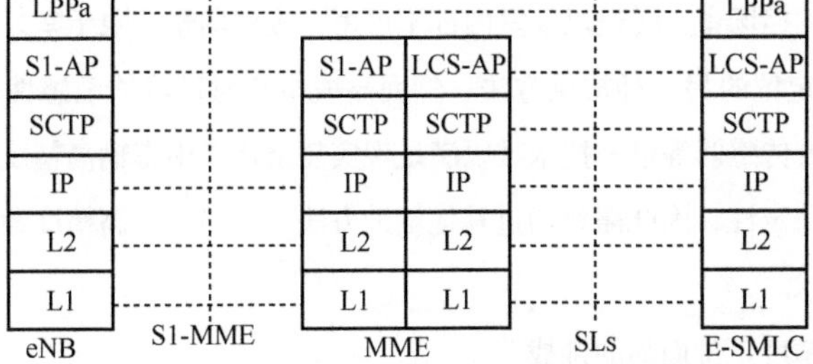

图 6-17　E-SMLC 和 eNB 之间的定位信令协议栈[34]

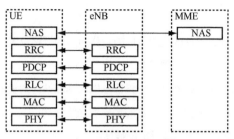

图 6-18 控制面协议栈[34]

在车联网应用中,高精度 GNSS 还需要考虑数据的可用性、一致性和合规性。

- 可用性:车联网应用场景涉及交通效率和交通安全,高精度定位的可用性是关键。可用性对于基准站的建设、运营、维护、后台数据中心的实时解算能力、服务稳定性以及通信链路的质量和覆盖都有较高的要求。
- 一致性:车联网的大规模应用需要互联互通,车联网应用的各个用户终端在位置数据上需要统一基准,高精度 GNSS 改正数在生成和播发时也需要保证数据一致性。数据不一致主要是由基准点坐标框架不一致或差分改正数解算方法不同造成的。因此,不建议由基准站独立负责该站点周边的差分信息覆盖,需要进行云端组网解算的增强服务,消除不同基准站之间以及不同数据解算之间的差异,同时需要考虑冗余的基准站备份,防止终端定位过程中由匹配基准站不一致、运营商不一致等因素带来的定位数据偏差。
- 合规性:根据相关测绘法规,实时差分服务数据属于受控管理数据,需要采取用户审核注册的方式提供服务。基准站数据中心管理部门审核注册后,应向省级以上测绘地理信息行政主管部门报备用户终端及使用目的。针对全国范围的服务提供商必须具有大地测量子项"全球导航卫星系统连续运行基准站网位置数据服务"甲级资质。

6.6.4 高精度定位的发展趋势

GNSS 技术在遮挡场景、隧道以及室内都不可用,应用场景受限于室外空旷环境。基于传感器的定位是车辆定位的另一种常见方法,然而高成本和对环境的敏感性也限制了其应用前景。通常,GNSS 或传感器等单一技术难以满足现实复杂环境中车辆高精度定位的要求,无法保证车联网定位的稳定性,因此需要通过其他辅助方法(如惯导、高精度地图等)来满足车联网高精度定位的需求。

(1)车联网高精度定位面临的挑战

目前车联网应用的定位要求面临以下 3 个方面挑战:GNSS 定位覆盖的局限性、高精度地图绘制和更新复杂,以及高精度定位成本高。

1) GNSS 定位覆盖的局限性

目前室外的定位技术以 RTK 为主,在室外空旷无遮挡环境可以达厘米级定位,但考虑城市环境有密集高楼区,以及隧道、高架桥、地下停车场等遮挡场景,需要结合惯导功能采用融合算法保持一定时间内的定位精度。如何保障车辆在所有场景下长时间稳定的高精度定位,是车联网应用场景下车辆高精度定位的巨大挑战。因此,需要结合蜂窝通信网、惯导、雷达、摄像机等进行多源数据融合,保障车辆随时随地的定位精度。

2) 高精度地图绘制和更新复杂

基于地图匹配的高精度定位技术需要高精度地图才能实现。从定位技术上,摄像机、雷达等传感器定位需要有相应的高精度地图匹配,以保证实现厘米级定位。对于车联网业务,路径规划、车道级监控和导航也需要高精度地图的配合。然而,高精度地图的绘制复杂、成本高,而且由于环境变化,需要及时更新才能保证定位性能和业务需求。

3) 高精度定位成本高

为保障车辆高精度定位的性能需求,需要融合蜂窝网、卫星、惯导、摄像机以及雷达数据,而惯导、激光雷达等传感器成本较高,难以实现快速普及,这限制了车辆高精度定位的商业应用。

(2) 车联网高精度定位的发展趋势

GNSS 或传感器等单一技术无法保证车辆在任意环境下的高精度定位性能,因此需要结合其他辅助方法(如传感器与高精度地图匹配定位、蜂窝网定位等)来提高定位精度和稳定性。本节简要介绍传感器与高精度地图匹配定位技术,基于 5G 和 B5G 的高精度定位技术展望参见第 10.2.2 节。

视觉定位通过摄像机或激光雷达等视觉传感器设备获取视觉图像,再提取图像序列中的一致性信息,根据一致性信息在图像序列中的位置变化估计车辆的位置。根据事先定位采用的策略,可将其分为基于路标库和图像匹配的全局定位、即时定位与地图构建(SLAM, Simultaneous Localization and Mapping)、基于局部运动估计的视觉里程计(VO, Visual Odometry)3 种方法。

- 基于路标库和图像匹配的全局定位:基于路标库和图像匹配的全局定位需要预先采集场景图像,建立全局地图或路边数据库,当车辆需要定位时,将当前位姿图像与路边数据库进行匹配,再估计当期图像与对应路边之间的相对位置,最终得到全局的定位信息。
- SLAM:SLAM 基于采集的视觉信息,在车辆行驶的过程中对经过的区域进行地图构建和定位。
- VO:VO 通过增量式地估计移动物体的运动参数,关注如何计算图像序列中相邻图像间所反映的移动物体位姿变化,并将局部运动估计的结果累积到车辆轨迹中。

基于高精度地图的定位原理为：通过惯性递推或航位推算获取定位预测值，再通过地图匹配定位与 GNSS 高精定位进行滤波融合，对预测结果进行校正，获得精确定位信息，从而满足自动驾驶的高精度定位要求。

6.7　C-V2X 云协同平台

云协同平台是车路云协同系统的重要组成部分，通过前述 C-V2X 通信技术、融合感知技术获得道路、交通参与者信息，为智能网联汽车、智慧交通提供多样化的车路云协同应用。

云协同平台以云计算、大数据、人工智能等技术为手段，以网络化、信息物理系统、复杂大系统等理论为依托，实现大规模和扁平化接入，是具有高度自主和高度智能控制功能的云平台系统。

云协同平台架构如图 6-19 所示，包括平台基础能力、应用能力组件、车联网应用、信息安全支撑系统四大部分，向下通过光纤回传网从路侧基础设施获得道路状况数据。智能网联汽车可通过车载终端与路侧设备间的 C-V2X 通信链路，也可直接通过 C-V2X 或 5G 网络接入云协同平台，使用车路云协同服务。

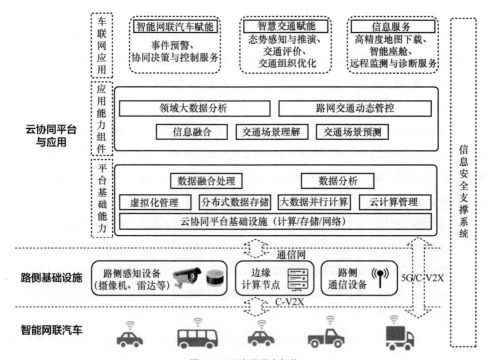

图 6-19　云协同平台架构

云协同平台基础能力包括含计算/存储/网络在内的云协同平台基础设施、虚拟化管理、分布式数据存储、大数据并行计算、云计算管理、数据融合处理、数据分析等基础能力组件，需要使用虚拟化、分布式数据存储、大数据并行计算、云计算管理平台等关键技术。云协同平台基础能力的技术难点是满足海量交通参与者所产生的高并发、低时延数据交互需求。

应用能力组件包括信息融合、交通场景理解、交通场景预测3个部分功能。通过数字基础设施、智能网联车辆、外部第三方平台，云协同平台将获得大量异构多源数据，需要对这些数据进行充分的融合，采用机器学习和分布式数据融合方法实现广域协同感知。交通场景理解和交通场景预测则是大数据分析技术在交通领域的具体运用，实现对交通数据的有效洞察。交通场景理解是在交通信息融合的基础上，对交通信息进行认知，主要是对交通场景进行感知，对交通参与者的状态进行提取，对交通事件进行快速发现。交通场景预测则是通过对海量的交通场景数据进行分析，深入挖掘数据间内在关系，对未来的交通场景进行预测，以帮助智能网联汽车实现协同决策，帮助交通管理实现有效决策。

信息安全是车路云一体化智能驾驶的安全屏障，需要在云协同平台实现接入安全、计算安全、数据安全和应用安全，通过可信身份凭证及验证、数据隐私计算等技术的应用，保障云协同平台服务的安全性。

云协同平台以上述能力支撑智能网联汽车赋能、智慧交通赋能、信息服务三大类应用。智能网联汽车赋能应用主要提供事件预警、协同决策与控制服务，满足智能网联汽车安全、效率、节能、舒适方面的需求。智慧交通赋能应用主要服务于交管、交运、市政等政府职能部门，可以提供路网交通态势感知与推演、交通评价、交通组织优化等服务，可以达到疏解交通拥堵、提升路网利用率、减少交通事故发生、降低碳排放等目的。信息服务应用包括地图下载、智能座舱、远程监测与诊断服务等。同时，云协同平台采用分级部署，包含边缘云、区域云与中心云的三级云。

在云协同平台的建设与应用中，应遵循"分层解耦，跨域共用"的技术特征[35-36]。一方面，将云协同平台的基础能力与应用解耦，实现云平台的能力开放与资源高效利用。另一方面，将云协同平台的基础设施资源、数据与服务以合理的逻辑在区域、城市、行业间实现跨域共用，例如，通过边缘云实现面向智能网联汽车的增强感知、辅助决策与规划等服务，提升车辆行驶安全性、经济性与体验感；通过区域云支撑交通管理部门实现区域交通的智慧化与精细化管理，保障城市交通运行安全和效率的综合提升；通过中心云大数据赋能类应用，支撑人工智能模型训练、产业运行数据分析等，实现车路云协同系统基础动态数据的价值最大化。

思考题

1. C-V2X 通信技术在车路云协同系统中的重要作用是什么？
2. 高精度地图更新可采用哪些方式？其面临的主要技术挑战是什么？
3. 车路协同融合感知的主要关键技术是什么？
4. 为了满足 C-V2X 应用的高精度定位需求，除了采用全球导航卫星系统（GNSS），还有哪些高精度定位技术？如何实现不同定位技术的融合？

参考文献

[1] ETSI. Mobile-edge computing - introductory technical white paper[R]. 2014.

[2] 陈山枝，王胡成，时岩. 5G 移动性管理技术[M]. 北京：人民邮电出版社，2019.

[3] ETSI. Multi-access edge computing (MEC); framework and reference architecture: GS MEC 003 v2.1.3[R]. 2019.

[4] IMT-2020（5G）推进组. MEC 与 C-V2X 融合应用场景白皮书[R]. 2019.

[5] 中国通信标准化协会（CCSA）. 面向 LTE-V2X 的多接入边缘计算总体需求和业务架构（送审稿）[S]. 2020.

[6] 5GAA. Toward fully connected vehicles: edge computing for advanced automotive communications[R]. 2017.

[7] SOUA R, TURCANU I, ADAMSKY F, et al. Multi-access edge computing for vehicular networks: a position paper[C]//Proceedings of the 2018 IEEE Globecom Workshops (GC Wkshps). Piscataway: IEEE Press, 2018: 1-6.

[8] OJANPERÄ T, VAN DEN BERG H, IJNTEMA W, et al. Application synchronization among multiple MEC servers in connected vehicle scenarios[C]//Proceedings of the 2018 IEEE 88th Vehicular Technology Conference (VTC-Fall). Piscataway: IEEE Press, 2018: 1-5.

[9] 3GPP. Study on enhancement of 3GPP support for 5G V2X services: TR 22.886 v16.2.0[R]. 2018.

[10] ETSI. Multi-access edge computing (MEC);V2X information service API: GS MEC 0030

v2.0.14[R]. 2020.

[11] IMT-2020（5G）推进组. 基于 AI 的智能切片管理和协同白皮书[R]. 2019.

[12] NGMN Alliance. NGMN 5G white paper[R]. 2015.

[13] 3GPP. Architecture enhancements for 5G system (5GS) to support vehicle-to-everything (V2X) services: TS 23.287 v16.1.0[S]. 2019.

[14] 张云勇, 严斌峰, 王鑫, 等. 网络切片赋能行业应用的模式探究[J]. 信息通信技术, 2019, 13(4): 7-13.

[15] WONG K, GU Y L, KAMIJO S. Mapping for autonomous driving: opportunities and challenges[J]. IEEE Intelligent Transportation Systems Magazine, 2021, 13(1): 91-106.

[16] 李彦宏. 智能交通: 影响人类未来 10-40 年的重大变革[M]. 北京: 人民出版社, 2021.

[17] 泰伯智库. 高精度地图技术与应用白皮书(2022)[R]. 2022.

[18] 中国智能网联汽车产业创新联盟自动驾驶与定位工作组. 智能网联汽车高精度地图白皮书[R]. 2021.

[19] 中国汽车工程学会, 国家智能网联汽车创新中心. 中国智能网联汽车产业发展报告（2022）[M]. 北京: 社会科学文献出版社, 2023.

[20] PAULS J H, STRAUSS T, HASBERG C, et al. Can we trust our maps? An evaluation of road changes and a dataset for map validation[C]//Proceedings of the 2018 21st International Conference on Intelligent Transportation Systems (ITSC). Piscataway: IEEE Press, 2018: 2639-2644.

[21] WANG Z J, WU Y, NIU Q Q. Multi-sensor fusion in automated driving: a survey[J]. IEEE Access, 2020, 8: 2847-2868.

[22] 李骏. 智能网联汽车导论[M]. 北京: 清华大学出版社, 2022.

[23] LIU Y C, TIAN J J, MA C Y, et al. Who2com: collaborative perception via learnable handshake communication[C]//Proceedings of the 2020 IEEE International Conference on Robotics and Automation (ICRA). Piscataway: IEEE Press, 2020: 6876-6883.

[24] ABDEL-AZIZ M K, SAMARAKOON S, PERFECTO C, et al. Cooperative perception in vehicular networks using multi-agent reinforcement learning[C]//Proceedings of the 2020 54th Asilomar Conference on Signals, Systems, and Computers. Piscataway: IEEE Press, 2020: 408-412.

[25] KIM S W, QIN B X, CHONG Z J, et al. Multivehicle cooperative driving using cooperative perception: design and experimental validation[J]. IEEE Transactions on Intelligent

Transportation Systems, 2015, 16(2): 663-680.

[26] MILLER A, RIM K, CHOPRA P, et al. Cooperative perception and localization for cooperative driving[C]//Proceedings of the 2020 IEEE International Conference on Robotics and Automation (ICRA). Piscataway: IEEE Press, 2020: 1256-1262.

[27] WANG L F, ZHANG Z Y, DI X, et al. A roadside camera-radar sensing fusion system for intelligent transportation[C]//Proceedings of the 2020 17th European Radar Conference (EuRAD). Piscataway: IEEE Press, 2021: 282-285.

[28] MO Y H, ZHANG P L, CHEN Z J, et al. A method of vehicle-infrastructure cooperative perception based vehicle state information fusion using improved Kalman filter[J]. Multimedia Tools and Applications, 2022, 81(4): 4603-4620.

[29] ZHAO X M, MU K N, HUI F, et al. A cooperative vehicle-infrastructure based urban driving environment perception method using a D-S theory-based credibility map[J]. Optik, 2017, 138: 407-415.

[30] WANG W F, ZHENG M F, WAN J, et al. Advanced driver assistance systems and risk identification in cooperative vehicle infrastructure system environment[C]//Proceedings of the 2019 5th International Conference on Transportation Information and Safety (ICTIS). Piscataway: IEEE Press, 2019: 337-343.

[31] 中国汽车工程学会. 合作式智能运输系统 车用通信系统应用层及应用数据交互标准: T/C SAE 53-2017[S]. 2017.

[32] IMT-2020（5G）推进组. 车辆高精度定位白皮书[R]. 2019.

[33] 中国联通. 车辆高精度定位白皮书[R]. 2019.

[34] 3GPP. 5G system (5GS) location services (LCS): TS 23.273, v15.3.0[S]. 2020.

[35] 丁飞, 张楠, 李升波, 等. 智能网联车路云协同系统架构与关键技术研究综述[J]. 自动化学报, 2022, 48(12): 2863-2885.

[36] 李克强. 践行"车路云一体化"发展战略, 突破产业化规模化发展路径[R]. 2024.

第 7 章 | C-V2X 安全技术

第 7 章
C-V2X 安全技术

C-V2X 产业是汽车、电子、信息通信、道路交通运输等行业深度交叉融合的新型产业形态，其中车联网的功能安全、网络安全、隐私和数据安全是构建车联网应用的关键环节。与传统网络系统相比，C-V2X 新的系统组成和新的通信场景为系统安全性及用户隐私保护带来了新的需求与挑战。本章从分析 C-V2X 面临的安全挑战出发，介绍了 C-V2X 安全系统架构、C-V2X 通信层安全技术和 C-V2X 应用层安全技术，为读者建立 C-V2X 的安全视图。

7.1 概述

车联网通过人、车、路与网之间的实时感知与协同来实现智能交通管理、智能动态信息服务和智能车辆控制的一体化,提供道路安全、交通效率提升和信息娱乐等各类服务。与传统通信系统相比,车联网系统有新的系统组成、新的通信场景,这些为系统安全性及用户隐私保护带来了新的需求与挑战。

C-V2X 系统可以分为车联网设备层、车联网网络层和车联网应用层,不同的层面临的安全风险和挑战不尽相同,因此本节首先从多个角度分析车联网的安全风险和挑战。

从车联网设备的角度分析,其主要包括车联网车载终端和路侧设备,这些设备具有不同的安全风险。

(1)从车联网车载终端的角度,车联网车载终端集成了导航、车辆控制、辅助驾驶、移动办公等功能,导致车载终端更容易成为黑客攻击的目标,进而造成信息泄露、车辆失控等重大安全问题。因此车载终端面临着比传统终端更大的安全风险。车载终端存在的多个物理访问接口和无线连接访问接口使车载终端容易受到欺骗、入侵和控制的安全威胁,同时车载终端本身还存在访问控制风险、固件逆向风险、不安全升级风险、权限滥用风险、系统漏洞暴露风险、应用软件风险及数据篡改和泄露风险。

(2)从路侧设备的角度,由于路侧设备是车联网系统的核心单元,它的安全关系到车辆、行人和道路交通的整体安全,所以主要面临非法接入、运行环境风险、设备漏洞、远程升级风险和部署维护风险。

从车联网通信的角度分析,其包括车内系统的通信和车与车、车与路、车与网络等的车联网通信。对于车内系统而言,C-V2X 车载终端是车辆系统中的一个功能节点。而对于 C-V2X 车载终端而言,车内系统是 C-V2X 车载终端的执行器,包含车内所有与其交互的电子电气系统。其安全风险包括以下两方面。

(1)从车联网通信的角度,C-V2X 技术包括蜂窝通信方式和短距直通通信方式。在蜂窝通信方式下,C-V2X 继承了传统蜂窝网络系统面临的安全风险,存在假冒终端、假冒网络、信令/数据窃听和信令/数据篡改/重放等安全风险。在短距直通通信方式下,C-V2X 系统除了面临假冒网络、信令窃听、信令篡改/重放等信令面安全风险,还面临虚假信息、假冒终端、信息篡改/重放和隐私泄露等用户面安全风险。

(2)从车内通信的角度,车内系统通过车内网络,如控制器局域网络(CAN, Controller Area

Network)、总线网络、车载以太网等,与车载终端相连,使整个车内系统暴露在外部不安全的环境中,车内系统面临假冒节点、接口恶意调用和指令窃听/篡改/重放等安全风险。

从车联网应用的角度分析,其主要包括基于云平台的业务应用以及基于 PC5/V5 接口的直通通信业务应用。基于云平台的应用以蜂窝网通信为基础,继承了"云、管、端"模式现有的安全风险,包括假冒用户、假冒业务服务器、非授权访问、数据安全等。直通通信应用以网络层 PC5 广播为基础,主要面临伪造/篡改/窃听信息、用户隐私泄露等安全风险。

从车联网数据的角度分析,其数据来源广泛、种类众多,各种类型的数据在生成、传输、存储、使用、丢弃或销毁等各个阶段,在终端、网络、业务平台等各个层面均面临非法访问、非法篡改、用户隐私泄露等安全风险。

为了应对上述安全风险和挑战,车联网安全应关注智能网联汽车安全、移动智能终端安全、车联网服务平台安全、通信安全,同时在各个环节要注意数据安全和用户隐私保护,车联网安全视图如图 7-1 所示。

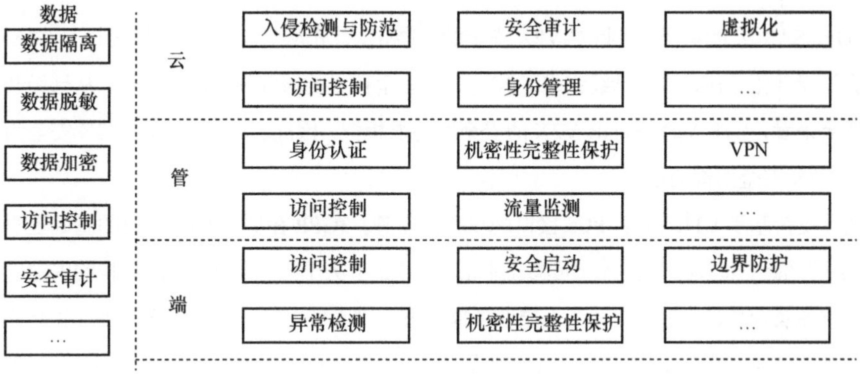

图 7-1 车联网安全视图

从业务应用的角度来看,车联网业务系统要保证业务使用者和服务者对相关业务应用的合法访问、业务数据存储、数据传输中的机密性和完整性及安全审计的可追溯性,同时车联网应用应采用安全防护措施来保证云平台的安全。

从网络通信的角度来看,车联网系统需要对消息来源进行认证,以保证消息的合法性;支持对消息的完整性及抗重放保护,从而避免消息在传输时被伪造、篡改、重放;根据业务需求支持对消息的机密性保护,从而避免消息在传输时被窃听,防止用户敏感信息泄露;支持对终端真实身份标识及位置信息的隐藏,从而防止用户隐私泄露。

从终端的角度来看,设备要实现接口的安全防护,通过完备的接入控制机制来保证合法的用户可访问合法的业务,设备要具有对敏感数据的存储和运算进行安全隔离的能力,同时也要确保设备基础运行环境的安全，实现启动验证功能、固件升级验证功能、程序更新及完整性验证功能。为了应对恶意消息带来的影响，车联网设备要具有入侵检测和防御能力，并能够将可能的恶意消息上报车联网平台进行分析和处理。

从端到端数据的角度来看，车联网系统应保证不同类型的数据在其生命周期中各个阶段的安全，对数据要采取相应的安全措施进行差异化的安全保护，要实现数据的机密性、完整性、可用性、可溯源性和隐私保护，同时也要加强车联网系统的安全管理，防止数据内部入侵。

本章将从 C-V2X 安全系统架构入手，介绍 C-V2X 通信层安全技术、C-V2X 应用层安全技术、C-V2X 设备的认证授权技术及 C-V2X 数据安全和隐私保护，保证 C-V2X 通信的安全，实现 C-V2X 的安全管理。

7.2　C-V2X 安全系统架构

3GPP SA3 从 R14 开始进行 C-V2X 安全的标准化，首先从 LTE-V2X 开始进行 C-V2X 的安全研究和标准化工作，目前已经完成了 NR-V2X 安全技术的研究和标准化工作。从已经开展的工作成果来看，LTE-V2X 和 NR-V2X 的安全架构很相似，因此，本节以 LTE-V2X 安全为基础进行 C-V2X 安全架构的描述。

为了支持基于 LTE-Uu 和 PC5 接口的车联网业务，3GPP 在现有 LTE 网络的基础上引入了 V2X 控制功能（即 VCF）网元（可参见本书第 4.3.2 节关于 LTE-V2X 网络架构的内容），对车联网终端及业务进行管控，并为上层业务提供方提供服务支撑，满足业务需要。由于 C-V2X 系统包括 LTE-Uu 接口和 PC5 接口两种方式，因此从安全角度来看，C-V2X 的安全架构也需要从 Uu 接口和 PC5 接口两个角度来考虑。

基于 Uu 接口的 C-V2X 系统安全架构[1]如图 7-2 所示，其中①~⑧所示为 8 个安全域。从图 7-2 可以看出，基于 Uu 接口的 C-V2X 系统安全架构与 LTE 安全架构类似，其中网络接入安全（如①所示）、网络域安全（如②所示）、认证及密钥管理（如③所示）和网络安全能力开放（如⑥所示）等采用了 LTE 现有的安全机制。与 C-V2X 相关的安全包括车联网业务接入安全（如④所示），是 C-V2X 系统新增的安全域，主要为终端与其归属网络的 V2X 控制功能之间提供双向认证，对终端身份提供机密性保护；在终端与 V2X 控制功能之间为配置数据提供传输时的完整性保护、机密性保护和抗重放保护。车联网业务能力开放安全（如⑤所示）采取类似于网络域安全的方法为上层车联网应用提供 C-V2X 业务能力开放过程中的接入及数据传输安全，在不同安全域之间采用 IP 安全协议（IPSec, Internet Protocol Security）、传输层安全（TLS, Transport Layer Security）

协议等安全机制为业务提供双向认证、加密、完整性保护和抗重放的安全保障。车联网应用层安全（如⑦所示）负责车联网终端上的应用和 C-V2X 业务提供方之间的数据通信安全和用户隐私保护。车内系统及接口安全（如⑧所示）负责车载终端接入车内系统以及数据交互的安全。

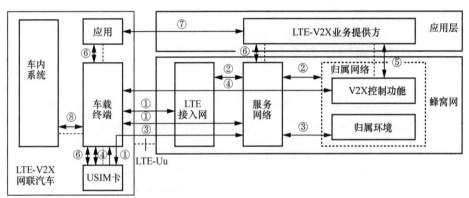

图 7-2　基于 Uu 接口的 C-V2X 系统安全架构[1]

  LTE-V2X 直通通信场景系统安全架构[1]如图 7-3 所示，描述了基于 PC5 接口的 C-V2X 系统安全架构，其中①～⑤所示为不同的安全域。网络层安全（如①所示）负责车联网终端的数据通信安全和用户隐私安全。目前 3GPP 在网络层没有对 PC5 接口上广播的数据进行安全防护，数据的传输通过应用层进行安全保障，网络层提供了标识更新机制来保护用户隐私。终端通过随机动态改变源端用户链路层标识和源 IP 地址，防止用户身份标识信息在 PC5 广播通信的过程中遭到泄露，被攻击者跟踪。目前 C-V2X 系统在应用层主要考虑采用数字证书的方法实现业务消息的数字签名及加密/解密，相应地，系统需要部署证书颁发机构（CA，Certificate Authority）基础设施，实现数字证书的全生命周期管理。通信交互时，车联网终端使用数字证书对将要发送的业务消息进行签名，对接收到的业务消息进行验签，从而保证消息的完整性以及业务消息来源的合法性。

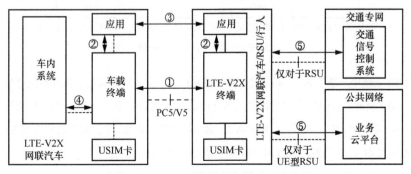

图 7-3　LTE-V2X 直通通信场景系统安全架构[1]

7.3 C-V2X 通信层安全技术

7.3.1 C-V2X 通信层安全技术概述

C-V2X 通信安全主要包括基于 PC5 接口的安全、基于 Uu 接口的安全。基于 PC5 接口的 C-V2X 安全协议栈如图 7-4 所示，基于 Uu 接口的 C-V2X 安全协议栈如图 7-5 所示。

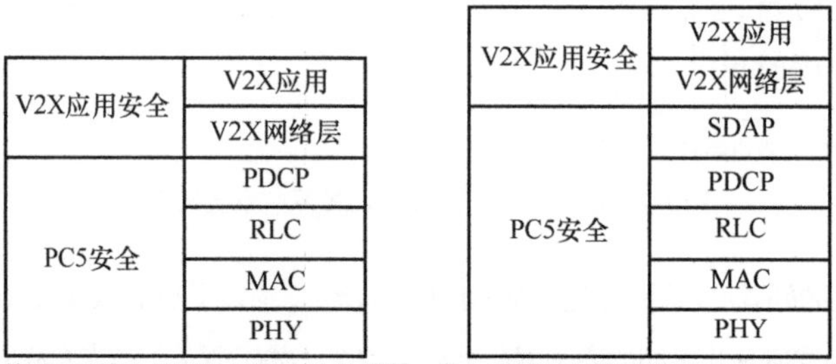

V2X应用安全	V2X应用
	V2X网络层
PC5安全	PDCP
	RLC
	MAC
	PHY

（a）基于PC5接口的LTE-V2X安全协议栈

V2X应用安全	V2X应用
	V2X网络层
	SDAP
PC5安全	PDCP
	RLC
	MAC
	PHY

（b）基于PC5接口的NR-V2X安全协议栈

图 7-4　基于 PC5 接口的 C-V2X 安全协议栈

V2X应用安全	V2X应用
	PDCP
LTE-Uu安全	RLC
	MAC
	PHY

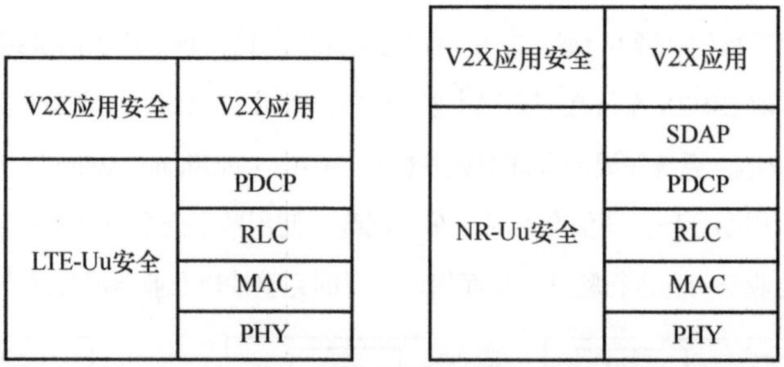

（a）基于Uu接口的LTE-V2X安全协议栈

V2X应用安全	V2X应用
	SDAP
	PDCP
NR-Uu安全	RLC
	MAC
	PHY

（b）基于Uu接口的NR-V2X安全协议栈

图 7-5　基于 Uu 接口的 C-V2X 安全协议栈

在 LTE 系统中，基于 PC5 的 C-V2X 系统采用广播的方式进行通信，因此在网络层没有定义相关的安全机制进行保护[2]，其 V2X 设备之间的 PC5 接口安全完全由 C-V2X 应用层安全来实现。在 5G 系统中，基于 PC5 接口的 C-V2X 系统可以采用单播、多播和广播的方式进行通信，因此 NR-V2X 对 V2X 设备之间的 PC5 接口单播通信安全进行了增强。

基于 Uu 接口的 C-V2X 安全采用移动蜂窝系统提供的安全机制[3]来保证 C-V2X 的通信安

全,同时 C-V2X 通信层安全还包括核心网中与 V2X 业务相关的接口安全,包括 LTE 系统中 V2X 设备与 V2X 控制功能之间的接口安全、V2X 控制功能与 HSS 之间的接口安全以及漫游场景下 V2X 控制功能之间的接口安全。针对 NR 系统,核心网没有为 V2X 增加新的网元和网络功能,因此 5G NR 的核心网采用了 3GPP 关于 5G 安全的技术规范 TS 33.501 提供的安全机制来实现与 V2X 相关的接口安全。

7.3.2 LTE-V2X 通信层安全技术

LTE-V2X 系统在 LTE 系统的基础上增加了 V2X 控制功能,并将其用于 C-V2X 通信(参见本书第 4.3.2 节)。由于 LTE-V2X 系统增加了 V2X 控制功能,所以新增加了 V1~V5 接口,其中 V1 接口和 V2 接口属于车联网业务接口,由相应的车联网业务提供安全机制。LTE-V2X 系统在 PC5 接口上采用广播方式进行通信,因此 3GPP 没有在 PC5 接口上提供安全机制,V2X 设备之间的安全由 V5 接口上承载的 C-V2X 应用层安全提供,第 7.4 节将详细介绍 C-V2X 应用层安全机制。

对于 V3 接口,V2X 设备通过该接口与 V2X 控制功能交互,V3 接口的安全采用了 3GPP 定义的邻近通信的安全机制。

当 V2X 设备的配置更改后,通过通用集成电路卡(UICC,Universal Integrated Circuit Card)OTA 机制来保护 UICC 配置数据的传输。

当 V2X 设备向 V2X 控制功能发送消息时,使用通用引导架构(GBA,Generic Bootstrapping Architecture)或者预共享密钥(PSK,Pre-Share Key)TLS 来保护消息。当 V2X 控制功能向 V2X 设备发送消息时,如果原来为保护 V2X 设备发送消息而建立的 PSK TLS 连接还存在,则继续使用该 PSK TLS 会话保护 V2X 控制功能发送的消息。如果没有 PSK TLS 连接,那么使用新建的 PSK TLS 连接或者使用 GBA Push 安全机制来保护 V2X 控制功能发送的消息。

7.3.3 NR-V2X 通信层安全技术

NR-V2X 通信包括单播、多播和广播模式,其中基于 PC5 接口的多播模式和广播模式的安全机制没有增强。本节主要介绍基于 PC5 接口的单播模式的安全需求和安全机制。

3GPP 在关于 V2X 业务安全的技术规范 TS 33.536[4]中定义了基于 PC5 单播模式的安全需求,如果消息发起方的 V2X 设备激活了安全机制,那么消息发起方的 V2X 设备需要为每个消息接收方的 V2X 设备建立不同的安全上下文;消息发起方的 V2X 设备与每个消息接收方的

V2X 设备之间的 PC5 单播链路的安全建立过程应受保护，以避免中间人攻击；NR-V2X 系统应支持对 PC5 单播用户面数据和控制面信令的机密性保护、完整性保护和重放保护；NR-V2X 系统应支持为特定的 PC5 单播链路提供配置信令面和用户面的安全策略手段。

PC5 单播链路的密钥体系[5]如图 7-6 所示。

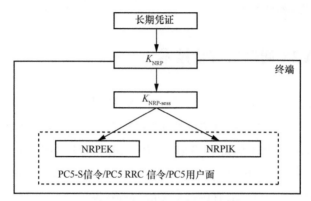

图 7-6 PC5 单播链路的密钥体系[5]

其中，长期凭证是提供给 V2X 设备用来构成 PC5 单播链路安全的根。根据特定的场景，长期凭证可以是对称密钥，也可以是公/私钥对。V2X 设备之间通过交换认证信令得出 K_{NRP}，K_{NRP} 是 256 位根密钥，在使用 PC5 单播链路进行通信的两个 V2X 设备之间共享。V2X 设备可以通过使用长期凭证重新运行身份验证信令的方式来更新 K_{NRP}。为了生成 $K_{NRP-sess}$，V2X 设备之间需要交换随机数。$K_{NRP-sess}$ 长度为 256bit，是用来生成保护 V2X 设备之间数据传输安全上下文的根密钥。在 V2X 设备之间的单播通信会话期间，可以通过运行密钥更新过程来刷新 $K_{NRP-sess}$。$K_{NRP-sess}$ 可以推衍出机密性和完整性算法中使用的密钥 NR PC5 加密密钥（NRPEK，NR PC5 Encryption Key）和 NR PC5 完整性密钥（NRPIK，NR PC5 Integrity Key），用于保护 PC5-S 信令、PC5 RRC 信令和 PC5 用户面数据。

图 7-7 描述了 PC5 单播连接建立过程中安全认证和密钥建立等安全过程。在该过程中，UE_1 发送直通通信请求。该消息可以被多个 UE 接收。UE_2a 选择响应该消息，并启动直接身份验证和密钥建立过程生成密钥 K_{NRP}。然后，UE_2a 与 UE_1 运行直接安全模式命令过程，以继续连接建立过程。如果成功，则 UE_2a 发送直接通信接受消息。UE_2b 选择不响应 UE_1，UE_2c 使用与 UE_2a 相同的消息序列来响应 UE_1。

当每个消息响应者决定激活信令完整性保护和/或信令机密性保护时，每个响应者都与 UE_1 建立不同的安全上下文，即 UE_2b 和 UE_2c 不应该知道 UE_1 与 UE_2a 之间使用的安全上下文。

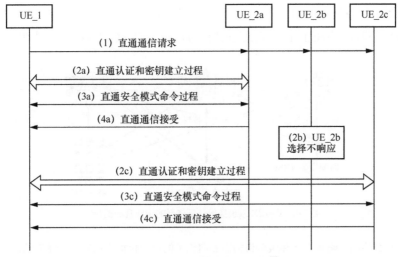

图 7-7　PC5 单播连接建立过程[5]

7.4　C-V2X 应用层安全技术

7.4.1　C-V2X 应用层安全技术概述

3GPP 定义的 C-V2X 架构在网络层没有对 PC5/V5 直通通信接口采取任何通信安全保护机制，主要依靠 C-V2X 应用层安全机制来保障 C-V2X 的通信安全。同时，将应用层安全作为蜂窝通信场景的附加安全解决方案，确保业务数据传输时的机密性及完整性，防止业务数据被重放。

为了实现车联网设备之间的安全认证和安全通信，车联网系统使用基于公钥证书的公钥基础设施（PKI, Public Key Infrastructure）确保设备间的安全认证和安全通信，采用数字签名和加密等技术手段实现车联网设备之间消息的安全通信。为此，车联网需要建立车联网通信身份认证体系，实现证书颁发、证书撤销、终端安全信息收集、数据管理、异常分析等一系列与安全相关的功能，确保车联网的安全。

车联网安全体系需要管理车载终端、路侧设备以及包括制造工厂、注册机构、授权机构和服务机构在内的与车联网业务相关的各个部门。C-V2X 系统身份认证体系的构成及数据流[6]如图 7-8 所示，其中设备生产厂商负责车联网系统相关设备的生产，注册机构负责车联网设备的认证，设备只有经过相关注册机构的认证之后才能在车联网系统中使用，授权机构负责车联网设备的授权，设备只有经过相关授权机构的授权才能在系统中播发授权许可的消息。

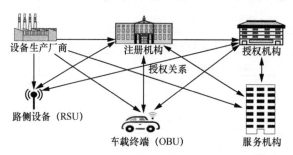

图 7-8　C-V2X 系统身份认证体系的构成及数据流[6]

首先车载终端、路侧设备和服务机构需要向相关的授权机构申请其用于签发消息的数字证书。授权机构根据其安全策略向车载终端、路侧设备和服务机构颁发其用于签发消息的数字证书，该证书中包含数字证书适用范围的授权信息，如该设备是否允许签发主动安全消息、是否允许签发路侧设备状态或者是否允许签发交通信息等。收到授权机构签发的数字证书后，车载终端、路侧设备和服务机构使用该数字证书对 V2X 消息进行签名并广播，随同该签名消息一同广播的还有用于对消息进行签名的数字证书。当车载终端和/或路侧设备接收到签名消息后，首先验证消息中的数字证书是否有效，然后使用该数字证书对该签名消息进行验证，在验证中还需要验证所签消息是否在签名证书所规定的权限内，没有通过验证的消息将被设备忽略。

本节主要介绍 C-V2X 应用层安全证书种类及格式，并在此基础上介绍 C-V2X 应用层安全证书生命周期的管理机制。

7.4.2　C-V2X 安全管理证书

目前 C-V2X 采用应用层安全的方法对 PC5/V5 接口直通通信进行安全保护。C-V2X 安全采用公钥证书体系，通过对消息进行数字签名的方法确保消息来源的真实性以及消息自身的完整性。

车联网安全管理系统颁发的证书有以下几种类型。

（1）根证书（Root Certificate）

根 CA 的自签证书。根证书是一个车联网安全管理系统证书链的根节点，起到了车联网安全管理系统的信任锚点的作用。

（2）注册证书（Enrollment Certificate）

注册证书由注册 CA 颁发给车载终端、路侧设备和业务应用。车载终端、路侧设备或业务应用被注册机构认证后，注册 CA 会为其颁发注册证书。注册证书与设备唯一对应。设备使用注册证书从各授权机构获取其他与车联网安全通信相关的消息签名证书。

车载终端、路侧设备和业务应用首先在其系统的安全初始化阶段向注册机构申请注册证书，然后使用其获得的注册证书来请求其他证书，如假名证书、身份证书和应用证书等。

（3）应用证书（Application Certificate）

应用证书是颁发给路侧设备和业务应用的证书，用于路侧设备和业务应用签发其播发的某种应用消息（如交通信号灯状态、交通信息等）。由于路侧设备和业务应用没有隐私限制，因此针对每个车联网业务应用，路侧设备或业务应用只有一个应用证书。

（4）身份证书（Identification Certificate）

身份证书是颁发给车载终端的证书，车载终端使用身份证书与 V2I 应用进行认证和授权，如警车与红绿灯的交互。身份证书以 V2I 应用为单位颁发给车载终端，身份证书的使用没有隐私保护限制，车载终端只有一个身份证书。

（5）假名证书（Pseudonym Certificate）

为保护用户隐私，避免车辆轨迹泄露，车载终端需要使用假名证书签发其播发的道路行驶安全消息。假名证书由假名 CA 颁发给车载终端，假名证书的标识受密码保护，接收者不能通过该证书标识与特定用户直接关联起来。为避免车辆行驶轨迹泄露或被跟踪，车载终端在某个时间段内（如 1 周）可以拥有多个（如 20 个）有效证书，并且车载终端可以在某个短时间段内（如 5min）随机选取 1 个证书，用于签发车联网消息，以避免因长时间使用同一个签名证书致使行驶轨迹泄露。

在 C-V2X 中，车联网设备使用基于数字证书的应用层安全机制来实现发送方对车联网消息的完整性和抗重放攻击保护、消息接收方对接收到的车联网消息的验签认证。证书基本结构如表 7-1 所示。

表 7-1 证书基本结构

数据域 1	数据域 2	数据域 3	是否必选	说明
版本		version	是	证书结构版本
类型		type	是	证书结构类型： • 显式证书； • 其他结构的证书
颁发者		issuer	是	自签证书或颁发此证书的 CA 证书的 HashedId8 值
签名数据	toBeSigned	id	是	证书标识
		cracaId	是	CRL-CA 标识 HashedId3，若不使用，设置为全零

续表

数据域 1	数据域 2	数据域 3	是否必选	说明
签名数据	toBeSigned	crlSeries	是	CRL 序列号，若不使用，设置为全零
		validityPeriod	是	有效期
		region	否	有效地理范围
		assuranceLevel	否	信任级别
		appPermissions	否	应用数据签名权限（如车载终端/路侧设备签名的应用消息类型）
		certIssuePermissions	否	适用于 CA 证书，描述可颁发的证书种类和权限范围
		certRequestPermissions	否	适用于注册证书，描述可申请的证书种类、权限范围
		canRequestRollover	否	是否能够用于请求同等权限的证书
		encryptionKey	否	加密公钥
		verifyKeyIndicator	是	验证公钥，采用其他结构的证书结构时，可以是相关数据
签名值		signature	否	证书结构类型为显式证书时，此字段为必填字段，用于存储证书的签名值

7.4.3 C-V2X 应用层安全机制

在 C-V2X 业务中，车联网设备间的 V2X 应用通过 V5 接口交互，安全通信由应用层处理。通过 V5 接口提供的 C-V2X 应用层安全过程[6]如图 7-9 所示。

证书管理系统向 V2X 设备颁发其用于签发消息的公钥证书（安全消息证书），并以安全的方式向接收消息的 V2X 设备提供 CA 公钥证书。以 V2X 车辆和 V2X 路边单元通信为例，如图 7-9 中①所示，C1/C2 向 V2X 车辆下发公钥证书 Co1、Co2、……，向 V2X 路边单元下发 CA 系统的证书 Cca1、Cca2。推荐证书管理系统向 V2X 车辆下发多个公钥证书，V2X 车辆每次从这些证书中随机选取一个使用，以保证用户隐私。

V2X 设备利用与颁发给它的公钥证书相对应的私钥对消息进行数字签名，将签名消息连同公钥证书或证书链一同播发出去。如图 7-9 中②所示，上述消息由需要传递的内容、对内容的签名以及所使用的公钥证书/证书链构成。此外，接收方的 V2X 设备可将颁发公钥证书（Co）的 CA 系统的证书（Cca2）设置为可信证书，接收方的 V2X 设备利用上述 CA 证书验证发送方的公钥证书，这样 V5 接口消息中可以不携带完整证书链，从而节省了空口传输资源。

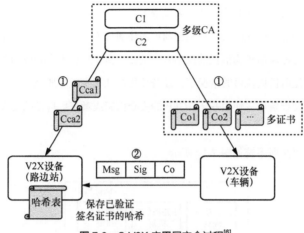

图 7-9 C-V2X 应用层安全过程[6]

接收方的 V2X 设备首先利用 CA 公钥证书验证消息中携带的公钥证书或证书链,然后利用公钥证书中的公钥验证签名,以检查消息的完整性。接收方 V2X 设备成功验证对端的 Co 后,为了减少证书验证所需的密码学操作,可将该证书的哈希值保存在本地,后续可以通过验证证书哈希的方式验证该证书,从而减少证书验证所需的密码学操作。

V2X 路侧设备到 V2X 车辆间的通信、V2X 车辆到 V2X 车辆间的通信与上述过程类似。

在 C-V2X 中,车联网设备使用基于数字证书的应用层安全机制,发送方对车联网消息进行完整性和抗重放攻击保护,消息接收方对接收到的车联网消息进行验签认证。根据证书申请过程的不同,证书的申请可分为注册证书的申请、应用证书和身份证书的申请和假名证书的申请,本节将描述各种证书的申请过程以及证书撤销的过程。

(1)注册证书申请过程

设备注册的主要功能是验证设备的合法性和有效性,并为合法和有效的设备颁发相应的认证公钥证书。设备的注册过程由设备发起,其通过车联网设备与注册机构之间的交互接口向注册机构发送注册请求。注册机构检查车联网设备的请求,并决定是否接收车联网设备的注册请求。若接收,则向车联网设备颁发相应的注册证书,并将颁发的证书通过注册响应消息发送给车联网设备;若拒绝,则通过注册响应消息将拒绝的原因发送给车联网设备。

当车联网设备没有注册证书,或者注册证书已经过期或被撤销时,车联网设备需要申请注册证书。根据应用系统的要求,车联网设备的注册机制可能有多种方式。

当车联网设备没有可用的注册证书或其他可用于保护注册请求的证书时,设备需要在安全的环境下与注册机构连接,并使用自签消息申请注册证书。

如果车联网设备有可用的注册证书,但需要更新注册证书时,例如,设备需要更新即将到期的注册证书,或者设备当前的注册证书为设备生产时缺省颁发的注册证书,该证书需要更新为正式证书。这种情况下车联网设备使用当前可用注册证书生成注册证书申请签名消息。

当车联网设备有被注册机构信任的证书时,例如,由车厂在生产阶段写入的、由车厂颁发的 X.509 证书,在注册机构认可的情况下,设备使用该证书生成注册证书申请签名消息。

同样地,车联网设备可以使用基于 3GPP 的安全机制或者车厂自己的安全机制实现对注册请求的保护和认证。

车联网设备证书注册系统如图 7-10 所示。

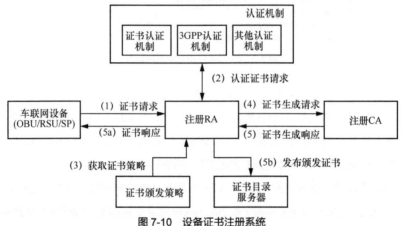

图 7-10　设备证书注册系统

车联网设备申请注册证书的一般流程如下。

步骤 1:车联网设备向注册机构(注册 RA)发送注册证书请求。

步骤 2:注册 RA 根据注册证书请求采用的安全机制,调用相应的认证机制来验证注册证书请求的有效性。例如,当注册证书请求被数字签名保护时,注册 RA 需要获取验证数字签名所需的证书、CA 证书,并需要检查证书撤销列表。

步骤 3:车联网设备的证书请求通过验证后,注册 RA 获取证书颁发策略,依据证书颁发策略确定注册证书的内容,并据此生成证书生成请求。

步骤 4:注册 RA 将证书生成请求发送给注册 CA。

步骤 5:注册 CA 依据证书生成请求为车联网设备签发注册证书,并将生成的证书返回给注册 RA。

步骤 5a:注册 RA 将车联网设备的注册证书返回给车联网设备。

步骤 5b:注册 RA 将该注册证书发布在证书目录服务器,以便需要该证书的机构、车联网应用系统或车联网设备访问。

（2）应用证书和身份证书申请过程

车联网设备授权的主要功能是向合法设备颁发含有授权信息的授权公钥证书。设备的授权过程由车联网设备发起，其通过车联网设备与授权机构之间的交互接口向授权机构发送授权请求。授权机构检查车联网设备的请求，并决定是否接收车联网设备的授权请求，若接收，则向车联网设备颁发相应的授权证书，并将颁发的证书通过授权应答消息发送给车联网设备；若拒绝，则通过授权应答消息将拒绝的原因发送给车联网设备。

车联网设备必须使用被授权机构认可的注册证书申请授权证书。

车联网设备授权系统如图 7-11 所示。

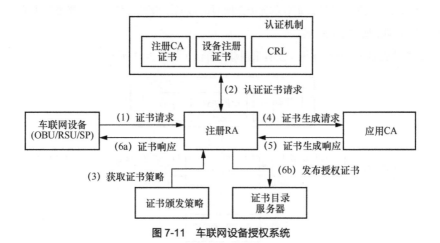

图 7-11　车联网设备授权系统

车联网设备申请授权证书的一般流程如下。

步骤 1：车联网设备向授权机构（应用 RA）发送授权证书请求。

步骤 2：应用 RA 利用授信的注册 CA 证书验证证书申请中的注册证书，进而使用验证过的注册证书验证消息签名，或直接使用本地存储的授信设备注册证书验证消息签名。在验证证书的过程中还需要检查证书撤销列表。

步骤 3：车联网设备的证书请求通过验证后，应用 RA 获取证书颁发策略，依据证书颁发策略确定授权证书的内容，并据此生成证书生成请求。

步骤 4：应用 RA 将证书生成请求发送给应用 CA。

步骤 5：应用 CA 依据证书生成请求为车联网设备签发应用证书或身份证书，并将生成的证书返回给应用 RA。

步骤 6：应用 RA 将车联网设备授权证书返回给车联网设备（如图 7-11 中步骤（6a）所示），应用 RA 同时将该授权证书发布在证书目录服务器中（如图 7-11 中步骤（6b）所示），以便需要该证书的机构、ITS 应用系统或车联网设备访问。

（3）假名证书申请过程

车辆在行驶过程中要以一定的频率向周围播发其位置及行驶状态。为了保护车辆用户的隐私，即不使其他未被授权的设备接收和跟踪特定车辆，C-V2X 安全采用假名证书来达到保护车辆用户隐私的目的。

为了达到保护隐私的目的，车载终端会一次性从假名 CA 申请多个假名证书，为了提高假名证书申请和撤销的效率，可以采用蝶形算法申请和撤销车载终端的假名证书。

1）没有采用蝶形算法的假名证书颁发流程

没有采用蝶形算法的假名证书系统是指所有的假名证书密钥对均由车载终端生成，假名 CA 对车载终端密钥对不做扩展。

车载终端假名证书颁发系统（没有采用蝶形算法）如图 7-12 所示。

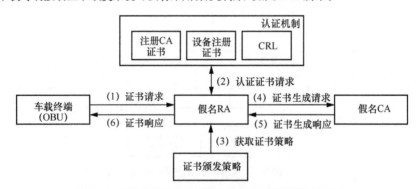

图 7-12　车载终端假名证书颁发系统（没有采用蝶形算法）

车联网设备申请假名证书的一般流程如下。

步骤1：车载终端向假名证书颁发机构（假名 RA）发送假名证书请求。

步骤2：假名 RA 利用授信的注册 CA 证书验证证书申请中的注册证书，进而使用验证过的注册证书验证消息签名，或直接使用本地存储的授信设备注册证书验证消息签名。在验证证书的过程中还需要检查证书撤销列表。

步骤3：车载终端的证书请求通过验证后，假名 RA 获取证书颁发策略，依据证书颁发策略确定假名证书的内容，并据此生成证书生成请求。

步骤4：假名 RA 将证书生成请求发送给假名 CA。

步骤5：假名 CA 依据证书生成请求为车载终端签发假名证书，并将生成的证书返回给假名 RA。

步骤6：假名 RA 将车载终端的假名证书返回给车载终端。

2）采用蝶形算法的假名证书颁发流程

采用蝶形算法的假名证书系统是指车载终端提供原始公钥，然后 PCA 按一定的规则对该公钥进行密钥扩展，获得所需的 n 个公钥，并对扩展的 n 个公钥生成 n 个公钥证书。

假名证书颁发系统（采用蝶形算法）如图 7-13 所示。

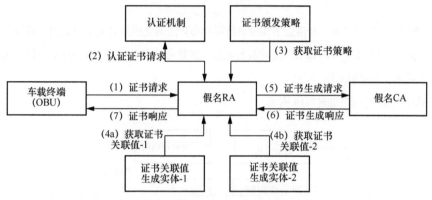

图 7-13　假名证书颁发系统（采用蝶形算法）

车联网设备申请授权证书的一般流程如下。

步骤 1：车载终端生成一个公私钥对，并向假名证书颁发机构（假名 RA）发送假名证书请求。

步骤 2：假名 RA 利用授信的注册 CA 证书验证证书申请中的注册证书，进而使用验证过的注册证书验证消息签名，或直接使用本地存储的授信设备注册证书验证消息签名。在验证证书的过程中还需要检查证书撤销列表（CRL）。

步骤 3：车载终端的证书请求通过验证后，假名 RA 获取证书颁发策略，依据证书颁发策略确定假名证书的内容，并据此生成证书生成请求。

步骤 4：假名 RA 根据获取的证书颁发策略，基于车载终端提供的公钥进行公钥派生操作；假名 RA 从证书关联值生成实体获得用于生成证书标识的证书关联值（如图 7-13 中的步骤（4a）和（4b）所示），并为车载终端公钥及派生的车载终端公钥生成证书标识。

步骤 5：假名 RA 为每个车载终端公钥生成证书请求，并将证书生成请求发送给假名 CA。

步骤 6：假名 CA 依据证书生成请求为车载终端签发假名证书，并将生成的证书返回给假名 RA。

步骤 7：假名 RA 将车载设备假名证书返回给车载设备。

（4）证书撤销流程

证书撤销是指证书还没有过期，但因为某种原因需要终止其使用，并且将证书终止使用的信息发布给所有使用该证书的实体的过程。

在车联网系统中，当证书持有者有不良行为时，需要撤销颁发给该车的相关证书，例如，如果车辆滥用高通行优先级证书，需要将颁发给该车的高优先级证书撤销；或者根据车辆管理的需要，需要撤销颁发给某些车辆的相关证书，例如，车辆报废时，需要将颁发给该车辆的所有证书取消，以避免其证书被滥用，或者车辆用途发生变化时，需要将与某些应用相关的证书撤销。

注册证书、应用证书、身份证书和没有使用蝶形算法颁发的假名证书的撤销采用通用的证书撤销方式。对于采用蝶形算法颁发的假名证书，需要采用蝶形算法特有的证书撤销方式。

1）通用证书撤销流程

通用证书撤销系统如图 7-14 所示。

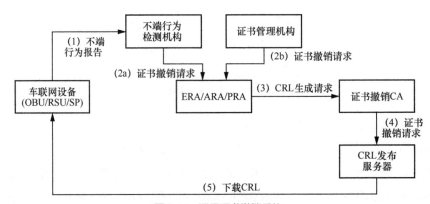

图 7-14　通用证书撤销系统

通用证书撤销的一般流程如下。

步骤 1：车联网设备依据其检测到的信息，根据一定的规则生成不端行为检测报告，并将该报告发送给不端行为检测机构。

步骤 2：不端行为检测机构验证车联网设备上报的不端行为检测报告，并综合考虑其他来源的信息，然后根据一定的规则确定是否撤销具有不端行为的车联网设备的证书（如图 7-14 中的步骤（2a）所示）。证书管理机构也可以根据管理的需要撤销一些车联网设备的证书（如图 7-14 中的步骤（2b）所示）。若需要撤销车联网设备的证书，则不端行为检测机构和证书管理机构向负责证书撤销的 RA 发送证书撤销请求。

步骤 3：负责处理证书撤销请求的 RA 需要检索包含设备证书发布信息的数据库，确定需要撤销的所有证书。例如，如果撤销了一个设备注册证书，则依赖于此设备注册证书的所有应用证书、身份证书和假名证书都需要撤销。又例如，当需要撤销一个假名证书时，可能需要撤销此车载终端的所有假名证书，此时 RA 需要给出所有颁发给此车载终端的假名证书，该 RA

将需要撤销的证书标识组织成一个证书撤销请求,并将该证书撤销请求发送给证书撤销CA。

步骤4:证书撤销CA将来自证书撤销RA的证书撤销数据构建成一个证书撤销数据列表,对该列表进行数字签名,生成CRL,并将该CRL发布至CRL发布服务器上。

步骤5:需要CRL的车联网设备从CRL发布服务器上下载CRL,验证其接收的证书是否已经被撤销。

2)采用蝶形算法颁发的假名证书撤销流程

采用蝶形算法颁发的假名证书撤销系统如图7-15所示。此方式仅适用于采用蝶形算法生成的假名证书的撤销。

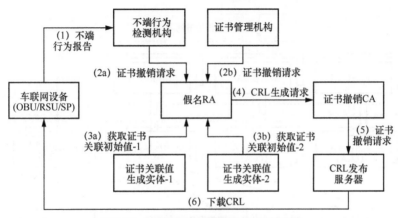

图7-15 采用蝶形算法的假名证书撤销系统

在采用蝶形算法生成的假名证书的撤销流程中,步骤1、步骤2与通用的证书撤销过程的步骤相同,不同的是步骤3~5,具体如下。

步骤3:负责处理证书撤销请求的PRA将需要撤销证书的信息提供给证书关联值生成实体-1和证书关联值生成实体-2。证书关联值生成实体-1和证书关联值生成实体-2分别提供可推导出后续证书标识的初始值-1和初始值-2。

步骤4:PRA将可推导出车载终端后续证书标识的初始值-1和初始值-2提供给证书撤销CA。

步骤5:证书撤销CA将可推导出车载终端后续证书标识的初始值-1和初始值-2构建成一个证书撤销数据列表,并对该列表进行数字签名,生成CRL,并将该CRL发布至CRL发布服务器上。

7.4.4　C-V2X安全管理系统部署模式

为了实现车联网终端之间的安全认证和安全通信,我国的车联网系统使用基于公钥证书的

PKI 机制确保终端间的安全认证和安全通信,采用数字签名和加密等技术手段实现车联网终端之间消息的安全通信。因此需要车联网安全管理系统来实现证书颁发、证书撤销、终端安全信息收集、数据管理、异常分析等一系列与安全相关的功能,确保车联网应用安全。

车联网安全管理系统是车联网安全通信的重要组成部分,包括注册 CA、假名 CA、应用 CA(ACA,Application CA)和证书撤销 CA(CCA,Certificate Revocation List CA)等,车联网安全管理系统的架构及可信模型与我国车联网业务及其管理模式紧密相关[7]。车联网安全管理系统可以由多个独立的 PKI 系统构成,一种由多个根 CA 构建的车联网 PKI 体系的部署方式如图 7-16 所示。

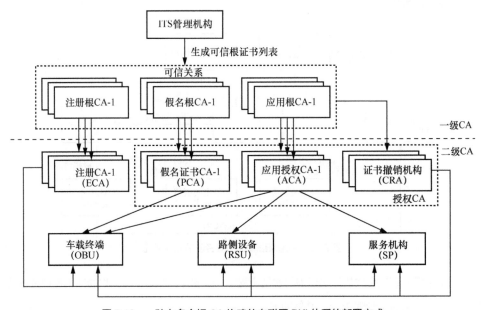

图 7-16 一种由多个根 CA 构建的车联网 PKI 体系的部署方式

当车联网安全管理系统由多个独立 PKI 构成时,这些根 PKI 之间可以根据需要构建可信关系,以便实现证书互认。多个根 PKI 系统之间的可信关系是通过一个 "根 CA 证书可信列表" 实现的。"根 CA 证书可信列表" 采用数字签名技术生成。

"根 CA 证书可信列表" 的存在与否不会影响各个独立 PKI 系统的运行,但会影响各个 PKI 之间是否能够互通。该列表可以根据需要动态添加或移除根 CA 证书。当新列表产生后,旧列表自动作废。

基于我国 C-V2X 安全管理系统架构,结合我国车辆和道路管理模式,针对不同的应用场景,设计了如下 C-V2X 应用部署模式。

(1)基于假名证书的 V2V 应用场景下安全管理系统部署

在基于假名证书的 V2V 应用场景下,OBU 设备的注册证书由本区域的注册 CA 颁发,各区域注册 CA 接受车辆管理部门注册根 CA 管理，因此，使用注册证书跨区域申请假名证书时，假名 RA 使用注册根 CA 证书和区域注册 CA 证书验证注册证书的合法性。假名 CA 定期更新可信根证书列表和可信 CA 证书列表，获取最新的注册根 CA 和各区域注册 CA 证书。

OBU 设备使用注册证书申请到假名证书后，使用假名证书保护发送的 BSM，并将有效的假名证书附加在消息中。BSM 接收方使用假名根 CA 证书和区域假名 CA 证书验证消息中假名证书的合法性。OBU 设备定期更新可信根证书列表和可信 CA 证书列表，获取最新的假名根 CA 和各区域假名 CA 证书。

（2）I2V 应用场景下安全管理系统部署

I2V 应用场景主要是路侧设施向 OBU 播发消息。在该应用场景下，RSU 向路侧设施注册 CA 申请注册证书，通过证书向路侧应用 CA 申请应用证书。路侧设施多数情况下是位置固定的，因此 RSU 使用注册证书申请应用证书时一般不存在跨域互认证的问题。

RSU 申请到应用证书后，使用应用证书保护播发的消息，并将应用证书附加在消息中。OBU 接收到 RSU 播发的安全消息后，使用路侧设施根 CA 证书和应用 CA 证书验证消息中的应用证书合法性。OBU 定期更新可信根证书列表和可信 CA 证书列表，获取最新的路侧设施根 CA 证书和应用 CA 证书。

（3）V2I 应用场景下安全管理系统部署

V2I 应用场景主要是特种车辆控制路侧交通设施。在该应用场景下，特种车辆 OBU 向车辆注册 CA 申请注册证书，通过注册证书向应用 CA 申请应用证书。特种车辆一般由特殊行业（如消防、急救）自行管理，因此申请应用证书的过程一般不会出现跨域互信的需求。

特种车辆 OBU 申请到应用证书后，使用应用证书保护播发的控制消息，并将应用证书附加在控制消息中。RSU 接收到控制消息后，使用特种车辆根 CA 证书和应用 CA 证书验证消息中应用证书的合法性。RSU 定期更新可信根证书列表和可信 CA 证书列表，获取最新特种车辆根 CA 证书和应用 CA 证书。

（4）基于应用证书的 V2V 应用场景下安全管理系统部署

基于应用证书的 V2V 应用主要是特种车辆播发 BSM。在该应用场景下，特种车辆 OBU 向车辆注册 CA 申请注册证书，通过注册证书向应用 CA 申请应用证书。特种车辆一般由特殊行业（如消防、急救）自行管理，因此申请应用证书的过程一般不会出现跨域互信的需求。

特种车辆 OBU 申请到应用证书后，使用应用证书保护播发的 BSM，并将应用证书附加在 BSM 中。普通车辆 OBU 接收到 BSM 后，使用特种车辆根 CA 证书和应用 CA 证书验证消息中应用证书的合法性。普通车辆 OBU 定期更新可信根证书列表和可信 CA 证书列表，获取最新特种车辆根 CA 证书和应用 CA 证书。

7.5 C-V2X 设备的认证授权技术

7.5.1 C-V2X 设备的认证授权技术概述

C-V2X 系统包括各种车载和路侧等不同种类的设备，在这些设备中，即使是同一类设备，其所实现的功能也可能不相同。例如，有的路侧设备是控制红绿灯的，有的路侧设备是实现道路收费的，有的路侧设备是用于发布交通信息的。这些 C-V2X 设备由不同的设备生产商在不同的技术阶段生产，目前这些 C-V2X 设备的认证机制和设备标识均由设备厂商自行定义。而 C-V2X 设备在连入 C-V2X 系统之前需要进行必要的设备认证和授权。当前车联网设备的这种多样性和不规范性为 C-V2X 设备管理带来了挑战，极大地影响了车联网的快速发展。

C-V2X 证书管理系统架构如图 7-17 所示，在该系统架构中，认证授权机构负责车联网证书申请主体的身份认证和授权。在设备初始化阶段，为证书申请主体签发注册数字证书或其他类型的安全凭证，使其能够凭借获得的安全凭证与 C-V2X 证书机构安全交互并获取相应的证书。认证授权机构还可以对证书申请主体向 C-V2X 证书机构发起的证书请求进行授权。

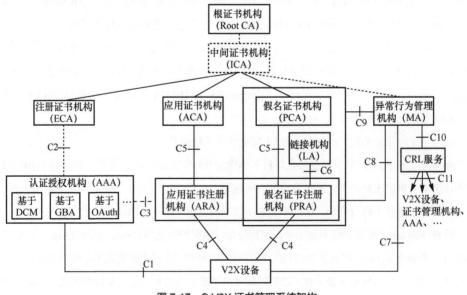

图 7-17 C-V2X 证书管理系统架构

C-V2X 设备的认证过程包括两个部分，如图 7-18 所示，一个是 C-V2X 设备的初始认证过程，该认证过程只执行一次，即没有通过认证的初始的 C-V2X 设备需要进行初始认证过程，证明该设备是合法的。第二个过程是 C-V2X 设备的二次鉴权过程，即通过初始认证的 C-V2X 设备，可以通过 Oauth、GBA 或者 DCM 机制进行二次鉴权，后续获取 C-V2X 通信证书。

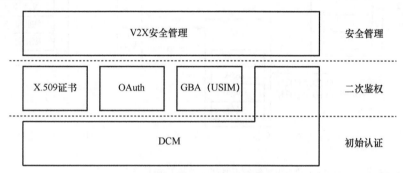

图 7-18　C-V2X 设备认证过程

目前 C-V2X 设备认证和授权机制没有统一的方案，不能满足 C-V2X 设备统一管理的需求，因此 C-V2X 系统需要增强 C-V2X 设备的认证和授权机制。本节主要介绍基于 C-V2X 设备用户识别模块（VIM，C-V2X End-Entity Subscriber Identity Module）的 C-V2X 设备认证和授权过程以及基于 GBA 的 C-V2X 设备认证和授权过程。

7.5.2　基于 VIM 的 C-V2X 设备的认证授权过程

在移动通信系统中，全球用户识别卡（USIM）作为移动终端身份认证的核心，其首要功能是在移动终端与网络通信时提供身份识别信息及存储数据，其作为安全手段实现终端的认证并授权用户进入网络。随着移动通信技术的不断发展，运营商有了一整套完整的 USIM 卡的管理机制。因此 C-V2X 系统可以借鉴移动通信的相关机制实现 C-V2X 设备的认证和授权。

基于 VIM 的 C-V2X 设备认证授权架构如图 7-19 所示，与现有的证书下载系统结构相比，增加了 VIM 模块、C-V2X 设备注册标识（VID，C-V2X End-Entity Enrollment ID）注册中心、VID 鉴权单元 3 个子部分，以实现对所有 C-V2X 设备的唯一编号管理，和基于此唯一编号进行的通信证书申请下载管理机制。当对 C-V2X 设备的通信证书进行管理时，认证授权机构 AAA 需要对 C-V2X 设备的 VID 进行身份验证，通过验证的 C-V2X 设备才能申请下发证书。

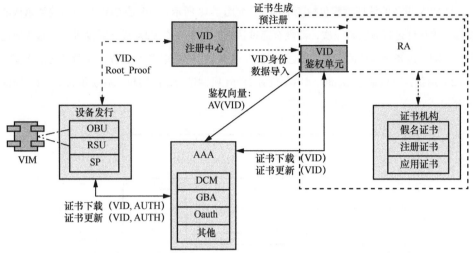

图 7-19　基于 VIM 的 C-V2X 设备认证授权架构

VID 注册中心是 C-V2X 设备编号的管理中心。C-V2X 设备生产时，由 C-V2X 设备认证实体（如 OBU/RSU 生产厂商或者 OBU/RSU 管理机构等实体）向该中心申请 C-V2X 设备的 VID，VID 注册中心基于提供的信息确定该 C-V2X 设备是否符合注册标准，如果符合则为该设备分配能唯一标识该设备的 VID，同时把与 VID 相关联的鉴权密钥 K 提交给 VID 鉴权单元。该中心把已经批准的 VID 提交给证书机构的 RA 并申请预生成相关的证书。VIM 模块在 VID 鉴权单元和 VIM 模块中共享密钥 K，实现二者之间的身份验证。

VIM 初始化过程如图 7-20 所示。其中 C-V2X 设备中包括 VIM 模块，C-V2X 设备认证实体可以是 OBU/RSU 生产厂商或者 OBU/RSU 管理机构。具体过程如下。

图 7-20　VIM 初始化过程

步骤1：C-V2X设备认证实体应从VID注册中心为C-V2X设备申请VID，然后将C-V2X设备注册标识与分配给该C-V2X设备的V2X设备认证根密钥进行绑定。

步骤2：C-V2X设备认证实体将C-V2X设备注册标识和C-V2X设备认证根密钥写入C-V2X设备的VIM模块中。

当认证授权机构AAA对C-V2X设备的通信证书进行管理时，首先需要对C-V2X设备的VID进行身份验证，只有通过验证的C-V2X设备才能申请下发证书。基于VIM的C-V2X设备认证流程如图7-21所示，具体如下。

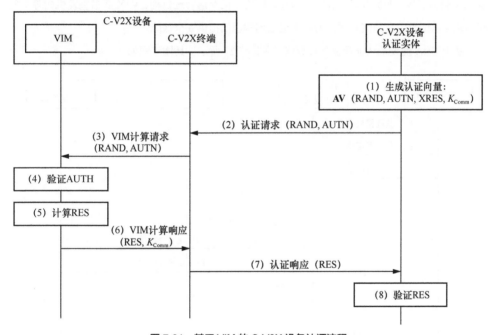

图7-21 基于VIM的C-V2X设备认证流程

步骤1：认证C-V2X设备时，C-V2X设备认证实体利用C-V2X设备注册标识获取C-V2X设备的C-V2X设备认证根密钥，然后生成一个C-V2X设备认证向量。

步骤2：C-V2X设备认证实体向C-V2X设备发送认证请求，请求中应包含随机数（RAND）和认证令牌（AUTN）。

步骤3：C-V2X终端将RAND和AUTN提供给VIM。

步骤4：VIM利用认证根密钥和RAND验证AUTN，并生成K_{Comm}。

步骤5：VIM利用认证根密钥和RAND生成RES。

步骤6：VIM将RES和K_{Comm}返回给C-V2X终端。

步骤 7：C-V2X 终端将 RES 返回给 C-V2X 设备认证实体。

步骤 8：若响应（RES）与期望的响应（XRES）相同，则 C-V2X 设备被认证。

7.5.3 基于 GBA 的 C-V2X 设备的认证授权过程

GBA 是一种基于 4G/5G 网络根密钥的通用认证架构，利用移动通信系统的认证与密钥协商机制，GBA 可在 C-V2X 设备与网络之间实现双向身份认证及密钥共享，解决 C-V2X 设备与 C-V2X 服务实体（如负责车辆牌照发放和车辆检测的交通管理机构，V2X 证书签发机构等）之间的相互认证及安全通信问题，为应用层端到端通信提供安全保障。

基于 GBA 的设备认证及业务授权流程如图 7-22 所示，具体步骤如下。

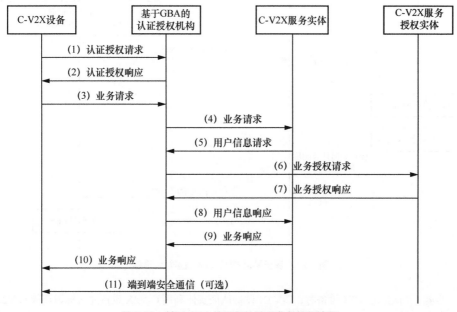

图 7-22　基于 GBA 的设备认证及业务授权流程

步骤 1：当 C-V2X 设备需要访问 C-V2X 服务实体获取服务时（例如，访问 C-V2X 证书签发机构申请 C-V2X 数字证书），若 C-V2X 设备没有有效的 GBA 共享会话密钥，C-V2X 设备通过蜂窝网接入 GBA 认证授权机构，发起认证授权请求。

步骤 2：GBA 认证授权机构与 C-V2X 设备使用 GBA 机制进行身份认证并协商密钥。GBA 认证授权系统中的自举服务器功能（BSF，Bootstrapping Server Function）负责对 C-V2X 设备使用认证和密钥协商（AKA）机制进行身份认证，并向网络应用功能（NAF，Network Application

Function）提供 GBA 会话密钥。NAF 后续将基于 GBA 会话密钥产生 GBA 应用层会话密钥，以供 C-V2X 服务实体使用。

步骤 3：C-V2X 设备通过 GBA 认证授权机构向 C-V2X 服务实体发送业务请求消息（如 C-V2X 证书申请请求）。

步骤 4：GBA 认证授权机构根据 C-V2X 服务实体的域名信息向其所对应的服务器转发业务请求。

步骤 5：C-V2X 服务实体向 GBA 认证授权机构的 NAF/AP 网元发送用户信息请求，申请获取 C-V2X 设备的 GBA 共享会话密钥及用户信息，准备为其提供业务服务。

步骤 6：接收到用户信息请求的业务服务请求之后，GBA 认证授权机构根据启动临时标识符（B-TID）查询 C-V2X 设备上下文信息，获取设备标识，并向相应的 C-V2X 设备认证实体/C-V2X 服务授权实体发送业务授权请求消息，为 C-V2X 设备的业务请求申请授权审核。

步骤 7：C-V2X 设备认证实体/C-V2X 服务授权实体对 C-V2X 设备的业务请求进行授权审核、决策，返回业务授权请求消息告知业务授权结果。

步骤 8：GBA 认证授权机构根据业务授权结果做出相应处理，并返回户信息响应消息，完成对步骤 6 业务服务请求的业务服务响应。如果授权成功，GBA 认证授权机构生成 GBA 应用层会话密钥，并通过用户信息响应消息向 C-V2X 服务实体返回 GBA 应用层会话密钥相关信息。如果授权失败，GBA 认证授权机构通过用户信息响应消息向 C-V2X 服务实体返回业务未被授权的结果。

步骤 9：C-V2X 服务实体根据业务授权结果进行业务处理，并通过 GBA 认证授权系统向 C-V2X 设备返回业务响应消息（如 C-V2X 证书申请响应）。若授权成功，C-V2X 服务实体执行相应的业务处理，并可使用获取到的 GBA 应用层会话密钥对业务响应消息进行安全保护。

步骤 10：GBA 认证授权机构向 C-V2X 设备转发业务响应消息。

步骤 11：C-V2X 设备对业务响应消息进行本地处理。若业务授权成功，C-V2X 设备可基于 GBA 应用层会话密钥进行端到端安全通信。

7.6 C-V2X 数据安全和隐私保护

与 C-V2X 相关的数据来源广泛，种类众多，不同类型的数据在生命周期内均面临安全风险，如道路数据、车辆环境数据。道路数据包括地图、交通标志信息、道路名称、收费设置等信息，这些数据通常在云端存储，可以通过蜂窝通信系统传输到车载终端，为车辆导航、交通管理、辅助驾驶等应用提供相应的数据。车辆环境数据包括主体车辆及周边车辆的相关信息，如行驶位置、速度、方向、车辆类型、车牌号等，这些数据对车辆动态行驶环境的智能判断至关重要，同时涉及用户的隐私。这些信息如果被攻击者篡改或伪造，轻则造成车联网应用失效，严重情况下将导致交通事故。

为了防止数据在车联网内部或外部遭受攻击者非法窃听、篡改、伪造等攻击，C-V2X 系统可以在数据的传输和使用过程中进行加密保护，确保数据的机密性和完整性，同时 C-V2X 系统也要建立完善的密钥、证书管理体系，保证与车联网业务相关的密码的安全。

同时，C-V2X 系统的每个环节都应提供数据安全防护体系，通过提供机密性、完整性、可信性、可用性、隐私性、可溯源性等安全能力，使 C-V2X 系统免受来自系统内部或者外部的攻击。

在 C-V2X 系统中有一类与用户隐私强相关的数据，如车辆用户数据，其包含用户姓名、家庭住址、联系方式、用户驾驶习惯、车辆行驶路线等，与个人隐私强相关。车联网应用不仅能够为驾驶员提供周围基础设施和导航信息，还可以记录车辆的位置信息。这些车辆位置信息与用户的身份信息相关联，密不可分，攻击者可以通过用户身份信息跟踪车辆的位置，也可以通过车辆的位置描绘出车辆的行驶轨迹，进而得到用户的身份信息和用户的运动规律等个人隐私信息，因此在车联网应用中既需要保护用户的身份信息，也需要保护车辆的位置信息。

车联网系统应该从技术和管理两个方面加强对用户数据隐私的管理和保护。

- 技术方面，应对车联网应用中的敏感数据、重要数据进行明确的界定和划分，采用去标识化、匿名化的方法来保护用户数据隐私。车联网系统可以采用加密技术、水印技术等对敏感数据进行保护，防止敏感数据、重要数据被攻击者窃取，同时在对外发布用户数据时，需要对数据进行脱敏处理。目前在车联网通信中，主要采用匿名证书的方式来保护车载终端中的用户隐私信息，并根据提前设定的策略更换使用的匿名通信证书，从而达到保护用户隐私的目的。

- 管理方面，为了平衡匿名证书数量与隐私保护之间的矛盾，车联网证书管理系统可以规定策略来为车辆颁发匿名证书，在更换证书的同时，车载终端需要同步更换设备的 MAC 地址，防止攻击者利用车载终端的 MAC 地址对用户进行实时跟踪。例如，美国的安全证书管理系统（SCMS）规定每周为车辆颁发 20 张匿名证书，并且规定当移动距离大于 2km 且移动时间超过 5min 时，车载终端需要更换匿名证书。同时，为了防止攻击者描绘车辆的历史轨迹，SCMS 还规定，匿名证书的有效时间为一周，超过一周需要申请和使用新的匿名证书。

针对车联网应用使用的各种类型的数据，需要考虑数据在生命周期中各阶段面临的安全风险。在数据采集阶段，C-V2X 系统数据安全主要面临过度采集引起的隐私泄露风险。C-V2X 系统需要使用摄像机、雷达、测速仪、导航仪等各类传感器和车联网业务，因此在汽车运行中需要不停地采集车内车外的各种数据，主要包括用户数据、车辆数据、位置数据、路况数据、业务数据和第三方数据等。由于 C-V2X 系统采集的数据种类繁多、采集方式多样、采集主体不一，且车联网数据采集存在监管手段不完善、审核机制不健全等问题，容易造成在用户不知情以及车辆自身功能不必要的情况下，过度采集用户和环境信息，造成用户敏感信息泄露、信息被非法利用的风险。同时道路网数据、导航数据、环境影像等具有地图测绘属性的数据被大量泄露和收集，可能危及国家安全。

在数据传输阶段，C-V2X 系统面临的数据安全风险包括车内传输风险和车外传输风险。车内传输风险包括车内无线传感器和车载终端架构等带来的数据传输风险。车内无线传感器存在信息被窃听、中断、注入等安全风险，车载终端的网络架构中的各种总线系统、车载设备等均可成为被攻击的缺口。对于车外传输安全风险，智能网联汽车在通过移动通信网（2.5G/3G/4G 等）和短距离通信技术等无线通信技术与其他车辆、业务平台和互联网等进行连接和外部数据传输时，攻击者可以通过伪基站、身份伪造、动态劫持等方式冒充合法参与者，参与 C-V2X 通信同时监听通信信息。如果传输信息没有加密或只经过弱加密时，可能会面临传输信息被窃取、破坏和篡改等风险。

在数据存储阶段，C-V2X 系统数据安全主要面临数据非法访问、数据被窃取和篡改风险。目前大部分车联网数据存储在不同的地方，对于不同级别、不同类型的数据在物理上采用了混合存储的方式，不利于进行数据的分类隔离和分级防护，面临着包括黑客对数据恶意窃取和篡改、敏感数据被非法访问的威胁。

在数据使用阶段，C-V2X 系统数据安全面临着数据使用边界不清晰导致的数据被非授权获取和数据被过度滥用等风险。C-V2X 系统在数据使用过程中涉及多个主体和多个环节，由于数据使用边界不清晰，C-V2X 系统存在数据使用范围扩大、重要敏感数据被非授权获取的风险；同时 C-V2X 系统中存在数据权责不明确、缺乏有效管控等问题，这容易导致数据被过度滥用；大量数据在进行数据分析和数据挖掘时，存在相关数据融合造成的隐私泄露问题。

因此，针对车联网各种业务应用需要提炼并制定其安全需求，并针对不同类型的数据采取相应的安全措施，进行差异化的安全保护。例如，车联网管理数据主要包含各类车辆的注册信息、车厂的管理数据、证书、密钥等，这些数据对车联网应用运营系统的健康稳定运行有直接的影响，因此需要采用完整性、机密性保护、抗重放攻击、安全审计等多种安全机制来保护这些数据的安全存储、安全传输及安全管理。除此之外，车联网系统还可采取可信鉴别技术、双向身份认证技术等加强数据的识别及过滤，通过制定统一的数据采集标准并利用信任传递机制，加强数据的可检测、可追溯性，采取冗余设置、安全备份机制加强对系统数据的安全管理，最终实现数据的综合安全管控。研究并建设车联网数据分级分类管理机制，完善车联网数据安全事件的通报、应急处置和责任认定等安全管理工作，持续推动数据安全防护能力建设。

思考题

1. C-V2X 系统面临的安全威胁有哪些？C-V2X 系统的安全需求有哪些？
2. LTE-V2X 系统的安全架构是什么？基于 Uu 接口和直通通信的安全架构有什么不同？
3. C-V2X 应用层安全机制是什么？
4. C-V2X 安全管理证书的种类有哪些？各自的作用分别是什么？
5. C-V2X 系统隐私保护的机制有哪些？不同的机制是如何工作的？
6. C-V2X 安全证书管理系统的部署方式有哪些？

参考文献

[1] IMT-2020（5G）推进组. LTE-V2X 安全技术白皮书[R]. 2019.

[2] 3GPP. Security aspect for LTE support of vehicle-to-everything (V2X) services: TS 33.185, v14.1.0[S]. 2017.

[3] 3GPP. 3GPP system architecture evolution (SAE); Security architecture: TS 33.401, v.15.6.0[S]. 2018.

[4] 3GPP. Security aspects of 3GPP support for advanced vehicle-to-everything (V2X) services: TS 33.536, v.16.0.0[S]. 2020.

[5] 中国通信标准化协会. 基于 LTE 的车联网无线通信技术 安全证书管理系统技术要求: YD/T 3957-2021[S]. 2021.

[6] 中国通信标准化协会. 基于 LTE 的车联网通信安全技术要求: YD/T 3594-2019[S]. 2019.

[7] 中国通信学会. 车联网安全技术与标准发展态势前沿报告[R]. 2019.

第 8 章

C-V2X 频谱需求与规划

无线电频谱是一种稀缺资源，其分配规划与无线技术应用有密切关系，各国的频谱管理规定更是体现了技术路线的选择。我国基于频谱研究和实际测试，于 2018 年 10 月，由工业和信息化部无线电管理局正式发布《车联网（智能网联汽车）直连通信[1]使用 5905-5925MHz 频段管理规定（暂行）》（参见本书附录 D），规划将 5905～5925MHz 频段作为基于 LTE-V2X 技术的车联网（智能网联汽车）直通通信的工作频段。中国是全球第一个规划 C-V2X 技术专用频段的国家，美国随后也修订了 5.9GHz 频谱管理规定，2020 年 11 月，美国 FCC 为 C-V2X 规划了 30MHz 频谱资源。将 5.9GHz 频段用于蜂窝车联网技术受到越来越多国家的关注，将成为未来全球的发展趋势[1]。

本章介绍 C-V2X 频谱需求研究和国际 ITS 频谱分配规划情况。

---

1 此处"直连通信"就是本书所说的"直通通信"。

8.1 C-V2X 频谱需求研究

车联网是 5G 非常重要的应用场景之一,特别是面向提升道路安全、改善交通效率及未来自动驾驶的 V2X 通信技术成为国际标准和产业竞争的前沿。频谱资源是智能交通系统(ITS)部署无线通信技术的必要基础,国际划分一致有利于形成产业规模经济。为了给 ITS 寻求全球或区域性统一频谱,2019 年世界无线电通信大会 WRC-19 设立了 1.12 议题,国际电信联盟无线电通信部门(ITU-R)研究了 ITS 的使用场景、技术标准以及全球各国频率的使用情况,形成了关于 ITS 的使用频率、部署案例、技术标准及应用情况的建议书和报告;并最终以建议书(ITU-R M2121-0)的方式鼓励各国主管部门在规划和部署 ITS 应用时,将 5.9GHz 频段或其部分作为 ITS 的全球或区域统一频段。

C-V2X 相对于传统蜂窝增加了直通通信接口(即 PC5 接口),用于支持车辆间及车辆到路侧单元的直通通信。基于直通通信接口提供车联网应用所需频段是本章讨论和分析的重点。关于传统的蜂窝通信频段,相应的频谱需求及频谱规划均有较多研究及论述,不在本章讨论。

本章首先介绍当前车联网典型的安全应用及其通信需求,然后以中国通信标准化协会(CCSA)关于车联网频谱需求的研究报告[2]为基础,介绍频谱需求分析的两种方法和初步结果。

8.1.1 车联网典型的行驶安全应用

车联网行驶安全应用主要通过车辆周期性发送心跳消息,实现前向碰撞预警、十字交叉路口预警、红绿灯提示、紧急刹车提醒等辅助驾驶功能。考虑车联网应用部署是分阶段实施的,目前业内采用分阶段的方式对车联网应用进行定义。例如,T/C SAE 53-2017 应用层标准中定义了 17 种典型的车联网应用,其中包括 12 种安全类业务、4 类效率类业务、1 类近场支付信息服务。

3GPP TS 22.185[3]中也定义了类似的车联网安全应用,包括主动安全(如碰撞预警、紧急刹车等)、交通效率(如车速引导)、信息服务等,同时对 LTE-V2X 提出了有效范围、移动速度、最高时延、传输成功率等技术要求。3GPP V2X 业务需求参数[3]如表 8-1 所示。

这些应用的工作场景、消息格式及相关流程、部署阶段在业内已基本形成共识,也被称为 Day1 应用或者一期应用,是开展 C-V2X 安全频谱需求分析的基础。

随着 C-V2X 技术的持续演进,业内开始探讨增强安全类和效率类业务。例如,IMT-2020 C-V2X 工作组发布了《C-V2X 业务演进白皮书》,中国汽车工程学会制定了二阶段应用层标准,3GPP 在新的技术规范中对增强应用及通信需求进行了定义。

表 8-1　3GPP V2X 业务需求参数[3]

对比项	有效距离/m	UE 的绝对速度/(km·h⁻¹)	UE 之间的相对速度/(km·h⁻¹)	最高容忍的时延/ms	有效距离最小无线消息接收可靠率	累积传输可靠性示例
#1（郊区/主要道路）	200	50	100	100	90%	99%
#2（高速公路/快车道）	320	160	280	100	80%	96%
#3（德国奥地利瑞士等高速公路）	320	280	280	100	80%	96%
#4（NLOS/城区）	150	50	100	100	90%	99%
#5（城区十字路口）	50	50	100	100	95%	—
#6（校园/购物区）	50	30	30	100	90%	99%
#7（紧急避撞）	20	80	160	20	95%	—

8.1.2　车联网行驶安全应用频谱需求分析

频谱需求估算一般需要确定业务模型，包括消息大小、发送频度等，然后根据场景估算发送者的密度，估算出总业务量，再结合无线技术的频谱效率、资源利用率估算需要的频谱资源。

8.1.2.1　CCSA 采用的两种频谱需求估算方法

下面以 V2V 业务为例，介绍 CCSA 研究中采用的两种频谱需求估算方法[2]，分别为基于调度方式的频谱需求分析估算法、业务负荷与频谱需求的简单映射估计法。

（1）基于调度方式的频谱需求分析估算法

1）业务模型

与车联网相关的安全应用的业务模型主要是车辆周期性发送 BSM，根据 3GPP 的讨论，典型的 V2V 业务模型如图 8-1 所示。

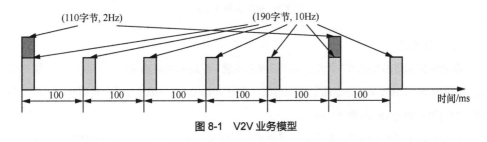

图 8-1　V2V 业务模型

对于 V2V 业务，每台车以 100ms 为周期发送数据分组，其中连续到达 4 个 190 字节的小数据分组后，发送1个300字节的大数据分组。该大数据分组包含该车辆的证书，该业务模型考虑了安全开销。

2）应用场景

主要应用场景包括城区场景和高速路场景。根据3GPP研究，TR 36.885对城区场景和高速场景建模如下。

① 城区场景

城区场景示意图如图8-2所示，整个城区由433m×250m的街区构成，每个街区被4条道路包围，每条道路为双向四车道，车道的宽度为3.5m。每条车道上车辆的平均间距为车速×2.5s，车辆在道路上随机布放。在城区道路考虑15km/h和60km/h两个典型速度，则车辆的平均间距分别为10.4m和41.7m。

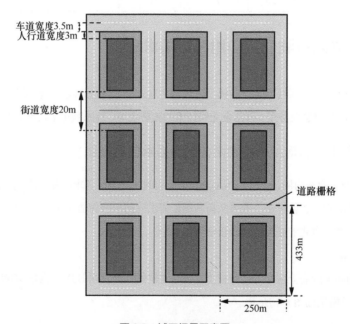

图8-2 城区场景示意图

② 高速场景

高速场景示意图如图8-3所示，考虑双向六车道，车道的宽度为4m。每条车道上车辆的平均间距为车速×2.5s，车辆在道路上随机布放。考虑70km/h和140km/h两个典型速度，即车辆的平均间距分别为48.6m和97.2m。

应用场景主要用于分析、确定相应场景的车辆密度，由于城区场景车辆密度远高于高速公路场景，因此频谱需求计算通常将城区场景作为典型场景进行分析。

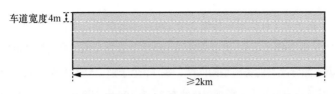

图 8-3 高速场景示意图

根据上述场景模型,以城区场景、车速为 15km/h、司机反应时间 2.5s 为假设,可以得出车辆间距为 15/3.6×2.5 = 10.4m,如果结合基站六边形放置、站间距 500m 的条件,可以计算出一个小区容纳的车辆数为 175。如果考虑中国复杂的城市内高架桥场景,小区内容纳的车辆数估算为 263。

3)LTE-V2X 系统基于调度方式的频谱需求分析

如本书第 4 章所述,LTE-V2X 直通链路支持两种资源分配方式:基站调度分配方式(即模式 3)和终端自主资源选择方式(即模式 4)。在基站调度分配方式中,基站为终端分配一个与其他终端都不冲突的传输资源,终端可以在独享资源上进行传输。在终端自主资源选择方式中,终端通过对信道的监听感知,竞争选择传输资源发送信息。由系统仿真分析可知,终端自主资源选择方式的资源调度占用率达到基站调度分配方式的 80% 左右。

为了实现终端设备间的直通通信,PC5 接口数据传输需要先发送调度分配信令(SA,Scheduling Assignment),其中 SA 需要占用 2 个物理资源块(PRB),SA 和数据位置示意图如图 8-4 所示。在 3GPP 标准仿真评估中,PC5 接口传输使用 QPSK 编码,12 个 PRB 上可以传 1 个 190 字节数据,20 个 PRB 传输 1 个 300 字节数据。每个数据分组可以采用 1 次或 2 次传输。

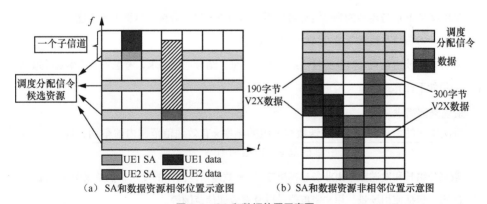

(a)SA 和数据资源相邻位置示意图　(b)SA 和数据资源非相邻位置示意图

图 8-4　SA 和数据位置示意图

考虑对资源的充分利用,首先分析使用基站调度资源分配方式时需要的资源量。根据 LTE-V2X 帧结构,10MHz 带宽情况下,一个传输时间间隔(TTI,Transmission Timing Interval)

共有 50 个 PRB。在一个 TTI 上可以传输 3 个 190 字节的数据，或者 2 个 300 字节的数据。根据前面给出的 V2V 业务模型可知，需要传输的 190 字节数据分组的数量是 300 字节数据分组数量的 4 倍。考虑资源分配与业务模型的匹配，每 11 个子帧，分配 8 个子帧用于传输 190 字节资源，3 个子帧用于传输 300 字节数据，总共有 24 个 190 字节资源和 6 个 300 字节资源，此种资源分配方式能够实现最优的资源利用。

在一个业务周期的时间范畴内，以 500ms 为例，可以发送 500/11×24=1091 个 190 字节的数据分组和 500/11×6=273 个 300 字节的数据分组。每个终端会产生 4 个 190 字节的数据分组和 1 个 300 字节的数据分组。考虑重传，如果按照 1 次传输成功概率为 50%、2 次传输成功概率为 50% 的配置估算，一个用户需要发送 6 个 190 字节的数据分组和 1.5 个 300 字节的数据分组。10MHz 带宽能够容纳的用户数为 1091/6≈181 个用户，或 273/1.5≈182 个用户。可以看出，可支撑的用户数瓶颈在 190 字节数据分组的传输上，因此按 181 个用户估算频谱需求。

因此，为满足容纳 175 个用户（非高架桥）和 263 个用户（高架桥）的要求，需要的带宽为：

$$B_{\text{V2V 2repetition}}^{\text{基站调度资源分配}} = 175/181 \times 10 = 9.67\text{MHz（非高架桥）} \quad (8\text{-}1)$$

$$B_{\text{V2V 2repetition}}^{\text{基站调度资源分配}} = 263/181 \times 10 = 14.53\text{MHz（高架桥）} \quad (8\text{-}2)$$

根据前面的分析，终端自主资源选择方式的资源调度占用率是基站调度资源分配方式的 80% 左右，则终端自主资源选择方式所需要的资源计算如下。

$$B_{\text{V2V 2repetition}}^{\text{终端自主资源选择}} = 9.67/0.8 = 12.09\text{MHz（非高架桥）} \quad (8\text{-}3)$$

$$B_{\text{V2V 2repetition}}^{\text{终端自主资源选择}} = 14.53/0.8 = 18.16\text{MHz（高架桥）} \quad (8\text{-}4)$$

V2I 及 V2P 业务需要的频谱资源可以用类似的方式进行分析，这里不再赘述。

（2）业务负荷与频谱需求的简单映射估计法

这种方法较为直观，把业务量映射到系统容量，结合通信需求，考虑频谱效率及信道利用率，采用如下计算式。

$$\text{系统频谱需求} = \frac{\text{每次发送的数据分组长} \times \text{发送数据分组的频率} \times \text{有效通信范围内的车辆数量}}{\text{频谱效率} \times \text{信道利用率}} \quad (8\text{-}5)$$

数据分组长和发送频率由业务建模决定。在有效通信范围内的发送车辆数量由 V2X 的系统需求决定，包括使用场景、用户密度假设以及有效通信范围等。

这里以 V2V 为例进行分析。

1）V2V 业务模型

考虑两种业务模型：周期性发送业务以及事件触发业务。每个车辆必须发送周期消息分组

（如 BSM 的 Part I 全部数据段和 Part II 部分数据段或者 CAM，参见本书第 2.3 节），假设一定比例的用户发送事件触发业务消息分组（如 BSM Part II）。

对于周期性发送业务，假定数据分组的平均长度为 300 字节。对于事件触发业务，假定分组长度为 800 字节，消息发送时间间隔为 100ms，并且 10%左右的用户发送事件触发业务。LTE-V2X 调度信道利用率为 70%～80%，数值分析取 80%。

2）应用场景

① 城区场景

在有效通信范围内的车辆数量可以根据通信范围、速度以及道路拓扑结构计算。城区场景通常具有最高的用户密度，在频谱计算中，特别针对中国的交通特点，采用了更符合中国实际交通情况的假设：平均车速为 5km/h，车辆之间间隔需要满足 2.5s 的反应时间。拓扑结构考虑城区双向 6 车道的十字路口，如图 8-5 所示。考虑立交桥在大城市建设中较为普遍的现状，在城区分析中考虑立交桥场景。图 8-5 所示为城区场景下十字路口的拓扑结构示意图。

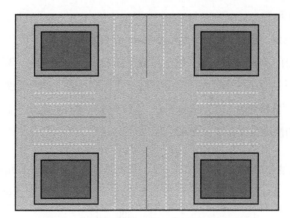

图 8-5　城区场景下十字路口的拓扑结构示意图

假定路上交通量已经饱和，在十字路口的绿灯方向所有行驶车辆以 5km/h 的速度通过，车辆的长度平均为 4.5m，每辆车均以 10 次/秒的频率（即 10Hz）广播周期性消息。

- 十字路口有效通信距离要求为 50m，对于红灯方向，假设每两辆车之间的距离为 2.5m，一辆车占据 2.5 + 4.5 = 7m，约有 90 辆车。
- 对于绿灯方向，假设车辆速度 5km/h，50m 通信范围内约有 78 辆车。如果有一层立交桥，则车辆数加倍，一共有 156 辆车。

此外，假定有 10%的车辆在额外发送非周期性的事件触发消息。城区场景下基于 LTE-V2X V2V 通信的假设参数和频谱计算结果如表 8-2 所示。

表8-2 城区场景下基于LTE-V2X V2V通信的假设参数和频谱计算结果

参数	数值	符号表示
平均周期分组长度/字节	300	$a1$
平均事件触发分组长度/字节	800	$a2$
周期分组发送频率/Hz	10	$b1$
事件触发分组发送频率/Hz	10	$b2$
有效通信范围内发送周期分组的车辆数量	168(没有立交桥) 246(有立交桥)	$c1$
有效通信范围内发送事件触发分组的车辆数量	16(没有立交桥) 24(有立交桥)	$c2$
频谱效率/(bit·(s·Hz)$^{-1}$)	0.5	d
信道利用率	0.8	e
没有立交桥的频谱需求/MHz	12.6	$(a1\times8\times b1\times c1+a2\times8\times b2\times c2)/d/e/1000000$
有立交桥的频谱需求/MHz	18.8	$(a1\times8\times b1\times c1+a2\times8\times b2\times c2)/d/e/1000000$

② 高速公路场景

关于高速公路场景,假定平均速度大约为60km/h。假定碰撞时间(TTC, Time To Collision)为2s,可计算得到前车车尾到后车车头的平均距离为33m。根据表8-1,高速公路的有效通信距离要求为320m。每个方向假设为6车道,双向一共有12车道。车身长度约为4.5m。有效通信距离范围内的车辆数目约为$320\times2/(33+4.5)\times12\approx204$。表8-3给出了高速公路场景下基于LTE-V2X的V2V的假设参数和频谱计算结果。

表8-3 高速公路场景下基于LTE-V2X V2V通信的假设参数和频谱计算结果

参数	数值	符号表示
平均周期分组长度/字节	300	$a1$
平均事件触发分组长度	800	$a2$
周期分组发送频率/Hz	10	$b1$
事件触发分组发送频率/Hz	10	$b2$
有效通信范围内发送周期分组的车辆数量	204	$c1$
有效通信范围内发送事件触发分组的车辆数量	20	$c2$
频谱效率/(bit·(s·Hz)$^{-1}$)	0.5	d
信道利用率	0.8	e
频谱需求/MHz	15.4	$(a1\times8\times b1\times c1+a2\times8\times b2\times c2)/d/e/1000000$

采用同样的方法可以分析得到V2I、V2P通信相应的频谱需求。

映射法的频谱计算结果汇总如表8-4所示。

第 8 章 | C-V2X 频谱需求与规划

表 8-4 映射法的频谱计算结果汇总

V2X 通信系统	频谱需求/MHz							
	V2V			V2I		V2P		
	高速公路	城区		高速公路	城区	城区	
		没有立交桥	有立交桥			较低密度	较高密度
LTE-V2X	15.4	12.6	18.8	0.006	0.0063	2.7	7.02

8.1.2.2 频谱需求小结

综上所述，采用不同的频谱分析方法，得到的结果略有差异。车联网频谱需求分析涉及支持的具体业务，但车联网业务应用及工作场景的多样性导致建模分析结果具有一定差异，甚至一些关键参数的假设都会对结果有直接的影响。

虽然上述两种方法的结果在数值上略有差异（LTE-V2X 安全业务频谱需求分析结果比较如表 8-5 所示），但大致范围比较接近，目前针对车联网安全业务应用，业界基本有一个初步的共识，需要 20～30MHz 的频谱资源。这也为各国车联网频谱的规划提供了参考。

表 8-5 LTE-V2X 安全业务频谱需求分析结果比较

场景	频谱需求/MHz	
	基于调度方式的频谱需求分析估算法	业务负荷与频谱需求的简单映射估计法
城区（V2V+V2I+V2P）	22.88	25.8
高速公路（V2V+V2I）	—	15.4

8.2 国际 C-V2X 频谱规划

频谱资源是支撑无线通信技术商用的前提，为了实现智能交通、道路安全等应用，美、欧、日、韩等国家和地区已经为智能交通系统（ITS）相关应用分配了频谱资源。

8.2.1 美国

美国是最早为车联网分配频谱的国家，在 1999 年就分配了 5.9GHz 频谱上的 75MHz 用于车联网。最初该频段是为 DSRC（IEEE 802.11p）技术分配的，然而 DSRC 技术的应用情况并不理想,加之 C-V2X 技术的快速发展,美国联邦通信委员会(FCC,Federal Communications Commission)对该频段的使用提出了调整,并开始向公众征求意见。

美国在 5.9GHz 频段分配了 75MHz(5.850~5.925GHz)作为专有频率用于智能交通业务,美国 5.9GHz 频段 2019 年前的划分情况[4]如图 8-6 所示。其中 172 号信道专门用来传输与生命安全相关的重要业务,178 号信道用作传输控制信道,184 号信道用于发送高功率公共安全业务。考虑降低实施成本、加速部署以及确保车辆与基础设施之间的互通,该频段规划指定了支持的技术为 DSRC[4]。

5.850GHz								5.925GHz
		CH175			CH181			
5850~5855 预留 5MHz	CH172* 业务信道 10MHz	CH174 业务信道 10MHz	CH176 业务信道 10MHz	CH178 控制信道 10MHz	CH180 业务信道 10MHz	CH182 业务信道 10MHz	CH184* 业务信道 10MHz

* CH172和CH184用于与公众安全相关的应用。

图 8-6 美国 5.9GHz 频段 2019 年前的划分情况[4]

随着 C-V2X 通信技术的发展,2019 年 2 月,16 家汽车和通信厂商向美国联邦通信委员会(FCC)提交了意见,以支持 5GAA 向 FCC 提交的豁免请求,涉及"取得在 5.9GHz 频段部署蜂窝车联网(C-V2X)技术的行政许可"。该豁免请求使得高通、福特汽车等企业可以在美国开展与 C-V2X 相关的技术测试与示范。

在 2019 年 ITU 世界无线电大会期间,美国联邦通信委员会主席建议修改 5.9GHz ITS 频段划分,将 5.905~5.925GHz 频段用于蜂窝车联网技术。FCC 修订其 5.9GHz 频段的管理规定,提出一项拟议规则制定通知(NPRM,Notice of Proposed Rulemaking),其中提出的美国 5.9GHz 频段规划建议[5]如图 8-7 所示。

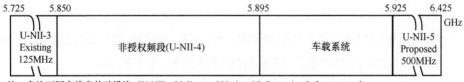

注:免许可国家信息基础设施(U-NII,Unlicensed National Information Infrastructure)。

图 8-7 美国 5.9GHz 频段规划建议[5]

FCC 在修改建议中,提出保留 5.895~5.925GHz 的 30MHz 并将其作为 ITS 专用频段,其中将 5.905~5.925GHz 的 20MHz 用于 C-V2X 技术,而 5.895~5.905GHz 则可用于 C-V2X 或者 DSRC 技术。2020 年 2 月 6 日,美国 FCC 发布了该 NPRM,向公众征求意见。可以看到,美国成为继中国之后第二个正式将此频段用于 C-V2X 技术的国家[5-6]。2020 年 11 月，FCC 宣布将 5.895～5.925GHz 频段的 30MHz 分配给 C-V2X 使用，这标志着美国正式宣布放弃 DSRC 并转向 C-V2X[7]。2024 年 11 月，FCC 宣布正式通过 C-V2X 技术的最终法规，为 C-V2X 部署提供了监管确定性。

8.2.2 欧盟

欧盟在 2008 年通过针对道路安全的 ECC/DEC/(08)01 决议，以专有频谱的形式将 5.875～5.905GHz 频段用于 ITS 的道路安全应用。同年，欧盟发布了 ECC/REC(08)01 建议，将 5.855～5.875GHz 用于 ITS 的非道路安全应用，另外 63～64GHz 也分配用于 ITS。

随后，欧盟委员会（EC，European Commission）通过法案 M/453，授权欧洲标准化组织制定一系列标准、技术规范和技术报告，支持在欧盟广泛实施和部署可互操作的协作 ITS。根据该要求，欧洲电信标准组织（ETSI，European Telecommunications Standards Institute）、欧洲标准化委员会（CEN，Comité Européen de Normalisation）于 2013 年完成 C-ITS Release 1 的标准，包括接入层、网络传输层、设施层、应用层、安全等系列标准。其底层基于 IEEE 802.11p，但工作频段与美国 DSRC 不同，欧洲称用于 ITS 的短距通信方式为 ETSI ITS G5 标准[2]。

欧盟电子通信委员会（ECC，Electronic Communications Committee）于 2020 年 3 月更新了 ECC/DEC/(08)01 决议和 ECC/REC(08)01 建议，扩展 ITS 道路安全应用为 5.875～5.925GHz，但在 5.915～5.925GHz 需要考虑对轨道 ITS（Rail ITS）的保护。对于 5.855～5.875GHz 的非道路安全应用，需要满足欧盟短距设备（SRD，Short Range Device）管理要求[8-9]。欧洲 5.9GHz 频段规划如图 8-8 所示。

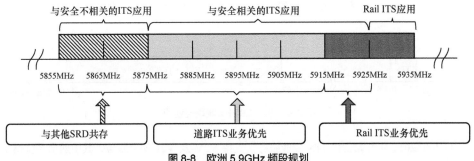

图 8-8 欧洲 5.9GHz 频段规划

欧盟为了实现其降低排放、零交通事故、减少拥堵的战略目标，自 2019 年起，规划部署协作智能交通系统（C-ITS）。为实现 C-ITS 大规模商业部署的目标，2019 年 3 月 13 日，欧盟委员会宣布出台新的规则，这一决定采用授权法案（C-ITS Delegated Act）形式发布，之后进入两个月的审查期。

欧盟 C-ITS 授权法案引发了 DSRC 和 C-V2X 两种技术的争论,并在审查期投票过程中出现了颇具戏剧性的反转。

上述消息刚出时,媒体上出现"欧盟排除 C-V2X"的说法,一时间在业内引发众多讨论。查询欧盟网站上公开的备忘录,可以看出:欧盟为了促进 C-ITS 部署,出台了新规以加快进程。该项新规关于通信部分描述如下:其中涉及的通信技术,包括互补性技术。在安全业务方面,特别提到 ITS-G5,也提到后续可能会集成其他技术[10-11]。

文中虽然没有明确排除 C-V2X,但因强调了 ITS-G5,从而对业内有些误导。随着时间推移,在 2019 年 7 月欧盟理事会上,多个成员国投票反对 ITS 授权法案,拒绝通过该法案。5GAA 在网站上对这一决定表示支持,认为此举有助于欧盟采取技术中立的方式制定管理规则[12]。

总体来看,欧盟车联网频谱规定属于技术中立的方式,其关于 C-ITS 授权法案的制定也会按照技术中立的原则进行考虑,欧盟的技术路线选择尚在博弈之中。

8.2.3 日本

日本的总务省(MIC, Ministry of Internal Affairs and Communications)在 20 世纪 90 年代末将 5770～5850MHz 划分为 DSRC 信道,主要用于车辆信息通信系统(VICS, Vehicle Information and Communication System)和 ETC 系统应用。另外,日本在 2012 年正式将 755.5～764.5MHz 频段规划给 ITS 的道路安全应用业务,带宽为 9MHz,中心频率为 760MHz。日本 700MHz ITS 频谱分配是一个孤岛频段方案,产业链非常受限[13]。日本 5.9GHz 频段规划[13]如图 8-9 所示。

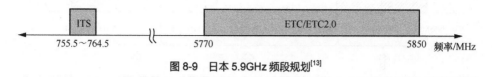

图 8-9　日本 5.9GHz 频段规划[13]

日本在 2015 年开始提供 ITS 商业服务,支持 V2V 及 V2I 安全服务,其中通信系统遵从 ARIB STD-T109 规范。日本 MIC 于 2017 年对其频谱规划进行了更新,显著提升了在 5.8GHz 支持 ITS 的优先级,并没有指定特定的技术。2023 年,日本总务省启动下一代 ITS 的通信系统研究项目,包括 C-V2X 通信技术。其发布了频谱重分配计划,将考虑于 2026 年在 5.9GHz 频段为 V2X 通信系统分配额外的 30MHz(5895～5925MHz)频谱资源[14]。

8.2.4 韩国

韩国科学与信息通信技术部（MSIT，the Ministry of Science and ICT）于 2016 年将 5.855～5.925GHz 分配用于支持智能交通中的 V2V 和 V2I 通信。70MHz 带宽分为 7 个信道，每个信道带宽 10MHz。其中信道 5（5.895～5.905GHz）为控制信道，其他 6 个信道为业务信道。具体划分[13]如表 8-6 所示。

表 8-6　韩国 5.855～5.925GHz 频段信道划分[13]

信道编号	1	2	3	4	5	6	7
中心频率/MHz	5860	5870	5880	5890	5900	5910	5920
信道类型	业务信道	业务信道	业务信道	业务信道	控制信道	业务信道	业务信道

2023 年 12 月，韩联社发布消息，韩国新一代智能交通系统决定使用"LTE-V2X"作为唯一通信方式。

8.2.5 新加坡

2017 年，新加坡频谱管理机构信息通信媒体发展局（IMDA，Infocomm Media Development Authority）发布 5.9GHz 频谱支持 ITS 应用的决议。决议开放 5875～5925MHz 用于 ITS 应用，同时允许 ITS 在满足短距设备技术规范及辐射功率小于 100mW 的条件下使用 5855～5875MHz 频段。ITS 使用的技术基于 IEEE 802.11p 和 IEEE 1609 安全及网络管理规范，新加坡 5.9GHz 频谱信道分配及 DSRC 频谱功率限制要求[13]如图 8-10 所示。

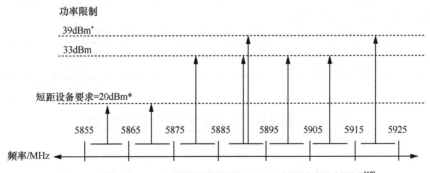

图 8-10　新加坡 5.9GHz 频谱信道分配及 DSRC 频谱功率限制要求[13]

8.2.6 频率资源分配小结

本节将上述各国家/地区情况进行了汇总,各国家/地区频率资源分配方案如表8-7所示。

表8-7 各国家/地区频率资源分配方案

国家/地区	频率规划
美国	• 1999 年,FCC 为基于 IEEE 802.11p 的 ITS 业务划分了 5.850~5.925GHz 共计 75MHz 的频率资源,划分为 7 个信道(每信道 10MHz)。其中,172 号信道(5855~5865MHz)用于承载安全应用,178 号信道(5885~5895MHz)为控制信道,184 号信道(5915~5925MHz)用于发送高功率的公共安全业务; • 2019 年,FCC 调整该频段分配,将 5905~5925MHz 频段用于 C-V2X 技术; • 2020 年 11 月,FCC 对外公布消息,对 5.9GHz 频段重新规划,将 5.895~5.925GHz 的 30MHz 用作汽车安全应用,并指定使用 C-V2X 技术; • 2024 年 11 月,FCC 宣布正式通过 C-V2X 技术的最终法规
欧盟	• 2008 年欧盟 ECC 为安全类 ITS 应用分配 30MHz 带宽(5875~5905MHz 频段),ECC 还建议为非安全类 ITS 应用分配 20MHz 带宽(5855~5875MHz 频段)。除了 5.9GHz 频段,另外分配 63~64GHz 频段(1GHz 带宽)给 ITS 应用,但由于传播特性差,目前还未有技术或系统使用该频段; • 2020 年,欧盟 ECC 扩展 ITS 道路安全应用为 5875~5925MHz,但在 5915~5925MHz 需要考虑对 Rail ITS 的保护; • 欧盟频段分配采用技术中立方式
日本	• 日本 MIC 在 20 世纪 90 年代末将 5770~5850MHz 划分为 DSRC 信道,用于车辆信息通信系统、ETC 系统应用; • 2012 年,日本将 755.5~764.5MHz 频段划给 ITS 的道路安全应用,带宽为 9MHz,中心频率为 760MHz。2017 年,日本 MIC 对其频谱规划进行了更新,提升了 ITS 业务在 5.8GHz 频段的优先级,且未指定具体技术; • 考虑技术发展,业界开展与 C-V2X 相关的测试,将其作为备选技术。2023 年,日本总务省发布频谱重分配计划,将考虑于 2026 年在 5.9GHz 频段为 V2X 通信系统分配额外的 30MHz(5895~5925MHz)频谱资源
韩国	• 2016 年,韩国分配 5855~5925MHz 共 70MHz 频率用于支持与智能交通车辆安全相关应用的 V2V 和 V2I 通信; • 2023 年 12 月,韩国 C-ITS 决定使用"LTE-V2X"作为唯一通信方式
新加坡	• 2017 年,新加坡分配 5875~5925MHz 共 50MHz 频率用于 ITS 应用; • 指明技术 IEEE 802.11p

8.3 我国 C-V2X 频谱规划

2018年10月,工业和信息化部发布了《车联网(智能网联汽车)直连通信使用5905-5925MHz

频段管理规定（暂行）》（以下简称《规定》）。该《规定》明确将 5905～5925MHz 频段共 20MHz 带宽的专用频率资源规划用于 LTE-V2X 智能网联汽车直通通信技术，以实现车与车、车与人、车与路之间的直通通信；同时对相关频率、台站、设备、干扰协调的管理做出了规定。其中 LTE-V2X 直通通信无线电设备的主要技术要求[15]如表 8-8 所示。

表 8-8　LTE-V2X 直通通信无线电设备的主要技术要求[15]

项目		要求
工作频率范围/MHz		5905～5925
信道带宽/MHz		20
发射功率限值/dBm	车载或便携无线电设备	26
	路边无线电设备	29
载频容限		$\pm 0.1 \times 10^{-6}$
邻道抑制比/dB		大于 31

我国在 LTE-V2X 技术研究方面起步较早，在 3GPP 车联网技术标准制定的过程中，我国启动了 LTE-V2X 频率使用需求、频率兼容和共存研究的课题。同时，2016 年工业和信息化部批复将 5905～5925MHz 作为试验频段，允许中国信息通信研究院、车载信息服务产业应用联盟（TIAA，Telematics Industry Application Alliance）组织产业界在北京、上海、杭州、长春、武汉、重庆等地开展 LTE-V2X 技术试验。

基于技术研究分析结果和技术试验的实际测试，工业和信息化部规划了 20MHz 带宽，主要是基于车联网道路安全应用的需求分析，满足智能汽车发展中长期的发展需求。同时，规划 5.9GHz 频段与国际主流频段保持一致，并为未来发展预留了扩展的可行性。

同时，该《规定》还提出了干扰协调措施和频率、台站及设备管理办法，能够兼顾管理需要和实际使用。若在 5905～5925MHz 频段设置、使用路边无线电设备，应向国家无线电管理机构申请无线电频率使用许可。若在 5905～5925MHz 频段设置、使用车载和便携无线电设备，则参照地面公众移动通信终端管理，无须取得频率使用许可和无线电台执照。

为了保护现有合法无线电台（站）和车联网（智能网联汽车）无线电设备的正常运行，若在 5905～5925MHz 频段设置、使用车联网（智能网联汽车）直通通信路边无线电设备，原则上应分别距已合法使用的雷达站 7km 和卫星地球站 2km 以上。

无线电频谱是发展智能网联汽车的关键资源，我国车联网频段使用确定对于推动智能网联汽车发展至关重要。而且我国明确指出该频段用于 LTE-V2X 直通通信技术，这样使得我国率先成为全球为蜂窝车联网技术规划专用频段的国家。

8.4 NR-V2X 频谱需求及规划展望

随着 C-V2X 技术的持续演进及车联网增强应用的不断发展，业界已经开展针对 NR-V2X 频谱需求的研究。例如，CCSA 及未来论坛、5GAA 等组织都有针对 NR-V2X 频谱需求的研究立项。未来车联网增强应用的场景更加多样，相应业务建模也更加复杂，对频谱需求分析至关重要的增强应用场景、业务模型等尚未形成统一共识。再者，NR-V2X 的直通通信接口将进一步支持单播及多播传输，使得系统的资源使用、系统频谱效率有不同的考虑。这些都使研究者们在研究 NR-V2X 频谱需求时，需要考虑更多的因素。

根据 3GPP 的 C-V2X 标准发展路径，NR-V2X 作为 LTE-V2X 的技术演进，主要用于支持增强车联网应用。NR-V2X 频谱需求主要研究在直通链路上还需要多少频谱资源来支持新的应用，包括相应的频谱需求研究方法、通信需求、增强车联网业务模型、相应的分析假设参数和评估结果等。CCSA TC5 于 2019 年 4 月通过《5G NR-V2X 直连通信系统频率需求研究》课题立项，目前研究的初步结论为，支持 NR-V2X 直通通信业务需要 30~40MHz 频谱资源[16]。

然而当前整个产业界对协作环境信息感知所需要共享的内容、数据量尚未形成统一认识，例如，对于传感器信息共享，对发送原始感知数据还是压缩处理后的数据尚未形成统一认识，这直接影响了频谱需求的分析与估算。同时，NR-V2X 不仅支持周期性、连续发送的业务，很多增强应用属于事件触发类型，即相应的信息发送是随机事件。5GAA 针对 NR-V2X 频谱需求展开研究，得出的初步结论与 CCSA 类似，认为支持增强应用的协作感知消息需要 20~40MHz 的频谱资源。5GAA 的报告也表示，NR-V2X 的频谱需求分析是一项复杂的工作，针对事件触发类业务的频谱需求需要后续进一步研究[17]。

关于未来 NR-V2X 直通频段的规划，鉴于 5.9GHz 频段已经成为 ITU-R 全球范围以及区域性融合的 ITS 频谱，业界对在 5.9GHz 规划 NR-V2X 直通频段有所预期。同时，考虑未来车联网增强应用可能有更高的频谱需求，也建议在下一个 WRC 周期研究新的候选频率范围，适时更新 ITU-R ITS 频率建议书，以支持自动驾驶的超高数据速率需求[16]。

增强车联网应用属于跨界融合的新兴技术，涉及汽车、交通、通信等诸多方面，相应的应用场景、发展及落地环节尚待产业界沟通协调以达成共识。前期 NR-V2X 频谱需求研究是一个基础，在需求分析方法，特别是业务模型的构建及交互数据量的估计假设等方面，需要通信企业与汽车、交通等行业需求方交流，以建立更准确、合适的模型，从而使得频谱需求分析结果更符合实际，为将来的 NR-V2X 频谱规划提供支撑。

思考题

1. 车联网频谱需求分析需要考虑哪些因素？
2. 车联网基本安全应用的业务模型有哪些特点？
3. 车联网频谱规划需要考虑哪些因素？
4. 目前国际 ITS 频率规划建议是怎样的？主要国家的规划如何？

参考文献

[1] 邱雨. 5.9GHz 频段用于蜂窝车联网技术将成为全球趋势[J]. 中国无线电, 2019(12): 14-15.

[2] 中国通信标准化协会（CCSA）. TC5_WG8_2016_102B_智能交通车车/车路主动安全应用的频率需求和相关干扰共存研究[R]. 2016.

[3] 3GPP. Service requirements for V2X services; Stage 1: TS 22.185, v14.4.0[S]. 2018.

[4] U.S. Federal Communications Commission. Amendment of the commission's rules regarding dedicated short-range communication services in the 5.850-5.925GHz Band (5.9GHz Band), FCC 03-324, 2004[Z]. 2004.

[5] Federal Communications Commission. Use of the 5.850-5.925GHz band notice of proposed rulemaking-et docket No. 19-138[Z]. 2019.

[6] Use of the 5.850-5.925GHz band[Z]. 2020.

[7] FCC. FCC moderhizes 5.9Ghz band to improve Wi-Fi and automotive safety[Z]. 2020.

[8] ECC Recommendation (08)01. Use of the band 5855-5875MHz for intelligent transport systems (ITS). Approved 21 February 2008, latest amendment on 06 March 2020[Z]. 2020.

[9] ECC Decision (08)01. The harmonised use of safety-related intelligent transport systems (ITS) in the 5875-5935MHz frequency band. Approved 14 March 2008, latest amendment on 06 March 2020[Z]. 2020.

[10] The European Commission has today adopted new rules stepping up the deployment of cooperative intelligent transport systems (C-ITS) on Europe's roads[Z]. 2019.

[11] European Commission - Fact Sheet, Road Safety: new rules clear way for clean, connected and

automated mobility on EU roads[Z]. 2019.

[12] 5GAA welcomes council objection against C-ITS delegated act[Z]. 2019.

[13] 5GAA. 5GAA white paper on ITS spectrum utilization in the Asia Pacific Region[R]. 2018.

[14] 5GAA Workshop_MIC[R].2024.

[15] 工业和信息化部. 车联网（智能网联汽车）直连通信使用5905-5925MHz频段管理规定（暂行）[Z]. 2018.

[16] 中国通信标准化协会（CCSA）. 2019B48_5G NR V2X直连通信系统频率需求研究（送审稿）[R]. 2020.

[17] 5GAA. 5GAA white paper-study of spectrum needs for safety related intelligent transportation systems-day 1 and advanced use cases[R]. 2020.

第 9 章
C-V2X 产业发展与应用

作为国际主流的车联网通信标准，C-V2X 得到了我国系列政策的支持，产业界也积极推动产品研发、技术示范及先导应用。我国以 LTE-V2X 技术为核心已经形成了完整的产业生态。

在国家政策方面，我国出台了《国家车联网产业标准体系建设指南》，协同国家标准化管理委员会、工业和信息化部、交通运输部、公安部四部委共同推进车联网标准制定。工业和信息化部于 2018 年率先为 LTE-V2X 直连通信分配了 5.9GHz 频段的 20MHz 专用资源（5905～5925MHz）；国家及多个部委出台系列政策，为 C-V2X 产业发展打造了良好的政策环境[1-4]。

车联网作为通信、交通、汽车行业交叉融合的前沿领域，已经成为全球战略竞争高地。美欧日韩等国家和地区积极布局，我国"十四五"规划中也明确指出"要积极稳妥发展车联网"[2]。结合产业发展，全球范围开展了 C-V2X 系列测试示范活动，对于促进 C-V2X 产业落地具有重要的作用。

9.1　C-V2X产业链构建

　　C-V2X产业链主要包括通信芯片、通信模组、车载终端与路侧设备、整车制造、测试验证、安全认证以及运营服务等环节，涉及芯片、设备、整车厂、方案商、电信运营商等众多参与方。考虑完整的C-V2X应用实现，还包括科研院所、标准及行业组织、投资机构以及关联技术与产业等产业支撑环节。目前，我国车联网产业链上下游企业已经围绕LTE-V2X形成完整的产业链生态，C-V2X产业链[3]如图9-1所示。C-V2X产业主要企业如表9-1所示。

图 9-1　C-V2X 产业链[3]

表 9-1　C-V2X 产业主要企业

产业链环节	主要进展
通信芯片	宸芯科技、高通、华为海思
通信模组	中信科智联、阿尔卑斯 ALPS、广和通、有方、中兴、移远通信、高新兴、芯讯通等
终端与设备	中信科智联、华为、金溢、东软、星云互联、万集科技、三旗通信、华砺智行、高新兴、千方科技等
整车制造	一汽集团、东风公司、长安汽车、上汽集团、北汽集团、广汽集团、比亚迪汽车、长城汽车、江淮汽车、东南汽车、江铃集团新能源、宇通客车、福特、奥迪、蔚来汽车、小鹏汽车、理想汽车、小米汽车、零跑汽车等
运营服务	中国移动、中国联通、中国电信、中国铁塔（海南）、百度、阿里、腾讯、国汽智联、湖南湘江智能、北京车网、重庆两江智慧城投、深智城、德清车网智联、武汉车网智联等
测试仪表	大唐联仪、罗德与施瓦茨公司、思博伦等
测试认证	中国信息通信研究院、上海无线通信研究中心、中国汽研、中汽研汽车检验中心（天津）、上海国际汽车城等
车联网安全	兴唐、华大电子、信大捷安、奇虎科技、国汽智联等
高精度定位及地图服务	和芯星通、华大北斗、千寻位置、高德、百度、四维图新等

百度、阿里、腾讯、滴滴等互联网企业也加入了车联网产业链，加速 C-V2X 应用落地[4]。百度于 2018 年推出 Apollo 车路协同开源方案，宣布与中国信科/大唐电信集团全面建立战略合作伙伴关系。阿里巴巴 AliOS 宣布与英特尔、中国信科/大唐电信集团展开智能交通–车路协同领域的战略合作。腾讯发布"生态车联网"解决方案、自动驾驶战略及 5G 车路协同开源平台，在智慧出行领域积极布局。

在 C-V2X 技术应用与商业化探索上，多家车企已深入展开 C-V2X 研究并推动量产。数据显示，已有一汽红旗、东风、广汽、上汽、蔚来等十几家车企发布了 20 余款 C-V2X 量产车型。蔚来汽车计划在 2025 年量产的 NT3 平台车型上搭载 C-V2X；大众途观 LPRO、全新一代迈腾及全新帕萨特 Pro 上线 V2X 功能；宝马汽车宣布 2025 年 1 月起，全新 BMW 5 系将首搭创新的 V2X 技术。通用、福特、奥迪等国际主流车厂也纷纷在中国发布量产 C-V2X 车型和应用。例如，福特汽车车路协同系统已落地无锡、长沙、广州等城市，实现的具体功能包括绿波车速、红绿灯信号、闯红灯预警、绿灯起步提醒等[5-6]。

9.2 C-V2X 产业联盟

C-V2X 应用涉及汽车、交通等多个行业领域，不同的应用提出了不同的业务需求和通信需求。2018 年 11 月，全国汽车标准化技术委员会、全国智能运输系统标准化技术委员会、全国通信标准化技术委员会以及全国道路交通管理标准化技术委员会共同签署了加强汽车、智能交通、通信及交通管理 C-V2X 标准合作的框架协议，推进 C-V2X 标准制定和产业落地。在技术标准研究的基础上，汽车、交通、信息等行业也成立了多个产业联盟，通过跨界平台的形式，协同解决产业化过程中的关键问题。以下对各产业联盟概况进行介绍。

（1）IMT-2020（5G）推进组 C-V2X 工作组

IMT-2020（5G）推进组由我国工业和信息化部、国家发展和改革委员会、科学技术部联合推动成立，是推动 5G 技术研究的基础工作平台。C-V2X 工作组成立于 2017 年 5 月，专注于 C-V2X 关键技术研究、试验验证、技术产业与应用推广。C-V2X 工作组作为跨界平台，汇聚了国内外整车厂商、信息通信服务企业、交通企业等共 366 家成员单位，已发布了一系列测试规范及测试结果。

（2）中国智能网联汽车产业创新联盟（CAICV）

中国智能网联汽车产业创新联盟由中国汽车工程学会、中国汽车工业协会联合发起成立，工业和信息化部为其指导单位。CAICV 作为国内推动智能网联汽车发展的重要平台，受工业和信息化部委托，于 2016 年发布了"智能网联汽车技术路线图（1.0 版本）"，并在 2020 年更新发布 2.0 版本。为促进智能网联汽车全球化发展，凝聚发展共识，该联盟于 2022 年发起成立"国际智能网联汽车路线图交流与合作委员会"。

（3）中国智能交通产业联盟

该联盟由与国内智能交通相关的知名企业、科研院所、高等院校等 45 家单位自愿发起成立，以标准制定为抓手，测试检测为基础，开展智能交通相关标准制定、技术测试检测、项目申报、科技成果转化、知识产权交易与保护、国际交流与合作等相关工作。该联盟负责制定车联网网络层及应用层技术标准。

（4）车载信息服务产业应用联盟（TIAA）

TIAA 有来自汽车、电子、软件、通信、互联网、信息服务 6 个领域的 600 多家成员，设立了市场、技术、标准、知识产权（法务）等 10 个委员会，承担着国际电联智能交通全球频率统一等 40 多项我国政府部门委托的任务，TIAA 负责组织推进车联网频谱测试。

（5）5G 汽车联盟（5GAA）

由欧美主流车企、全球主流电信运营商及通信芯片厂商发起，于 2016 年 9 月成立的 5GAA，致力于推动 C-V2X 技术在全球的产业化落地。该联盟成员达 119 家，覆盖全球主要车企、电信运营商、芯片供应商、汽车电子企业、电信设备商及信息服务企业等。我国主要的通信设备制造商（华为、中国信科/大唐、中兴）及电信运营商（中国移动、中国联通）也是其成员。

9.3　C-V2X 互联互通测试

对于 C-V2X 产业发展而言，多厂商设备间互联互通，以及不同整车制造商的车载设备和路侧基础设施的协议栈兼容性，是车联网业务应用部署的关键。随着 LTE-V2X 标准的成熟，C-V2X 工作组与 CAICV 从 2018 年起，连续多年组织了"三跨""四跨"和"新四跨"等大型车联网互联互通测试活动。充分展示了中国 LTE-V2X 产业走在世界前列的实力，也表明我国具备了实现 LTE-V2X 相关技术商业化的基础。

下面介绍车联网互联互通测试活动的具体情况。

9.3.1　V2X"三跨"互联互通应用

2018 年中国汽车工程学会年会暨展览会（SAECCE）期间，CAICV、C-V2X 工作组、上海国际汽车城（集团）有限公司在上海汽车博览公园共同举办了 V2X"三跨"互联互通应用展示活动

（以下简称 V2X"三跨"展示），实现了世界首例"跨通信模组、跨终端、跨整车"的互联互通。

参与该活动的单位包括中国信科/大唐、华为、高通 3 家通信模组厂商，中国信科/大唐、华为、星云互联、东软睿驰、金溢、赛维时代（Savari）、华砺智行、千方科技 8 家 LTE-V2X 终端提供商，北汽、长安、上汽、通用、福特、宝马、吉利、奥迪、长城、东风、北汽新能源 11 家中外整车企业。中国信息通信研究院（以下简称"中国信通院"）提供了实验室的端到端互操作和协议一致性测试验证，标准一致性测试架构及消息通信示意图[7]如图 9-2 所示。

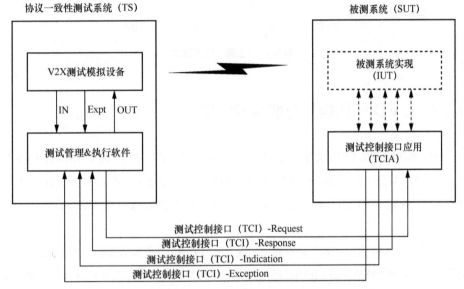

注：TS（Test System）、SUT（System Under Test）、IUT（Implementation Under Test）、TCIA（Test Control Interface Application）、TCI（Test Control Interface）。

图 9-2　标准一致性测试架构及消息通信示意图[7]

V2X"三跨"展示底层采用 3GPP R14 LTE-V2X PC5 直通通信技术，使用工业和信息化部《车联网（智能网联汽车）直连通信使用 5905-5925MHz 频段管理规定（暂行）》规定的工作频段，采用《合作式智能运输系统专用短程通信第 3 部分：网络层和应用层规范》《合作式智能运输系统车用通信系统应用层及应用数据交互标准》等 LTE-V2X 网络层和应用层中国标准。

V2X"三跨"展示的外场演示包括车速引导、车辆变道/盲区提醒、紧急制动预警、前向碰撞预警、紧急特殊车辆预警、交叉路口碰撞预警和道路湿滑提醒等 V2V 及 V2I 用例。具体演示路线和演示用例[7]如图 9-3 所示。

V2X"三跨"首次实现了来自不同产业环节、不同国家、不同品牌间的互联互通，充分展现了我国在全球 LTE-V2X 产业的引领地位。

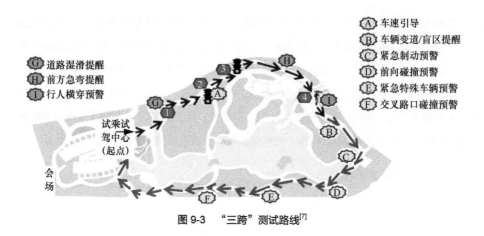

图 9-3 "三跨"测试路线[7]

9.3.2 C-V2X "四跨"互联互通应用

2019 年中国汽车工程学会年会暨展览会（SAECCE）期间，由 C-V2X 工作组、CAICV、中国汽车工程学会、上海国际汽车城（集团）有限公司共同在上海举办 C-V2X "四跨"互联互通应用示范活动，首次实现国内"跨芯片模组、跨终端、跨整车、跨安全平台"的 C-V2X 应用展示。

该活动在 2018 年"三跨"的基础上，重点增加了通信安全演示场景。信息安全是车联网通信中至关重要的环节，基于国内已经完成的 LTE-V2X 安全标准，需要验证多家安全芯片企业、安全解决方案提供商、CA 证书管理服务提供商之间的互操作。国内标准证书管理基于 PKI 机制的架构，分布式安全管理系统架构示意图[8]如图 9-4 所示。

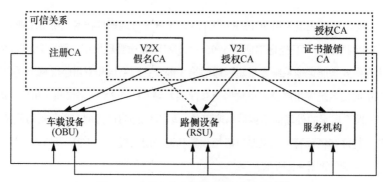

图 9-4 分布式安全管理系统架构示意图[8]

该活动聚集了 26 家整车厂商、28 家终端设备和协议栈厂商、10 家芯片模组厂商、6 家安全解决方案厂商、2 家 CA 平台厂商。可以看到,"四跨"的规模和参与度相对"三跨"都有了进一步的扩大,这也体现了 C-V2X 产业生态的蓬勃发展。

"四跨"示范活动共包含 4 类 V2I 场景、3 类 V2V 场景和 4 类安全机制验证场景,具体如图 9-5 和表 9-2 所示。示范活动由国汽智联和中国信科/大唐搭建的 CA 验证平台为 OBU 和 RSU 提供通信证书,实现 V2V、V2I 直通安全通信,通过搭建的 V2X 安全攻击场景和东软集团提供的安全验证工具,综合演示 C-V2X 安全防护机制和效果。"四跨"安全机制验证系统架构示意图[9]如图 9-6 所示。

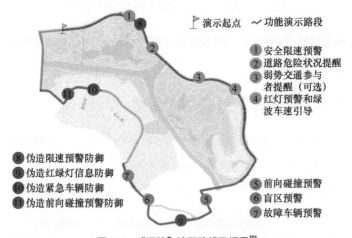

图 9-5 "四跨"演示路线及场景[9]

表 9-2 "四跨"演示场景

演示场景	演示项目	说明
V2I 演示场景	安全限速预警	道路限速提醒
	道路危险状况提醒	危险状况提醒
	红灯预警和绿波车速引导	红灯提醒及最佳车速建议
	弱势交通参与者提醒	行人提醒
V2V 演示场景	前向碰撞预警	碰撞提醒
	盲区预警	盲区告警
	故障车辆预警	事故车辆告警
安全机制验证场景	伪造限速预警防御	防御识别虚假限速告警信息
	伪造红绿灯信息防御	防御识别虚假交通灯提示信息
	伪造紧急车辆防御	防御识别虚假紧急撤离告警信息
	伪造前向碰撞预警防御	防御识别虚假碰撞预警信息

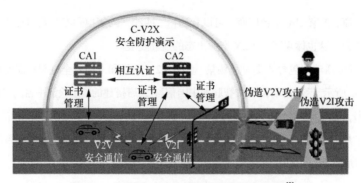

图 9-6　"四跨"安全机制验证系统架构示意图[9]

"四跨"活动有效展示了我国 C-V2X 标准协议栈的成熟度，为 C-V2X 大规模商业化应用奠定了基础。

9.3.3　C-V2X"新四跨"互联互通应用

2020 年在工业和信息化部指导下，C-V2X 工作组、CAICV 等在上海成功举办了 2020 智能网联汽车 C-V2X"新四跨"暨大规模先导应用示范活动。

本次活动在前两年"三跨""四跨"互联互通应用示范的基础上，部署了更贴近实际、更面向商业化应用的连续场景，采用全新数字证书格式，并增加了高精度地图和高精度定位。本次活动重点验证了 C-V2X 规模化运行能力，通过部署 RSU 和 180 台 C-V2X 车载设备作为背景设备，模拟真实交通场景下大规模车流通信环境，充分验证了 C-V2X 技术在真实环境下的通信性能；同时，针对车联网应用中安全机制、地理坐标使用等进行了探索，并进行了多厂商的综合测试，为后续规模商用提供了重要的技术依据。"新四跨"规模测试示意图[10]如图 9-7 所示。

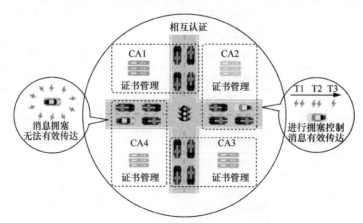

图 9-7　"新四跨"规模测试示意图[10]

本次活动是世界范围内首次面向真实应用场景的 C-V2X 跨厂商大规模压力测试，验证了 C-V2X 的规模商用能力。

9.3.4　2021 C-V2X"四跨"（沪苏锡）先导应用

2021 年由 C-V2X 工作组、CAICV 等联合主办，中国信通院等承办的 2021 C-V2X "四跨"（沪苏锡）先导应用实践活动成功举办。

本次活动分为两大主题，一是面向 C-V2X 量产车型，展开 C-V2X "四跨"互联互通应用实践。依托长三角地区已建成的智能化道路基础设施和车路云协同环境，从单车安全高效驾驶、多车协作通行、车路信息交互等方面开展面向公众的实车应用体验。二是结合 5G 网络部署及车联网增强应用探索，依托北斗高精度定位、边缘计算等基础设施，开展 C-V2X 车车、车路通信赋能车辆辅助和自动驾驶、5G 远程遥控驾驶、边缘计算与 C-V2X 融合等应用实践和演示[11]。

本次活动首次创新开展长三角跨省域 C-V2X 协同应用实践，在上海市嘉定区、苏州市相城区、无锡市锡山区协同开展了实车展示应用。本次活动为进一步促进我国 C-V2X 商业化落地应用，推广以城市/区域为载体的"车–路–网–云"规模化示范应用打下了基础。

9.3.5　国外与 C-V2X 相关的互联互通测试

随着 C-V2X 技术的不断发展，国外与 C-V2X 相关的技术测试与示范也逐渐发展起来。在 C-V2X 快速发展的形势下，5GAA 在 2019 年组织了两次 C-V2X 多厂商互联互通测试，分别是 2019 年 4 月在德国举办的 1st 5GAA C-V2X Interoperability (IOT) test 及 2019 年 12 月在西班牙与 ETSI 联合举办的 1st ETSI C-V2X Plugtests。随后在 2020 年和 2022 年，ETSI 与 5GAA 又联合举办了第二次和第三次互联互通测试。美国 OmniAir 也基于 C-V2X 开展了互联互通测试项目。详细情况总结如表 9-3 所示。

表 9-3　国外 C-V2X 互联互通测试详细情况

测试活动	时间	地点	参测厂商	测试情况
1st 5GAA C-V2X Interoperability (IOT) test	2019 年 4 月	德国的德凯劳希茨赛道	高通、华为、哈曼（三星）、Commsignia、Savari、Cohda Wireless、沃达丰汽车、福特等	此测试为实验室测试，物理层遵从 3GPP R14 LTE-V2X 规范，应用层基于 ETSI ITS 规范和 IEEE/SAE ITS 规范。测试计划共设计了 249 个测试例，根据 5GAA 公开的消息，

续表

测试活动	时间	地点	参测厂商	测试情况
1st 5GAA C-V2X Interoperability (IOT) test	2019年4月	德国的德凯劳希茨赛道	高通、华为、哈曼（三星）、Commsignia、Savari、Cohda Wireless、沃达丰汽车、福特等	该活动中249个测试例的通过率为96%,这表明参与活动的厂商设备互操作性已达到卓越水平。同时,该活动也展示了基于哈曼、华为、高通多家商用C-V2X芯片的互操作测试,多厂商提供芯片也是一个重要的里程碑[12-13]
1st ETSI C-V2X Plugtests（与5GAA共同举办）	2019年12月	西班牙德凯马拉加测试场	8家车载设备OBU供应商（Bosch、Commsignia、Ficosa、Huawei、LGE、Neusoft、Qualcomm、Savari），4家PKI提供商（Crypta Labs、Gemalto（Thales）、Microsec、Penta Security），以及5家测试设备商（Anritsu、Keysight、Rhode & Schwarz、Spirent、Software Radio Systems）	该测试活动包括实验室测试和外场测试,同时也增加了车联网安全机制的测试。外场测试场景包括道路危险预警、道路施工提醒、纵向碰撞危险预警、交叉口碰撞危险预警。有70多名人员参与了测试,共进行了320个测试场景,成功率达到95%,这充分体现了多厂商的互操作性已经达到了不错的水平[14]
2nd ETSI C-V2X Plugtests in 2020（与5GAA共同举办）	2020年7月	远程线上方式	8家C-V2X设备商（CNIT、Commsignia、CTAG、LINKS OUNDATION、Qualcomm、Savari、VECTOR INFORMATIK），8家PKI提供商（ATOS/IDNOMIC、BlackBerry、Crypta Labs、CTAG、Escrypt、Microsec、Bosch（Escrypt 支持）、TESKA LABS（Crypta Labs 支持）	基于ETSI的TS 103 600进行了300多项测试,成功率为94%[15-16]。该活动促使ITS设备商和PKI供应商通过开展互操作性测试,以验证评估其对ETSI ITS安全标准的理解和实施[15-16]
3rd ETSI C-V2X Plugtests in 2022（与5GAA共同举办）	2022年3月	德国DEKRA的Klettwitz测试场	6家OBU设备商（Allbesmart、Cohda Wireles、Commsignia、CTAG、VECTOR、YOGOKO）。4家RSU设备商（Allbesmart、CTAG、MOVYON ELECTRONICS、VECTOR）。7家PKI提供商（ATOS IDNOMIC、Autocrypt、CTAG、ETAS、Microsec、MOVYON、	本次测试活动包括实验室和外场测试,测试基于ETSI标准和3GPP的测试规范开展。本次活动展示了欧洲不同厂商,包括OBU、RSU、PKI等的互操作性已经达到较高水平,测试活动开展将加快C-V2X服务的商用[17]

第 9 章 | C-V2X 产业发展与应用

续表

测试活动	时间	地点	参测厂商	测试情况
3rd ETSI C-V2X Plugtests in 2022（与 5GAA 共同举办）	2022 年 3 月	德国 DEKRA 的 Klettwitz 测试场	VECTOR）。5 家测试仪表厂商（Anritsu、Keysight、Rohde & Schwarz、Spirent、S.E.A. Datentechnik）。Vodafone 提供了 LTE 网络服务	本次测试活动包括实验室和外场测试，测试基于 ETSI 标准和 3GPP 的测试规范开展。本次活动展示了欧洲不同厂商，包括 OBU、RSU、PKI 等的互操作性已经达到较高水平，测试活动开展将加快 C-V2X 服务的商用[17]
美国 OmniAir C-V2X 互联互通测试	2021 年 6 月	基准测试在密歇根州诺维的 Danlaw Inc. 总部进行，外场测试在密歇根州安娜堡的 Mcity 智能网联测试试验场进行	11 家 C-V2X 设备供应商（Applied Information、Autotalks、Cohda Wireless、Commsignia、Continental、Danlaw、Harman、Hitachi、Kapsch、Siemens、Qualcomm）。5 家 PKI 提供商（Autocrypt、Blackberry、Escrypt、Integrity Security Services、Microsec）。8 家测试仪表设备商（Anritsu、Keysight、NI、Nordsys、Rohde & Schwarz、S.E.A. Datentechnik GmbH、Spirent、Wayties）及测试实验室 DEKRA	该活动聚集了来自欧洲、亚洲和北美的 C-V2X 设备制造商、测试实验室和测试设备供应商，20 款 C-V2X OBU 和 RSU 进行了测试。该活动提供了 156 个单独的测试会话，开展了广泛的测试，包括物理层、J3161/1 射频、应用程序、1609.3 网络协议、J2735 WSM 消息、J2945/1 BSM 消息、RSU 4.1 和 SNMP 等。OmniAir Plugfests 项目表明 V2X 行业已准备就绪，同时也为第三方认证、资格和授权计划提供了良好的准备[18]

9.4 我国的 C-V2X 示范区及双智城市建设

为推动我国 C-V2X 产业尽快落地，工业和信息化部、交通运输部、公安部积极与地方政府合作，推进国内车联网示范区建设，促进车联网技术和产业的发展。

从 2015 年工业和信息化部批准首个国家智能网联汽车（上海）试点示范区起，工业和信息化部通过与地方政府合作，先后与浙江、北京、重庆、武汉、长春等地签署协议，推进"智能汽车与智慧交通应用示范区"建设。工业和信息化部与公安部、江苏省共同推动建设江苏无锡国家智能交通综合测试基地。我国已经初步形成封闭测试场和开放道路组成的智能网联汽车验证体系，开放道路建设和测试示范规模不断扩大，本节总结了部分示范区的测试情况及创新应用示范活动[19]，分别如表 9-4 和表 9-5 所示。

表9-4 国内部分示范区测试概况[19]

序号	测试示范区名称	开放里程/km	测试里程/万km	发放牌照数量	主要测试主体
1	国家智能网联汽车（上海）示范区 智能网联汽车自动驾驶封闭场地测试基地（上海）	1289.83	656.20	325	沃芽（滴滴）、上汽、裹动(AutoX)
2	国家智能汽车与智慧交通（京冀）示范区（工业和信息化部） 国家智能汽车与智慧交通（亦庄）示范区（交通运输部） 自动驾驶封闭场地测试基地（北京）	1027.88	391.18	170	萝卜（百度）、小马智行、沃芽（滴滴）
3	国家智能网联汽车（武汉）测试示范区	321.00	200.00	54	东风、百度、深兰科技
4	国家智能网联汽车（长沙）测试区 湖南（长沙）国家级车联网先导区	263.00	176.00	57	深兰科技、赢彻科技
5	国家智能汽车与智慧交通应用示范公共服务平台 自动驾驶封闭场地测试基地（重庆） 重庆（两江新区）国家级车联网先导区	176.85	96.80	50	长安、北汽福田、百度
6	广州市智能网联汽车与智慧交通应用示范区	135.30	400.00	142	百度、小马智行、文远知行、滴滴
7	国家智能网联汽车封闭测试基地（海南）	129.20	—	13	一汽、百度、文远知行
8	智能网联汽车自动驾驶封闭场地测试基地（襄阳）	111.40	—	3	东风商用车、宇通客车
9	浙江5G车联网应用示范区	70.60	50.00	18	杭州优行、零跑
10	中德合作智能网联汽车车联网四川试验基地	50.00	—	12	百度

总体来看，我国车联网示范区建设如火如荼，截至2023年8月，由工业和信息化部支持推动的国家级智能网联（车联网）测试示范区已达到17个，详见表9-5。另外还有多个城市级及企业级测试示范点，车联网示范区已经覆盖了全部一线和部分中东部二线城市，辐射效应已经形成。

表9-5 部分智能网联汽车创新应用示范活动[19]

NO.	测试示范区	所在地	Robotaxi	AVP	通勤客车	Robobus	高速货车	港口	矿山	环卫	巡逻	末端配送
1	国家智能汽车与智慧交通（京冀）示范区	北京	√	√	√					√	√	√

第 9 章 | C-V2X 产业发展与应用

续表

NO.	测试示范区	所在地	Robo taxi	AVP	通勤客车	Robo bus	高速货车	港口	矿山	环卫	巡逻	末端配送
2	自动驾驶封闭场地测试基地（北京）											
3	国家智能交通综合测试基地（无锡）	无锡	√		√	√				√		√
4	自动驾驶封闭场地测试基地（泰兴）	泰兴										
5	国家智能网联汽车（上海）试点示范区	上海	√		√	√	√	√		√		
6	自动驾驶封闭场地测试基地（上海）											
7	浙江 5G 车联网应用示范区	浙江			√							
8	国家智能网联汽车（武汉）测试示范区	武汉	√		√							
9	自动驾驶封闭场地测试基地（襄阳）	襄阳										
10	国家智能网联汽车应用（北方）示范区	长春										
11	自动驾驶封闭场地测试基地（西安）	西安			√							√
12	中德合作智能网联汽车车联网四川试验基地	成都			√	√						√
13	国家智能汽车与智慧交通应用示范公共服务平台	重庆			√		√			√		
14	自动驾驶封闭场地测试基地（重庆）											
15	国家智能网联汽车(长沙)测试区	长沙	√		√	√				√		√
16	广州市智能网联汽车与智慧交通应用示范区	广州	√	√	√	√	√					√
17	国家智网联汽车封闭测试基地（海南）	海南			√							

　　为了进一步推动车联网应用探索，2019 年 5 月，工业和信息化部复函江苏省工业和信息化厅，支持创建江苏（无锡）车联网先导区。无锡成为工业和信息化部批准的首个先导区，进一步实现规模部署 C-V2X 网络、RSU，安装一定规模数量的 OBU，实现良好的规模应用效果[20]。

目前工业和信息化部已经批复建立了 7 个国家级车联网先导区，包括江苏（无锡）、天津（西青）、湖南（长沙）、重庆（两江新区）、湖北（襄阳）、浙江（德清）、广西（柳州）[21]。工业和信息化部根据《车联网（智能网联汽车）产业发展行动计划》（工业和信息化部科〔2018〕283 号）部署，抓紧推进实施，积极培育车联网产业生态，统筹推动车联网产业创新发展。

在综合推进发展中，2021 年，住房和城乡建设部、工业和信息化部分两批确定智慧城市基础设施与智能网联汽车协同发展试点城市，北京、上海、广州、武汉、长沙、无锡、重庆、深圳、厦门、南京、济南、成都、合肥、沧州、芜湖、淄博 16 个城市被确认为"智慧城市基础设施与智能网联汽车"（双智）试点城市。此外，交通运输部在全国的 9 个智慧公路试点建设稳步推进，多段公路已经展开相关测试。

随着交通安全增强和效率提升、自动驾驶等各类车联网应用需求的不断出现，国内已有 5000 多千米的道路实现智能化升级，20 余个城市和多条高速公路完成了 8500 余台 LTE-V2X RSU 的部署，各地方建设车联网应用服务平台，推动实现与交通管理平台、第三方服务平台的数据互通[6,22-23]。

9.5 我国的 C-V2X 测试评估体系

9.5.1 构建 C-V2X 测试评估体系的背景

随着全球 C-V2X 标准化快速进展，为了快速推进 C-V2X 技术和标准的成熟化和商用化进程，验证 C-V2X 相关技术在车联网应用中的实际性能表现，赋能智能网联汽车，测试评估将起到至关重要的作用。需要综合考虑信息通信、汽车、交通、公安等行业的需求，避免重复测试，在 C-V2X 商用之前构建跨行业、跨平台的有效测试评估体系。

我国构建 C-V2X 测试评估体系的前提条件已经成熟，行业共识基本达成。

（1）C-V2X 技术标准快速发展持续演进，LTE-V2X 标准体系初步形成

随着全球 C-V2X 标准化的快速进展，我国与 LTE-V2X 相关的空口、网络层、消息层和安全机制等核心技术标准已完成制定，LTE-V2X 标准体系初步形成。

（2）我国正式给 LTE-V2X 直通通信分配频谱

2018 年 11 月，工业和信息化部无线电管理局正式规划 20MHz（5.905～5.925GHz）频段作为基于 LTE-V2X 技术的车联网（智能网联汽车）直通通信的工作频段。频谱的正式分配为进

行 LTE-V2X 的测试评估提供了频谱资源的保障。

（3）应用层标准已经完成第一阶段，正在研究第二阶段

中国汽车工程学会充分考虑我国的交通环境和产业需求，制定并发布了车联网应用层标准 T/CSAE 53-2017，随后又根据测试情况进行修订，发布了更新版本 T/CSAE SAE 53-2020。产业界已开展第二阶段增强应用的研究，中国汽车工程学会于 2020 年 12 月发布第二阶段增强应用团标，并将根据产业发展持续完善标准。

（4）我国 4 个标准委员会加强行业间合作

2018 年 11 月，全国汽车标准化技术委员会、全国智能运输系统标准化技术委员会、全国通信标准化技术委员会以及全国道路交通管理标准化技术委员会共同签署了《关于加强汽车、智能交通、通信及交通管理 C-V2X 标准合作的框架协议》，加快 LTE-V2X 在汽车、交通、公安行业的落地应用。

9.5.2　构建 C-V2X 测试评估体系的方法及测试能力建设

目前，欧洲的 C-ITS Platform 认证框架关注端到端业务测试、QoS 评估以及 C-ITS 可扩展的认证方法论和需求，定义了终端认证的角色和责任，未涉及认证实体落地及相应的测试规范等具体工作，未涉及互通方面的认证。美国为了推动车联网发展，上层通信认证从由政府主导转为由产业主导的认证，由 OmniAir 进行认证授权，并与 5GAA 合作。底层由 GCF 或其他认证实体进行认证，包括协议一致性、性能需求认证和终端之间的互通性 3 部分[24]。

分析欧美测试评估体系的现状，并对 C-V2X 技术标准体系进行梳理，再融合信息通信与汽车等多行业需求可知，C-V2X 测试认证评估体系的构建需要推动跨行业的协同，推动与国际行业组织的统一互认。

构建我国 C-V2X 测试评估体系的工作思路，需要考虑评测方法的科学性、可实施性、可复现性以及避免重复测试等重要指标。同时应该考虑我国的交通环境和产业需求、适应中国国情的车联网应用层标准等重要因素，进而设计测试评估体系[27]。

C-V2X 工作组联合产业相关方，对测试评估体系进行了梳理，为避免重复，将测试分为芯片/模组、零部件、整车 3 类，这 3 类测试评估内容与协议栈的对应关系[25]如图 9-8 所示。

3 类测试应进行最大集合测试内容评估，C-V2X 测试评估体系 3 类测试对应的测试内容示意图[25]如图 9-9 所示。

（1）C-V2X 通信功能及性能测试评估

在 C-V2X 测试评估体系中，需要构建车联网无线通信设备网络性能的测试体系，建设车联

网的功能、射频性能等测试能力；对 C-V2X 通信设备和应用进行性能验证和基准测试；有效支撑对 C-V2X 设备及网络的行业监管。

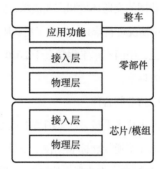

图 9-8　C-V2X 测试评估体系 3 类测试内容与协议栈的对应关系[25]

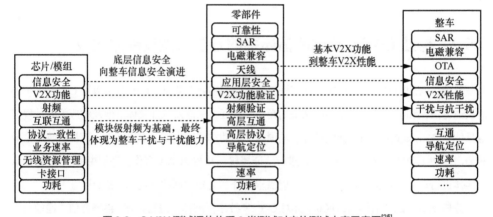

图 9-9　C-V2X 测试评估体系 3 类测试对应的测试内容示意图[25]

C-V2X 通信测试面临四大挑战：①科学性，即测试方法科学有效，测试结果真实反映被测件的性能；②可靠性，即低漏检率/误检率，测试结果可再现；③低成本，即测试成本可控，降低实验室与厂商的成本；④高效率，即自动化测试，测试结果可复现。需要支持的 C-V2X 通信测试能力包括以下内容[25]。

- LTE-V2X 射频一致性测试：车载无线模块标准发射机（发射功率、误差矢量幅度（EVM，Error Vector Magnitude）、频率错误、SEM 等）与接收机（误比特率（BER，Bit Error Ratio）、RSSI）等测试用例。

- C-V2X 底层性能测试：C-V2X 底层通信消息传输与解析的时延及准确性测试方法。

- C-V2X 实验室总体测试：将外场场景引入实验室，通过回放汽车行驶的动态场景、模拟外场测试，最终达到降低测试成本的目的。

- 智能网联车无线信道分析：基于实测提取车联网实际信道模型的测试评估技术；针对系统体系大、多辐射源体系、时-频-空间域多维度仿真、系统尺度跨度大、非线性效应等问题，依托大型仿真软件、全波时域算法技术和射线跟踪法，研究测量、建模、仿真一体化测试系统。

C-V2X 测试评估体系中的协议一致性测试验证符合 3GPP R14 物理层标准，以及面向中国标准的网络层、消息层及安全的自动化互操作和协议一致性测试方案。系统架构符合 ITU-T 及 3GPP 等标准组织对协议一致性的测试要求，所有测试组件均基于标准化测试语言 TTCN-3（Testing and Test Control Notation Version 3）实现，支持完整的 C-V2X 协议栈各层协议一致性测试，通过测试流程自动化，可输出详尽的测试分析报告[25]。

在实验室环境中，C-V2X 测试评估体系中的应用功能测试可以通过实时仿真场景或整车暗室来随机触发各个场景。中国信通院和中国汽车技术研究中心分别搭建了模拟驾驶、整车暗室的 LTE-V2X 应用功能、可靠性等测试验证环境。整车暗室和实时仿真场景测试，可以定量重复测试相关用例。除了模拟典型的通信场景，还可以测试极限场景下的性能[25-26]。

面向规模化部署，需要进一步验证 C-V2X 产品在外场真实复杂道路和无线通信环境下的性能指标和可靠性。基于此，中国信通院构建了基于外场真实道路环境的大规模测试能力，通过部署百余台 C-V2X OBU 和 RSU，模拟具备密集通信条件的 C-V2X 外场测试环境，支持对 C-V2X 产品的通信性能指标、安全芯片处理能力、终端产品系统性能开展测试。C-V2X 外场大规模测试遵循中国通信标准化协会《C-V2X 规模化测试数据接口技术要求》标准技术要求[27]。

（2）面向智能网联汽车的 V2X 应用测试评估

随着 V2X 与智能网联汽车的深度融合，网联化与智能化深度融合进一步支持自动驾驶功能实现，面向智能网联汽车的 V2X 测试评估成为当前的研究热点。自动驾驶的评价具有人工智能特点，需要从多个维度进行综合考虑。

针对自动驾驶系统安全评估，联合国提出的多支柱解决方案进入落地实施阶段。基于 WP.29 自动驾驶系统评估/测试方法提出的三级验证体系，从虚拟到现实，从一般场景到极端场景不同程度进行测试。具体包括虚拟仿真测试、封闭道路测试以及真实道路测试，其中仿真测试验证场景的广泛性，封闭场地测试验证场景的典型性，实际道路测试验证真实性。

V2X 作为智能网联汽车关键支撑技术，需要依托三级验证体系完成技术方案验证。考虑测试的效率及安全性，在真实场景测试前，通常需要进行仿真测试验证。

仿真验证的方式主要为 X 在环（XIL），它实现了真实世界与虚拟世界之间的双向、实时互联，通过集合待测单元的仿真模型或者实物组件，用于整车开发、系统测试等仿真验证平台。XIL 主要包括模型在环（MIL，Model In Loop）、软件在环（SIL，Software In Loop）、硬件在环(HIL,Hardware In Loop)、车辆在环(VIL,Vehicle In Loop)等方式。其中 HIL 测试引入真实的待测物进行测试。汽车是个复杂系统,零部件繁杂,使用 HIL 测试可以对单系统进行有效验证,避免集成后出现问题。一些极端场景也可以通过 HIL 测试。V2X 仿真验证 HIL 测试系统主要针对车载无线终端及功能进行在环仿真,它是在关键功能组件产品化的基础上,借助射频测试和接入层测试设备、CSAE 标准场景和自定义场景,通过国标各类报文、安全扩展接口等工具,实现功能验证与测试、功能模块性能评估等。V2X 仿真验证实车在环测试系统则是面向整车级功能验证,通常通过单一测试台架,集成相应的软/硬件资源,可以满足 V2X VIL 网联车辆的室外测试需求。目前中汽数据、国家智能网联汽车创新中心等测试机构已经形成了 V2X HIL 仿真测试、V2X VIL 测试、V2X 预警功能测试等验证能力[28-30]。

我国智能网联汽车发展持续加速,汽车与电子、通信、互联网等领域跨界合作加强,在关键技术研发、产业链布局、测试示范等方面取得了积极进展。北京市已于 2017 年发布《北京市自动驾驶车辆道路测试管理实施细则(试行)》及相关文件,确定 33 条、共计 105km 开放道路用于测试,已发放首批试验用临时号牌。上海市 2018 年发布《上海市智能网联汽车道路测试管理办法(试行)》,划定第一阶段 5.6km 开放测试道路,并发放第一批测试号牌。重庆、保定、深圳也相继发布相应的道路测试管理细则或征求意见,支持智能网联汽车开展公共道路测试。

智能网联汽车在正式推向市场之前,必须在公共道路上通过实际交通环境的测试,更加全面地验证自动驾驶功能,实现与道路、交通和通信设施及其他交通参与者的适应与协调。公共道路测试是智能网联汽车技术研发和应用过程中必不可少的步骤,是美日欧等国家和地区从技术发展和管理角度采取的普遍做法[33]。

为了支持公共道路测试,2018 年,工业和信息化部、公安部、交通运输部联合发布《智能网联汽车道路测试管理规范(试行)》(以下简称《管理规范》),对智能网联汽车道路测试申请、审核、管理以及测试主体、测试驾驶人和测试车辆要求等进行规范。按照《管理规范》,测试车辆应在封闭道路、场地等特定区域进行充分的实车测试,由国家或省市认可的从事汽车相关业务的第三方检测机构对其 14 项自动驾驶功能进行检测验证、确认其是否具备进行道路测试的条件,检测通过后方可申请进行自动驾驶道路测试[31-32]。《管理规范》适用于在我国境内公共道路上进行的智能网联汽车自动驾驶测试,包括有条件自动驾驶、高度自动驾驶和完全自动驾驶,涵盖总则、测试主体、驾驶人及测试车辆、测试申请及审核、测试管理、交通违法和事故处理、附则等内容[34]。随着道路测试工作开展,为适应新技术新模式新业态发展,工业和信息化部、公安部、交通运输部三部委对《管理规范》进行了修订,于 2021 年 7 月印发《智能网联汽车道路测试与示范应用管理规范(试行)》,于 2021 年 9 月 1 日起施行。

第9章 | C-V2X 产业发展与应用

我国智能网联汽车开放道路建设和测试示范规模不断扩大，我国 50 个省市发放道路测试与示范应用牌照，申请总量达 2800 余张；各地开放测试道路超过 15000km，公开报道的自动驾驶车辆道路测试里程累计超 6000 万千米[33]。国家多部委联合发布/修订法律法规文件，积极探索自动驾驶产品化落地。多地积极推动政策法规试点示范，北京市政府批复《北京市智能网联汽车政策先行区总体实施方案》，涉及多项先行先试重点工作；深圳人大常委会公布《深圳经济特区智能网联汽车管理条例》，开展立法探索，有望为国内相关法律法规制修订提供重要参考借鉴。

9.6 C-NCAP 主动安全评测应用 C-V2X 技术

汽车安全概念伴随汽车发明而出现，自 1979 年美国采用新车评价规程（NCAP，New Car Assessment Program）体系以来，汽车安全性能逐渐被广大汽车消费者所了解。四十多年来，世界各国家/地区都相继开展了 NCAP 评价。NCAP 是一套完整的车辆安全评价体系，能对车辆的安全性能进行定量的分析。考虑不同地区车辆特征及交通事故特点，不同国家/地区的评价方法不尽相同。

为促进中国汽车产品安全技术水平的快速提升，降低道路交通安全事故中的伤亡率，中国汽车技术研究中心有限公司组织产业界于 2006 年正式发布了首版中国新车评价规程（C-NCAP）。C-NCAP 对车辆进行全方位安全性能测试，包括乘员保护、行人保护、主动安全等，从而给予消费者更加系统、客观的车辆安全信息，促进汽车企业不断提升整车安全性能。C-NCAP 已成为中国汽车产品安全研发的首选目标，成为汽车安全的代名词。C-NCAP 依托中国道路交通事故深入研究（CIDAS，China In-Depth Accident Study）持续发展，《C-NCAP 管理规则》进行了多次完善，现行版本是 2024 年版[34-35]。

C-NCAP 每 3 年进行一次规程改版，迄今已完成 8 个版本的制修订。C-NCAP 以乘员保护、行人保护和主动安全 3 个部分的综合得分率来进行星级评价。C-NCAP 主动安全 ADAS 研究组，积极开展主动安全新技术应用和试验研究。

根据 CIDAS 事故数据分析，交叉路口事故是我国城市等区域的主要道路事故形态，如交叉路口车对车冲突事故、闯红灯导致的交通事故等；高速公路事故伤亡程度较高，尤其是前车切出导致的高速度差追尾事故。上述典型场景具有非视距的特点，可通过 C-V2X 技术解决。因此，C-NCAP 2024 版在全球范围内率先将 C-V2X 技术引入主动安全测评板块中[36-37]。

C-NCAP 2024 版规程已于 2024 年 1 月正式发布，2024 年 7 月开始实施。按照路线图的规划，规程详细定义了 3 个支持 C-V2X 技术的测试场景，包括车辆直行与前方被遮挡的横穿目标车辆（C2C SCPO）、车辆高速直行与前方静止目标车辆（CCRH）和交通信号识别（TSR），从 C-V2X 技术对智能驾驶的安全性、舒适性、效率性 3 个方面提升的角度进行用例设计。

（1）场景一：C2C SCPO——车辆直行与前方被遮挡的横穿目标车辆测试场景

C2C SCPO 测试场景示意图[38]如图 9-10 所示，VT1、VT2、VT3 为 3 辆静止车辆，GVT 具备 C-V2X 网联通信能力。VUT 以所在车道的中心线为轨迹行驶，GVT 沿垂直于 VUT 方向移动且以车道中心线为行驶轨迹，VUT 分别以 50km/h 和 60km/h 的匀速行驶开展测试，GVT 分别以 40km/h 和 50km/h 的速度进行测试。在 1.7s≤TTC＜4s 时发出预警，测试场景通过，可得分。

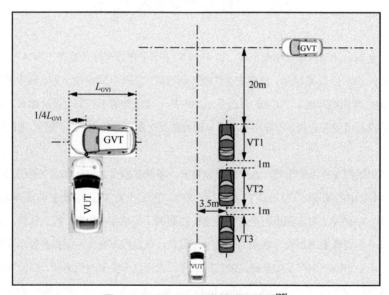

图 9-10　C2C SCPO 测试场景示意图[38]

由于 GVT 完全处于 VUT 的盲区范围内，当行驶至距离路口一定范围（20m）时，VUT 可通过前视摄像机或角雷达感知到 GVT。当 VUT 速度为 50km/h 时，离两车相撞的时间不足 1.5s；当 VUT 速度为 60km/h 时，离两车相撞时间不足 1.3s，排除感知系统预警时延和驾驶员反应时间，制动时间明显不足。使用 C-V2X 技术，VUT 能在距离路口百米以外获取 GVT 位置和预期行动轨迹，预测将发生的碰撞风险，提前向驾驶员发出危险预警，从而避免事故的发生。

（2）场景二：CCRH——车辆高速直行与前方静止目标车辆测试场景

CCRH 测试场景示意图[38]如图 9-11 所示，GVT、VT 和 VUT 在同一车道，VUT 与 VT

以相同的速度保持固定的相对距离沿车道中间匀速行驶，在距离为 A 时，达到稳定车速，测试车速分别为 80km/h、120km/h，对应两者之间的距离 A 分别为 50m、100m。当 VT 和 GVT 车头的距离 B 分别达到 49m、73m 时 VT 切出至相邻车道，VT 车头位置与 GVT 车头位置平行，切出过程持续时间为 2.2s。在 $1.7s \leqslant TTC < 4s$ 时发出预警，测试场景通过，可得分。

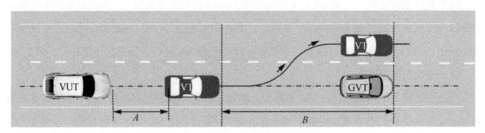

图 9-11　CCRH 测试场景示意图[38]

该场景在严重的交通事故中屡见不鲜，由于车速较高，该场景对摄像机、毫米波雷达识别以及车辆底盘响应要求都很高。而 C-V2X 技术作为一种"超视距"的无线通信感知手段，在 GVT 被 VT 遮挡场景下能提前感知前方静止车辆 GVT，给 VUT 充足的反应时间，避免危险情况发生，提升驾驶的安全性和舒适性。

（3）场景三：TSR——交通信号识别测试

TSR 测试场景示意图[38]如图 9-12 所示，将道路交通信号灯始终置为红色，VUT 按照规划行驶路径沿车道中心线行驶，分别在直行道以 40km/h、50km/h 和 60km/h，右转道以 20km/h 的速度测试 TSR 功能，VUT 右转时需要开启右转向灯，转向灯开启时刻不晚于转向开始时刻前 2s。在 $TTC \geqslant 1.7s$ 时发出预警，测试场景通过，可得分。

图 9-12　TSR 测试场景示意图[38]

针对该用例，单车智能实现的难点在于停止线的准确识别，无法提供精准有效的预警。

同时实际生活中存在异形红绿灯等复杂情况，信号灯识别复杂程度远远高于该测试用例。使用 C-V2X 技术可以很好地解决实际道路使用中遇到的难题，保证高效行车、舒适行车。C-V2X RSU 通过光纤等有线网络，连接到路口的红绿灯信号机，直接获取包括红绿灯相位和倒计时准确数据，通过 C-V2X 无线通信手段广播给该路段数百米范围内的车辆，给出精准的行车预警和建议。

随着新技术的发展，C-NCAP 也将不断创新汽车评价方法和规程，以提高对车辆安全性能的保障。C-NCAP 2027 版规程已启动制定，计划在主动安全和 VRU 保护两个板块进行提升，继续强化 C-V2X 技术的应用，推动汽车行业朝着更先进、智能和安全的方向发展。

（1）主动安全板块

进一步加严 2024 版已有的 C-V2X 用例，例如，TSR 场景考虑异形红绿灯、SCPO 场景增加制动场景；AEB C2C 中重点场景车对车直行交叉路径（C2C SCP）、车对车前向转弯交叉路径（CCFT）等增加 C-V2X 技术，重点提升有遮挡或高速等单车智能实现困难场景下的驾驶安全性；根据实际交通情况，新增风险高的典型场景用例，如隧道口前车切入场景、匝道汇入预警/控车场景、逆向借道超车场景、大曲率弯道对向来车场景等。

（2）VRU 保护板块

单车智能实现困难场景也增加 C-V2X 测试方案，如车辆直行与前方纵向行走的行人测试场景（CPLA）、车辆直行与前方远端被遮挡的穿行的行人测试场景（CPFAO）、车辆右转与近端穿行的踏板摩托车测试场景（CSTA-RN）等。

C-V2X 是赋能智能交通运输系统的关键技术。C-V2X 技术不仅可以大幅提升交通安全，还可以为自动驾驶、智能交通和车联网创新提供低成本、易实施的技术路线和基础平台。C-NCAP C-V2X 技术的引入，符合我国智能网联汽车战略发展方向，有助于促进汽车和交通服务的新模式和新业态发展，助力 C-NCAP 向"零事故"的终极目标不断迈进。

9.7　C-V2X 典型应用案例

目前，产业界已经针对近期基于车车协同、车路协同的辅助驾驶和特定场景中低速自动驾驶应用积极开展了示范验证和商用实践，包括城市交通辅助驾驶（如智慧公交）、高速公路交通辅助驾驶（如智慧高速）、封闭园区的中低速自动驾驶（如无人港口、无人矿山、园区自动清扫车、航空物流无人货运车等）、城市特定区域的自动驾驶出租车（Robotaxi）。在此，针对典型应用案例简要介绍如下。

（1）典型应用一：智慧公交

以厦门快速公交系统（BRT，Bus Rapid Transit）车路协同智慧公交应用为例。2018年至2020年8月，大唐移动通信设备有限公司与厦门市交通运输局、厦门公交集团联合打造了国内首个面向5G的城市级智能网联应用，对厦门市60km BRT道路和5个红绿灯路口进行智慧化改造以及50辆BRT公交车的智能网联改造。利用C-V2X、移动边缘计算与5G技术，该项目提供了路口盲区检测、绿波通行、最优车速行驶、超视距防碰撞、安全精准停靠等多项特色应用，能够有效降低油耗15%左右，提高车辆行驶安全及交通效率。

长沙也在开放道路开通了多条"基于C-V2X的公交优先"功能的公交线路，截至目前，长沙已完成72条线路2072辆公交车智能化改造。智慧定制的通勤班车东西线日均运送乘客超千人次，通勤时间平均节省约30.7%，有效缩短了公交通勤时间，缓解了城市交通拥堵，提高了公共出行效率。

（2）典型应用二：智慧高速

以成宜车路协同智慧高速应用为例。2021年至2022年12月，中信科智联与四川数字交通科技股份有限公司、阿里云计算有限公司联合打造了全球首条全域、全要素感知，低时延服务的全天候通行智慧高速。对157km成宜高速进行了全线的智能网联改造。利用C-V2X、远距毫米波雷达、雷视感知融合、边缘计算等技术，提供了道路动态风险提示、车路协同主动安全预警、异常驾驶行为纠正、重点车辆全程监控（隧道定位不丢失）、数字平行世界、车道级高精度定位、低能见度通行等车路协同应用，提升高速通行安全、通行效率和应急处置能力。目前成宜高速车路协同服务已进入常态运行，并在四川省1000km以上高速公路网完成智慧化建设与服务推广。

除四川省外，重庆、山东、江苏、广西、山西、浙江等多个省（市、区）均有多处高速公路已进行了C-V2X车路协同智慧化改造。

（3）典型应用三：矿山自动驾驶

C-V2X技术在矿山自动驾驶中也得到了落地应用，以踏歌智行和易控智驾为例。使用C-V2X、MEC和5G网络技术，对现有矿卡进行线控改装、自动驾驶系统部署以及挖机协同作业系统部署，实现了挖机与卡车协同作业、矿卡无人驾驶运输、自动卸料为特点的矿区采、运、排全流程自动化作业。智能集群调度平台与矿区复杂生产作业实现了无缝衔接，并具备了车辆远程遥控接管的功能。

目前已经支持协同装载、无人矿卡自动驾驶、智能避障、自主装卸、应急接管等创新应用。通过C-V2X应用，解决露天矿工作面多变与端帮遮挡导致基站信号覆盖不均以及智能装备众多导致基站带宽占用高于下挂设备超限的问题，实现了矿区无人驾驶安全高效运行。同时，通过

C-V2X 应用，进一步促进矿区生产作业协同，提供精准作业能力，提高了生产效率。

（4）典型应用四：无人驾驶机场物流车

以香港智慧机场建设项目为例。香港国际机场为应对巨大的客货运输量带来的挑战，积极探索智慧机场建设，以提升机场运作效率与安全。2019 年 12 月，驭势科技与香港机场管理局共同研发的无人物流车运营项目正式启用，在机场禁区内实现无人化行李运输。该项目也成为全球第一例在机场实际操作环境下运行且常态运营的无人物流车项目（正式运行车辆上完全无人，已去除安全员）。

该项目以电动拖车为应用车型，搭载驭势科技自主研发的嵌入式车规级智能驾驶控制器，配备激光雷达、摄像机、超声波雷达等多类传感器。另外，还基于安全可靠的车联网架构，部署了云端智能运营管理平台，实现车、路、云协同。例如，通过路侧部署的 RSU，扩展了无人物流车的单车感知边界；通过云端智能运营管理平台，实现无人物流车队的高效调度。该项目能够 7×24h 全天候、全流程作业，可适应室内外、隧道、人机混合等复杂场景及雨雾天、夜晚等恶劣的气候环境，实现长距离、大范围运行作业，提升物流运力、物流效率，降低物流成本。

（5）典型应用五：城市特定区域的 Robotaxi

以北京亦庄为例，目前已开放北京经济技术开发区全域 60km^2 作为自动驾驶开放测试道路，并面向公众推出自动驾驶出行服务。

2021 年 4 月，北京市高级别自动驾驶示范区工作办公室颁发首批乘用车道路测试牌照，在政策先行区开放自动驾驶乘用车场景测试。2022 年 4 月，国内首次开放主驾无安全员的示范运营试点。2022 年 7 月，北京正式开放国内首个无人化出行服务商业化试点，开展常态化收费服务，并允许安全员从主驾移到副驾，百度和小马智行成为首批获许企业，投入 30 辆主驾无人车辆，在经开区提供 Robotaxi 常态化服务。2022 年 11 月，百度 Apollo 智能驾驶发布消息称，北京市智能网联汽车政策先行区颁发自动驾驶无人化第二阶段测试许可，成为首批获准在北京开启"前排无人，后排有人"的自动驾驶无人化测试资格的企业，意味着 Robotaxi 距离"无人驾驶"阶段更进一步。

亦庄示范区已建成 329 个智能网联标准路口，双向 335.6km 城市道路和 10km 高速公路实现了车路云一体化功能覆盖。车路协同使车辆每万千米碰撞风险降低 23%，红绿灯推送触达每周超过 27000 次，路侧盲区障碍物信息参与车辆关键决策率达到 37%，交通信控优化实现车均延误率和车辆排队长度下降 30%，车路云一体化服务效果显著提升。已有百度、小马智行、商汤等 19 家备案在测试企业，合计 675 辆监管车辆，涵盖乘用车、商用车、低速无人车、无人公交等多类自动驾驶相关业务开展全面测试试运行。

此外，深圳、广州、重庆、武汉、长沙等多个城市允许无人驾驶汽车在特定区域、特定时段上路进行商业化试运营，无人驾驶商业化进程不断提速。

思考题

1. 车联网产业互联互通测试的作用和意义是什么？
2. C-V2X 测试评估体系通常将测试分为哪几类？
3. C-NCAP 的测试规程引入了哪几种采用 C-V2X 直连通信的测评项目？

参考文献

[1] 工业和信息化部. 车联网（智能网联汽车）直连通信使用 5905-5925MHz 频段管理规定（暂行）[Z]. 2018.

[2] 中华人民共和国国民经济和社会发展第十四个五年（2021-2025 年）规划和 2035 年远景目标纲要[Z]. 2021

[3] IMT-2020（5G）推进组 C-V2X 工作组. C-V2X 车联网白皮书[R]. 2018.

[4] 中国通信学会. 车联网技术、标准与产业发展态势前沿报告[R]. 2018.

[5] 中国通信学会. 车联网技术与产业发展白皮书[R]. 2022.

[6] 中国信通院. 车联网白皮书[R]. 2022.

[7] 网络层和应用层标准规范在 LTE-V2X "三跨"互联互通展示中的应用[Z]. 2018.

[8] IMT-2020（5G）推进组 C-V2X 工作组. LTE-V2X 安全技术白皮书[R]. 2019.

[9] 2019 C-V2X "四跨"互联互通应用示范活动即将亮相上海[Z]. 2019.

[10] 中国信通院. 2020 C-V2X 大规模先导应用示范活动[Z]. 2020.

[11] 中国信通院. 2021 C-V2X "四跨"（沪苏锡）先导应用实践活动成功举办[Z]. 2021.

[12] 5GAA. 5GAA C-V2X testing event in Europe successfully demonstrates exceptional level of interoperability[Z]. 2019.

[13] DEKRA. 德凯在旗下劳希茨赛道成功举办首次 5GAA 互操作性测试活动[Z]. 2019.

[14] First ETSI C-V2X interoperability event success rate of 95% achieved[Z]. 2019.

[15] ETSI C-V2X plugtest achieves interoperability success rate of 94%[Z]. 2020.

[16] 2nd ETSI C-V2X plugtests remote event[R]. 2020.

[17] 3rd-ETSI-CV2X-plugtests-report-v100[R]. 2022.

[18] OmniAir michigan plugfest a resounding success! [Z]. 2021.

[19] 中国智能网联技术创新联盟. 智能网联汽车测试示范区互认与评估结果发布[R]. 2022.

[20] 苗圩为全国首个车联网先导区揭牌[Z]. 2019.

[21] 工业和信息化部支持湖北（襄阳）、浙江（德清）、广西（柳州）创建国家级车联网先导区[Z]. 2023.

[22] 陈山枝. 蜂窝车联网(C-V2X)及其赋能智能网联汽车发展的辩思与建议[J]. 电信科学, 2022, 38(7): 1-17.

[23] 中国汽车工程学会, 等. 基于 C-V2X 的智能化网联化融合发展路线图[R]. 2023.

[24] 李俨. 5G 与车联网：基于移动通信的车联网技术与智能网联汽车[M]. 北京：电子工业出版社, 2019.

[25] 葛雨明. 车联网（C-V2X）标准及测试验证进展[R]. 2019.

[26] 王长园. V2X 标准分析及测试方法探讨[R]. 2019.

[27] 中国信通院启动"C-V2X 大规模"和"路侧感知系统"外场测试服务[Z]. 2022.

[28] 是德科技. 一文详解 V2X HIL 测试[Z]. 2022.

[29] 中汽数据. 一文读懂 V2X 标准法规进展与仿真验证体系[Z]. 2022.

[30] 国家智能网联汽车创新中心智能网联汽车（V2X）测试的实践与思考[Z]. 2022.

[31] 交通运输部. 权威解读《智能网联汽车道路测试管理规范（试行）》[Z]. 2018.

[32] 工业和信息化部, 公安部, 交通运输部. 关于印发《智能网联汽车道路测试管理规范（试行）》的通知[Z]. 2018.

[33] 李晓龙. 智能网联汽车测试发展情况与趋势[R]. 2023.

[34] C-NCAP 管理规则[R]. 2021.

[35] C-NCAP 管理规则[R]. 2024.

[36] 吴飞燕. C-V2X 标准体系建设及测试技术研究[R]. 2023.

[37] 田晓笛. 基于 V2X 技术的安全预警功能测评技术研究[R]. 2022.

[38] 中国汽车技术研究中心. 中国新车评价规程（C-NCAP）管理规则 2024 版 附录 L 主动安全 ADAS 试验规程[R]. 2024.

第 10 章 | C-V2X 应用展望与新技术发展趋势

第章

C-V2X 应用展望与新技术发展趋势

> C-V2X 是智慧交通和智能驾驶的关键使能技术。本章展望 C-V2X 车路云协同应用发展与商用的两个阶段,进而分析车联网无线传播环境信道建模、基于 5G 和 B5G 的高精度定位、雷达与通信融合在车联网中的应用、AI 赋能的车联网通信关键技术、基于区块链的车联网安全技术、卫星通信在车联网的应用、C-V2X 在低空智联网中的应用等 C-V2X 未来发展中的新技术及其发展趋势。

10.1 基于 C-V2X 的车路云协同应用与展望

作为智慧交通、智能驾驶的重要使能技术,基于 C-V2X 的车路云协同应用将经历不同的发展阶段,从重点提升道路安全和交通效率逐步向自动驾驶应用演进,从仅支持限定区域到支持全域开放道路,从支持中低速行驶到支持高速行驶。C-V2X 的商用预计将经历两个发展阶段、3 类应用。

C-V2X 应用的发展阶段[1-2]如图 10-1 所示,从 C-V2X 在此演进过程中所发挥作用的角度,描述了这两个阶段、3 类应用,从基于 C-V2X 实现车车、车路、车云的信息实时共享与交互,发展至实现异构多域、多源数据的协同感知,进而实现网联的协同智能决策与控制。

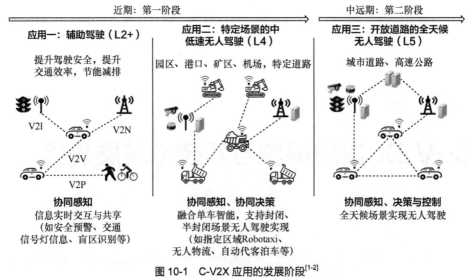

图 10-1　C-V2X 应用的发展阶段[1-2]

近期通过车车协同、车路协同支持辅助驾驶（L2+）和特定场景的中低速无人机驾驶（L4）。辅助驾驶安全是在城市道路和高速公路,针对乘用车和营运车辆,C-V2X 赋能车车、车路信息实时共享与交互,实现驾驶员的安全提醒及交通信号灯信息同步等,降低事故率,提高交通效率。另外,网联式 ADAS 应用（如 CACC 和 CAEB）的应用能够提升交通安全和效率,也降低了驾驶员的工作强度,提高行驶舒适性。这类应用由 LTE-V2X 和 4G、5G 蜂窝支持。限定区域、特定场景中的中低速无人驾驶,如用于矿区、机场、工厂、码头、停车场的无人矿卡、无人物流车、无人清扫车、无人摆渡车以及用于城市特定道路的 RoboTaxi,提高生产效率,降低人工成本,由 LTE-V2X 和 5G eMBB（enhanced Mobile Broadband）支持。

中远期将结合人工智能、大数据等新技术，融合雷达、视频感知等技术，通过车联网实现全天候、全场景的乘用车网联智能无人驾驶（L5），需要 NR-V2X 和 5G eMBB 的支持才能实现。这一阶段面临着需要与有人驾驶车辆、行人等并存以及应对中国的特殊交通环境等挑战。因此，更高级的自动驾驶还将需要我国的政策法规、交通管理和产业监管等方面的变革以及社会伦理共识等才能实现，需要长时间的跨界磨合、联合测试、实践去解决问题，达成社会共识。

图 10-2 尝试从技术经济学角度解读 C-V2X 支撑智能驾驶、智慧交通的两个发展阶段、3 类应用[3]。C-V2X 作为智能驾驶、智慧交通的重要使能技术，考虑行业发展阶段性、产业成熟性和政策协调的难易，其应用必将从简单特定场景向复杂场景拓展，在技术相对成熟、经济价值大、政策协调易的应用场景优先落地[3]。

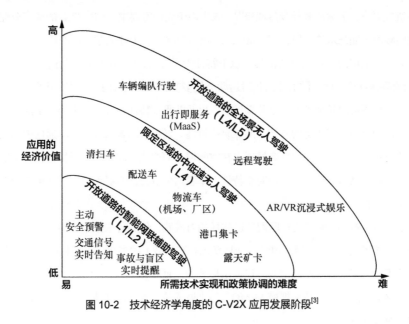

图 10-2　技术经济学角度的 C-V2X 应用发展阶段[3]

10.2　C-V2X 新技术趋势及研究方向

10.2.1　车联网无线传播环境信道建模

众所周知，完备、深入的无线信道知识和精确且实用的信道模型是成功设计任何无线通信系统的基石和根本[4-5]。车联网也不例外，信道建模是车联网终端覆盖预测、天线部署与性能优化、网络连通性分析、传输误码率与服务质量预测、车联网辅助通信节点部署等技术研究的重要基础。

车联网通信独特的传播环境、车辆高速移动、移动区域受限等特点，使其信道与传统蜂窝通信信道具有显著差别[6-7]：一方面，在传统的蜂窝通信中，基站是不动的，手机终端在移动；而在V2V通信中，发送方和接收方均处于高速移动中，且双方的相对移动可能呈现多状态的变化，这会引起多径随机生灭的加剧、信道状态的快速切换、多普勒功率谱畸变，并导致信道的统计规律难以预测。另一方面，周边环境中可能存在大量高速移动的散射体（如周边的移动车辆），从而使车联网无线信道的散射特性具有快变、非各向同性，有复杂且时变的多普勒特性，同时会造成更快、更深的多径衰落现象[8]。未来由于大带宽要求，NR-V2X 的频谱分配可能使用更高的频段（如毫米波频段，即 mmWave NR-V2X[9]），上述问题会更严重。

因此，车联网的无线信道通常具有以下特性[6,10-13]。首先，在车联网信道中，多次反射、收/发端的高速移动特性及散射体的相对运动会使多普勒频移大且时变性强。其次，在车联网信道中，由于更恶劣的时延扩展、多普勒扩展，以及非平稳特性的存在，多径分量的衰落会频繁地出现比瑞利分布更加恶劣的衰落，即深衰落特性。最后，随着未来车联网通信中超大规模天线技术的应用，车联网信道特性会展现出在空间域上的变化，即空间非平稳特性；考虑车联网通信自身固有的高动态特性以及快时变特性，车联网信道特性会展现出在时间域上的变化，即时间非平稳特性。

目前在 sub-6GHz 频段的车联网信道建模相对成熟，但随着未来车联网通信中毫米波的超大带宽通信技术应用，车联网信道特性会展现出在频率域上的变化，即频率非平稳特性。因此，超大规模天线、毫米波车联网信道会展现出显著的三重联合空–时–频非平稳特性。

针对这些特点并结合超大规模 MIMO、毫米波通信等车联网新技术，未来车联网的信道建模面临的挑战如下。

（1）混合统计几何建模方法（动态散射体/车流量密度）

基于几何的确定模型以完全确定的方式表征车联网通信信道的物理参数，该方法旨在再现给定环境的实际物理无线电传播过程，具有高准确性。然而，基于几何的确定性方法需要对站点特定传播环境进行详细和耗时的描述，具有高复杂度[14]。不同于此，基于几何的统计模型根据波传播的基本定律，通过预先定义有效散射体的统计分布导出。改变散射区域的形状或散射体的位置的概率密度分布，模型可以容易地适应不同的场景，具有低复杂度[15]。然而，由于该方法假设了有效散射体的随机分布，在准确性上有所缺失。进一步地，在车联网场景下，已有信道模型通过实际测量和理论分析证明："动态散射体密度/车流量密度"也会对信道特性有显著的影响。因此，在考虑车流量密度影响的同时，一种混合的基于几何的确定性和统计性信道建模方法有待研究。

（2）毫米波频段快时变信道测量与建模

众所周知，结合信道测量技术对毫米波车联网信道的正确表征至关重要。在毫米波信道测量中，信道探测技术起着重要作用。然而，由于其低可靠性和毫米波信道特性，目前的信道探测系统还不能满足毫米波信道描述的全部需求。另外，结合车联网通信的高动态、快时变特性，毫米波车联网信道测量将会更具挑战性[9]。在这种情况下，亟须开发新的信道探测技术，同时须提高当前现有的信道探测系统的可靠性。另外，由于毫米波信道超高带宽通信的特点，信道建模时需要解析空间中簇内射线的参数，以支撑高时延分辨率，同时需要建模毫米波信道的频率非平稳特性[16]。考虑车联网信道固有的快时变特性，毫米波车联网信道建模难度进一步提升。因此，如何实现毫米波频段快时变信道测量与精准建模急需大量的研究。

（3）空-时-频的三域非平稳信道建模

现阶段存在的信道非平稳性建模包括在单个域中的建模（如在时间或空间域中建模）和在 2D 域中的建模（如在时-空或时-频域的建模）。然而，未来超大规模 MIMO、毫米波车联网信道会展现出显著的空-时-频三域联合非平稳特性。目前，关于空-时-频三域非平稳性的建模非常有限。文献[16]提出了一种基于相关簇的时-空生灭过程方案，以建模信道空-时-频的三域联合非平稳性。文献[17]提出的车联网信道模型将簇区分为动态簇和静态簇。进一步地，借助于改进的 *K*-Means 聚类算法和生灭过程，捕捉动/静态簇的出现和消失的相关性，从而建模了车联网信道中的空-时-频非平稳特性。因此，更多真实可靠的空-时-频 3D 非平稳性车联网信道模型亟须被提出，如何正确地针对车联网信道的 3D 非平稳性进行建模仍面临巨大挑战。

（4）高速移动环境下多径跟踪与动态成簇规律分析

这一问题涉及对车联网非平稳信道多径簇参数提取的合理性，直接影响对车联网信道多径簇生灭统计规律建模的准确性，需要借助机器学习技术加以攻克。这一难题的攻克有助于未来开发与超大规模 MIMO 相结合的车联网系统下低复杂度、高空间分辨率的信道模型[18]。

（5）基于机器学习和场景识别的信道预测

信道测量是一个耗时耗力的过程，在车联网动态环境下开展测试尤其困难。未来需要借助机器学习技术，结合既有的大量数据分析与场景特征挖掘，开发基于数据的车联网信道状态预测方法，这将为理解和使用车联网信道提供新的方案。

（6）感知与通信融合系统下的车联网信道建模架构的提出

基于未来车联网感知与通信融合系统对环境信息有实时精确感知的能力，针对毫米波信道因超高路径损耗而造成的有效簇少的特点,需要解析并建模有效簇随时间的平滑连续演进特性,从而实现信道的时间一致性建模。进一步地,考虑未来车联网中超大规模分布式多天线技术的应用,需要解析并建模有效簇随天线阵列的平滑连续演进特性,实现信道的空间一致性建模。然而,目前大多数信道模型是基于快照(Drop-based)架构的,无法实现信道的时空一致性建模。针对感知与通信融合下的车联网系统对环境感知能力随时间增强的特点,需要解析并建模车联网信道模型在不断积累感知数据过程中所展现出的渐进确定、精度提升的特点,即信道模型的时间演进特性。因此,如何合理构建新颖的基于时空一致性的时间演进信道建模理论和架构仍面临巨大挑战[19]。

10.2.2 基于 5G 和 B5G 的高精度定位

车辆行驶决策对自身及环境定位要求极高。分米级甚至厘米级的高精度定位是车联网开展车辆自动行驶和道路安全业务决策的重要保障,也为低速环境下的公交车靠站停车、港口物流车辆装卸集装箱、车辆编队、自动泊车、远程驾驶等车联网应用提供精准的实时位置信息。

目前普遍采用的高精度定位技术包括卫星导航差分补偿实时动态定位(RTK, Real-Time Kinematic Positioning)、无线网络定位(如蜂窝网、局域网等)、激光雷达/毫米波雷达/微波雷达探测、惯性测量定位、传感器定位、高精度地图定位等。这些技术存在响应速度慢、定位精度低、应用场景受限(稳定性和适应性易受环境变化影响)、覆盖范围有限(单一的定位技术无法满足室内外无缝切换的要求)等缺陷,并且存在各种定位技术及模块信息反馈独立、定位信息时间不同步、空间坐标系不一致等问题。其中,3GPP 在 R16 版本引入的 5G 网络无线接入定位技术能够满足室内小于 3m、室外小于 10m 的定位性能[20],但不能满足 C-V2X 型应用的分米级精度和百毫秒量级时延的定位要求[21-22]。R17 版本支持了我国北斗三号全球导航信号的双频公开服务信号 B2a 和 B3I[23],B2a 针对高精度和抗干扰进行优化,确保与 B1 的联合使用可在测绘、航空及精准农业等领域具有最优的整体性能。3GPP 在 R18 版本引入了 Sidelink 定位技术[24],对 V2X 应用提供两种定位精度水平[24]:水平定位精度为 1.5m,垂直定位精度为 3m;水平定位精度为 0.5 米级,垂直定位精度为 2m。

未来车联网的高精度定位,需要以基于 B5G(Beyond 5G)网络的高精度定位及高精度卫星定位为基础,并将惯性传感器和激光雷达等多层次定位技术实现可信融合,研发保障不同应用场景、不同业务的定位需求的一体化定位方案。

(1)B5G 无线网络架构的创新

B5G 无线网络架构的创新将使满足定位精度条件下的定位时延更低。例如,分布式 MIMO、定位服务器下沉到基站等技术将使基站间的联合处理更迅速，从而降低定位时延[25]。

（2）基于 B5G 信号的增强

随着 B5G 系统的载频提升，最大信号带宽将从 5G 系统的 400MHz 增加到 B5G 系统的 1000MHz 以上，多径时延分辨率可与超宽带（UWB，Ultra Wideband）定位技术相当；基站侧天线阵元数将达到 1000～10000 个，角度分辨率可达 1°甚至更小；相关技术演进将为 B5G 信号的分米级定位精度提供技术可行性，从而支持 C-V2X 的分米级定位精度[25]。

（3）高精度测量算法和多层次融合的位置解算算法

引入人工智能和机器学习等算法，提高非视距（NLOS）和多径信道下的测量算法精度，并且针对 5G 的高精度定位、高精度卫星定位与惯性传感器和激光雷达等定位测量结果进行多层次可信融合的位置解算算法，可提高 C-V2X 的定位精度和可靠性。

（4）多制式协同的室内外无缝定位方法

为了保证 C-V2X 车辆在室内外切换过程中的无缝定位，根据多源传感器观测信息，对用户所处环境进行智能感知。采用深度机器学习等算法，区分室内外场景及定位技术方案，对 C-V2X 车辆获取的各种传感器的数据进行融合处理，实现室内外的无缝定位及平滑切换。

（5）基于 5G 信号的载波相位定位技术

基于 5G 信号的载波相位定位技术的基本原理是测量 5G 信号载波的相位变化，获取传播距离信息，从而完成终端定位。由于载波相位测量误差一般小于载波波长的 10%（例如，载波频率为 2GHz 时，载波相位测量误差为 1.5cm），基于 5G 信号的载波相位定位精度可达厘米级。由于 5G 基站的参考符号功率高、不受电离层/对流层时延等天气干扰的影响，5G 网络对参考符号的信号发送有控制权，基于 5G 网络实现载波相位定位比基于卫星的载波相位具有更高的定位精度、更低的定位时延和更低的复杂度。

基于 5G 信号的载波相位定位需要解决以下 3 个关键技术：第一，实时跟踪和锁定连续或非连续载波信号，获得载波相位测量值，如基于锁相环的载波相位测量算法；第二，快速搜索相位载波测量中包含的整周模糊度，如基于双频点或者多频点的载波相位测量值的组合，快速获取整周模糊度的搜索法；第三，消除接收机和发送机的时钟误差，如双差分技术[26]。

（6）Sidelink 定位技术

Sidelink 定位技术的基本原理是终端之间发送并测量 Sidelink 定位参考信号来实现终端的相对定位或者绝对定位。基于 Sidelink 的车联网定位不受地面蜂窝网络和全球导航卫星覆盖的限制，能够支持无覆盖的 V2X 场景的定位需求。Sidelink 定位的关键技术包括 Sidelink 定位参考信号设计、Sidelink 定位资源分配以及 Sidelink 定位测量与上报[27]。

由于产生了新的端到端的定位请求，相对于传统基于网络的定位服务（LCS，Localization Service），基于 Sidelink 定位参考信号的 Sidelink 定位流程和架构有所变化，因此需要设计新的系统架构、端到端信令流程以及新的定位测量上报、位置计算，满足 Sidelink 定位业务。

（7）网络辅助的卫星高精度定位技术

通过 5G 网络播发用于提高卫星定位精度的校正数据：如电离层模型参数、伪距和伪距率校正、实时动态定位参考站和辅助站数据、卫星编码偏差、卫星轨道改正、卫星时钟改正、大气模型、RTK 残差和梯度等。这类网络辅助的全球导航卫星系统（A-GNSS，Assisted Global Navigation Satellite System）增强服务，通过监测参考站持续接收到的 GNSS 信号生成的校正参数，借助实时校正服务，提供给终端，使定位误差降低到厘米级。

10.2.3　雷达与通信融合在车联网中的应用

在传统研究中，雷达和通信独立发展[28]。雷达用于目标探测，通信用于设备间的信息传输，二者基于各自的功能和频段独立设计，互不影响技术发展[29]。然而，对于通信系统，无线设备和数据通信量的成倍增长造成了频谱资源紧缺。对于雷达系统，电磁波环境的高复杂性将导致单个雷达感知性能受限。因此，单一的雷达和通信发展难以满足未来车联网的需求。考虑雷达和通信系统具有相似的硬件设备、系统组成成分和天线结构以及相近的工作带宽，二者的融合可以提升资源利用效率、降低成本，以及雷达可以辅助实现通信中的快速邻居发现、信道估计和波束对齐等原因，因此雷达与通信融合成为实现精准全面感知、快速高效通信组网能力的关键技术。其融合体现在物理资源的一体化使用和一体化网络两个层面[30]。

车联网具有数据传输和目标探测的双重需求。由于车载雷达和未来 C-V2X 通信可能均使用毫米波频段，雷达与通信的融合与联合设计将成为未来车联网的重要挑战和关键技术之一[28,31-34]。具体而言，雷达与通信融合技术是指通信与雷达在共享硬件设备和频谱资源的前提下同时实现通信与探测感知的功能。与传统分离式雷达系统和通信系统相比，雷达与通信的融合能够显著降低系统功耗、节省硬件空间、降低成本，并有效提高频谱效率[33]。在车联网中，雷达探测功能能够有效获取车辆的周边环境信息，利用通信手段将不同车辆的雷达探测结果进行共享和联合处理，进而获取更完备的环境信息，有效提高探测的准确度，实现更全面的感知效果。利用感知信息构建超视距地图可以为各个车辆提供有效的避障处理措施，辅助建立更稳定的通信链路。从感知信息中还可以进一步提取有效的先验信息，从而降低信道估计、波束训练等通信开销。

然而雷达与通信的融合与联合设计仍然面临诸多挑战,具体包括如下方面。

- 在理论层面,针对感知与通信的信息理论框架仍然处于初步阶段,尤其是针对雷达与通信一体化系统,需要从信息论的角度对信息容量进行分析,指导优化一体化波形的设计,使之能够有效地完成雷达探测和信息传递的任务。
- 在物理层面,C-V2X 通信和雷达技术对调制、带宽、信道、功率等指标的要求存在着巨大的差异,需要设计低成本、强动态、自适应的电路,以支持不同模式下合适的传输。基于系统性能和成本的考虑,如何优化器件的数目、安装的位置等面临着较大的挑战。
- 在感知层面,雷达设备通常采用较高的波段,尤其是毫米波段。在高采样、强衰减、高移动的挑战下,如何实现时间的精准同步、微小信号的快速提取,对于获取距离、速度、角度等感知信息具有重要的影响。
- 在通信层面,由于车联网拓扑结构变化快、信道环境变化明显,多车雷达探测结果的共享与联合处理面临大带宽低时延通信传输、收发双方坐标系转换的问题。在毫米波频段下,收发双方通常会配备大规模天线以进行波束成形,因此波束角度准确性问题变得尤为突出。
- 在融合层面,车联网系统下感知信息存在种类多、容量大、异构性强、失效快的特点。如何有效结合经典信息融合算法和当前的深度学习技术获取有效先验信息对于辅助通信系统具有重要作用。由于安全性是车联网需要优先确保的问题,如何在避免冗余甚至错误的前提下提取有效的先验信息也需要进一步考虑。

当前,有关雷达与通信融合技术的研究主要集中在基站服务车辆模式下[35-37]。利用获取的车辆位置等信息辅助配置通信链路,进而达到减小波束训练、波束追踪开销的效果[37-39]。考虑车辆配备的传感器逐渐增多,功能日趋完善,单个车辆已具备支持通信和感知的能力[40]。通过车车通信实现感知数据交互将会是未来的应用雷达与通信融合的重要组成部分。与基站服务车辆模式相比,车车交互的模式灵活性更大,实时性更好,但同时也面临着网络拓扑结构更复杂、通信开销更大等挑战。与此同时,为了满足车联网海量数据传输的需求,通信频段正朝着毫米波段演进。虽然通信频段的高频演进可以实现与雷达频段的统一,使得通信与雷达的融合更加有机与一体化,但是为了支持低成本高可靠的车联网毫米波通信,需要新型的混合大规模天线技术、快速的时变信道估计算法等方面的支持,以实现吉比特每秒量级的数据传输[41-42]。在车联网下信息交互的模式进一步拓展到车与车,通信频段进一步演进到与雷达相似的高频毫米波段的背景下,未来雷达与通信融合技术的研究点包括以下几方面。

(1)通信辅助雷达检测

在车联网中,为了扩大车辆的感知范围,多车辆雷达探测信息可以通过通信链路进行实时的共享与融合，进而构建超视距地图，扩大雷达的探测范围，提高雷达的探测精度。

（2）雷达辅助通信网络

随着车辆环境感知雷达的广泛部署，通信网络的快速构建在高移动性车辆网络应用中日趋重要。利用雷达可同时快速探测周围车辆的位置、距离、角度等信息，降低时间消耗，并为节点提供邻居的位置信息，加速邻居发现。

（3）多种资源联合分配

融合感知通信系统的雷达和通信共享资源，涉及时间、频谱、波束、功率、存储、计算的资源分配调度问题，以更好地服务于目标探测与追踪以及通信链路的构建。

（4）快速信道估计和波束对齐

高移动性车辆网络中信道变化较快，信道估计和传输成本较大，这会极大限度地降低频谱效率。然而雷达可以提供到达角和时延等有用信息，用于快速信道估计。此外为了提供高传输速率，现阶段基于训练的波束扫描会带来极大的波束训练开销。雷达可以快速地搜索最佳波束对，发现最佳天线对准点，实现波束对齐，降低成本。

（5）联合跨层优化设计

为了保证不同车辆节点间信令的需要，需要考虑适当的多址接入协议、双工技术和有序的资源调度协议。与功率分配策略联合优化，达到通信速率与雷达探测精度的有效折中。

（6）模型辅助感知学习

为了实现毫米波链路的低时延、高效率的快速配置，可以通过深度学习获取态势感知。这包括学习频谱状态随时间的演变、获取信道响应、识别未充分利用的频谱。此外，深度学习还可以应用于目标分类、自动波形识别以及确定最佳天线和射频链等任务。

10.2.4　AI 赋能的车联网通信关键技术

B5G、6G 无线通信与网络研究中，融合人工智能（AI，Artificial Intelligence）技术用于网络管理与控制功能的优化，是重要研究方向之一。具体到车联网通信与网络，数据流量、网络拓扑、无线传播环境等均呈现出显著的高动态性特征，使得车联网的资源管理、服务质量保证、网络管理研究问题变得更为复杂。传统研究中定义优化问题、进而采用数学理论求解的方法，由于上述动态性特征带来问题复杂、无法精确建模、求解困难的挑战。研究者们将群体智能、监督式和非监督式机器学习（ML，Machine Learning）、深度学习（DL，Deep Learning）、强化学习（RL，Reinforcement Learning）、深度强化学习（DRL，Deep Reinforcement Learning）等人工智能技术应用其中，期望以数据驱动的方法解决传统方法难以解决的复杂问题。

一方面，AI 模型和算法被应用于车辆移动预测[43]、交通流预测[44]、网络流量预测[45]，捕捉车辆移动、网络流量的时空分布及其动态演化特性，作为资源管理、路由、移动性管理的优化基础。另一方面，人工智能也被应用于资源管理、路由、移动性管理、服务质量预测、数据缓存等车联网通信和网络管控方法设计。这里重点介绍与 C-V2X 关系密切的无线资源管理、服务质量预测和切换管理的相关研究。

（1）无线资源管理

车联网无线资源管理主要研究信道接入、功率分配、频谱分配等方法，以降低用户间干扰、减少资源冲突、提升通信性能、提升资源利用效率。传统的车联网无线资源管理或采用静态方法，无法适应高动态性的车联网环境，或采用贪心算法、博弈论、图论等动态方法，但仍然面临算法收敛速度慢、开销大及对高动态环境适应性不足等一系列挑战[46]。

深度学习（DL）允许多层计算模型学习多层次的抽象数据表示，可以用来学习优化问题的参数和解决方案之间的对应关系[47]。强化学习（RL）通过与未知环境的交互获得最大化"奖励"，从而有效解决不确定序贯决策优化问题，通常从初始状态出发，通过学习找到能够最大化期望累积收益的优化策略。将这些方法应用于车联网的无线资源管理研究中，其优化作用体现在以下方面。

1）辅助应用于高效寻找资源管理优化问题的最优解。已有研究中或利用深度神经网络（DNN，Deep Neural Network）的通用逼近能力，采用监督式学习以逼近输入参数与特定优化算法获得的优化策略之间的关系[48]，或根据特定的优化目标定义损失函数，采用非监督式学习自动寻找优化策略[49]。另外，也可将机器学习作为一个组件用于加速优化问题求解，如可用于辅助分支定界算法的剪枝过程，以降低计算复杂度，从而在大幅减少执行时间的同时，接近最优性能[50-51]。

2）直接将深度强化学习应用于资源管理不确定序贯决策优化问题。例如，应用于 C-V2X 网络的动态频谱接入[52]、功率分配[53]及频谱和功率的联合分配[54-56]研究中。这种通过训练智能体与环境进行交互和学习以寻找最优策略并获得相应奖励的方式，不仅能够解决频谱资源、功率等资源分配问题，还能适应车联网的动态通信需求和网络状态，显著提高通信性能和效率。

（2）服务质量预测

针对多样化车联网应用的差异化通信性能要求，预测车联网的 QoS，使车联网应用能够及时调整参数或行为以应对下降的服务质量，对于避免过高的时延、丢包导致事故发生，具有重要的意义[57]。

现有研究中，根据预测所针对的通信方式，可分为基于 Uu 接口的 V2N 通信性能预测[58-62]，以及基于 PC5 接口的直通通信性能预测[63-64]。所预测的服务质量指标，包括对传输速率的预测[59-60]、对时延的预测[58,65]，以及给定时延约束下的传输成功率预测[66]、给定可靠性指标下的频谱效率预测[67]等。

服务质量预测所基于的技术思想主要分为两类。一类是将其看作时间序列预测问题，即基于历史的 QoS 预测未来的 QoS[60]；另一类则是将其看作相关性预测问题，即分析服务质量指标的相关因素，根据所预测的 QoS 指标，将与其相关的因素作为输入，尝试建立二者之间的相关关系以完成预测。例如，以时延为预测指标时，常采用参考信号接收功率（RSRP）、接收信号强度指示（RSSI）、参考信号接收质量（RSRQ）、信干噪比（SINR）等指标作为预测输入[58, 66]，而以传输速率为预测指标时，常采用基站与车辆间的距离、基站的负荷、车辆的速度、方向及轨迹等指标作为预测输入[59-60, 63, 67]。

根据预测所使用的模型和方法，可分为基于线性回归等传统统计学模型的预测[68]和基于支持向量机（SVM）、卷积神经网络（CNN）、循环神经网络（RNN）等机器学习模型的预测[58, 60, 66]，或采用多个不同用途的模型进行拼接或整合实现预测[59, 67]。

现有车联网服务质量的预测主要针对 V2N 通信方式下的传输速率、时延性能展开，对于车路协同应用，尤其是与智能车辆自动驾驶相关的直通通信时延、可靠性等性能关注较少。从预测方法角度，基于深度学习方法的预测已取代传统统计学方法成为目前的研究热点。另外，大部分现有研究基于仿真数据进行实验，尚缺乏基于真实车联网采集的数据集支撑实验验证。

（3）切换管理

切换管理是移动通信中的移动性管理关键技术之一，用于在终端移动过程中保持业务连续性。切换决策是切换管理中的关键问题，用于决定在何时、切换至哪个目标接入点（如基站、RSU）。在车联网中，由于车辆节点的高速移动，切换管理面临的主要挑战来自不必要的频繁切换，以及由此导致的通信中断和丢包。AI 技术在车联网切换管理中的应用主要包括以下方面。

首先，为了实现主动、高效的切换管理，预测方法被用于优化切换决策。一方面，可基于移动预测实现高效的切换目标与时间判决；另一方面，可将时间序列预测用于切换判决条件中的 RSSI 等关键指标预测[69]。其次，基于人工智能的决策方法也可应用于解决切换目标接入点的决策问题。有的研究将选择最合适的目标接入点定义为一个分类问题[70-71]，Q-Learning、Actor-Critic 等强化学习、深度强化学习方法得到了广泛应用。最后，结合移动通信领域的最新进展，车联网切换决策的研究中也不再局限于单一无线接入技术内部的切换决策，而是与多接入（Multi-RAT）、毫米波通信等结合，以及不同通信模式间的切换等问题。

综上，将人工智能的技术与模型应用于车联网通信与网络关键技术，已成为目前的热点研究领域。同时，其也面临如下问题和挑战。

(1) 学习架构的选择

随着越来越多先进模型和算法的涌现，学习架构也在演进变化。解决特定问题的算法模型所需要的数据由哪个节点收集、在哪个节点进行训练和决策、相关节点能否获得训练所需数据，以及数据隐私与安全、数据传输开销等，均为影响学习架构选择的重要因素。相应地，除了传统的集中式学习架构，分布式学习、联邦学习也在车联网的不同场景和特定问题中得到应用。

相应地，需要针对车联网的网络架构设计学习架构部署方案。例如，可将车辆作为联邦学习的客户端，RSU 或基站部署为聚合服务器，也可由若干 RSU 和集中式云服务器构成更高层次的联邦学习。另外，有限的通信资源、客户端的资源与任务异构性、客户端数据分布不平衡，以及车辆移动性引起的客户端掉队和离线等原因，将会导致模型精度差、收敛慢等性能问题，也需要针对性解决。

(2) 学习模型的选择

对算法模型的选择主要取决于要解决的具体问题及其形式化描述。针对特定场景、特定问题的内在属性，以及各类人工智能算法模型的特点，选择合适的方法。例如，强化学习因其方便用奖励函数定义优化目标、通过直接与环境交互实现学习等优点得到广泛应用。但如果具体问题中的状态空间、动作空间增大，其收敛时间可能过长，从而无法满足车联网中具有严格时延约束的场景要求。

在涉及多用户互动的问题时，如多用户的功率控制等问题，单个用户的行为对自身及周围用户均有影响的场景中，可以考虑引入多智能体学习。然而，在应用过程中，需要特别注意环境的非平稳特性、策略的协调、智能体间的有效沟通与合作，以及确保系统整体的稳定性和收敛性[47]。

另外，算法模型的选择还需考虑模型所需要的数据及其是否可获得、模型部署位置及对应节点的处理能力。

(3) 时间复杂度

由于车联网的很多应用场景对时延有较为严苛的要求，因此，在评估机器学习模型对相关场景的适用性时，模型的时间复杂度是需要考虑的重要因素之一[70]。

可从训练时间和响应时间两个方面考虑时间复杂度。训练时间指训练模型所需的时间。虽然复杂模型可以提高精度，但其结构的复杂性往往导致较大的训练时间开销。某些研究采取了离线训练和在线预测的策略。然而，由于车联网环境的高动态性，离线训练得到的模型在处理实时生成的新数据时，表现可能不尽如人意[70]。响应时间指使用已训练好的模型进行预测和决策所需的时间。在对时延有严格要求的应用场景中，响应时间成为模型选择和设计的一个关键因素。为了降低模型的训练和响应时间，可采用分布式学习、模型压缩、硬件加速、数据增强等策略。此外,鉴于车载计算单元能力有限,还可考虑采用云端训练、车端部署或计算卸载等方法。

除此之外,人工智能技术在车联网通信与网络领域的应用还面临模型的可解释性、大规模训练数据集的获取与存储、能够融合人工智能算法模型和网络与通信仿真的实验环境等方面的挑战[70, 72]。

10.2.5 基于区块链的车联网安全技术

随着车联网技术的发展,其在设备、网络通信、数据等方面的安全问题日益凸显[73]。区块链技术是一种分布式账本技术,具有去中心化、时序数据、集体维护、可编程和可信等特点,实现了数据的存储和数据加密的有机结合。车联网存在数据来源广、多方参与、利益不一致且无单一可信方和大量流程交互等特点,区块链技术倡导的解决问题的场景和优势与车联网特征不谋而合[74]。因此,借鉴区块链技术的优势,并将其应用于车联网的访问控制、通信安全、数据安全等方面,对于提升车联网的安全性具有重要意义[75]。

具体而言,在访问控制方面,利用区块链技术设计分布式访问控制机制,可以将车联网资源的访问控制逻辑写入智能合约,并在链上发布。区块链节点可以根据智能合约预定义的访问控制逻辑确定节点的访问权限,并通过共识机制与访问控制的结果达成共识。攻击者无法通过入侵单个节点篡改节点的访问权限[76],这种分布式访问控制机制具有隐私性强、分布式审核、成本低等优势[77]。在车联网的通信安全方面,利用区块链构建分布式密钥管理框架,其中安全管理器(SM,Security Manager)在框架中起着重要的作用,SM 将密钥封装到事务中,存储密钥的区块与相邻的区块共享事务完成密钥的传输,且密钥的传输过程需要由 SM 网络进行验证,使得攻击者无法随意窃取篡改密钥。这种分布式密钥管理框架避免了单点故障攻击,提高了密钥传输的安全性[78]。此外,在公共区块上记录车辆的历史信任信息,构建基于区块链的信任管理模型,可以根据车辆的信誉度来判断车辆广播的信息(如交通状况等)是否可信[79]。在车联网数据安全保护方面,敏感数据被存储在区块链的不同节点上,通过区块链的公私钥加密技术进行保护,只有拥有私钥的车辆节点才能对申请的敏感数据进行解密,大大降低了泄露的风险[80]。此外,区块链还被用于构建安全的数据共享系统,链上存储真实可靠的公告消息,节点之间可根据加密货币激励机制鼓励车辆广播公告消息并维护区块链。攻击者很难通过攻击区块链篡改公告消息,从而保证公告消息的高可靠性[81]。

随着理论研究的深入,基于区块链的车联网安全技术在展现生命力的同时,仍然面临诸多挑战,具体表现在以下方面。

- 低效的区块生成机制导致交易数据处理时延过高:基于区块链的新型车联网安全技术主要依赖区块链作为分布式账本来存储各类车联网数据。然而区块生产时间和共识效率将会是制约数据存储、安全验证、信息获取等效率的关键因素,大量的数据交易处理容易造成堵塞时延,可能会限制时延敏感型车联服务的应用。
- 海量车联网数据给区块链节点存储空间带来压力:车联网大数据对于更好地理解车联网特点、提升车联网服务质量具有极大的推动作用,然而海量车联网设备将会产生多源异构的感知数据、交易记录、验证结果等信息。区块链上的节点需要对这些数据备份,海量数据势必会给区块链节点的存储带来挑战。
- 区块链自身的安全隐患:区块链在为车联网提供安全防护的同时,自身也面临一些安全威胁。基于区块链的车辆终端面临用户隐私泄露的威胁;在通信过程中,恶意攻击者可能会通过隔离目标区块链节点,进而实施路由欺骗、存储污染、拒绝服务以及 ID 劫持等攻击;不安全的共识机制导致区块链系统产生分叉、区块链交易历史被篡改、数据完整性被破坏等威胁。这些安全威胁将给区块链和车联网技术的融合带来一定的安全隐患。
- 不同区块链底层技术限制多链之间的互联互通:基于区块链的车联网应用逐渐成熟落地,多种应用间交互的需求会通过不同链之间的交互实施。然而,不同业务、不同技术底层的区块链之间缺乏统一的互联互通机制,极大限制了区块链和车联网的应用空间。
- 区块链的用户身份隐匿性阻碍了网络安全事件的追踪溯源:区块链中用户账户由随机数字、字母和用户公钥组成,不包含与用户的真实身份强相关的信息,如车辆节点的实时地址信息等。基于区块链的车联网系统难以对用户实施有效的监管,增加了对恶意网络行为和攻击事件追踪溯源的难度。
- 区块链的防篡改特性增加了内容管理的难度:区块链数据在写入时,需要大部分节点通过共识机制进行裁决,并通过时间戳机制防止历史记录被修改。恶意信息或虚假信息一旦被写入区块链中,将会通过共识机制快速地广播,并且难以被修改、删除。虽然,区块链通过制造硬分叉实现信息回滚,但是其实施代价高、难度大。

随着全球车联网应用进入加速发展阶段,区块链的出现为车联网行业的进一步发展带来了新机遇,未来基于区块链的车联网安全技术的研究包括以下方面。

(1)面向客户端的细粒度动态接入控制机制

目前的访问控制机制呈现出静态特点,无法应对车辆节点动态变化的网络行为,车辆节点一旦获得资源的访问权限,则默认本次访问行为可信。此时,节点若做出恶意访问行为,安全防护系统将不能及时地调整节点的访问权限,从而导致车联网系统被攻击。因此,构建具有持续监视、动态授权的访问控制机制，对客户端实施细粒度的访问权限管控是需要深入研究的问题。

（2）基于密码学的通信协议辅助区块链的安全数据传输

由于车联网的开放性，数据在传输过程中面临被窃听、篡改等攻击。区块链技术最原始的设计是为了确保数据的完整性，但并没有在数据的保密性方面做过多的考虑，链上的节点均可实现对数据的访问，增大了数据被泄露的风险。基于密码学的通信协议利用节点的公私密钥加密技术，通过对传输数据进行加密处理，避免原数据的直接传输，保障了链上数据的保密性，提高了数据传输的安全性。

（3）面向通信协议的分布式密钥分配

现有基于密码学的通信协议大多依赖于可信第三方的密钥管理中心，该密钥管理中心一旦被攻击，将会提供错误的通信密钥对，甚至停止工作，导致车联网通信安全的全面崩溃。基于区块链的车联网系统利用分布式公钥基础设施（PKI，Public Key Infrastructure）代替传统的集中式密钥分配机制，使每个节点能够存储一部分节点的公钥，节点之间通过共识机制构成一个密钥分配中心，实现公钥资源的共享，降低系统对第三方的依赖。

（4）轻量级共识机制的设计

区块链利用共识机制保证每笔交易在所有节点中的一致性。目前常见的共识机制有工作量证明（PoW，Proof of Work）、权益证明（PoS，Proof of Stake）以及委托权益证明（DPoS，Delegated Proof of Stake）。然而，随着节点数量的剧增、各节点计算能力的不同，依靠节点算力的共识机制存在无法忽视的计算和通信时延，影响车联网实现全网所有节点达成共识的效率。因此，需要设计轻量级的共识机制，以保障基于区块链的车联网系统的正常运作。

（5）基于区块链的车联网安全体系架构的丰富与完善

现阶段，基于区块链的车联网安全体系架构设计研究仍处于起步阶段，缺乏对架构中各功能组件关键实现技术的探许。基于区块链的车联网体系架构的实现面临着产业层面、技术层面以及政策层面的挑战，这些问题均需要不断地探讨、研究与实验，才能最终确定解决方案。

10.2.6 卫星通信在车联网中的应用

近几年来，卫星互联网的发展吸引了信息通信领域的广泛关注，基于低轨卫星通信实现互联网接入，服务于万物互联的行业应用，也成为产业界和学术界共同关注的热点领域。

地面移动通信从 1G 到 5G 经历了高速发展，目前已服务的全球人口约为 70%。但地面移动通信受制于技术、经济成本等因素，仅覆盖了约 20%的陆地面积，小于 6%的地球表面积，且地面基站和网络对地震、洪水、海啸等自然灾难的抗毁能力弱、应急通信能力差。而卫星互联网通过低轨卫星规模组网,从而覆盖全球,向偏远地区、海洋、沙漠、森林和空中等广域稀疏用户或终端提供经济有效的通信接入服务,与 4G 和 5G 等地面移动通信网络互为补充。卫星通信与地面移动通信已由过去铱星系统与地面 2G 竞争关系转变为今后的互补关系。未来,卫星通信接入体制将融合到移动通信系统中,本书第一作者提出的星地融合移动通信的技术发展路径是"5G 体制兼容、6G 系统融合"[82-84]。

对于车联网应用而言,低轨卫星通信/卫星互联网拓展了 C-V2X 的 V2N 通信能力,满足泛在接入、无缝切换的需求,提供 eCall 紧急呼叫服务及其他远程信息服务。基于卫星互联网的 C-V2X V2N 通信[82]如图 10-3 所示,其主要应用在 4G/5G 地面移动通信没有信号覆盖的偏远地区、沙漠、极地,或地震、自然灾害导致地面移动通信网络毁损等场景;但卫星通信在城镇、高速公路场景中,由于通信系统容量有限、通信成本高、建筑物/立交桥/隧道等遮挡无法通信,并没有优势。并且,C-V2X 的近程信息交互能力(V2V、V2I、V2P)是卫星互联网无法取代的(主要是低时延要求)。可见,低轨卫星通信/卫星互联网与 C-V2X 是互补关系,是 V2N 能力的拓展;且低轨卫星通信/卫星互联网与地面 4G/5G 也是互补关系[82]。

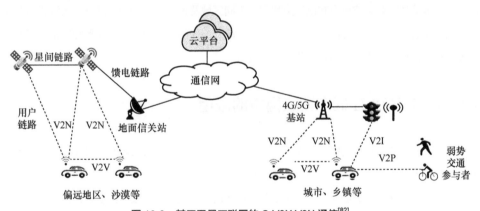

图 10-3　基于卫星互联网的 C-V2X V2N 通信[82]

3GPP 已开展了关于卫星互联网的技术研究与标准化工作,即 5G 非地面网络(NTN, Non Terrestrial Network)。3GPP 从 R14 着手开展 NTN 的研究,明确指出 5G 系统需要支持卫星接入,且卫星无线接入网络可以作为 5G 接入技术之一。经过 R16、R17 的技术研究,3GPP 在 R17 正式推出 5G NTN 的技术标准[85-86],主要面向透明转发模式的卫星接入,即卫星只作为基站的射频拉远单元,无法进行数据处理。R17 的 5G NTN 标准解决了星地融合通信的基本问题,包括系统架构增强、移动性管理、跨国路由、无线空口增强(定时同步、时序关系、波束管理)等[85-86]。3GPP 在 R18 继续研究 NTN 技术的增强,包括覆盖增强、NTN-TN 移动性增强、终端位置验证、高频段应用、非连续覆盖、动态回传、UPF 上星等,但主要仍然面向透明转发模式的卫星[85-86]。目前 3GPP 正在开展 R19 NTN 技术的研究，重点研究支持再生模式卫星接入，在核心网主要研究支持再生模式卫星接入的系统增强、卫星存储转发和终端-卫星-终端直通技术；在接入网主要研究覆盖增强、移动性增强等问题。

卫星互联网与 C-V2X 的互补协作能够拓展 V2N 通信能力，但低轨卫星通信与 V2N 通信存在显著的技术差异，二者的相互协作仍面临技术挑战，主要体现在星地接入网络选择和星地间动态切换等问题上。虽然低轨卫星基站具有高密度、广覆盖特点，但其传输资源相对于地面网络仍然十分稀缺，通过卫星进行数据传输的成本相对地面网络传输更高，因此需要合理选择星地接入网络进行数据传输，提高网络传输效能。另外，在部分区域，可能存在多个卫星基站及地面基站重叠覆盖的场景，而终端接入卫星基站和执行星间或星地间切换的代价较高，需要综合考虑卫星星历和车联网终端的运动轨迹，优化选择卫星基站以避免频繁的星间或星地间切换。星地间切换过程相比于地面基站间切换或存在显著差异：卫星基站高速移动，卫星基站和地面基站之间难以配置邻区，从而无法进行目标小区测量；卫星基站的小区覆盖广，小区中心与边界区域的信号质量没有明显差异，传统基于信号质量的切换触发与切换目标决策机制难以适用；卫星基站的业务波束存在跳波束特点，不同区域覆盖资源不均匀，部分区域可能存在非连续卫星覆盖情况，由此可能导致切换失败。因此，星地间动态切换在切换触发机制、切换目标决策和切换执行流程等方面都面临着新的挑战。

10.2.7　C-V2X 在低空智联网中的应用

以无人机、电动垂直起降飞行器（eVTOL, electric Vertical Take-off and Landing）为代表的低空飞行器目前正处于快速发展阶段，未来将应用于快递物流、城市空中交通、应急救援、医疗急救转运、环境保护监测等多元化场景，迫切需要构建实时高效的低空管控体系。低空智联网作为低空飞行器智能互联、高效通信的重要新型基础设施，是实现空间数字化、信息传输网络化和控制智能化的核心，将有效提升低空飞行器的管控能力和低空区域的利用率，为低空经济的发展提供有力保障。

为了实现低空智联网各个实体之间信息的可靠交互，泛在、低时延、高可靠的通信服务是低空智联网的重要需求[87]。一方面需要实现全场景、智能化的低空管控，通过融合运用通信、导航、监控、气象、频谱等信息对空域环境进行表征，根据低空空域管控需求，区分不同类型空域准入和飞行航线使用原则，灵活调整空域资源，实现混合空域情况下的多元用户的管控；另一方面需要解决低空飞行器的可观测、可规避、可控制的飞行安全问题，包括地面控制中心与低空飞行器或者低空飞行器之间的信息交互，实现空域环境的精确感知，进行有效规避。

相应地,低空智联网的通信传输类型如图 10-4 所示,包括以下几类:一是低空飞行器和控制器/控制平台间的通信,用于控制低空飞行器自身操作的双向通信,又可以分为直接通信方式、网络辅助方式、基于无人驾驶航空系统交通管理(UTM,Unmanned Aerial System Traffic Management)的方式;二是低空飞行器之间的直接通信,用于特定区域内的飞行器检测、识别与碰撞避让;三是低空飞行器与地面网络间的通信,用于网络辅助的监管和应用增强,如飞行路径规划与监控、低空飞行器与云平台之间的应用数据交互等。

在上述通信传输类型中,C-V2X 可用于实现 A2X(Aircraft to Everything)通信,如图 10-4 所示。其中,C-V2X 的直通通信模式可支持上述低空飞行器和控制器间的直接通信、低空飞行器之间的直接通信;而 C-V2X 的蜂窝通信模式可支持低空飞行器与地面网络间的通信。另外,还可进一步与卫星通信结合,实现全方位立体覆盖。

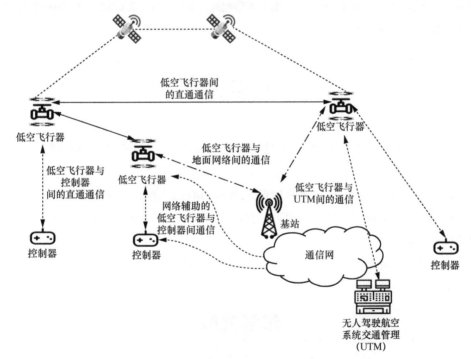

图 10-4　低空智联网的通信传输类型[87]

低空飞行器间的直接通信,与车联网中基于 C-V2X 的车车通信类似,通过周期性广播实现低空飞行器间的避让和碰撞避免,也即可将低空飞行器及 A2X 包含在更为广义的"V2X"概念中。因此,3GPP 在 R18 阶段已开展了面向无人机的基于 C-V2X 直通通信技术的研究和标准化工作,支持基于 PC5 接口低空飞行器间的探测与避让(DAA,Detection and Avoid)和广播远程标识（BRID，Broadcast Remote Identification）等信息的交互，有效辅助解决低空飞行器的飞行安全问题。

（1）DAA 机制

低空飞行器周期性地广播自身的 DAA 信息，其包括自身标识信息、速度、位置、航向和航迹等信息，其他低空飞行器根据自身的位置信息和航迹信息，以及接收到的 DAA 信息判断是否有潜在的碰撞情况，并通过低空飞行器之间的信息交互实现碰撞避让。

（2）BRID 机制

低空飞行器周期性地广播远程标识信息，其包括自身标识信息、地面遥控器的位置信息和低空飞行器自身状态信息，以被识别和认证和管控。

总体而言，基于 C-V2X 通信技术可实现低空智联网中低空飞行器与不同实体间的泛在、低时延高可靠信息交互，可实现低空飞行器间更精细的协商和控制，除了解决飞行安全问题，还为未来低空经济的新应用提供更多的发展空间。

思考题

1. 基于 C-V2X 的车路云协同应用发展将经历几个阶段？试举例并说明车联网通信的重要作用。

2. 引入毫米波频段后，车联网的无线信道建模、信道接入面临的挑战是什么？

3. 人工智能方法可应用于车联网通信与网络的哪些关键技术研究中？面临的挑战是什么？

4. 什么是区块链？将其应用于车联网安全技术研究中的优势和挑战是什么？

参考文献

[1] CHEN S Z, HU J L, SHI Y, et al. A vision of C-V2X: technologies, field testing, and challenges with Chinese development[J]. IEEE Internet of Things Journal, 2020, 7(5): 3872-3881.

[2] 陈山枝, 时岩, 胡金玲. 蜂窝车联网(C-V2X)综述[J]. 中国科学基金, 2020, 34(2): 179-185.

[3] 陈山枝. 蜂窝车联网(C-V2X)及其赋能智能网联汽车发展的辩思与建议[J]. 电信科学, 2022, 38(7): 1-17.

[4] CHENG X, YAO Q, WEN M W, et al. Wideband channel modeling and intercarrier interference cancellation for vehicle-to-vehicle communication systems[J]. IEEE Journal on Selected Areas in Communications, 2013, 31(9): 434-448.

[5] CHENG X, LI Y R. A 3-D geometry-based stochastic model for UAV-MIMO wideband nonstationary channels[J]. IEEE Internet of Things Journal, 2019, 6(2): 1654-1662.

[6] MOLISCH A F, TUFVESSON F, KAREDAL J, et al. A survey on vehicle-to-vehicle propagation channels[J]. IEEE Wireless Communications, 2009, 16(6): 12-22.

[7] MATOLAK D W. V2V communication channels: state of knowledge, new results, and what's next[M]//Lecture Notes in Computer Science. Berlin, Heidelberg: Springer Berlin Heidelberg, 2013: 1-21.

[8] HUANG Z W, ZHANG X, CHENG X. Non-geometrical stochastic model for non-stationary wideband vehicular communication channels[J]. IET Communications, 2020, 14(1): 54-62.

[9] CHEN S Z, HE X X, ZHAO R, et al. Building mmWave on the evolving C-V2X: mmWave NR-V2X[J]. China Communications, 2024, 21(1): 88-101.

[10] WANG C X, BIAN J, SUN J, et al. A survey of 5G channel measurements and models[J]. IEEE Communications Surveys & Tutorials, 2018, 20(4): 3142-3168.

[11] CHENG X, ZHANG R Q, YANG L Q. 5G-enabled vehicular communications and networking[M]. Cham: Springer, 2019.

[12] YANG M, AI B, HE R S, et al. A cluster-based three-dimensional channel model for vehicle-to-vehicle communications[J]. IEEE Transactions on Vehicular Technology, 2019, 68(6): 5208-5220.

[13] VIRIYASITAVAT W, BOBAN M, TSAI H M, et al. Vehicular communications: survey and challenges of channel and propagation models[J]. IEEE Vehicular Technology Magazine, 2015, 10(2): 55-66.

[14] CHENG X, ZHANG R Q, YANG L Q. Wireless toward the era of intelligent vehicles[J]. IEEE Internet of Things Journal, 2019, 6(1): 188-202.

[15] LI Y R, CHENG X, ZHANG N. Deterministic and stochastic simulators for non-isotropic V2V-MIMO wideband channels[J]. China Communications, 2018, 15(7): 18-29.

[16] HUANG Z W, CHENG X. A general 3D space-time-frequency non-stationary model for 6G channels[J]. IEEE Transactions on Wireless Communications, 2021, 20(1): 535-548.

[17] HUANG Z W, CHENG X. A 3-D non-stationary model for beyond 5G and 6G vehicle-to-

vehicle mmWave massive MIMO channels[J]. IEEE Transactions on Intelligent Transportation Systems, 2022, 23(7): 8260-8276.

[18] CHENG X, YAO Q, WANG C X, et al. An improved parameter computation method for a MIMO V2V Rayleigh fading channel simulator under non-isotropic scattering environments[J]. IEEE Communications Letters, 2013, 17(2): 265-268.

[19] CHENG X, HUANG Z W, CHEN S Z. Vehicular communication channel measurement, modelling, and application for beyond 5G and 6G[J]. IET Communications, 2020, 14(19): 3303-3311.

[20] 3GPP. Study on NR positioning support: TR 38.855, v16.0.0[S]. 2019.

[21] 3GPP. 5G system (5GS) location services (LCS): TS 23.273, v15.3.0[S]. 2020.

[22] 3GPP. Service requirements for the 5G system; Stage 1: TS 22.261, v17.2.0[S]. 2020.

[23] 3GPP. Stage 2 functional specification of user equipment (UE) positioning in NG-RAN, version 17.5.0: TS 38.305[S]. 2023.

[24] 3GPP. Study on expanded and improved NR positioning, version 18.0.0: TR 38.859[S]. 2022.

[25] 尤肖虎, 尹浩, 邬贺铨. 6G 与广域物联网[J]. 物联网学报, 2020, 4(1): 3-11.

[26] 3GPP, R1-2005712. Discussion of NR positioning enhancements[EB]. 2020.

[27] 郑石磊, 习一凡, 赵锐, 等. NR-V2X 直通链路定位技术标准研究[J]. 移动通信, 2022, 46(11): 2-7.

[28] CHIRIYATH A R, PAUL B, BLISS D W. Radar-communications convergence: coexistence, cooperation, and co-design[J]. IEEE Transactions on Cognitive Communications and Networking, 2017, 3(1): 1-12.

[29] HAN Y, EKICI E, KREMO H, et al. Spectrum sharing methods for the coexistence of multiple RF systems: a survey[J]. Ad Hoc Networks, 2016, 53: 53-78.

[30] FENG Z Y, FANG Z X, WEI Z Q, et al. Joint radar and communication: a survey[J]. China Communications, 2020, 17(1): 1-27.

[31] ZHENG L, LOPS M, ELDAR Y C, et al. Radar and communication coexistence: an overview: a review of recent methods[J]. IEEE Signal Processing Magazine, 2019, 36(5): 85-99.

[32] MISHRA K V, BHAVANI SHANKAR M R, KOIVUNEN V, et al. Toward millimeter-wave joint radar communications: a signal processing perspective[J]. IEEE Signal Processing Magazine, 2019, 36(5): 100-114.

[33] DOKHANCHI S H, MYSORE B S, MISHRA K V, et al. A mmWave automotive joint

radar-communications system[J]. IEEE Transactions on Aerospace and Electronic Systems, 2019, 55(3): 1241-1260.

[34] LIU F, MASOUROS C, PETROPULU A P, et al. Joint radar and communication design: applications, state-of-the-art, and the road ahead[J]. IEEE Transactions on Communications, 2020, 68(6): 3834-3862.

[35] HEATH R W. Communications and sensing: an opportunity for automotive systems[J]. IEEE Signal Processing Magazine, 2020, 37(4): 3-13.

[36] ALI A, GONZALEZ-PRELCIC N, HEATH R W, et al. Leveraging sensing at the infrastructure for mmWave communication[J]. IEEE Communications Magazine, 2020, 58(7): 84-89.

[37] GONZÁLEZ-PRELCIC N, MÉNDEZ-RIAL R, HEATH R W. Radar aided beam alignment in MmWave V2I communications supporting antenna diversity[C]//Proceedings of the 2016 Information Theory and Applications Workshop (ITA). Piscataway: IEEE Press, 2016: 1-7.

[38] ALI A, GONZÁLEZ-PRELCIC N, GHOSH A. Millimeter wave V2I beam-training using base-station mounted radar[C]//Proceedings of the 2019 IEEE Radar Conference (RadarConf). Piscataway: IEEE Press, 2019: 1-5.

[39] LIU F, YUAN W J, MASOUROS C, et al. Radar-assisted predictive beamforming for vehicle-to-infrastructure links[J]. arXiv preprint, 2020, arXiv: 2001.09306.

[40] CHOI J, VA V, GONZALEZ-PRELCIC N, et al. Millimeter-wave vehicular communication to support massive automotive sensing[J]. IEEE Communications Magazine, 2016, 54(12): 160-167.

[41] GAO S J, CHENG X, YANG L Q. Spatial multiplexing with limited RF chains: generalized beamspace modulation (GBM) for mmWave massive MIMO[J]. IEEE Journal on Selected Areas in Communications, 2019, 37(9): 2029-2039.

[42] GAO S J, CHENG X, YANG L Q. Estimating doubly-selective channels for hybrid mmWave massive MIMO systems: a doubly-sparse approach[J]. IEEE Transactions on Wireless Communications, 2020, 19(9): 5703-5715.

[43] TANG Y J, CHENG N, WU W, et al. Delay-minimization routing for heterogeneous VANETs with machine learning based mobility prediction[J]. IEEE Transactions on Vehicular Technology, 2019, 68(4): 3967-3979.

[44] LI C, XU P. Application on traffic flow prediction of machine learning in intelligent transportation[J]. Neural Computing and Applications, 2021, 33(2): 613-624.

[45] ABBASI M, SHAHRAKI A, TAHERKORDI A. Deep learning for network traffic monitoring and analysis (NTMA): a survey[J]. Computer Communications, 2021, 170: 19-41.

[46] TANG F X, MAO B M, KATO N, et al. Comprehensive survey on machine learning in vehicular network: technology, applications and challenges[J]. IEEE Communications Surveys & Tutorials, 2021, 23(3): 2027-2057.

[47] LIANG L, YE H, YU G D, et al. Deep-learning-based wireless resource allocation with application to vehicular networks[J]. Proceedings of the IEEE, 2020, 108(2): 341-356.

[48] GAO J, KHANDAKER M R A, TARIQ F, et al. Deep neural network based resource allocation for V2X communications[C]//Proceedings of the 2019 IEEE 90th Vehicular Technology Conference (VTC2019-Fall). Piscataway: IEEE Press, 2019: 1-5.

[49] LEE S, KOUFOS K, MAPLE C, et al. Application of unsupervised learning in implementation of joint power and index modulation access in V2X systems[J]. IEEE Transactions on Cognitive Communications and Networking, 2023, 9(5): 1308-1321.

[50] SHEN Y F, SHI Y M, ZHANG J, et al. LORM: learning to optimize for resource management in wireless networks with few training samples[J]. IEEE Transactions on Wireless Communications, 2020, 19(1): 665-679.

[51] LEE M Y, YU G D, LI G Y. Learning to branch: accelerating resource allocation in wireless networks[J]. IEEE Transactions on Vehicular Technology, 2020, 69(1): 958-970.

[52] WANG S X, LIU H P, GOMES P H, et al. Deep reinforcement learning for dynamic multichannel access in wireless networks[J]. IEEE Transactions on Cognitive Communications and Networking, 2018, 4(2): 257-265.

[53] NASIR Y S, GUO D N. Multi-agent deep reinforcement learning for dynamic power allocation in wireless networks[J]. IEEE Journal on Selected Areas in Communications, 2019, 37(10): 2239-2250.

[54] TIAN J, SHI Y, TONG X L, et al. Deep reinforcement learning based resource allocation with heterogeneous QoS for cellular V2X[C]//Proceedings of the 2023 IEEE Wireless Communications and Networking Conference (WCNC). Piscataway: IEEE Press, 2023: 1-6.

[55] LIANG L, YE H, LI G Y. Spectrum sharing in vehicular networks based on multi-agent reinforcement learning[J]. IEEE Journal on Selected Areas in Communications, 2019, 37(10): 2282-2292.

[56] JI Y, WANG Y, ZHAO H, et al. Multi-agent reinforcement learning resources alloca-tion

method using dueling double deep Q-network in vehicular networks[J]. IEEE Transactions on Vehicular Technology, 2023.

[57] 5GAA. C-V2X use cases, methodology, examples and service level requirements[R]. 2019.

[58] TORRES-FIGUEROA L, SCHEPKER H F, JIRU J. QoS evaluation and prediction for C-V2X communication in commercially-deployed LTE and mobile edge networks[C]//Proceedings of the 2020 IEEE 91st Vehicular Technology Conference (VTC2020-Spring). Piscataway: IEEE Press, 2020: 1-7.

[59] KOUSARIDAS A, MANJUNATH R P, PERDOMO J, et al. QoS prediction for 5G connected and automated driving[J]. IEEE Communications Magazine, 2021, 59(9): 58-64.

[60] BARMPOUNAKIS S, MAGOULA L, KOURSIOUMPAS N, et al. LSTM-based QoS prediction for 5G-enabled Connected and Automated Mobility applications[C]//Proceedings of the 2021 IEEE 4th 5G World Forum (5GWF). Piscataway: IEEE Press, 2021: 436-440.

[61] BARROS M T, VELEZ G, ARREGUI H, et al. CogITS: cognition-enabled network management for 5G V2X communication[J]. IET Intelligent Transport Systems, 2020, 14(3): 182-189.

[62] HAO L, LIU W, WANG Y, et al. A service continuity management method for MEC-assisted C-V2X applications[C]//Proceedings of the 2020 IEEE International Conference on Edge Computing (EDGE). Piscataway: IEEE Press, 2020: 39-44.

[63] MACH T, TSOUKANERI G, WARREN D. D2D-based QoS prediction analysis in beyond 5G V2X[C]//Proceedings of the ICC 2021 - IEEE International Conference on Communications. Piscataway: IEEE Press, 2021: 1-5.

[64] GUTIERREZ-ESTEVEZ M A, UTKOVSKI Z, KOUSARIDAS A, et al. A statistical learning framework for QoS prediction in V2X[C]//Proceedings of the 2021 IEEE 4th 5G World Forum (5GWF). Piscataway: IEEE Press, 2021: 441-446.

[65] ZHANG W H, FENG M J, KRUNZ M, et al. Latency prediction for delay-sensitive V2X applications in mobile cloud/edge computing systems[C]//Proceedings of the GLOBECOM 2020 - 2020 IEEE Global Communications Conference. Piscataway: IEEE Press, 2020: 1-6.

[66] MOREIRA D C, GUERREIRO I M, SUN W L, et al. QoS predictability in V2X communication with machine learning[C]//Proceedings of the 2020 IEEE 91st Vehicular Technology Conference (VTC2020-Spring). Piscataway: IEEE Press, 2020: 1-5.

[67] GUTIERREZ-ESTEVEZ M A, UTKOVSKI Z, KOUSARIDAS A, et al. A statistical learning

framework for QoS prediction in V2X[C]//Proceedings of the 2021 IEEE 4th 5G World Forum (5GWF). Piscataway: IEEE Press, 2021: 441-446.

[68] BOCHAROVA I, KUDRYASHOV B, RABI M, et al. Characterizing packet losses in vehicular networks[J]. IEEE Transactions on Vehicular Technology, 2019, 68(9): 8347-8358.

[69] ALJERI N, BOUKERCHE A. A two-tier machine learning-based handover management scheme for intelligent vehicular networks[J]. Ad Hoc Networks, 2019, 94: 101930.

[70] CHRISTOPOULOU M, BARMPOUNAKIS S, KOUMARAS H, et al. Artificial intelligence and machine learning as key enablers for V2X communications: a comprehensive survey[J]. Vehicular Communications, 2023, 39: 100569.

[71] TAN K, BREMNER D, LE KERNEC J, et al. Intelligent handover algorithm for vehicle-to-network communications with double-deep Q-learning[J]. IEEE Transactions on Vehicular Technology, 2022, 71(7): 7848-7862.

[72] TAN K, BREMNER D, LE KERNEC J, et al. Machine learning in vehicular networking: an overview[J]. Digital Communications and Networks, 2022, 8(1): 18-24.

[73] CONTRERAS-CASTILLO J, ZEADALLY S, GUERRERO-IBAÑEZ J A. Internet of vehicles: architecture, protocols, and security[J]. IEEE Internet of Things Journal, 2018, 5(5): 3701-3709.

[74] 陈山枝, 徐晖, 等. 车联网安全技术与标准发展态势前沿报告[R]. 中国通信学会白皮书, 2019.

[75] MENDIBOURE L, CHALOUF M A, KRIEF F. Survey on blockchain-based applications in Internet of vehicles[J]. Computers & Electrical Engineering, 2020, 84: 106646.

[76] 黎北河. 基于区块链的车联网安全通信技术研究[D]. 重庆: 重庆邮电大学, 2019.

[77] SHARMA R, CHAKRABORTY S. BlockAPP: using blockchain for authentication and privacy preservation in IoV[C]//Proceedings of the 2018 IEEE Globecom Workshops (GC Wkshps). Piscataway: IEEE Press, 2018: 1-6.

[78] LEI A, CRUICKSHANK H, CAO Y, et al. Blockchain-based dynamic key management for heterogeneous intelligent transportation systems[J]. IEEE Internet of Things Journal, 2017, 4(6): 1832-1843.

[79] LIU X C, HUANG H P, XIAO F, et al. A blockchain-based trust management with conditional privacy-preserving announcement scheme for VANETs[J]. IEEE Internet of Things Journal, 2020, 7(5): 4101-4112.

[80] 万子龙, 匡芬. 基于区块链技术的车联网安全体系结构探究[J]. 江西通信科技, 2019(1):

41-44.

[81] ZHANG L, LUO M X, LI J T, et al. Blockchain based secure data sharing system for Internet of vehicles: a position paper[J]. Vehicular Communications, 2019, 16: 85-93.

[82] 陈山枝. 关于低轨卫星通信的分析及我国的发展建议[J]. 电信科学, 2020, 36(6): 1-13.

[83] CHEN S Z, SUN S H, KANG S L. System integration of terrestrial mobile communication and satellite communication—the trends, challenges and key technologies in B5G and 6G[J]. China Communications, 2020, 17(12): 156-171.

[84] CHEN S Z, LIANG Y C, SUN S H, et al. Vision, requirements, and technology trend of 6G: how to tackle the challenges of system coverage, capacity, user data-rate and movement speed[J]. IEEE Wireless Communications, 2020, 27(2): 218-228.

[85] 3GPP. Overall description: TS38.300. NR[S]. 2023.

[86] 3GPP. System architecture for the 5G system (5GS): TS23.501[S]. 2022.

[87] 中国信科. 中国信科陈山枝：低空智联网架构及关键技术[EB]. 2024.

附录 A 缩略语

英文缩写	英文全称	中文全称
3GPP	The Third Generation Partnership Project	第三代合作伙伴计划
5GAA	5G Automotive Association	5G 汽车协会
5GC	5G Core Network	5G 核心网
ABS	Anti-lock Braking System	防抱死制动系统
ACA	Application Certificate Authority	应用 CA
ACC	Adaptive Cruise Control	自适应巡航控制
ACR	Adjacent Channel Rejection	邻信道抑制
ADAS	Advanced Driving Assistance System	先进驾驶辅助系统
AEB	Autonomous Emergency Braking	自动紧急制动

续表

英文缩写	英文全称	中文全称
AF	Application Function	应用功能
AGC	Automatic Gain Control	自动增益控制
A-GNSS	Assisted Global Navigation Satellite System	网络辅助的全球导航卫星系统
AID	Application Identifier	应用 ID
AMF	Access and Mobility Management Function	接入和移动性管理功能
AMS	Application Mobility Service	应用移动性服务
AP	Access Point	接入点
API	Application Program Interface	应用程序接口
AR	Augmented Reality	增强现实
ARA	Application Registration Authority	应用 RA
ASIL	Automotive Safety Integrity Level	汽车安全完整性等级
ASTM	American Society for Testing and Material	美国测试与材料协会
AV	Autonomous Vehicles	自动驾驶汽车
AVP	Automated Valet Parking	自动泊车
BDS	BeiDou Navigation Satellite System	北斗导航卫星系统
BER	Bit Error Ratio	误比特率
BLER	Block Error Rate	误块率
BM	Bandwidth Manager	带宽管理
BPSK	Binary Phase-Shift Keying	二进制相移键控
BSF	Bootstrapping Server Function	自举服务器功能
BSM	Basic Safety Message	基本安全消息
BSS	Basic Service Set	基本服务集
BSW	Blind Spot Warning	盲区预警
BTP	Basic Transfer Protocol	基本传输协议
BWP	Bandwidth Part	带宽部分
CA	Certificate Authority	认证中心
CACC	Cooperative Adaptive Cruise Control	网联式自适应巡航控制
CAEB	Connected Autonomous Emergency Braking	网联式自动紧急制动
C-ADAS	Cooperative ADAS	网联式 ADAS

续表

英文缩写	英文全称	中文全称
C-ADS	Cooperative ADS	网联式自动驾驶
CAGR	Compound Annual Growth Ratio	复合年增长率
CAICV	China Industry Innovation Alliance for the Intelligent and Connected Vehicles	中国智能网联汽车产业创新联盟
CAM	Cooperative Awareness Message	协作感知消息
CAN	Controller Area Network	控制器局域网络
CAV	Connected Automated Vehicles	网联自动驾驶
CBR	Channel Busy Ratio	信道忙比例
CCA	Certificate Revocation List Certificate Authority	证书撤销 CA
CCMS	C-ITS Security Credential Management System	协作智能交通系统安全证书管理系统
CCSA	China Communications Standards Association	中国通信标准化协会
CDD	Cyclic Delay Diversity	循环时延分集
CEN	Comité Européen de Normalisation（法文缩写：CEN）	欧洲标准化委员会
CIDAS	China In-Depth Accident Study	中国交通事故深入研究
C-ITS	Cooperative Intelligent Transport System	协作智能交通系统
C-ITS	China ITS Industry Alliance	中国智能交通产业联盟
CLW	Control Loss Warning	车辆失控预警
C-NCAP	China-New Car Assessment Program	中国新车评价规程
CoCA	Cooperative Collision Avoidance	协作冲突避免
CP	Cyclic Prefix	循环前缀
CP-OFDM	Cyclic Prefix-OFDM	循环前缀正交频分复用
CR	Channel occupy Ratio	信道占用比例
CRL	Certificate Revocation List	证书撤销列表
CS	Cyclic Shift	循环移位
CSI	Channel State Information	信道状态信息
CSI-RS	Channel State Information Reference Signal	信道状态信息参考信号
CSMA/CA	Carrier Sense Multiple Access with Collision Avoidance	带冲突避免的载波侦听多路访问
C-V2X	Cellular Vehicle-to-Everything	蜂窝车联网
CW	Contention Window	竞争窗口

续表

英文缩写	英文全称	中文全称
CVICS	Cooperative Vehicle-Infrastructure-Cloud System	车路云协同系统
D2D	Device-to-Device	设备到设备通信
DCI	Downlink Control Information	下行控制信息
DCM	Dual Carrier Modulation	双载波调制
DENM	Decentralized Environmental Notification Message	分布式环境通知消息
DFN	Direct Frame Number	直通链路帧序号
DFT	Discrete Fourier Transform	离散傅里叶变换
DL	Deep Learning	深度学习
DL	Downlink	下行链路
DLW	Dynamic Lane Management	动态车道管理
DMRS	Demodulation Reference Signal	解调参考信号
DNN	Deep Neural Networks	深度神经网络
DNPW	Do Not Pass Warning	逆向超车预警
DPoS	Delegated Proof of Stake	委托权益证明
DRL	Deep Reinforcement Learning	深度强化学习
DSRC	Dedicated Short Range Communication	专用短距通信
EAP	Extensible Authentication Protocol	可扩展认证协议
EC	European Commission	欧盟委员会
ECU	Electronic Control Unit	电子控制单元
EDCA	Enhanced Distributed Channel Access	增强分布式信道接入
EEBL	Electronic Emergency Brake Light	紧急制动预警
eMBB	enhanced Mobile Broadband	增强移动宽带
eNB	evolved Node B	演进型 NodeB（即 LTE 基站）
EN-DC	E-UTRA-New Radio Dual Connectivity	LTE 和 NR 双连接
EPC	Evolved Packet Core	演进的分组核心网
ERA	Enrollment Registration Authority	注册 RA
ERTRAC	European Road Transport Research Advisory Council	欧洲道路运输研究咨询委员会
E-SMLC	Evolution-Service Mobile Location Center	演进服务移动位置中心
ESP	Electronic Stability Program	电子稳定系统

续表

英文缩写	英文全称	中文全称
ETC	Electronic Toll Collection	电子不停车快捷收费系统
ETP	European Technology Platform	欧洲技术平台
EtrA	Emergency Trajectory Alignment	紧急驾驶轨迹对准
ETSI	European Telecommunications Standards Institute	欧洲电信标准组织
EVM	Error Vector Magnitude	误差矢量幅度
EVW	Emergency Vehicle Warning	紧急车辆提醒
FCC	Federal Communications Commission	美国联邦通信委员会
FCW	Forward Collision Warning	前方碰撞预警
FDM	Frequency Division Multiplexing	频分多路复用
FFT	Fast Fourier Transform	快速傅里叶变换
FOTA	Firmware Over The Air	固件远程升级
FR	Frequency Range	频率范围
FSS	Fixed Satellite Service	固定卫星业务
GALILEO	Galileo Navigation Satellite System	伽利略导航卫星系统
GBA	Generic Bootstrap Architecture	通用引导架构
GBR	Guaranteed Bit Rate	保证比特速率
GCF	Global Certification Forum	全球认证论坛
GDP	Gross Domestic Product	国内生产总值
GIS	Geographical Information System	地理信息系统
GLONASS	Global Navigation Satellite System	格洛纳斯导航卫星系统
GLOSA	Green Light Optimal Speed Advisory	绿波车速引导
gNB	next Generation NodeB	下一代 NodeB（即 NR 基站）
GNSS	Global Navigation Satellite System	全球导航卫星系统
GP	Guard Period	保护间隔
GPS	Global Positioning System	全球定位系统
GSPA	Guidance Service in Parking Area	场站路径引导服务
GRVA	Working Party on Automated/Autonomous and Connected Vehicles	自动驾驶与网联车辆工作组
HARQ	Hybrid Automatic Repeat reQuest	混合自动重传请求
HUD	Head-Up Display	抬头数字显示器
HPN	HARQ Process Number	HARQ 进程编号

续表

英文缩写	英文全称	中文全称
HSS	Home Subscriber Server	归属签约用户服务器
HV	Host Vehicle	主车
ICV	Intelligent Connected Vehicle	智能网联汽车
IEEE	Institute of Electrical and Electronics Engineers	电气电子工程师学会
IFFT	Inverse Fast Fourier Transform	逆快速傅里叶变换
IMA	Intersection Movement Assist	交叉路口碰撞预警
IMDA	Infocomm Media Development Authority	新加坡频谱管理机构
IMT-Advanced	International Mobile Telecommunications-Advanced	先进的国际移动通信
IMT-2020	International Telecommunications-2020	国际移动通信-2020
IoT	Internet of Things	物联网
IoV	Internet of Vehicles	车联网
IP	Internet Protocol	因特网协议
IPSec	IP Security	IP 安全协议
ISAD	Infrastructure Support levels for Automated Driving	基于数字化基础设施支撑的网联式协同自动驾驶
ISM	Industrial Scientific and Medical Band	工业、科学和医疗频带
ISO	International Organization for Standardization	国际标准化组织
ITS	Intelligent Transportation System	智能交通系统
ITS JPO	Intelligent Transportation System Joint Program Office	智能交通系统联合计划办公室
ITU	International Telecommunications Union	国际电信联盟
IVI	In-Vehicle Infotainment	车载信息娱乐
LCS	Localization Service	定位服务
LCW	Lane Change Warning	变道预警
LDPC	Low Density Parity Check	低密度奇偶校验
LDW	Lane Departure Warning	车道偏移预警
LLC	Logical Link Control	逻辑链路控制
LOS	Line-of-Sight	视距
LPP	LTE Positioning Protocol	LTE 定位协议
LPPa	LTE Positioning Protocol Annex	LTE 定位协议 A

续表

英文缩写	英文全称	中文全称
LTA	Left Turn Assist	左转辅助
LTE	Long Term Evolution	长期演进技术
MA	Misbehave Authority	不端行为检测机构
MaaS	Mobility as a Service	出行即服务
MAC	Media Access Control	媒体接入控制
MAC-CE	MAC-Control Element	媒体接入控制单元
MAP	Map Data	地图消息
MANET	Mobile Ad-Hoc Network	移动自组织网络
MBSFN	Multimedia Broodcast multicast service Single Frequency Network	多媒体广播/多播服务单频网络
MCS	Modulation and Coding Scheme	调制编码方式
MEC	Multi-access Edge Computing	多接入边缘计算
MEO	Multi-access Edge Orchestrator	多接入边缘编排器
MEPM	MEC Platform Manager	边缘计算平台管理
MIC	Ministry of Internet Affairs and Communications	日本总务省
MIMO	Multiple-Input Multiple-Output	多输入多输出
ML	Machine Learning	机器学习
MME	Mobility Management Entity	移动性管理实体
mMTC	massive Machine Type Communication	海量机器型通信
MSIT	the Ministry of Science and ICT	韩国科技与信息通信部
NACR	Non-Adjacent Channel Rejection	非邻信道抑制
NAF	Network Application Function	网络应用功能
NAS	Non-Access Stratum	非接入层
NB-IoT	Narrow Band Internet of Things	窄带物联网
NCAP	New Car Assessment Program	新车评价规程
NDI	New Data Indicator	新数据指示
NE-DC	NR E-UTRA Dual Connectivity	NR 和 E-UTRA 双连接
NEF	Network Exposure Function	网络开放功能
ng-eNB	Next Generation eNB	下一代演进型 NodeB（即下一代 LTE 基站）

续表

英文缩写	英文全称	中文全称
NGEN-DC	NG-RAN E-UTRA NR Dual Connectivity	下一代 E-UTRA 和 NR 双连接
NGMN	Next Generation Mobile Network	下一代移动网络
NLOS	Non-Line-of-Sight	非视距
NMEA	National Marine Electronics Association	美国国家海洋电子协会
NPRM	Notice of Proposed Rulemaking	建议规则通知
NR	New Radio	新空口
NRPEK	NR PC5 Encryption Key	NR PC5 加密密钥
NRPIK	NR PC5 Integrity Key	NR PC5 完整性密钥
NSSAI	Network Slice Selection Assistance Information	网络切片选择辅助信息
NSSF	Network Slice Selection Function	网络切片选择功能
NTCAS	National Technical Committee of Auto Standardization	全国汽车标准化技术委员会
NTCTM	National Technical Committee 576 on Traffic Management of Standardization Administration of China	全国道路交通管理标准化技术委员会
NTN	Non Terrestrial Network	非地面网络
NTRIP	Networked Transport of Radio Technical Commission for Maritime Services via Internet Protocol	基于互联网的 RTCM 网络传输协议
OBU	On Board Unit	车载终端
OCB	Outside the Context of a BSS	不属于 BSS 上下文
ODD	Operational Design Domains	运行设计域
OEDR	Object and Event Detection and Response	目标和事件的探测与响应
OFDM	Orthogonal Frequency Division Multiplexing	正交频分复用
ORAD	On-Road Automated Driving	公路自动驾驶
OSS	Operation Support System	运营支撑系统
OTA	Over the Air	空中下载
PAPR	Peak to Average Power Ratio	峰值平均功率比
PC5-C	PC5 Control Plane Protocol Stack	PC5 接入层控制面协议栈
PC5-S	PC5 Signaling Protocol Stack	PC5 非接入层信令协议栈
PC5-U	PC5 User Plane Protocol Stack	PC5 用户面协议栈
PCA	Pseudonym Certificate Authority	假名 CA

续表

英文缩写	英文全称	中文全称
PCF	Policy Control Function	策略控制功能
PDB	Packet Delay Budget	分组时延预算
PDN	Packet Data Network	分组数据网
PDCP	Packet Data Convergence Protocol	分组数据汇聚协议
PDU	Packet Data Unit	分组数据单元
PGW	PDN GateWay	PDN 网关
PHY	Physical Layer	物理层
PKI	Public Key Infrastructure	公钥基础设施
PLCP	Physical Layer Convergence Procedure	物理层汇聚过程
PLMN	Public Land Mobile Network	公共陆地移动网
PMD	Physical Medium Dependent	物理媒介依赖
POI	Point of Interest	关注点
PoS	Proof of Stake	权益证明
POS	Position and Orientation System	定位测姿系统
PoW	Proof of Work	工作量证明
PPDU	PHY Protocol Data Unit	物理层协议数据单元
PPPP	ProSe Per-Packet Priority	邻近业务逐包优先级
PRA	Pseudonym Registration Authority	假名 RA
PSBCH	Physical Sidelink Broadcast Channel	物理直通链路广播信道
PSCCH	Physical Sidelink Control Channel	物理直通链路控制信道
PSD	Power Spectrum Density	功率谱密度
PSDU	Physical Layer Convergence Procedure Service Data Unit	PLCP 业务数据单元
PSFCH	Physical Sidelink Feedback Channel	物理直通链路反馈信道
PS-ID	Provider Service Identifier	服务提供者 ID
PSK	Pre-Share Key	预共享密钥
PSSCH	Physical Sidelink Shared Channel	物理直通链路共享信道
PSSS	Primary Sidelink Synchronization Signal	主直通链路同步信号
PT-RS	Phase Tracking Reference Signal	相位跟踪参考信号
PUCCH	Physical Uplink Control Channel	物理上行链路控制信道

续表

英文缩写	英文全称	中文全称
QAM	Quadrature Amplitude Modulation	正交振幅调制
QCI	QoS Class Identifier	服务质量分类标识
QoS	Quality of Service	服务质量
QPSK	Quadrature Phase-Shift Keying	正交相移键控
RA	Registration Authority	注册中心
RB	Resource Block	资源块
RE	Resource Element	资源单元
RFID	Radio Frequency Identification	射频识别
RL	Reinforcement Learning	强化学习
RLC	Radio Link Control	无线链路控制协议
RNIS	Radio Network Information Services	无线网络信息服务
RRC	Radio Resource Control	无线资源控制
RSI	Road Side Information	路侧消息
RSM	Road Safety Message	路侧安全消息
RSRP	Reference Signal Received Power	参考信号接收功率
RSSI	Received Signal Strength Indication	接收信号强度指示
RST	Traffic Sign Recognition	交通信号识别
RSU	Road Side Unit	路侧设备
RTCM	Radio Technical Commission for Maritime Services	国际海运无线电技术委员会
RTK	Real Time Kinematic	实时动态定位
RTT	Round Trip Time	往返路程时间
RV	Remote Vehicle	远车
RV	Redundancy Version	冗余版本
SA	Scheduling Assignment	调度分配
SAC	Standardization Administration of China	国家标准化管理委员会
SAP	Service Access Point	服务接入点
SBCCH	Sidelink Broadcast Control Channel	直通链路广播控制信道
SCCH	Sidelink Control Channel	直通链路控制信道
SC-FDM	Single-Carrier Frequency-Division Multiplexing	单载波频分复用

续表

英文缩写	英文全称	中文全称
SC-FDMA	Single-Carrier Frequency-Division Multiple Access	单载波频分多址接入
SCI	Sidelink Control Information	直通链路控制信息
SCMS	Security Credential Management System	安全凭据管理系统
SC-PTM	Single-Cell Point To Multipoint	单小区点到多点
SD	Slice Differentiator	切片区分符
SDAP	Service Data Adaptation Protocol	业务数据适配协议
SDR	Software Defined Radio	软件定义无线电
SEM	Spectrum Emission Mask	频谱发射模板
SGW	Serving Gateway	服务网关
SL	Sidelink	直通链路
SLAM	Simultaneous Localization and Mapping	即时定位与地图构建
SL-BCH	Sidelink Broadcast Channel	直通链路广播信道
SL-DRB	Sidelink Data Radio Bearer	直通链路数据无线承载
SLRB	Sidelink Radio Bearer	直通链路的无线承载
SL-SCH	Sidelink Shared Channel	直通链路共享信道
SL-SRB	Sidelink Signalling Radio Bearer	直通链路信令无线承载
SLSS	Sidelink Synchronization Signal	直通链路同步信号
SM	Security Manager	安全管理器
SMF	Session Management Function	会话管理功能
SNR	Signal to Noise Ratio	信噪比
S-NSSAI	Single Network Slice Selection Assistance Information	单网络切片选择辅助信息
SOTA	Software Over The Air	软件远程升级
SPAT	Signal Phase and Time	信号灯相位和配时消息
SPI	Service Provider Interface	服务提供者接口
SPS	Semi-Persistent Scheduling	半持续调度
S-PSS	Sidelink Primary Synchronization Signal	直通链路主同步信号
S-RSSI	Sidelink Received Signal Strength Indicator	直通链路接收信号强度指示
SSB	Synchronization Signal Block	同步信号块
S-SSB	Sidelink Synchronization Signal Block	直通链路同步信号块

续表

英文缩写	英文全称	中文全称
SSSS	Secondary Sidelink Synchronization Signal	辅直通链路同步信号
S-SSS	Sidelink Secondary Synchronization Signal	直通链路辅同步信号
SST	Slice/Service Type	切片/服务类型
STCH	Sidelink Traffic Channel	直通链路业务信道
TB	Transport Block	传输块
TC-ITS	China National Technical Committee of Intelligent Transport Systems Standardization	全国智能运输系统标准化技术委员会
TCS	Traction Control System	牵引力控制系统
TDM	Time Division Multiplexing	时分复用
TIAA	Telematics Industry Application Alliance	车载信息服务产业应用联盟
TLS	Transport Layer Security	传输层安全协议
TTC	Time to Collision	碰撞时间
TTI	Transmission Timing Interval	传输时间间隔
UAV	Unmanned Aerial Vehicle	无人机
UDM	Unified Data Management	统一数据管理
UDR	Unified Data Repository	统一数据存储库
UE	User Equipment	用户终端
UGC	User Generated Content	用户生成内容（在高精度地图领域指众包数据采集）
UICC	Universal Integrated Circuit Card	通用集成电路卡
UL	Uplink	上行链路
UM	Unacknowledged Mode	非确认模式
UNECE	United Nations Economic Commission for Europe	联合国欧洲经济委员会
UPER	Unaligned Packet Encoding Rules	非对齐压缩编码规则
UPF	User Plane Function	用户面功能
uRLLC	ultra-Reliable Low Latency Communications	超高可靠低时延通信
USIM	Universal Subscriber Identity Module	全球用户身份卡
UTC	Coordinated Universal Time	协调世界时
UWB	Ultra Wideband	超宽带
V2G	Vehicle-to-Grid	车与电网

续表

英文缩写	英文全称	中文全称
V2I	Vehicle-to-Infrastructure	车与路侧基础设施
V2N	Vehicle-to-Network	车与网络
V2P	Vehicle-to-Pedestrian	车与人
V2V	Vehicle-to-Vehicle	车与车
V2X	Vehicle-to-Everything	车联网
VANET	Vehicular Ad Hoc Network	车联网
VAS	V2X Application Server	V2X 应用服务器
VCF	V2X Control Function	V2X 控制功能
VICS	Vehicle Information and Communication System	车辆信息通信系统
VID	V2X End-Entity Enrollment ID	V2X 设备注册标识
VIM	V2X End-Entity Subscriber Identity Module	V2X 用户识别模块
VIM	Virtualised Infrastructure Manager	虚拟化基础设施管理单元
VIS	V2X Information Service	V2X 信息服务
VMS	Variable Message Signs	动态信息标识
VNFP	Vehicle Near-Field Payment	汽车近场支付
VO	Visual Odometry	视觉里程计
VR	Virtual Reality	虚拟现实
VRU	Vulnerable Road User	弱势交通参与者
WAVE	Wireless Access in Vehicular Environments	无线接入车载环境
WRC-19	World Radiocommunication Conference 2019	2019 年世界无线电通信大会
WSA	WAVE Service Advertisement	WAVE 业务通告
WSM	WAVE Short Message	WAVE 短消息
WSMP	WAVE Short Message Protocol	WAVE 短消息协议
ZC	Zadoff-chu	

附录 B 国内 C-V2X 相关部分标准列表及进展

类别	标准化组织	标准类型	标准名称
接入层	CCSA	行标	YD/T 3400-2018 基于LTE的车联网无线通信技术 总体技术要求
	CCSA	行标	YD/T 3340-2018 基于LTE的车联网无线通信技术 空中接口技术要求
	CCSA	行标	YD/T 3592-2019 基于LTE的车联网无线通信技术 基站设备技术要求
	CCSA	行标	YD/T 3629-2020 基于LTE的车联网无线通信技术 基站设备测试方法
	CCSA	行标	YD/T 3593-2019 基于LTE的车联网无线通信技术 核心网设备技术要求
	CCSA	行标	基于LTE的车联网无线通信技术 核心网设备测试方法（已报批）

续表

类别	标准化组织	标准类型	标准名称
接入层	CCSA	行标	YD/T 3755-2024 基于LTE的车联网无线通信技术 支持直连通信的路侧设备技术要求
	CCSA	行标	YD/T 3756-2024 基于LTE的车联网无线通信技术 支持直连通信的车载终端设备技术要求
	CCSA	行标	YD/T 3847-2021 基于LTE的车联网无线通信技术 支持直连通信的路侧设备测试方法
	CCSA	行标	YD/T 3848-2021 基于LTE的车联网无线通信技术 支持直连通信的车载终端设备测试方法
网络层	CCSA	行标	YD/T 3707-2020 基于LTE的车联网无线通信技术 网络层技术要求
	CCSA	行标	YD/T 3708-2020 基于LTE的车联网无线通信技术 网络层测试方法
基本应用和消息层	CCSA	行标	YD/T 3709-2020 基于LTE的车联网无线通信技术 消息层技术要求
	CCSA	行标	YD/T 3710-2020 基于LTE的车联网无线通信技术 消息层测试方法
	China SAE	团标	T/CSAE 53-2020 合作式智能运输系统 车用通信系统应用层及应用数据交互标准（第一阶段）
安全	CCSA	行标	YD/T 3594-2019 基于LTE的车联网通信安全技术要求
	CCSA	行标	YD/T 3957-2021 基于LTE的车联网无线通信技术 安全证书管理系统技术要求
	CCSA	行标	YD/T 4973-2024 基于LTE的车联网无线通信技术 安全认证测试方法
	CCSA	行标	YD/T 4774-2024 车辆C-V2X异常行为管理技术要求
标识	CCSA	行标	YD/T 4008-2022 基于LTE的车联网无线通信技术 应用标识分配及映射
系统技术要求	China SAE	团标	T/CSAE 159-2024 基于LTE的车联网无线通信技术 直连通信系统路侧单元技术要求
	汽标委	国标	基于LTE-V2X直连通信的车载信息交互系统技术要求及试验方法（已报批）
	ITS标委会	国标	GB/T 44417-2024 车路协同系统智能路侧协同控制设备技术要求和测试方法
增强应用和消息	China SAE	团标	T/CSAE 157-2020 合作式智能运输系统 车用通信系统应用层及应用数据交互标准（第二阶段）
	CCSA	行标	YD/T 3977-2021 增强V2X业务应用层交互数据要求
	CCSA	行标	YD/T 3978-2021 基于车路协同的高等级自动驾驶数据交互内容

续表

类别	标准化组织	标准类型	标准名称
增强应用和消息	中国智能交通产业联盟（C-ITS）	团标	T/ITS 0113.3-2021 营运车辆 合作式自动驾驶货车编队行驶 第3部分：车辆通讯应用层数据交互要求
	China SAE	团标	T/CSAE 315.1-2023 合作式智能运输系统 应用层交互技术要求 第1部分：意图共享与协作
	ITS标委会	国标	GB/T 44286.1-2024 合作式智能运输系统应用集 第1部分：车辆辅助驾驶应用集
	ITS标委会	国标	GB/T 44286.2-2024 合作式智能运输系统应用集 第2部分：车辆协同驾驶应用集
MEC	CCSA	行标	YD/T 4477-2023 面向C-V2X的多接入边缘计算平台技术规范
营运车辆	ITS标委会	行标	JT/T 1242-2019 营运车辆自动紧急制动系统性能要求和测试规程
	ITS标委会	行标	JT/T 1458-2023 营运车辆车路/车车通信（V2X）终端性能要求和检测方法
公安交管	交标委	行标	GA/T 1743-2020 道路交通信号控制机信息发布接口规范
	交标委	行标	GA/T 2151-2024 道路交通车路协同信息服务通用技术要求

附录 C

C-V2X 发展大事记

1. 2013 年 5 月 17 日，世界电信和信息社会日大会，中国信科/大唐陈山枝博士在国内外公开场合首次提出 LTE-V（即 LTE-V2X）核心技术与标准化推进设想，确立了 C-V2X 技术路线。

2. 2015 年起，中国信科/大唐联合华为、LG 电子等企业在 3GPP 联合牵头制定 C-V2X 国际标准，于 2017 年 3 月完成 3GPP 首个 C-V2X 的标准版本（R14 LTE-V2X）。

3. 2016 年 9 月，由欧美主流车企、全球主流电信运营商及通信芯片厂商发起成立 5G 汽车联盟（5GAA），致力于推动 C-V2X 技术在全球的产业化落地。

4. 2017 年 6 月，我国 IMT-2020（5G）推进组 C-V2X 工作组成立。C-V2X 工作组专注于研究 V2X 关键技术，开展试验验证，进行 C-V2X 技术产业与应用推广。

5. 2017 年 9 月，国家制造强国建设领导小组车联网产业发展专项委员会，由 20 个部门和单位组成，负责组织制定车联网发展规划、政策和措施，协调解决车联网发展重大问题，督促检查相关工作落实情况，统筹推进产业发展。

6. 2018年，NGMN V2X工作组联合通信界主流公司发布V2X白皮书，对DSRC和LTE-V2X在相似条件下（如信道模型、业务模型等）进行了链路级和系统级仿真，结果表明：LTE-V2X在所需SNR、支持的通信范围以及可靠性方面全面优于DSRC（IEEE 802.11p）。

7. 2018年4月，5GAA华盛顿会议，福特汽车发布了其与大唐、高通的联合测试结果，对比了IEEE 802.11p和LTE-V2X的实际道路测试性能。LTE-V2X的通信性能在可靠性等方面均明显优于IEEE 802.11p。

8. 2018年起，IMT-2020（5G）推进组C-V2X工作组、中国智能网联汽车产业创新联盟、中国汽车工程学会等机构持续开展"三跨""四跨""新四跨"等大型互联互通测试及C-V2X先导应用系列实践活动，推动跨芯片模组、跨终端、跨厂家、跨安全平台等多层次的互联互通。

9. 2018年6月起，工业和信息化部、国家标准化管理委员会、交通运输部、公安部等联合组织完成制定并印发《国家车联网产业标准体系建设指南》系列文件，包括总体要求、智能网联汽车、信息通信、电子产品与服务、车辆智能管理和智能交通相关分册，明确了国家构建车联网生态环境的顶层设计思路，表明了积极引导和直接推动跨领域、跨行业、跨部门合作的战略意图。

10. 2018年11月，工业和信息化部无线电管理局正式发布《车联网（智能网联汽车）直连通信使用5905-5925MHz频段的管理规定（暂行）》，明确基于LTE-V2X技术的车联网（智能网联汽车）直连通信的工作频段为5905MHz～5925MHz，标志着我国LTE-V2X进入产业化阶段。

11. 2018年11月，全国通信标准化技术委员会、全国汽车标准化技术委员会、全国智能运输系统标准化技术委员会以及全国道路交通管理标准化技术委员会共同签署了《关于加强汽车、智能交通、通信及交通管理C-V2X标准合作的框架协议》，推进C-V2X标准制定和产业落地。

12. 2019年起，我国围绕测试示范区、先导区的建设初具规模。目前已建设上海、重庆、长春、北京等17个国家级智能网联汽车测试示范区，江苏无锡、天津西青、湖南长沙等7个国家级车联网先导区，以及北京、上海、广州等16个 "智慧城市基础设施与智能网联汽车"（双智）试点城市。

13. 2019年12月，美国FCC重新分配原来分配给IEEE 802.11p的5.9GHz频段的大部分频谱，为C-V2X技术分配20MHz（5.905～5.925GHz）专用频谱，美国为C-V2X分配的5.9GHz频段与中国一致。

14. 2020年11月，美国联邦通信委员会（FCC）决定将已经分配给DSRC（Dedicated Short

Range Communications）即 IEEE 802.11p 的 5.9GHz 频段（5.850～5.925GHz）划拨给 Wi-Fi 和 C-V2X 使用，其中 30MHz 带宽（5.895～5.925GHz）分配给 C-V2X，这标志着美国正式宣布放弃 DSRC 并转向 C-V2X。

15. 2020 年起，已经有十几家车企发布了 C-V2X 量产车型，加速推进 C-V2X 主动安全测试应用和场景落地。

16. 2021 年，《中华人民共和国国民经济和社会发展第十四个五年规划和 2035 年远景目标纲要》提出：积极稳妥发展车联网。

17. 2022 年 8 月，美国交通部召开 V2X 峰会，确定全国部署 LTE-V2X，并将制定全国战略。

18. 2022 年 4 月 8 日，2022 汽车测评国际峰会暨 C-NCAP 年会，《C-NCAP 路线图（2022-2028）》正式发布，计划将 C-V2X 列入汽车主动安全。

19. 2023 年 1 月，中国通信学会，与中国公路学会、中国汽车工程学会联合发布《车路协同自动驾驶系统（车路云一体化系统）协同发展框架》，依托 C-V2X 车联网技术，我国已经形成了"聪明的车、智慧的路、融合的云"融合的智能网联汽车和智慧交通发展方案。

20. 2023 年 4 月起，美国联邦通信委员会 FCC 批准由州交通部、企业等提出的联合申请，启动 C-V2X 规模部署。

21. 2023 年 10 月，美国交通运输部发布"Saving Lives with Connectivity：A Plan to Accelerate V2X Deployment (DRAFT)"，明确了全美 10 年 C-V2X 部署计划（2024—2034 年）

22. 2023 年 12 月，韩国新一代智能交通系统（C-ITS）决定采用以蜂窝通信技术为基础的"LTE-V2X"作为唯一车联网通信方式。

23. 2024 年 1 月，中国新车评价规程（C-NCAP）2024 版发布，将 C-V2X 列入汽车主动安全测试项，将影响车型的五星安全评价。

24. 2024 年 1 月，工业和信息化部、公安部、自然资源部、住房和城乡建设部、交通运输部联合开展智能网联汽车"车路云一体化"应用试点工作，明确 LTE-V2X/C-V2X 基础设施建设和车载终端搭载要求。

25. 2024 年 8 月，美国交通部对外正式发布了 C-V2X 技术国家部署计划"Saving Lives with Connectivity: A Plan to Accelerate V2X Deployment"，在全国范围内部署 C-V2X 技术，以提升道路安全，降低交通伤亡。

26. 2024 年 11 月，美国 FCC 正式发布支持 C-V2X 技术的频谱管理规定，明确要求用两年时间加速向 C-V2X 技术过渡，最终终止 DSRC 技术相关运营。

附录 D｜车联网（智能网联汽车）直连通信使用 5905-5925MHz 频段管理规定（暂行）

附录 D

车联网（智能网联汽车）直连通信使用 5905-5925MHz 频段管理规定（暂行）

为促进智能网联汽车在我国的应用和发展，满足车联网等智能交通系统使用无线电频率的需要，根据《中华人民共和国无线电管理条例》和《中华人民共和国无线电频率划分规定》，结合我国频率使用的实际情况，现将车联网（智能网联汽车）直连通信频率使用有关事项规定如下：

一、规划 5905-5925MHz 频段作为基于 LTE-V2X 技术的车联网（智能网联汽车）直连通信的工作频段。本文中车联网（智能网联汽车）直连通信是指路边、车载和便携无线电设备通过无线电传输方式，实现车与车、车与路、车与人直接通信和信息交换。其所用的无线电设备技术要求见附件。

二、在 5905-5925MHz 频段设置、使用路边无线电设备，建设运营车联网智能交通系统的，原则上应向国家无线电管理机构申请 5905-5925MHz 频率使用许可。为支持国家经济特区、新区、自由贸易试验区等加快智能交通系统建设，按照适度超前、互联互通、安全高效、智能绿色的原则，在明确建设运营主体的前提下，可由省、自治区、直辖市无线电管理机构报国家无线电管理机构同意后实施频率使用许可。提供车联网相关服务涉及经营电信业务的，应依法依规申办相关电信业务经营许可。

经批准取得频率使用许可后，路边无线电设备的设置、使用单位，应向所在地的省、自治区、直辖市无线电管理机构申请取得无线电台执照。未取得无线电台执照的路边无线电设备，不得发射无线电信号，不受无线电有害干扰保护。

三、在 5905-5925MHz 频段设置、使用车载和便携无线电设备参照地面公众移动通信终端管理，无需取得频率使用许可和无线电台执照。

四、生产或者进口在我国境内销售、使用的车联网（智能网联汽车）直连通信无线电发射设备，应按照有关规定向国家无线电管理机构申请并取得无线电发射设备型号核准证。

五、自 2022 年 1 月 1 日起，原则上不再受理和审批 5905-5925MHz 频段内卫星地球站（测控站除外）新的设置、使用许可申请。偏远地区确有需要的，由省、自治区、直辖市无线电管理机构报国家无线电管理机构同意后方可设置、使用。

六、在 5905-5925MHz 频段设置、使用车联网（智能网联汽车）直连通信无线电设备，不得对同频或相邻频段内依法开展的卫星固定、无线电定位、固定等无线电业务的现有台（站）产生有害干扰。

七、为保护现有合法无线电台（站）和车联网（智能网联汽车）无线电设备的正常运行，在 5905-5925MHz 频段设置、使用车联网（智能网联汽车）直连通信路边无线电设备，原则上应分别距已合法使用的雷达站 7km 和卫星地球站 2km 以上。确需在上述范围内部署的，应经所在地的省、自治区、直辖市无线电管理机构组织协调并批准后方可设置、使用。

八、在 5905-5925MHz 频段设置、使用路边无线电设备前，应做好电磁环境测试和干扰防护工作，最大限度减小无线电干扰和消除无线电干扰隐患。如发生无线电有害干扰，由受到无线电干扰方报请干扰发生地无线电管理机构按照"频带外让频带内、次要业务让主要业务、后用让先用、无规划让有规划"的原则依法协调解决。

九、在 5905-5925MHz 频段设置、使用车载无线电设备和便携无线电设备原则上不应提出干扰保护要求；遇有外部有害干扰时，可向干扰发生地无线电管理机构申请帮助。

十、本规定自 2018 年 12 月 1 日起施行。

附件：车联网（智能网联汽车）直连通信无线电设备技术要求

附录 D｜车联网（智能网联汽车）直连通信使用5905-5925MHz频段管理规定（暂行）

附件 车联网（智能网联汽车）直连通信无线电设备技术要求

一、工作频率范围

5905-5925MHz。

二、信道带宽

20MHz。

三、发射功率限值（EIRP）

（一）车载或便携无线电设备：26dBm；

（二）路边无线电设备：29dBm。

四、载频容限

$\pm 0.1 \times 10^{-6}$。

五、邻道抑制比

大于31dB，按信道积分功率有效值检波方式测试。

六、频谱发射模板要求

距信道边缘偏移频率	20MHz带宽发射功率限值	测量带宽	检波方式
0-1MHz	−21dBm	30kHz	有效值检波
1-2.5MHz	−10dBm	1MHz	有效值检波
2.5-2.8MHz	−10dBm	1MHz	有效值检波
2.8-5MHz	−10dBm	1MHz	有效值检波
5-6MHz	−13dBm	1MHz	有效值检波
6-10MHz	−13dBm	1MHz	有效值检波
10-15MHz	−13dBm	1MHz	有效值检波
15-20MHz	−13dBm	1MHz	有效值检波
20-25MHz	−25dBm	1MHz	有效值检波

七、其他频段特殊保护要求

现有公众移动通信终端接收频段内无用发射限值为−50dBm/MHz，按峰值检波方式测试。

八、通用无用发射要求

频率范围	最大电平	测量带宽	检波方式
30MHz-1GHz	−36dBm	100kHz	峰值检波
1GHz-12.75GHz	−30dBm	1MHz	峰值检波
12.75GHz-26GHz	−30dBm	1MHz	峰值检波